BIBLIOTHÈQUE LATINE-FRANÇAISE

PUBLIÉE

PAR

C. L. F. PANCKOUCKE.

ŒUVRES

COMPLÈTES

DE CICÉRON

TRADUCTION NOUVELLE

Par MM. Andrieux, Agnant, Bonfart, Champollion-Figeac, Charpentier, Chevalier, E. Greslou, De Guerle, Delcasso, De Golbery, Du Rozoir, Ajasson de Grandsagne, Guéroult, Liez, J. Mangeart, Matter, C. L. F. Panckoucke, Pericaud, Pierrot, Stiévenart.

TOME TRENTE-DEUXIÈME.

PARIS
C. L. F. PANCKOUCKE
OFFICIER DE L'ORDRE ROYAL DE LA LÉGION D'HONNEUR
ÉDITEUR, RUE DES POITEVINS, N° 14.

M DCCC XXXIX.

BIBLIOTHÈQUE
LATINE-FRANÇAISE

PUBLIÉE

PAR

C. L. F. PANCKOUCKE.

Exegi monumentum ære perennius.
(Hor., *Od.* lib. iii, ode 30.)

PARIS. — IMPRIMERIE PANCKOUCKE,
rue des Poitevins, 14.

OEUVRES
COMPLÈTES
DE CICÉRON

L'ORATEUR
TRADUCTION NOUVELLE
PAR M. ALPHONSE AGNANT

LES TOPIQUES	PARTITIONS ORATOIRES
TRADUCTION NOUVELLE	TRADUCTION NOUVELLE
PAR M. DELCASSO	PAR M. BOMPART

ORATEURS PARFAITS
TRADUCTION NOUVELLE
PAR M. E. GRESLOU

PARIS
C. L. F. PANCKOUCKE, ÉDITEUR
OFFICIER DE L'ORDRE ROYAL DE LA LÉGION D'HONNEUR
RUE DES POITEVINS, N. 14

M DCCC XL

L'ORATEUR

TRADUCTION NOUVELLE

PAR M. ALPHONSE AGNANT

PROFESSEUR DE RHÉTORIQUE AU COLLÈGE ROYAL
DE BOURGES.

INTRODUCTION.

L'Orateur est un des écrits les plus parfaits de Cicéron. Les critiques les plus distingués le regardent comme le chef-d'œuvre de ses traités de rhétorique ; cependant il est resté long-temps peu connu, et ne paraît pas avoir été d'abord apprécié. En 855, il n'y en avait pas, dans toute la France (Muratori, *Antiq. ital.*, t. III, p. 835) un seul exemplaire complet. *L'Orateur* fut retrouvé pour la première fois en 1419, par Gérard Landriano, évêque de Lodi, qui en confia le manuscrit à Gasparini de Bergame. Voici comment celui-ci, dans une lettre à l'évêque de Lodi, parle et du manuscrit et de la copie qu'il en fit faire : *Feci autem, ut pro illo vetustissimo, ac pæne ad nullum usum apto, novum, manu hominis doctissimi scriptum* (Cosme de Crémone), *ad illud exemplar corruptum, alium codicem haberes.* Si le manuscrit, d'où paraissent cependant venir tous ceux qui ont servi à imprimer les éditions, fut jugé sévèrement, l'ouvrage ne le fut pas moins. On en peut voir la censure aussi injuste qu'amère dans l'ouvrage de Ramus, intitulé : *Petri Rami Brutinæ quæstiones in Oratorem Ciceronis, ad Henricum Valesium, Franciæ regem.* Parisiis, 1552.

Ramus, dans cet ouvrage singulier, pour ne rien dire de plus, reproche à Cicéron de donner aux disciples de l'éloquence d'autres préceptes que ceux qu'il a suivis lui-même. *Numquid*, lui dit-il, *aliter de rhetorica arte, aliter de Milone dicendum existimas?*

Nous ne chercherons pas assurément à réfuter Ramus. *L'Orateur* n'a besoin ni d'avocat ni d'apologiste.

Les grands écrivains, les grands hommes ne sont peut-être pas toujours les meilleurs appréciateurs de leur génie. Il en est, toutefois, qui se rendent justice, et ne font que prévenir le jugement de la postérité. Cicéron nous paraît être de ce nombre, et il ne sera pas indifférent de connaître sa prédilection pour *l'Orateur*. — *Mihi quidem*, écrit-il à Q. Lepta (*Épît. fam.*, liv. VI, lett. 18),

INTRODUCTION. iij

sic persuadeo, me quidquid habuerim judicii de dicendo, in illum librum contulisse.

L'Orateur fut composé après le *Brutus*. Cicéron (*de la Divinat.*, liv. ii, ch. 1) range ses principaux ouvrages de rhétorique dans l'ordre suivant : *Ita tres erunt de Oratore; quartus, Brutus; quintus, Orator.* Il cite d'ailleurs son *Brutus* dans *l'Orateur* (ch. vii). Enfin, si dans ce dernier ouvrage Brutus est représenté (ch. x) comme faisant le bonheur de la Gaule, on voit dans l'autre (ch. xlvi) qu'il n'était pas encore parti pour cette province.

Le second titre que porte *l'Orateur*, dans quelques manuscrits, *de Optimo genere dicendi,* titre que lui donne Cicéron lui-même (*Épît. fam.*, liv. xii, lett. 17; *à Atticus*, liv. xiv, lett. 20), explique suffisamment le sujet de ce traité. Le but que s'y propose Cicéron n'est pas de dicter les règles de son art, mais de tracer le portrait du parfait orateur. Il déclare (ch. ii) que, pour tracer ce portrait, il ne prendra modèle sur aucun orateur connu; mais, persuadé qu'il n'y a rien de si beau, en quelque genre que ce soit, qui ne le cède à une beauté primitive, dont les autres ne sont qu'une imparfaite ressemblance, il remonte avec Platon jusqu'aux principes éternels et immuables, jusqu'aux *idées*. Arrêtons-nous un moment sur ce mot *idées*. Ce mot, Cicéron nous le rappelle (ch. iii), est emprunté à Platon. Il appartient, dit encore Cicéron, à une doctrine ancienne et même obscure; et, tout en tirant son début de cette doctrine, le grand orateur craint de déplaire, ou au moins d'étonner. Quelle est donc la puissance de cette doctrine des *idées*? Ce mot, ce système que Cicéron n'adopte que timidement, a été reproduit ou admiré avec un enthousiasme aussi vif et pur qu'il est honorable pour l'humanité, par les génies les plus distingués des temps modernes. *Voyez* Descartes; Mallebranche, surtout dans son livre *de la Recherche de la vérité;* Fénelon, dans sa *Lettre à l'Académie française*, et dans ses *Lettres sur la religion;* Ancillon, dans la plupart de ses écrits, et particulièrement dans son admirable *Essai sur les grands caractères;* Cousin, dans tous ses écrits. Cette digression, si c'en est une, prouve du moins à quelle hauteur s'est placé Cicéron pour reconnaître les traits merveilleux, pour contempler l'image divine de la parfaite éloquence. On peut dire de lui ce qu'il dit de Phidias (ch. ii de *l'Orateur*) : *Ipsius in mente insidebat species pulchritudinis*

INTRODUCTION.

eximia quædam, quam intuens, in eaque defixus, ad illius similitudinem artem dirigebat.

Nous finirons cette notice par l'analyse rapide de l'ouvrage même.

Vivement pressé par Brutus de donner son avis sur le genre d'éloquence le plus parfait, Cicéron annonce que son but est de tracer le portrait idéal de l'orateur (ch. I-II). Il avoue qu'il est moins redevable de son talent oratoire aux leçons des rhéteurs qu'aux secours de la philosophie académicienne ; il déclare que, sans l'étude de la philosophie, il ne peut y avoir d'éloquence parfaite (III-V). Il distingue les trois genres de style, le simple, le tempéré, le sublime, et à cette occasion il examine en quoi consiste le caractère du style attique ; il cite Démosthène pour modèle (VI-IX). Après avoir témoigné à Brutus sa vive et tendre amitié, sa profonde estime, il dit quelques mots du genre démonstratif, fait à cette occasion l'éloge d'Isocrate, et établit ensuite que l'orateur a trois fonctions à remplir : la première, de trouver les choses qu'il doit dire ; la deuxième, de les mettre en ordre ; la troisième, de les exprimer ; il passe légèrement sur les deux premières (X-XV) ; il parle spécialement de l'élocution (XVI), puis de l'action, qui se compose de la voix et du geste (XVII-XVIII). Il établit que l'éloquence est tout entière dans l'élocution, et que cette partie renferme toutes les autres. Il distingue l'éloquence du langage des sophistes (XIX), des historiens et des poëtes (XX) ; ne regarde comme éloquent que celui qui, devant les juges, et en tout discours public, sait prouver, plaire, émouvoir, et parle à ce propos des bienséances oratoires (XXI-XXII). Il expose le caractère de chaque genre de style en particulier, et premièrement le caractère du style simple (XXIII-XXVI) ; puis le caractère du style tempéré (XXVII) ; enfin le caractère du style sublime (XXVIII).

Il enseigne l'art de varier les trois genres d'élocution, selon l'exigence du sujet, et cite son propre exemple (XXIX-XXXI). L'orateur, dit-il, a besoin de connaissances profondes et variées (XXXII-XXXIV). Il établit ce que l'orateur doit observer en chaque genre d'éloquence, en chaque espèce de cause et en chaque partie du discours (XXXV-XXXVIII). Il traite des ornemens du discours, des figures de mots et des figures de pensées (XXXIX-XL).

Ici commence la seconde partie, que nous analyserons plus

INTRODUCTION.

rapidement, car elle est pour nous moins intéressante que la première, quoique peut-être Cicéron y attachât plus d'importance. Elle n'est pas du reste d'un style moins admirable. Dans cette partie, Cicéron considère d'abord l'arrangement des mots (XLI-XLIII); cet arrangement consiste ou à lier le plus habilement possible les dernières syllabes avec les suivantes, et à former les sons les plus agréables (XLIV-XLVIII); ou à choisir les mots, et à les disposer si bien, que la mesure naisse d'elle-même (XLIX), ou à donner à la période une cadence harmonieuse (L-LI). L'ouvrage est terminé par une discussion sur l'origine (LII), la cause (LIII), la nature (LIV-LX), l'usage (LXI-LXVII), et enfin l'utilité du nombre oratoire (LXVIII-LXXI).

M. TULLII CICERONIS

AD M. BRUTUM

ORATOR.

I. Utrum difficilius aut majus esset negare tibi, saepius idem roganti, an efficere id quod rogares, diu multumque, Brute, dubitavi. Nam et negare ei, quem unice diligerem, cuique me carissimum esse sentirem, praesertim et justa petenti, et praeclara cupienti, durum admodum mihi videbatur; et suscipere tantam rem, quantam non modo facultate consequi difficile esset, sed etiam cogitatione complecti, vix arbitrabar esse ejus, qui vereretur reprehensionem doctorum atque prudentium. Quid enim est majus, quam, quum tanta sit inter oratores bonos dissimilitudo, judicare, quae sit optima species, et quasi figura dicendi? Quod, quoniam me saepius rogas, aggrediar, non tam perficiundi spe, quam experiundi voluntate. Malo enim, quum studio tuo sim obsecutus, desiderari a te prudentiam meam, quam, si id non fecerim, benivolentiam.

Quaeris igitur, idque jam saepius, quod eloquentiae

L'ORATEUR

ADRESSÉ PAR CICÉRON

A M. BRUTUS.

I. Était-il plus difficile et plus grave de résister à vos vœux réitérés que d'y satisfaire, c'est, mon cher Brutus, ce que je me suis demandé, et j'ai balancé long-temps. Répondre par un refus à la juste prière, aux nobles désirs de l'ami le plus cher et le plus fidèle, c'était bien pénible pour moi ; mais s'engager dans une entreprise au dessus de ses forces, et peut-être même de ses idées, est-ce conforme, me disais-je, à ce respect avec lequel on doit attendre la critique des hommes éclairés ? Qu'y a-t-il de plus grave, en effet, que d'avoir à décider parmi tant de grands orateurs de caractères si divers, quel est le meilleur genre, quelle est, pour ainsi dire, la meilleure forme d'éloquence ? Mais vous m'en avez souvent prié ; je vais l'essayer, moins dans l'espoir de réussir que pour me soumettre à une épreuve. J'aime mieux manquer de prudence en vous obéissant, que de violer, en vous refusant, les devoirs de l'amitié.

Vous me demandez donc, et cela depuis long-temps,

genus probem maxime, et quale mihi videatur illud, cui nihil addi possit, quod ego summum et perfectissimum judicem. In quo vereor, ne, si id, quod vis, effecero, eumque oratorem, quem quaeris, expressero, tardem studia multorum, qui, desperatione debilitati, experiri nolint, quod se assequi posse diffidant. Sed par est omnes omnia experiri, qui res magnas et magno opere expetendas concupiverunt. Quod si quem aut natura sua, aut illa praestantis ingenii vis forte deficiet, aut minus instructus erit magnarum artium disciplinis: teneat tamen eum cursum, quem poterit. Prima enim sequentem, honestum est in secundis tertiisque consistere. Nam in poetis, non Homero soli locus est (ut de Graecis loquar), aut Archilocho, aut Sophocli, aut Pindaro; sed horum vel secundis, vel etiam infra secundos. Nec vero Aristotelem in philosophia deterruit a scribendo amplitudo Platonis; nec ipse Aristoteles admirabili quadam scientia, et copia ceterorum studia restinxit.

II. Nec solum ab optimis studiis excellentes viri deterriti non sunt, sed ne opifices quidem se artibus suis removerunt, qui aut Ialysi, quem Rhodi vidimus, non potuerunt, aut Coae Veneris pulchritudinem imitari. Nec simulacro Jovis Olympii, aut Doryphori statua deterriti, reliqui minus experti sunt, quid efficere, aut quo progredi possent: quorum tanta multitudo fuit, tanta in suo cujusque genere laus, ut, quum summa miraremur, inferiora tamen probaremus.

In oratoribus vero, graecis quidem, admirabile est

quel est le genre d'éloquence que j'approuve le plus
et que je crois le plus complet, le plus beau, le plus
parfait. Je crains, si je cède à votre vœu, si je trace le
portrait de cet orateur que vous cherchez, de rebuter
les disciples de l'éloquence, qui, découragés à la vue
d'un modèle désespérant, n'oseront plus marcher vers
un but qu'ils croiront ne pouvoir atteindre. Cependant
rien ne doit arrêter celui dont l'ambition aspire à de
grandes choses qui veulent de grands efforts. Quand
même on n'aurait pas ces dons de la nature, cette force
de génie, ces hautes connaissances du parfait orateur,
il faut suivre la route jusqu'où l'on peut. Quand on
veut arriver à la première place, il est beau de s'arrêter à la deuxième, même à la troisième. Homère, Archiloque, Sophocle ou Pindare [2] (je ne parle ici que des
Grecs) n'ont pas seuls un rang parmi les poètes ; il en
est à côté d'eux, il en est au dessous d'eux. Aristote,
dans la philosophie, n'a pas été effrayé de la majesté
de Platon [3] ; la science merveilleuse et le vaste génie
d'Aristote lui-même n'ont pas découragé d'autres esprits.

II. Ces grands hommes ne sont pas les seuls qu'une
émulation courageuse ait soutenus dans leurs travaux :
les artistes même renoncent-ils à leur profession, parce
qu'ils ne peuvent atteindre à la beauté, soit de l'Ialyse
que nous avons vu à Rhodes [4], soit de la Vénus de Cos [5] ?
Le Jupiter Olympien [6], le Doriphore [7] n'ont pas empêché
d'autres statuaires d'essayer leurs forces, de donner carrière à leur génie. Il y en a tant qui se sont signalés
chacun dans leur genre, que, malgré notre admiration
pour les modèles, les ouvrages du second ordre obtien-
nent encore notre estime.

Si nous venons aux orateurs, je parle des orateurs

quantum inter omnes unus excellat. Attamen, quum esset Demosthenes, multi oratores magni et clari fuerunt, et antea fuerant, nec postea defecerunt. Quare non est, cur eorum, qui se studio eloquentiæ dediderunt, spes infringatur, aut languescat industria. Nam neque illud ipsum, quod est optimum, desperandum est; et in præstantibus rebus, magna sunt ea, quæ sunt optimis proxima.

Atque ego in summo oratore fingendo talem informabo, qualis fortasse nemo fuit. Non enim quæro, quis fuerit, sed quid sit illud, quo nihil possit esse præstantius; quod in perpetuitate dicendi non sæpe, atque haud scio an unquam, in aliqua autem parte eluceat aliquando, idem apud alios densius, apud alios fortasse rarius. Sed ego sic statuo, nihil esse in ullo genere tam pulchrum, quo non pulchrius id sit, unde illud, ut ex ore aliquo, quasi imago, exprimatur, quod neque oculis, neque auribus, neque ullo sensu percipi potest; cogitatione tantum, et mente complectimur. Itaque et Phidiæ simulacris, quibus nihil in illo genere perfectius videmus, et his picturis, quas nominavi, cogitare tamen possumus pulchriora. Nec vero ille artifex, quum faceret Jovis formam, aut Minervæ, contemplabatur aliquem, e quo similitudinem duceret; sed ipsius in mente insidebat species pulchritudinis eximia quædam, quam intuens, in eaque defixus, ad illius similitudinem artem et manum dirigebat.

III. Ut igitur in formis et figuris est aliquid perfectum et excellens, cujus ad cogitatam speciem imitando

grecs, il en est un dont la supériorité sur tous les autres frappe d'étonnement. Cependant, du temps de Démosthène, il y avait plusieurs grands et illustres orateurs. Il y en avait avant lui, et il y en eut après lui. Il ne faut donc pas que ceux qui se sont livrés à l'éloquence laissent affaiblir leur espoir ou ralentir leur zèle. On ne doit pas désespérer d'atteindre à la perfection. Dans les grandes choses, ce qui approche de la perfection est déjà grand et beau.

Peut-être l'orateur dont je vais donner l'idée sera-t-il trop accompli pour ressembler à personne. Je ne cherche pas s'il y en a eu de tel, je cherche quelle est cette éloquence parfaite, qui ne s'est montrée que rarement et peut-être jamais dans tout un discours, mais dont quelques parties seulement ont pu offrir des traits plus ou moins fréquens, selon le mérite des orateurs. Je pose même en principe qu'il n'y a rien de si beau, en quelque genre que ce soit, qui ne le cède à cette beauté primitive [8] dont les autres ne sont qu'une imparfaite ressemblance; beauté inaccessible à nos sens, à nos faibles organes, et que la pensée, que l'âme seule peut saisir. Aussi, quoique nous n'ayons rien vu de plus parfait en leur genre que les statues de Phidias, et les tableaux dont j'ai parlé, nous pouvons cependant concevoir quelque chose de plus beau. Phidias, quand il faisait son Jupiter ou sa Minerve, ne prenait modèle sur aucun objet sensible; mais il y avait dans sa pensée une beauté suprême sur laquelle il tenait ses regards attachés, et dont la contemplation dirigeait son esprit et sa main.

III. Ainsi, de même que pour les arts il y a un beau idéal dont les objets sensibles ne sont que l'imitation;

referuntur ea, quæ sub oculos ipsa cadunt: sic perfectæ eloquentiæ speciem animo videmus, effigiem auribus quærimus.

Has rerum formas appellat *ideas* ille, non intelligendi solum, sed etiam dicendi gravissimus auctor et magister, Plato; easque gigni negat, et ait semper esse, ac ratione et intelligentia contineri; cetera nasci, occidere, fluere, labi, nec diutius esse uno et eodem statu. Quidquid est igitur, de quo ratione et via disputetur, id est ad ultimam sui generis formam speciemque redigendum.

Ac video, hanc primam ingressionem meam, non ex oratoris disputationibus ductam, sed e media philosophia repetitam, et eam quidem quum antiquam, tum subobscuram, aut reprehensionis aliquid, aut certe admirationis habituram. Nam aut mirabuntur, quid hæc pertineant ad ea, quæ quærimus; quibus satisfaciet res ipsa cognita, ut non sine causa alte repetita videatur: aut reprehendent, quod inusitatas vias indagemus, tritas relinquamus.

Ego autem et me sæpe nova videri dicere intelligo, quum pervetera dicam, sed inaudita plerisque; et fateor, me oratorem, si modo sim, aut etiam quicumque sim, non ex rhetorum officinis, sed ex Academiæ spatiis exstitisse. Illa enim sunt curricula multiplicium variorumque sermonum, in quibus Platonis primum impressa sunt vestigia: sed et hujus et aliorum philosophorum disputationibus et exagitatus maxime orator est, et adjutus. Omnis enim ubertas, et quasi silva

de même, pour l'éloquence, il y a dans notre esprit un modèle dont la parole doit être la copie.

Ces formes originelles, Platon les nomme *idées* 9, Platon ce grand maître, non-seulement dans l'art de la pensée, mais encore dans l'art de la parole. Ces idées, nous dit-il, sont éternelles, immuables; elles subsistent dans l'intelligence et la raison, tandis que le reste naît, passe, s'écoule, disparaît, subit de continuels changemens. Admettons donc que tout objet qui est du domaine de l'intelligence et de la raison doit être ramené à sa forme, à son idée primitive.

Mais je m'aperçois que ce début, tiré moins des principes de l'art oratoire que de ceux de la philosophie, et qui rappelle un système ancien et même assez obscur, peut m'attirer quelque blâme, ou tout au moins étonner. En effet, ou l'on se demandera avec étonnement quel rapport ont ces idées avec notre sujet, avant de s'être convaincu, par l'examen approfondi de la matière, que j'ai eu raison de remonter si haut; ou bien l'on me blâmera de quitter le chemin battu pour chercher des routes inconnues.

Mais j'ai remarqué que souvent on suppose nouvelles, dans mes ouvrages, des choses très-anciennes, mais trop peu connues; et j'avouerai d'ailleurs que si, comme orateur, j'ai quelque faible talent, je le dois moins aux leçons des rhéteurs qu'aux promenades de l'Académie 10. En effet, les richesses oratoires les plus variées abondent dans cette carrière philosophique où sont empreints les premiers pas de Platon. Ses œuvres et celles des autres philosophes, où d'ailleurs l'orateur est fort maltraité 11, sont d'un grand secours pour l'éloquence. C'est là que

dicendi, ducta ab illis est, nec satis tamen instructa ad forenses causas; quas, ut illi ipsi dicere solebant, agrestioribus musis reliquerunt. Sic eloquentia hæc forensis, spreta a philosophis et repudiata, multis quidem illa adjumentis magnisque caruit; sed tamen ornata verbis atque sententiis, jactationem habuit in populo, nec paucorum judicium reprehensionemque pertimuit. Ita et doctis eloquentia popularis, et disertis elegans doctrina defuit.

IV. Positum sit igitur in primis (quod post magis intelligetur), sine philosophia non posse effici, quem quærimus, eloquentem : non ut in ea tamen omnia sint, sed ut sic adjuvet, ut palæstra histrionem; parva enim magnis sæpe rectissime conferuntur. Nam nec latius, nec copiosius de magnis variisque rebus sine philosophia potest quisquam dicere. Siquidem etiam in Phædro Platonis hoc Periclem præstitisse ceteris dicit oratoribus Socrates, quod is Anaxagoræ physici fuerit auditor : a quo censet, eum, quum alia præclara quædam et magnifica didicisset, uberem et fecundum fuisse, gnarumque (quod est eloquentiæ maximum), quibus orationis modis quæque animorum partes pellerentur. Quod idem de Demosthene existimari potest : cujus ex epistolis intelligi licet, quam frequens fuerit Platonis auditor. Nec vero sine philosophorum disciplina, genus et speciem cujusque rei cernere, neque eam definiendo explicare, nec tribuere in partes possumus; nec judicare, quæ vera, quæ falsa sint, neque cernere consequentia, re-

se trouvent ces trésors, ces précieux matériaux, qui sont toutefois d'une médiocre utilité pour les débats judiciaires, et que les philosophes ont abandonnés, comme ils disent eux-mêmes, à des muses moins polies. L'éloquence du barreau ainsi méprisée, et comme répudiée par les philosophes, a été privée de secours puissans; mais, soutenue par le mérite du style et de la pensée, elle s'est attiré les louanges du peuple, sans s'inquiéter de la critique des connaisseurs. Ainsi les philosophes ont été dépourvus de cette éloquence qui charme le peuple, et les hommes diserts, des belles connaissances de la philosophie.

IV. Posons donc avant tout ce principe qui sera mieux compris dans la suite, que sans la philosophie nous ne formerons pas l'homme éloquent que nous cherchons : ce n'est pas que tout soit contenu dans la philosophie ; mais elle est aussi utile à l'orateur que la gymnastique à l'acteur; car souvent les petites choses se comparent avec justesse aux grandes. Sans le secours de la philosophie pourrait-on traiter avec abondance, avec majesté, des sujets si divers, si importans? Socrate lui-même, dans le *Phèdre* de Platon [12], dit que Périclès ne devint le premier des orateurs que parce qu'il avait été disciple d'Anaxagore [13], qui, ajoute-il, ne se borna pas à lui enseigner les plus sublimes vérités des sciences naturelles, mais lui donna aussi l'étendue et la fécondité de l'esprit, et lui révéla le grand secret de l'éloquence, l'art de parler aux passions. C'est ce qu'on peut croire aussi de Démosthène, dont les lettres [14] font voir avec quelle assiduité il allait entendre Platon. Nous ne pouvons en effet, sans le secours de la philosophie, distinguer le genre et l'espèce, définir, diviser, discerner le vrai d'avec le faux,

pugnantia videre, ambigua distinguere. Quid dicam de natura rerum, cujus cognitio magnam orationis suppeditat copiam? de vita, de officiis, de virtute, de moribus, sine multa earum ipsarum rerum disciplina, aut dici, aut intelligi potest?

V. Ad has tot tantasque res adhibenda sunt ornamenta innumerabilia, quæ sola tum quidem tradebantur ab iis, qui dicendi numerabantur magistri. Quo fit, ut veram illam et absolutam eloquentiam nemo consequatur, quod alia intelligendi, alia dicendi disciplina est; et ab aliis, rerum, ab aliis, verborum doctrina quæritur. Itaque M. Antonius, cui vel primas eloquentiæ patrum nostrorum tribuebat ætas, vir natura peracutus et prudens, in eo libro, quem unum reliquit, disertos ait se vidisse multos, eloquentem omnino neminem. Insidebat videlicet in ejus mente species eloquentiæ, quam cernebat animo, re ipsa non videbat. Vir autem acerrimo ingenio (sic enim fuit), multa et in se et in aliis desiderans, neminem plane, qui recte appellari eloquens posset, videbat. Quod si ille nec se, nec L. Crassum eloquentem putavit, habuit profecto comprehensam animo quamdam formam eloquentiæ, cui quoniam nihil deerat, eos, quibus aliquid aut plura deerant, in eam formam non poterat includere.

Investigemus hunc igitur, Brute, si possumus, quem nunquam vidit Antonius, aut qui omnino nullus unquam fuit : quem si imitari atque exprimere non possumus, quod idem ille vix deo concessum esse dicebat; at, qualis esse debeat, poterimus fortasse dicere.

suivre les conséquences, voir les contradictions, démêler les équivoques. La science même de la nature n'est-elle pas pour l'éloquence une source de richesses? Si l'orateur n'a fait une étude profonde de la vie humaine, des devoirs, de la vertu, des mœurs, quelles peuvent être ses paroles, ses idées?

V. Ces grandes pensées qu'on doit à la philosophie doivent être parées des grâces du style : c'était seulement du style que s'occupaient autrefois les maîtres de l'éloquence. Aussi personne n'arrivait-il à la vraie et parfaite éloquence. C'est que l'intelligence a d'autres secrets que le style; c'est qu'on ne puise pas à la même source la science des choses et celle des mots. C'est pour cela que M. Antoine[15], qui passait pour le premier orateur de son siècle, et qui joignait l'esprit à la science, nous dit, dans le seul livre que nous ayons de lui, qu'il a vu beaucoup d'hommes diserts, mais qu'il n'a jamais vu l'homme éloquent. C'est qu'il avait dans l'esprit une idée de l'éloquence qu'il ne voyait réalisée nulle part; c'est que, malgré son génie reconnu, comme il voyait ce qui lui manquait ainsi qu'aux autres, il ne trouvait personne qui méritât le titre d'éloquent. Oui, s'il se refusait ce titre, s'il le refusait à Crassus, c'est qu'il s'était formé de l'éloquence une idée si parfaite, qu'il n'osait y rapporter aucun de ceux qui lui semblaient plus ou moins éloignés de cette perfection.

Essayons donc, mon cher Brutus, de trouver, si nous le pouvons, cet orateur qu'Antoine n'avait jamais vu, ou plutôt qui n'a jamais existé, et si nous ne pouvons atteindre à ce modèle, qu'un dieu même, disait-il, égalerait à peine, peut-être en pourrons-nous du moins tracer l'image.

VI. Tria sunt omnino genera dicendi, quibus in singulis quidam floruerunt; peræque autem (id quod volumus) perpauci in omnibus. Nam et grandiloqui, ut ita dicam, fuerunt cum ampla et sententiarum gravitate, et majestate verborum, vehementes, varii, copiosi, graves, ad permovendos et convertendos animos instructi et parati : quod ipsum alii aspera, tristi, horrida oratione, neque perfecta, neque conclusa; alii lævi, et instructa, et terminata.

Et contra tenues, acuti, omnia docentes, et dilucidiora, non ampliora, facientes, subtili quadam et pressa oratione limati : in eodemque genere alii callidi, sed impoliti, et consulto rudium similes et imperitorum; alii in eadem jejunitate concinniores id est, faceti, florentes etiam, et leviter ornati.

Est autem quidam interjectus inter hos medius, et quasi temperatus, nec acumine posteriorum, nec fulmine utens superiorum, ut cinnus amborum, in neutro excellens, utriusque particeps, vel utriusque (si verum quærimus) potius expers. Isque uno tenore, ut aiunt, in dicendo fluit, nihil afferens præter facilitatem et æquabilitatem; aut addit aliquos, ut in corona, toros, omnemque orationem ornamentis modicis verborum sententiarumque distinguit.

VII. Horum singulorum generum quicumque vim singuli consecuti sunt, magnum in oratoribus nomen habuerunt; sed quærendum est, satisne id, quod volumus, effecerint. Videmus enim fuisse quosdam, qui iidem

VI. Il y a trois genres de style [16]; pour chacun nous avons des modèles; nous en cherchons pour tous ensemble; mais ils sont bien rares. Dans le sublime, nous voyons des orateurs qui, à la grandeur de la pensée et à la noblesse de l'expression, unissent la véhémence, la variété, l'abondance, la force, et une adresse merveilleuse à émouvoir et à entraîner les esprits. Les uns ont un langage rude, austère, sauvage, peu châtié, sans harmonie; les autres un style poli, régulier, arrondi.

Les orateurs du genre simple ont de la finesse et de la netteté; ils se contentent d'instruire et d'éclairer sans rien agrandir; ils expriment avec délicatesse, rapidité, pureté; mais, dans ce genre encore, les uns sont ingénieux sans être élégans, et affectent un langage sans étude et sans art; les autres ont dans leur simplicité plus de politesse, plus de grâce, et admettent quelques fleurs, quelques ornemens.

Il y a un genre qui tient le milieu entre le sublime et le simple; ce genre mixte n'a cependant ni la finesse du dernier, ni la force du premier; il en fait comme la nuance, et, sans ressembler à aucun, participe de l'un et de l'autre, ou plutôt s'en éloigne également. Doux et coulant, il ne se distingue que par la facilité et par un caractère toujours égal. Ses ornemens, comme ceux d'une couronne, ont peu de relief [17], et les pensées comme les expressions n'y brillent que d'un éclat modeste.

VII. Ceux qui ont marqué dans un de ces trois genres se sont fait un nom comme orateurs; mais voyons s'ils remplissent notre idée. Dans certains orateurs on a pu remarquer à la fois l'éclat et la force, la grâce et

ornate ac graviter, iidem versute et subtiliter dicerent. Atque utinam in Latinis talis oratoris simulacrum reperire possemus! esset egregium non quaerere externa, domesticis esse contentos. Sed ego idem, qui in illo sermone nostro, qui est expositus in Bruto, multum tribuerim Latinis, vel ut hortarer alios, vel quod amarem meos, recordor longe omnibus unum anteferre Demosthenem, qui vim accommodarit ad eam, quam sentiam, eloquentiam, non ad eam, quam in aliquo ipse cognoverim. Hoc nec gravior exstitit quisquam, nec callidior, nec temperatior. Itaque nobis monendi sunt ii, quorum sermo imperitus increbruit, qui aut dici se desiderant atticos, aut ipsi attice volunt dicere, ut mirentur hunc maxime, quo ne Athenas quidem ipsas magis credo fuisse atticas. Quid enim sit atticum, discant, eloquentiamque ipsius viribus, non imbecillitate sua, metiantur. Nunc enim tantum quisque laudat, quantum se posse sperat imitari. Sed tamen eos studio optimo, judicio minus firmo praeditos, docere, quae sit propria laus atticorum, non alienum puto.

VIII. Semper oratorum eloquentiae moderatrix fuit auditorum prudentia. Omnes enim, qui probari volunt, voluntatem eorum, qui audiunt, intuentur, ad eamque, et ad eorum arbitrium et nutum totos se fingunt et accommodant. Itaque Caria, et Phrygia, et Mysia, quod minime politae, minimeque elegantes sunt, adsciverunt aptum suis auribus opimum quoddam, et tanquam adipale dictionis genus, quod eorum vicini, non ita lato inter-

la finesse, et plût aux dieux que les Romains nous offrissent de pareils exemples! il serait beau de n'avoir pas à les demander à l'étranger, mais de les trouver parmi nous. Mais je me souviens que, dans mon *dialogue de Brutus*[18], si j'ai donné beaucoup de louanges aux Romains, soit pour encourager les talens, soit par amour pour mes compatriotes, je n'en ai pas moins placé Démosthène fort au dessus de tous les orateurs, comme celui qui s'est approché le plus de cette éloquence dont je me suis formé l'idée, et dont je n'ai pas trouvé d'exemple. Personne ne l'a emporté sur lui, dans le sublime, le simple, le tempéré. Aussi dois-je avertir certains esprits dont les opinions peu judicieuses commencent à se répandre, que, s'ils veulent passer pour attiques[19], ou s'ils aspirent en effet à l'atticisme, l'objet de leur admiration doit être Démosthène, cet orateur si attique, qu'Athènes même n'a pu, je crois, l'être plus que lui[20]. Qu'ils apprennent de lui ce que c'est qu'atticisme; qu'ils jugent de l'éloquence par les forces de ce grand homme, et non par leur faiblesse : car on ne loue aujourd'hui que ce qu'on croit pouvoir imiter. Comme ils ont de très-bonnes intentions, quoique leur goût ne soit pas assez sûr, je crois à propos de leur expliquer en quoi consiste ce véritable atticisme.

VIII. Les orateurs ont toujours réglé leur éloquence sur le goût de leurs auditeurs. Quand on veut plaire, on étudie les dispositions de ceux qui écoutent, on s'y conforme, on se plie à leur jugement, à leur fantaisie. Aussi les Cariens, les Phrygiens, les Mysiens[21], peuples sans politesse et sans goût, se sont fait un style bouffi et, pour ainsi dire, replet. Les Rhodiens[22], qui ne sont séparés d'eux que par un étroit bras de mer, n'ont ja-

jecto mari. Rhodii nunquam probaverunt, Græci multo minus, Athenienses vero funditus repudiaverunt : quorum semper fuit prudens sincerumque judicium, nihil ut possent, nisi incorruptum, audire, et elegans. Eorum religioni quum serviret orator, nullum verbum insolens, nullum odiosum ponere audebat.

Itaque hic, quem præstitisse diximus ceteris, in illa pro Ctesiphonte oratione longe optima, summissus a primo; deinde, dum de legibus disputat, pressus; post sensim incedens, judices ut vidit ardentes, in reliquis exsultavit audacius. Ac tamen in hoc ipso, diligenter examinante verborum omnium pondera, reprehendit Æschines quædam, et exagitat; illudensque, dira, odiosa, intolerabilia esse dicit. Quin etiam quærit ab ipso, quum quidem eum belluam appellet, utrum illa verba, an portenta sint : ut Æschini ne Demosthenes quidem videatur attice dicere. Facile est enim verbum aliquod ardens (ut ita dicam) notare, idque restinctis jam animorum incendiis irridere. Itaque se purgans jocatur Demosthenes : negat, in eo positas esse fortunas Græciæ, hoc an illo verbo usus sit, huc an illuc manum porrexerit. Quonam igitur modo audiretur Mysus aut Phryx Athenis, quum etiam Demosthenes exagitetur ut putidus? Quum vero inclinata ululantique voce, more asiatico, canere cœpisset, quis eum ferret? aut quis potius non juberet auferri?

IX. Ad Atticorum igitur aures teretes et religiosas qui se accommodant, ii sunt existimandi attice dicere. Quorum genera plura sunt, hi unum modo quale sit,

mais approuvé ce style, les Grecs encore moins; les Athéniens l'ont absolument rejeté, eux dont le goût, aussi sûr qu'éclairé, n'a jamais rien accueilli que de pur et d'élégant. Esclave de leurs scrupules, l'orateur ne se permettait aucun terme inusité ou choquant.

Cet orateur, par exemple, que nous avons placé au dessus de tous les autres, dans son excellent discours *pour Ctésiphon* [23], se montre d'abord soumis et modeste, devient plus vif en traitant des lois, puis s'anime par degrés, et, dès qu'il s'aperçoit de l'émotion des juges, donne à son éloquence un essor plus hardi. Et cependant, quoiqu'il eût soigneusement pesé tous les termes, Eschine lui en reproche quelques-uns et les critique vivement; il s'en moque; il les trouve durs, choquans, insoutenables [24]. Il va jusqu'à demander à Démosthène, en le traitant de bête féroce, si ce sont des mots ou des monstres. Ainsi, au jugement d'Eschine, Démosthène même n'a pas d'atticisme. Il est facile, en effet, de critiquer des expressions, pour ainsi dire, brûlantes, et d'en rire, quand le feu des esprits est éteint. Aussi Démosthène ne se justifie-t-il qu'en badinant. Il ne pense pas que la fortune de la Grèce dépende de tel ou tel mot, de tel ou tel geste [25]. Comment donc un Mysien, comment un Phrygien se serait-il fait écouter du peuple d'Athènes, quand on a pu reprocher à Démosthène même de l'affectation? Qu'il vienne avec sa voix sourde et gémissante chanter à la tribune comme font les Asiatiques, qui pourra le supporter? qui ne lui fermera la bouche?

IX. L'orateur attique [26] est donc celui qui se conforme à la délicatesse et à la sévérité des oreilles athéniennes. Il y a plusieurs sortes d'atticisme. Nos préten-

suspicantur. Putant enim, qui horride inculteque dicat, modo id eleganter, enucleateque faciat, eum solum attice dicere. Errant, quod solum; quod attice, non falluntur. Istorum enim judicio si solum illud est atticum, ne Pericles quidem dixit attice, cui primæ sine controversia deferebantur. Qui si tenui genere uteretur, nunquam ab Aristophane poeta, fulgurare, tonare, permiscere Græciam dictus esset. Dicat igitur attice venustissimus ille scriptor ac politissimus Lysias. Quis enim id possit negare? dum intelligamus, hoc esse atticum in Lysia, non quod tenuis sit atque inornatus, sed quod nihil habeat insolens aut ineptum. Ornate vero et graviter et copiose dicere, aut atticorum sit, aut ne sit Æschines, neve Demosthenes atticus.

Ecce autem aliqui se Thucydidios esse profitentur, novum quoddam imperitorum et inauditum genus. Nam qui Lysiam sequuntur, causidicum quemdam sequuntur: non illum quidem amplum, atque grandem; subtilem et elegantem tamen, et qui in forensibus causis possit præclare consistere. Thucydides autem res gestas et bella narrat, et prœlia graviter sane et probe: sed nihil ab eo transferri potest ad forensem usum et publicum. Ipsæ illæ conciones ita multas habent obscuras abditasque sententias, vix ut intelligantur: quod est in oratione civili vitium vel maximum. Quæ est autem in hominibus tanta perversitas, ut, inventis frugibus, glande vescantur? An victus hominum, Atheniensium beneficio excoli potuit, oratio non potuit? Quis porro unquam

dus attiques n'en connaissent qu'une : s'exprimer d'une manière sèche et sans ornement, pourvu qu'il y ait dans le style de la pureté et de la netteté, c'est pour eux le seul atticisme. C'est bien une qualité de l'atticisme; leur tort est de croire que ce soit la seule. Si, en effet, c'est en cela que consiste l'atticisme, Périclès n'était pas un orateur attique[27], Périclès à qui l'on donnait sans contredit le premier rang. Si nous ne lui supposons que de la simplicité, Aristophane[28] n'eût pu dire de lui qu'il lançait des éclairs, qu'il tonnait, qu'il ébranlait toute la Grèce. C'est donc un orateur attique, que cet écrivain si gracieux, si pur, Lysias. Qui pourrait le contester? pourvu qu'il soit bien entendu que, si Lysias est attique, ce n'est pas à cause de sa simplicité, de sa nudité, mais parce que son style n'a rien d'inusité, rien de choquant. En un mot, l'éclat, la force, l'abondance sont de l'atticisme, ou bien ni Eschine ni Démosthène ne sont attiques.

Mais en voici d'autres qui s'annoncent pour disciples de Thucydide[29], nouvelle secte d'ignorans inconnue jusqu'ici. Ceux qui prennent Lysias pour modèle imitent du moins un orateur du barreau, qui sans doute n'a rien de grand, de sublime, mais dont la pureté et l'élégance peuvent se produire avec honneur dans les luttes judiciaires. Thucydide raconte les grands évènemens, les guerres, les combats, avec exactitude et noblesse; mais il n'offre rien qui soit à l'usage des orateurs du barreau. Il y a dans ses discours mêmes tant de pensées obscures, enveloppées, qu'on a peine à les saisir; ce qui, lorsqu'on parle en public, est le plus grand défaut. Quelle dépravation de goût! on a le blé, on se contente du gland! nous devons à l'Attique une nourriture meilleure[30]; ne pouvons-nous lui devoir aussi un

græcorum rhetorum a Thucydide quidquam duxit? At laudatus est ab omnibus. Fateor : sed ita, ut rerum explicator prudens, severus, gravis; non ut in judiciis versaret causas, sed ut in historiis bella narraret. Itaque nunquam est numeratus orator. Nec vero, si historiam non scripsisset, nomen ejus exstaret, quum præsertim fuisset honoratus et nobilis. Hujus tamen nemo neque verborum, neque sententiarum gravitatem imitatur; sed quum mutila quædam et hiantia locuti sunt, quæ vel sine magistro facere potuerunt, germanos se putant esse Thucydidas. Nactus sum etiam, qui Xenophontis similem esse se cuperet : cujus sermo est ille quidem melle dulcior, sed a forensi strepitu remotissimus.

X. Referamus igitur nos ad eum, quem volumus, inchoandum, et eadem eloquentia informandum, quam in nullo cognovit Antonius. Magnum opus omnino et arduum, Brute, conamur : sed nihil difficile amanti puto. Amo autem, et semper amavi ingenium, studia, mores tuos. Incendor porro quotidie magis, non desiderio solum, quo quidem conficior, congressus nostros, consuetudinem victus, doctissimos sermones requirens tuos, sed etiam admirabili fama virtutum incredibilium, quæ, specie dispares, prudentia conjunguntur. Quid enim tam distans, quam a severitate comitas? Quis tamen unquam te aut sanctior est habitus, aut dulcior? Quid tam difficile, quam in plurimorum controversiis dijudicandis ab omnibus diligi? consequeris tamen, ut eos ipsos, quos contra statuas, æquos placatosque dimittas. Itaque efficis, ut, quum gratiæ causa nihil facias, omnia

langage meilleur? Mais enfin quel rhéteur grec n'a rien tiré de Thucydide? Cependant tous l'ont loué. J'en conviens; mais ce qu'on admire en lui, c'est le politique profond, exact, judicieux, moins fait pour être l'avocat d'une cause que l'historien d'une guerre. Aussi ne l'a-t-on jamais compté parmi les orateurs. Peut-être même que, s'il n'avait pas écrit l'histoire, son nom ne serait pas arrivé jusqu'à nous, malgré son rang et les honneurs dont il fut revêtu. Mais ce n'est pas la majesté de ses pensées et de son expression que reproduisent ses imitateurs : il leur suffit de quelques phrases estropiées et sans liaison, qu'ils écriraient sans maître, pour se croire de vrais Thucydides. J'ai connu aussi un partisan du style de Xénophon, style à la vérité plus doux que le miel, mais qui ne saurait convenir au style judiciaire.

X. Revenons donc à cet orateur, que nous voulons former et douer de cette éloquence qu'Antoine n'a jamais vue. C'est, mon cher Brutus, une grande et pénible tâche; mais tout est facile à l'amitié; or, j'aime et j'ai toujours aimé votre caractère, vos goûts, vos mœurs [32]. Mon affection chaque jour devient plus vive, et lorsque je me rappelle, avec un regret si profond, notre doux commerce, nos rapports de chaque jour, vos doctes entretiens, et lorsque j'entends faire un si magnifique éloge de toutes ces rares vertus, qui semblent incompatibles, et que vous savez concilier. Qu'y a-t-il, en effet, de plus opposé en apparence que la bonté et la sévérité? et cependant quel homme fut jamais plus pur et plus doux que Brutus? Quoi de plus difficile que de gagner tous les cœurs, quand on est appelé à prononcer entre tant d'intérêts divers? et cependant vous parvenez à renvoyer contens et plus calmes ceux mêmes contre

tamen sint grata, quæ facis. Ergo ex omnibus terris, una Gallia communi non ardet incendio : in qua frueris ipse te, quum in Italiæ luce cognosceris, versarisque in optimorum civium vel flore, vel robore. Jam quantum illud est, quod in maximis occupationibus nunquam intermittis studia doctrinæ! semper aut ipse scribis aliquid, aut me vocas ad scribendum! Itaque hoc sum aggressus statim Catone absoluto; quem ipsum nunquam attigissem, tempora timens inimica virtuti, nisi tibi hortanti, et illius memoriam mihi caram excitanti, non parere nefas esse duxissem : sed testificor, me a te rogatum, et recusantem, hæc scribere esse ausum. Volo enim mihi tecum commune esse crimen, ut, si sustinere tantam quæstionem non potuero, injusti oneris impositi tua culpa sit, mea recepti. In quo tamen judicii nostri errorem laus tibi dati muneris compensabit.

XI. Sed in omni re difficillimum est formam (quæ $\chi\alpha\rho\alpha\kappa\tau\eta\rho$ græce dicitur) exponere optimi : quod aliud aliis videtur optimum. Ennio delector, ait quispiam, quod non discedit a communi more verborum. Pacuvio, inquit alius; omnes apud hunc ornati elaboratique sunt versus; multa apud alterum negligentius. Fac alium Attio. Varia enim sunt judicia, ut in Græcis : nec facilis explicatio, quæ forma maxime excellat. In picturis alios horrida, inculta, abdita, et opaca; contra alios nitida,

qui vous décidez. Aussi, quoique vous ne fassiez rien pour plaire, vous avez le secret de plaire à tout le monde. De toutes nos provinces, la Gaule seule ne se ressent pas de l'embrasement général [32]. Vous y jouissez en paix de votre vertu, admiré de cette belle contrée de l'Italie, et entouré de ces nobles citoyens qui sont la fleur et la force de l'empire. Que dirai-je de votre application continuelle à l'étude, au milieu des plus graves occupations? ou vous composez vous-même, ou vous m'invitez à composer. C'est par votre conseil que j'ai entrepris ce traité, après avoir terminé *Caton* [33], ouvrage que je n'eusse jamais fait dans ce siècle ennemi de la vertu, si je n'eusse regardé comme un crime de repousser le vœu de Brutus, qui me recommandait un si cher souvenir? Quant à ce traité, je proteste que c'est à votre prière et après avoir long-temps résisté, que j'ai osé l'entreprendre. Je veux vous rendre complice de ma faute, de sorte que, si je viens à succomber sous le poids de mon sujet, nous essuierons, vous le reproche de m'avoir imposé un trop lourd fardeau, et moi de m'en être chargé. L'excuse de ma témérité sera toutefois dans le mérite de mon obéissance.

XI. En toute chose il est très-difficile d'établir la forme, les Grecs disent *le caractère* de la perfection, parce que les idées varient sur la perfection. J'aime Ennius, dit l'un, parce qu'il emploie les termes habituels. J'aime Pacuvius, dit un autre : ses vers sont élégans et travaillés; il y a trop de négligences dans Ennius. Supposons qu'un autre vante Attius; car les jugemens sont divers sur les Latins comme sur les Grecs, et il n'est pas facile de dire quelle forme l'emporte sur les autres. Dans la peinture, les uns veulent des figures

læta, collustrata delectant. Quid est, quo præscriptum aliquod aut formulam exprimas, quum in suo quodque genere præstet, et genera plura sint? Hac ego religione non sum ab hoc conatu repulsus; existimavique, in omnibus rebus esse aliquid optimum etiamsi lateret; idque ab eo posse, qui ejus rei gnarus esset, judicari.

Sed quoniam plura sunt orationum genera, eaque diversa, neque in unam formam cadunt omnia : laudationum, scriptionum, et historiarum, et talium suasionum, qualem Isocrates fecit Panegyricum, multique alii, qui sunt nominati sophistæ, reliquarumque rerum formam, quæ absunt ab forensi contentione, ejusque totius generis, quod græce ἐπιδεικτικὸν nominatur, quod quasi ad inspiciendum, delectationis causa comparatum est, non complectar hoc tempore. Non quo negligenda sit : est enim illa quasi nutrix ejus oratoris, quem informare volumus, et de quo molimur aliquid exquisitius dicere.

XII. Ab hac et verborum copia alitur, et eorum constructio et numerus liberiore quadam fruitur licentia. Datur etiam venia concinnitati sententiarum; et arguti, certique, et circumscripti verborum ambitus conceduntur; de industriaque, non ex insidiis, sed aperte ac palam, elaboratur, ut verba verbis quasi demensa et paria respondeant; ut crebro conferantur pugnantia, comparenturque contraria; et ut pariter extrema terminentur, eumdemque referant in cadendo sonum : quæ in veritate causarum et rarius multo facimus, et certe occultius.

d'un genre austère, peu châtiées, enfoncées, chargées d'ombre; les autres, du brillant, du gai, de l'éclatant. Comment donner un modèle, poser une règle, lorsque chaque genre a ses perfections et qu'il y a tant de genres? Cette difficulté ne m'a pas détourné de mon entreprise; je pense qu'en toutes choses il y a un genre de perfection, caché peut-être, mais que l'on découvre quand on possède bien la chose même.

Comme il y a plusieurs genres d'écrire qui diffèrent entre eux et qui ont une forme particulière, je laisse de côté les éloges, les déclamations, les sujets historiques, les discours comme le *Panégyrique* d'Isocrate [34], et ceux de tant d'autres auxquels on a donné le nom de sophistes, tous ces ouvrages enfin qui ne se rapportent point aux débats judiciaires, et qui appartiennent à ce genre que les Grecs nomment *démonstratif*, parce que c'est un genre d'apparat et que son seul but est de flatter l'oreille. Ce n'est pas qu'on doive le négliger : c'est, pour ainsi dire, la première nourriture de l'orateur que nous voulons former, et dont nous voulons donner une idée moins commune.

XII. Il peut toujours y puiser une grande abondance de termes, des constructions habiles, et cette harmonie qui s'affranchit de la servitude des règles. C'est là qu'il est permis de rechercher les pensées brillantes, les périodes régulières, bien compassées, bien arrondies; c'est là que, loin de cacher l'art et le travail, on le montre à découvert, dans un rapport symétrique d'expressions, dans ces oppositions ou comparaisons des contraires aux contraires, dans ces désinences pareilles, ces chutes semblables [35], figures que nous employons bien plus rarement dans les causes réelles, et

In Panathenaico autem Isocrates ea studiose consectatum fatetur. Non enim ad judiciorum certamen, sed ad voluptatem aurium scripserat.

Hæc tractasse Thrasymachum Chalcedonium, primum, et Leontinum ferunt Gorgiam; Theodorum inde Byzantium; multosque alios, quos λογοδαιδάλους appellat in Phædro Socrates : quorum satis arguta multa, sed ut modo primumque nascentia, minuta, et versiculorum similia quædam, nimiumque depicta. Quo magis sunt Herodotus, Thucydidesque mirabiles : quorum ætas quum in eorum tempora, quos nominavi, incidisset, longissime tamen ipsi a talibus deliciis, vel potius ineptiis abfuerunt. Alter enim sine ullis salebris quasi sedatus amnis fluit; alter incitatior fertur, et de bellicis rebus canit etiam quodam modo bellicum; primisque ab his (ut ait Theophrastus) historia commota est, ut auderet uberius, quam superiores, et ornatius dicere.

XIII. Horum ætati successit Isocrates, qui præter ceteros ejusdem generis laudatur semper a nobis, nonnunquam, Brute, leviter et erudite repugnante te. Sed cedas mihi fortasse, si, quid in eo laudem, cognoveris. Nam quum concisus ei Thrasymachus minutis numeris videretur, et Gorgias, qui tamen primi traduntur arte quadam verba vinxisse; Thucydides autem præfractior, nec satis, ut ita dicam, rotundus : primus instituit dilatare verbis, et mollioribus numeris explere sententias. In quo quum doceret eos, qui partim in dicendo, partim in scribendo principes exstiterunt, domus ejus officina habita

que nous cherchons au moins à dissimuler. Isocrate, dans son *Panathénaïque* [36], avoue qu'il les a recherchées avec soin : c'est qu'il n'écrivait pas pour les débats judiciaires, mais bien pour le plaisir de l'oreille.

Les premiers qui enseignèrent cette partie de l'art furent, dit-on, Thrasymaque de Chalcédoine et Gorgias le Léontin; puis Théodore de Byzance, et d'autres que, dans le *Phèdre*, Socrate appelle *artisans de paroles* [37]. Leur style n'est pas sans quelque charme : ais mc'est, pour ainsi dire, à demi éclos; ce sont de petites phrases comme des vers; il y a de l'affectation. Nous devons en admirer davantage Hérodote et Thucydide qui, dans le siècle même de ces sophistes, ont dédaigné ces agrémens, ou plutôt ces puérilités. L'un, comme un fleuve qui ne trouve point d'embarras dans son cours, est tranquille et coulant; l'autre est plus vif; ses descriptions de combats ont quelque chose du tumulte de la guerre [38]. Ce sont les premiers, dit Théophraste, qui ont animé l'histoire, et qui lui ont donné ce langage riche et varié qu'elle n'avait pas auparavant.

XIII. Après eux vint Isocrate, que je mets toujours au dessus des rhéteurs du même genre, quoique vous combattiez quelquefois cette opinion [39], mon cher Brutus, avec ménagement autant qu'avec esprit. Peut-être la partagerez-vous, si je vous dis ce que j'aime dans Isocrate. Comme il lui semblait que la période était divisée en trop de membres dans Thrasymaque et Gorgias, qui, les premiers, se sont appliqués à l'arrangement des mots, comme d'ailleurs Thucydide lui paraissait trop brisé, trop peu arrondi, si je puis ainsi m'exprimer, il commença à développer les pensées dans des périodes plus coulantes. Ses leçons formèrent les orateurs, les

eloquentiæ est. Itaque ut ego, quum a nostro Catone laudabar, vel reprehendi me a ceteris facile patiebar : sic Isocrates videtur testimonio Platonis aliorum judicia debere contemnere. Est enim, ut scis, quasi in extrema pagina Phædri his ipsis verbis loquens Socrates, « Adolescens etiam nunc, o Phædre, Isocrates est; sed quid de illo augurer, lubet dicere. — Quid tandem? inquit ille. — Majore mihi ingenio videtur esse, quam ut cum orationibus Lysiæ comparetur. Præterea ad virtutem major indoles : ut minime mirum futurum sit, si, quum ætate processerit, aut in hoc orationum genere, cui nunc studet, tantum, quantum pueris, reliquis præstet omnibus, qui unquam orationes attigerunt; aut, si contentus his non fuerit, divino aliquo animi motu majora concupiscat. Inest enim natura philosophia in hujus viri mente quædam. » Hæc de adolescente Socrates auguratur. At ea de seniore scribit Plato, et scribit æqualis, et quidem exagitator omnium rhetorum : hunc miratur unum. Me autem, qui Isocratem non diligunt, una cum Socrate et cum Platone errare patiantur.

Dulce igitur orationis genus, et solutum, et effluens, sententiis argutum, verbis sonans, est in illo epidictico genere, quod diximus; proprium sophistarum; pompæ, quam pugnæ, aptius; gymnasiis et palestræ dicatum; spretum et pulsum foro. Sed quod educata hujus nutrimentis eloquentia, ipsa se postea colorat et roborat, non alienum fuit de oratoris quasi incunabulis dicere. Verum

écrivains les plus célèbres, et sa maison fut regardée comme l'école même de l'éloquence. Quand j'étais loué par notre admirable Caton, je m'inquiétais peu d'être blâmé par d'autres ; honoré du suffrage de Platon, Isocrate doit tenir peu compte de l'avis de ses autres juges. Or voici, vous le savez, comme parle Socrate, à la deuxième page du *Phèdre* [40] : « Isocrate est encore jeune, mon cher Phèdre; mais ce que j'augure de lui, je vais vous le dire. — Eh bien? dit Phèdre. — Il me paraît doué d'un génie supérieur à Lysias pour l'éloquence. Il a d'ailleurs plus de goût pour la vertu, et je ne m'étonnerais pas que, plus âgé, il effaçât, dans le genre d'étude qu'il a adopté, tous les orateurs qui l'ont précédé, comme il efface aujourd'hui ceux de son âge; ou bien, si ce genre ne lui suffit plus, on le verra, comme saisi d'un mouvement divin, s'élever à quelque chose de plus sublime. Cet homme est naturellement philosophe. » Voilà ce qu'augurait Socrate de cet orateur jeune encore; c'est l'hommage que rend à sa vieillesse Platon son contemporain; oui, Platon, ce fléau des rhéteurs, n'admire qu'Isocrate. Que ceux qui n'aiment pas cet écrivain me laissent la liberté de me tromper avec Socrate et Platon.

Ainsi le style de ce genre, du genre démonstratif, est doux, facile, coulant, plein de pensées fines, d'expressions harmonieuses; propre surtout aux sophistes, plus fait pour l'appareil que pour le combat; réservé aux exercices du gymnase, mais dédaigné, repoussé par le forum. Cependant, puisque ce genre est la première nourriture de l'éloquence, qui prend ensuite par elle-même plus de couleur et de force, il n'était pas hors de propos

hæc ludorum atque pompæ : nos autem jam in aciem dimicationemque descendamus.

XIV. Quoniam tria videnda sunt oratori, quid dicat, et quo quidque loco, et quo modo : dicendum omnino est, quid sit optimum in singulis, sed aliquanto secus, atque in tradenda arte dici solet. Nulla præcepta ponemus (neque enim id suscepimus), sed excellentis eloquentiæ speciem et formam adumbrabimus: nec, quibus rebus ea paretur, exponemus; sed qualis nobis esse videatur.

Ac duo breviter prima : sunt enim non tam insignia ad maximam laudem, quam necessaria, et tamen cum multis pæne communia. Nam et invenire, et judicare, quid dicas, magna illa quidem sunt, et tanquam animi instar in corpore; sed propria magis prudentiæ, quam eloquentiæ : qua tamen in causa est vacua prudentia? Noverit igitur hic quidem orator, quem summum esse volumus, argumentorum et rationum locos. Nam quoniam, quidquid est, quod in controversia aut in contentione versetur, in eo, aut sitne, aut quid sit, aut quale sit, quæritur; sitne, signis; quid sit, definitionibus; quale sit, recti pravique partibus : quibus ut uti possit orator, non ille vulgaris, sed hic excellens, a propriis personis et temporibus semper, si potest, avocat controversiam. Latius enim de genere, quam de parte disceptare licet : ut, quod in universo sit probatum, id in parte sit probari necesse. Hæc igitur quæstio, a propriis personis et temporibus ad universi generis orationem traducta, appellatur *thesis*. In hac Aristoteles adolescen-

de jeter un regard sur le berceau de l'orateur. Mais ce ne sont que les jeux, les exercices de son enfance; suivons-le maintenant sur le champ de bataille, au combat.

XIV. L'orateur doit s'occuper de trois choses, de l'invention, de la disposition, de l'élocution [41]. Nous dirons en quoi consiste la perfection dans chacune de ces parties, mais sans nous astreindre à la méthode vulgaire. Nous n'établirons aucune règle; tel n'est pas notre but: nous tracerons seulement l'idée de la parfaite éloquence : nous ne dirons pas comment on peut l'acquérir, mais nous la peindrons telle que nous la concevons.

Nous nous arrêterons peu sur les deux premières parties. Si, en effet, elles sont moins l'accessoire que le fond même de l'éloquence, elles sont cependant communes à d'autres études. Il est vrai qu'inventer et choisir sont à l'éloquence ce que l'âme est au corps; cependant, quelque importantes que soient ces qualités, elles appartiennent plutôt au jugement qu'à l'éloquence; et cependant quelle est la cause où le jugement ne soit nécessaire? Il faut donc que l'orateur parfait que nous cherchons connaisse les sources des argumens et des preuves. Or, tout ce qui peut être l'objet d'une question, d'une dissertation, se réduit à savoir si la chose est, de quelle nature elle est, quelles en sont les qualités [42] : on connaît par les indices si la chose est; ce qu'elle est, par les définitions; ses qualités enfin, par les idées du bien et du mal. Pour embrasser tout cela, le véritable orateur ne se renfermera pas dans les circonstances des personnes, du temps. En remontant du particulier au général, il s'ouvre un plus vaste champ, et la preuve générale bien établie devient la preuve

tes, non ad philosophorum morem tenuiter disserendi, sed ad copiam rhetorum, in utramque partem, ut ornatius et uberius dici posset, exercuit; idemque *locos* (sic enim appellat) quasi argumentorum notas, tradidit, unde omnis in utramque partem traheretur oratio.

XV. Facile igitur hic noster (non enim declamatorem aliquem de ludo, aut rabulam de foro, sed doctissimum et perfectissimum quærimus), quoniam loci certi traduntur, percurret omnes; utetur aptis generatim; discet ex quo emanent etiam qui *communes* appellantur *loci*. Nec vero utetur imprudenter hac copia, sed omnia expendet et seliget. Non enim semper, nec in omnibus causis, ex iisdem eadem argumentorum momenta sunt. Judicium igitur adhibebit; nec inveniet solum quid dicat, sed etiam expendet. Nihil enim est feracius ingeniis, iis præsertim, quæ disciplinis exculta sunt. Sed ut segetes fecundæ et uberes non solum fruges, verum herbas etiam effundunt inimicissimas frugibus : sic interdum ex illis locis, aut levia quædam, aut causis aliena, aut non utilia gignuntur; quorum ab oratoris judicio delectus magnus adhibebitur. Alioqui quonam modo ille in bonis hærebit et habitabit suis? aut molliet dura, aut occultabit, quæ dilui non poterunt, atque omnino opprimet, si licebit? aut abducet animos, aut aliud afferet, quod oppositum probabilius sit, quam illud, quod obstabit?

particulière. Or, la question séparée des circonstances du temps, et des personnes, et ramenée du particulier au général, s'appelle *thèse*. C'est d'après cette méthode qu'Aristote exerçait ses disciples à parler pour et contre, non avec la sécheresse des philosophes, mais avec l'abondance des rhéteurs, pour leur donner de la richesse, de la fécondité. Aristote a fait un livre des *lieux* (c'est son expression), où l'orateur peut puiser toutes les preuves pour et contre.

XV. Notre orateur (nous ne parlons toujours ni d'un déclamateur des écoles, ni de quelque misérable avocat, mais bien de l'orateur parfait) trouvera donc sans peine, dans les lieux que nous fournissent les rhéteurs, ceux qui conviendront à son sujet, et reconnaîtra même la source véritable de ces *lieux communs*. Mais il n'abusera pas de ces richesses, il n'y puisera qu'avec mesure et discernement; car les mêmes genres de preuves ne conviennent pas à tous les temps, à toutes les causes. Le jugement devra être son guide; il ne suffira pas de trouver les argumens, il faudra aussi les peser. Quoi de plus fécond que l'esprit de l'homme, surtout quand il est cultivé par l'étude? Mais, comme les terres les plus fertiles produisent à la fois et le bon grain et les herbes funestes au bon grain, ainsi de ces lieux communs peuvent naître des pensées frivoles, étrangères au sujet, inutiles[43]; ce qui exige de la part de l'orateur beaucoup de discernement. Sans cela comment s'arrêter, se fixer aux bonnes preuves? comment adoucir ce qui pourrait être choquant, dissimuler, supprimer même ce qu'il serait impossible de réfuter? Comment détourner l'attention des esprits, et présenter d'autres preuves plus fortes en apparence que celles qu'on aurait à détruire?

Jam vero ea, quæ invenerit, qua diligentia collocabit? quoniam id secundum erat de tribus. Vestibula nimirum honesta, aditusque ad causam faciet illustres: quumque animos prima aggressione occupaverit, infirmabit, excludetque contraria; de firmissimis alia prima ponet, alia postrema, inculcabitque leviora.

Atque in primis duabus dicendi partibus qualis esset, summatim breviterque descripsimus. Sed, ut ante dictum est, in his partibus (etsi graves atque magnæ sunt) minus et artis est, et laboris.

XVI. Quum autem, quid et quo loco dicat, invenerit, illud est longe maximum, videre, quonam modo. Scitum est enim, quod Carneades noster dicere solebat, Clitomachum eadem dicere, Charmadam autem eodem etiam modo dicere. Quod si in philosophia tantum interest, quemadmodum dicas, ubi res spectatur, non verba penduntur: quid tandem in causis existimandum est, quibus totis moderatur oratio? Quod quidem ego, Brute, ex tuis litteris sentiebam, non te id scitari, qualem ego in inveniendo et in collocando summum esse oratorem vellem; sed id mihi quærere videbare, quod genus ipsius orationis optimum judicarem. Rem difficilem (dii immortales!), atque omnium difficillimam. Nam quum est oratio mollis, et tenera, et ita flexibilis, ut sequatur, quocumque torqueas: tum et naturæ variæ, et voluntates, multum inter se distantia effecerunt genera dicendi.

Les idées une fois trouvées, comment les distribuer? c'est la deuxième des trois fonctions de l'orateur. Que son exorde ait de la dignité, et, ce qui servira d'introduction à sa cause, de la grandeur, de l'éclat; qu'après s'être emparé des esprits par une première attaque, il affaiblisse, il détruise les moyens de son adversaire; que, des preuves les plus fortes, il choisisse les unes pour le commencement, les autres pour la fin, et qu'il mette au milieu les plus faibles.

Voilà en peu de mots les deux premières parties de l'art oratoire. Mais, nous l'avons déjà remarqué, ces parties, quoique très-importantes, demandent moins d'art et d'étude.

XVI. Quand l'orateur est fixé sur l'invention et la disposition, il lui reste à remplir le plus important de ses devoirs, l'élocution. Voici un mot fort censé de notre ami Carnéade [44] sur Clitomaque : — Clitomaque dit toujours les mêmes choses, Charmadas les mêmes choses en mêmes termes. — Or, s'il est indispensable de prendre garde à ses expressions dans la philosophie, où cependant l'on suppose des choses plus que des mots, quelle attention ne doit-on pas apporter au style d'un discours, où l'élocution est la partie essentielle? Aussi ai-je compris par vos lettres, Brutus, que vous ne me demandez pas mon sentiment sur ce qui constitue l'orateur parfait dans l'invention et la disposition; mais vous voulez savoir, je pense, en quoi je fais consister le meilleur genre d'élocution. C'est assurément une question difficile, la plus difficile de toutes. En effet, le langage est quelque chose de si délicat, de si souple, de si flexible, qu'il se prête à tous les caprices : puis la différence des esprits et des goûts a dû produire différens caractères de style.

Flumen aliis verborum, volubilitasque cordi est, qui ponunt in orationis celeritate eloquentiam. Distincta alios et interpuncta intervalla, moræ, respirationesque delectant. Quid potest esse tam diversum? tamen est in utroque aliquid excellens. Elaborant alii in lenitate et æquabilitate, et puro quasi quodam et candido genere dicendi. Ecce aliqui duritatem et severitatem quamdam verbis, et orationis quasi mœstitiam sequuntur; quodque paullo ante divisimus, ut alii graves, alii tenues, alii temperati vellent videri, quot orationum genera esse diximus, totidem oratorum reperiuntur.

XVII. Et, quoniam cœpi jam cumulatius hoc munus augere, quam a te postulatum est (tibi enim tantum de orationis genere quærenti respondi etiam breviter de inveniendo et collocando), ne nunc quidem solum de orationis modo dicam, sed etiam de actionis: ita prætermissa pars nulla erit; quandoquidem de memoria nihil est hoc loco dicendum, quæ communis est multarum artium.

Quo modo autem dicatur, id est in duobus, in agendo et in eloquendo. Est enim actio quasi corporis quædam eloquentia, quum constet e voce atque motu. Vocis mutationes totidem sunt, quot animorum, qui maxime voce commoventur. Itaque ille perfectus, quem jamdudum nostra indicat oratio, utcumque se affectum videri et animum audientis moveri volet, ita certum vocis admovebit sonum : de quo plura dicerem, si hoc præcipiendi tempus esset, aut si tu hoc quæreres; dicerem etiam de gestu, cum quo junctus est vultus. Quibus omnibus, dici vix potest, quantum intersit, quemadmodum utatur

Les uns veulent un torrent, une volubilité d'expressions; l'éloquence est pour eux dans l'impétuosité du discours. D'autres aiment le style coupé, les repos, les phrases qui permettent de reprendre haleine. Quelle différence! et cependant chacun de ces deux genres a sa perfection. Il y en a qui travaillent à se faire un style doux, égal, pur et naturel; d'autres préfèrent je ne sais quoi de dur, de sévère, presque de triste; il y a, nous en avons plus haut établi la division, trois genres de style, le sublime, le simple, le tempéré; il y a autant de genres d'orateurs.

XVII. Puisque j'ai commencé à vous donner plus que vous ne me demandiez (je n'avais, en effet, à vous répondre que sur le style, et j'ai dit quelques mots de l'invention et de la disposition), je vais encore, Brutus, parler de l'action : je n'aurai donc omis aucune partie de l'éloquence; car, pour ce qui concerne la mémoire, je n'ai rien à dire ici de cette faculté commune à bien d'autres études.

La manière de s'énoncer consiste en deux choses, l'action et l'élocution. L'action est, pour ainsi dire, l'éloquence du corps; elle se compose, en effet, de la voix et du geste[45]. Il y a autant d'inflexions de voix qu'il y a de sentimens, et c'est la voix surtout qui les excite. Ainsi l'orateur parfait dont il s'agit prendra tous les tours qui conviendront aux passions dont il voudra paraître animé, et qu'il voudra remuer dans les cœurs; j'aurais là-dessus bien des choses à dire si c'était le moment d'en parler, ou si vous me l'eussiez demandé; je parlerais aussi du geste, auquel se lie l'expression du visage. On ne peut dire à quel point toute cette partie

orator. Nam et infantes, actionis dignitate, eloquentiæ sæpe fructum tulerunt; et diserti, deformitate agendi, multi infantes putati sunt : ut jam non sine causa Demosthenes tribuerit et primas, et secundas, et tertias actioni. Si enim eloquentia nulla sine hac; hæc autem sine eloquentia, tanta est : certe plurimum in dicendo potest.

XVIII. Volet igitur ille, qui eloquentiæ principatum petet, et contenta voce, atrociter dicere; et summissa, leniter; et inclinata, videri gravis; et inflexa, miserabilis.

Mira est enim quædam natura vocis : cujus quidem, e tribus omnino sonis, inflexo, acuto, gravi, tanta sit, et tam suavis varietas perfecta in cantibus. Est autem in dicendo etiam quidam cantus obscurior, non hic e Phrygia et Caria rhetorum epilogus, pæne canticum; sed ille, quem significat Demosthenes, et Æschines, quum alter alteri objicit vocis flexiones. Dicit plura etiam Demosthenes, illumque sæpe dicit voce dulci et clara fuisse. In quo illud etiam notandum mihi videtur ad studium persequendæ suavitatis in vocibus. Ipsa enim natura, quasi modularetur hominum orationem, in omni verbo posuit acutam vocem, nec una plus, nec a postrema syllaba citra tertiam : quo magis naturam ducem ad aurium voluptatem sequatur industria. Ac vocis quidem bonitas optanda est : non est enim in nobis; sed tractatio, atque usus in nobis. Ergo ille princeps variabit et

de l'art est essentielle à l'orateur. On en a vu qui, sans avoir le don de la parole, ont recueilli, par le seul mérite de l'action, tout le prix de l'éloquence; et d'autres qui avaient du talent ont passé, grâce à l'inconvenance de leur action, pour ne pas savoir parler. Ce n'est donc pas sans motif que Démosthène assignait à l'action le premier, le deuxième, le troisième rang. En effet, si l'éloquence n'est rien sans elle, et si, sans l'éloquence, elle seule est si puissante, elle est de la plus haute importance dans l'art de la parole.

XVIII. Ainsi l'orateur qui aspire à la perfection fera entendre une voix forte s'il est ému, douce s'il est calme, soutenue s'il est grave, touchante s'il cherche à exciter la compassion.

Tel est le caractère merveilleux de la voix : elle a trois tons, l'aigu, le grave et le moyen [46], qui forment toute la puissance, toute la douceur, et la variété du chant. Il y a peut-être aussi dans le discours une sorte de chant dissimulé, non pas ce chant musical [47] des rhéteurs phrygiens et cariens dans leurs péroraisons, mais ce chant dont veulent parler Démosthène et Eschine, quand ils se reprochent l'un à l'autre leurs inflexions de voix, et que Démosthène, tout en ne ménageant pas son rival, lui accorde cependant une voix douce et claire. Une remarque à faire dans l'étude de la prononciation, c'est que la nature elle-même, comme pour régler l'harmonie du langage, nous enseigne à mettre sur chaque mot un accent aigu [68], et à n'en mettre qu'un, dont la place ne peut être en deçà de l'antépénultième. C'est donc la nature qui, pour le plaisir de l'oreille, doit servir de guide à l'art. Nous devons désirer une belle voix; car il ne dépend pas de nous de l'avoir,

mutabit; omnes sonorum, tum intendens, tum remittens, persequetur gradus.

Idemque motu sic utetur, nihil ut supersit in gestu. Status erectus et celsus; rarus incessus, nec ita longus; excursio moderata, eaque rara; nulla mollitia cervicum; nullæ argutiæ digitorum; non ad numerum articulus cadens; trunco magis toto se ipse moderans, et virili laterum flexione, brachii projectione in contentionibus, contractione in remissis. Vultus vero, qui secundum vocem plurimum potest, quantam affert tum dignitatem, tum venustatem? in quo quum effeceris, ne quid ineptum, aut vultuosum sit, tum oculorum est quædam magna moderatio. Nam ut imago est animi, vultus; sic indices oculi: quorum et hilaritatis et vicissim tristitiæ modum res ipsæ, de quibus agetur, temperabunt.

XIX. Sed jam illius perfecti oratoris et summæ eloquentiæ species exprimenda est : quem hoc uno excellere, id est oratione, cetera in eo latere, indicat nomen ipsum. Non enim inventor, aut compositor, aut actor, hæc complexus est omnia; sed et græce ab eloquendo ῥήτωρ, et latine *eloquens* dictus est. Ceterarum enim rerum, quæ sunt in oratore, partem aliquam sibi quisque vindicat; dicendi autem, id est eloquendi, maxima vis soli huic conceditur. Quanquam enim et philosophi quidam ornate locuti sunt (siquidem et Theophrastus

mais il dépend de nous de la cultiver et de la fortifier. Notre orateur étudiera donc les diverses inflexions de voix, et devra en parcourir tous les degrés, tous les tons, hauts et bas.

Il règlera aussi ses mouvemens, de manière à n'avoir rien de superflu dans son action. Il tiendra le corps droit et élevé. Il pourra, mais bien rarement, faire quelques pas. Il évitera de courir dans la tribune 49. Il ne penchera pas la tête nonchalamment; il ne gesticulera pas avec les doigts; il ne s'en servira pas pour battre la mesure. Quant aux mouvemens du corps même, il mettra encore plus de soin à les régler; même en se penchant, il conservera la dignité de l'action 50. Il étendra le bras s'il parle avec force; il le ramènera s'il prend un ton plus doux. C'est le visage 51 qui, après la voix, seconde le mieux l'action. Quelle grâce et quelle dignité n'y ajoute-t-il pas? Mais il faut éviter l'affectation, les grimaces. Il faut aussi régler avec soin les mouvemens des yeux; car si le visage est le miroir de l'âme, les yeux en sont les interprètes : ils exprimeront la joie ou la tristesse, selon la nature du sujet.

XIX. Arrivons enfin à tracer l'image de l'orateur parfait et de la véritable éloquence. Le mot même fait voir que l'éloquence est tout entière dans l'élocution, et que cette partie renferme toutes les autres. L'invention, la disposition, l'action ne font point l'orateur; c'est du terme qui exprime l'élocution que les Grecs ont tiré le mot de ῥήτωρ, les latins celui d'*eloquens*. Les autres qualités de l'orateur sont du domaine commun; le talent de la parole, c'est-à-dire l'élocution, est sa propriété. Il y a des philosophes qui se sont exprimés avec élégance; Théophraste 52 a mérité son nom par son divin

divinitate loquendi nomen invenit, et Aristoteles Isocratem ipsum lacessivit, et Xenophontis voce Musas quasi locutas ferunt; et longe omnium, quicumque scripserunt aut locuti sunt, exstitit et suavitate et gravitate princeps Plato) : tamen horum oratio neque nervos, neque aculeos oratorios ac forenses habet. Loquuntur cum doctis, quorum sedare animos malunt, quam incitare. Sic de rebus placatis, ac minime turbulentis, docendi causa, non capiendi, loquuntur; ut in eo ipso, quod delectationem aliquam dicendo aucupentur, plus nonnullis, quam necesse sit, facere videantur. Ergo ab hoc genere non difficile est hanc eloquentiam, de qua nunc agitur, secernere. Mollis est enim oratio philosophorum, et umbratilis, nec sententiis, nec verbis instructa popularibus, nec vincta numeris, sed soluta liberius. Nihil iratum habet, nihil invidum, nihil atrox, nihil mirabile, nihil astutum; casta, verecunda, virgo incorrupta quodam modo. Itaque sermo potius, quam oratio, dicitur. Quanquam enim omnis locutio oratio est, tamen unius oratoris locutio hoc proprio signata nomine est.

Sophistarum, de quibus supra dixi, magis distinguenda similitudo videtur, qui omnes eosdem volunt flores, quos adhibet orator in causis, persequi. Sed hoc differunt, quod, quum sit his propositum non perturbare animos, sed placare potius, nec tam persuadere, quam delectare, et apertius id faciunt, quam nos, et crebrius; concinnus magis sententias exquirunt, quam probabiles; a re saepe discedunt, intexunt fabulas, verba apertius transferunt, eaque ita disponunt, ut pictores

langage, Aristote a porté un défi à Socrate lui-même [53]. Les Muses semblent avoir parlé par la bouche de Xénophon [54], et, de tous ceux qui jamais ont écrit ou parlé, Platon est le premier pour la grâce et la majesté ; aucun d'eux cependant n'a ces traits redoutables de l'éloquence, ces foudres du barreau. Ils conversent avec des gens éclairés, dont ils cherchent à calmer plutôt qu'à exciter les passions. Leur but, dans les sujets graves et paisibles qui les occupent, est d'instruire et non de surprendre ; ce qui leur a quelquefois attiré le reproche, quand ils cherchent à plaire, de faire plus qu'ils ne doivent. Il n'est donc pas difficile de distinguer de ce genre cette éloquence dont il s'agit ici. La manière de parler des philosophes est tranquille ; elle semble inspirée par la solitude ; elle ne connaît ni les pensées, ni les expressions qui charment le peuple ; elle s'affranchit de la servitude des nombres ; elle ne veut ni soulever, ni étonner, ni séduire : c'est, en quelque sorte, une vierge chaste, pudique et d'une inaltérable pureté. C'est un entretien plutôt qu'un discours. Quoique tout langage soit un *discours*, c'est toutefois au langage seul de l'orateur que s'applique ce mot.

Quant aux sophistes [55] dont j'ai parlé plus haut, il importe encore plus de distinguer leur manière de celle de l'orateur : car leur prétention est de se parer des fleurs de son éloquence ; mais ils diffèrent, en ce que leur but est, non de troubler l'âme, mais de la calmer ; non de persuader, mais de plaire ; et qu'ils y travaillent plus ouvertement et plus fréquemment que les orateurs ; qu'ils préfèrent dans la pensée l'éclat à la justesse ; qu'ils aiment les digressions fréquentes, les fables, les métaphores hardies ; qu'ils se servent des mots, comme font les pein-

varietatem colorum; paria paribus referunt, adversa contrariis, sæpissimeque similiter extrema definiunt.

XX. Huic generi historia finitima est, in qua et narratur ornate, et regio sæpe, aut pugna describitur; interponuntur etiam conciones et hortationes : sed in his tracta quædam et fluens expetitur, non hæc contorta et acris oratio. Ab his non multo secus, quam a poetis, hæc eloquentia, quam quærimus, sevocanda est.

Nam etiam poetæ quæstionem attulerunt, quidnam esset illud, quo ipsi differrent ab oratoribus : numero maxime videbantur antea, et versu; nunc apud oratores jam ipse numerus increbruit. Quidquid est enim, quod sub aurium mensuram aliquam cadit, etiamsi abest a versu (nam id quidem orationis est vitium), numerus vocatur, qui græce ῥυθμὸς dicitur. Itaque video visum esse nonnullis, Platonis et Democriti locutionem, etsi absit a versu, tamen, quod incitatius feratur, et clarissimis verborum luminibus utatur, potius poema putandum, quam comicorum poetarum; apud quos, nisi quod versiculi sunt, nihil est aliud quotidiani dissimile sermonis. Nec tamen id est poetæ maximum : etsi est eo laudabilior, quod virtutes oratoris persequitur, quum versu sit adstrictior. Ego autem, etiamsi quorumdam grandis et ornata vox est poetarum, tamen in ea quum licentiam statuo majorem esse, quam in nobis, faciendorum jungendorumque verborum; tum etiam nonnullorum voluptati vocibus magis, quam rebus inserviunt. Nec vero, si quid est unum inter eos simile (id autem est judicium, electioque verborum), propterea ceterarum

tres des couleurs pour varier leurs tableaux, et qu'enfin ils recherchent les similitudes, les contrastes, les chutes semblables de périodes.

XX. Un genre voisin de celui-là est le genre de l'histoire, qui nous présente des narrations ornées, des descriptions de pays, de combats, et même des exhortations et des harangues; mais c'est une diction toujours unie et coulante, ce n'est pas le style vif et rapide de l'éloquence. L'éloquence véritable ne s'éloigne guère moins du style historique que du style poétique.

Les poètes, en effet, ont aussi donné lieu d'examiner en quoi ils diffèrent des orateurs. C'était par le nombre et la versification qu'ils paraissaient autrefois différer; aujourd'hui les orateurs ont admis le nombre. Tout ce qui offre à l'oreille une mesure, que ce soit un vers ou non, car dans la prose le vers est un défaut, s'appelle nombre, les Grecs disent ῥυθμὸς (*rhythme*)[56]; et même, suivant quelques personnes, quoique Platon et Démocrite n'aient pas écrit en vers, leur style est si animé, si éclatant, qu'ils méritent plutôt le nom de poètes que ces auteurs comiques, où, à l'exception de la mesure ïambique, on ne voit rien qui ressemble à la conversation. Et cependant ce n'est pas ici la principale partie du poète. Le poète n'en est que plus digne d'éloges, quand il s'élève aux perfections de l'éloquence, malgré la contrainte du vers. Mais, quels que que soient l'éclat et la majesté de certains poètes, je trouve qu'ils prennent plus souvent que nous la liberté d'inventer et d'allier des mots, et que, dans le but de plaire, ils s'attachent plus aux termes qu'aux idées. Enfin, s'il y a entre eux quelque ressemblance pour ce qui concerne le goût, le choix des termes, il n'en est pas plus difficile de comprendre com-

rerum dissimilitudo intelligi non potest : sed id nec dubium est; et, si quid habet quæstionis, hoc tamen ipsum ad id, quod propositum est, non est necessarium.

Sejunctus igitur orator a philosophorum eloquentia, a sophistarum, ab historicorum, a poetarum, explicandus est nobis, qualis futurus sit.

XXI. Erit igitur eloquens (hunc enim, auctore Antonio; quærimus) is, qui in foro, causisque civilibus ita dicet, ut probet, ut delectet, ut flectat. Probare, necessitatis est; delectare, suavitatis; flectere, victoriæ; nam id unum ex omnibus ad obtinendas causas potest plurimum. Sed quot officia oratoris, tot sunt genera dicendi. Subtile in probando, modicum in delectando, vehemens in flectendo; in quo uno vis omnis oratoris est. Magni igitur judicii, summæ etiam facultatis esse debebit moderator ille, et quasi temperator hujus tripartitæ varietatis : nam et judicabit, quid cuique opus sit; et poterit, quocumque modo postulabit causa, dicere. Sed est eloquentiæ, sicut reliquarum rerum, fundamentum, sapientia. Ut enim in vita, sic in oratione, nihil est difficilius, quam, quid deceat, videre. Πρέπον appellant hoc Græci : nos dicamus sane decorum. De quo et præclare multa præcipiuntur, et res est cognitione dignissima. Hujus ignoratione non modo in vita, sed sæpissime et in poematis, et in oratione peccatur.

Est autem, quid deceat, oratori videndum, non in sententiis solum, sed etiam in verbis. Non enim omnis

bien ils diffèrent pour le reste; mais ce point n'est pas douteux; et le fût-il, ce n'est pas une question qu'il soit pour notre sujet nécessaire de discuter.

Voilà donc notre orateur distingué des philosophes, des sophistes, des historiens, des poètes; essayons d'expliquer ce qu'il doit être.

XXI. L'homme éloquent (nous le cherchons d'après l'idée qu'en avait M. Antoine) sera celui qui, devant les juges, et en tout discours public, saura prouver, plaire, émouvoir. Il est nécessaire de prouver; il est doux de plaire: émouvoir, c'est vaincre. C'est de ce dernier moyen que dépend le succès. De ces diverses fonctions viennent les divers genres de style. Le simple est destiné à prouver; le tempéré, à plaire; le véhément, à émouvoir: c'est en ce dernier surtout que consiste la force de l'art oratoire. Il faut donc à un jugement sûr joindre les plus heureuses facultés pour faire un usage convenable de ces trois sortes de style; l'orateur saura discerner ce qui appartient à chaque genre, et s'exprimer selon le besoin de la cause. Aussi le fondement de l'éloquence, comme de toute autre chose, c'est le bon sens. Enfin, dans l'éloquence comme dans la conduite de la vie, rien n'est plus difficile que de saisir les convenances. C'est ce que les Grecs appellent $\pi\rho\acute{\epsilon}\pi o\nu$, et nous *decorum*[57]. Il y a là-dessus bien des préceptes excellens, et c'est une matière qui mérite assurément d'être approfondie. C'est faute de la bien connaître qu'on se trompe dans la vie, comme on se trompe en vers et en prose.

L'orateur doit discerner les bienséances pour ce qui regarde les pensées, et les expressions. Les circonstan-

fortuna, non omnis honos, non omnis auctoritas, non omnis ætas, nec vero locus, aut tempus, aut auditor omnis, eodem aut verborum genere tractandus est, aut sententiarum; semperque in omni parte orationis, ut vitæ, quid deceat, est considerandum : quod et in re, de qua agitur, positum est, et in personis et eorum qui dicunt, et eorum qui audiunt. Itaque hunc locum, longe et late patentem, philosophi solent in officiis tractare, non quum de recto ipso disputant (nam id quidem unum est), grammatici in poetis, eloquentes in omni et genere et parte causarum. Quam enim indecorum est, de stillicidiis quum apud unum judicem dicas, amplissimis verbis et locis uti communibus; de majestate populi romani summisse et subtiliter!

XXII. Hic genere toto : at persona alii peccant, aut sua, aut judicum, aut etiam adversariorum ; nec re solum, sed sæpe verbo. Etsi sine re nulla vis verbi est, tamen eadem res sæpe aut probatur, aut rejicitur, alio atque alio elata verbo. In omnibusque rebus videndum est, quatenus : etsi enim suus cuique modus est, tamen magis offendit nimium, quam parum. In quo Apelles pictores quoque eos peccare dicebat, qui non sentirent quid esset satis.

Magnus est locus hic, Brute, quod te non fugit, et magnum volumen aliud desiderat. Sed ad id, quod agitur, illud satis : quum hoc decere (quod semper usurpamus in omnibus dictis et factis, minimis et maximis),

ces d'état, de rang, de crédit et d'âge, celles de lieu, de temps, d'auditeurs, exigent des expressions et des pensées différentes. Dans un discours, comme dans la vie, il faut toujours observer les convenances. On doit mettre son style en rapport avec son sujet, et avec le caractère de ceux qui parlent et de ceux qui écoutent. Cette matière si vaste, si étendue, les philosophes l'examinent dans leurs traités des devoirs, non pas toutefois quand ils parlent du bien, qui est invariable. Les grammairiens s'en occupent en commentant les poètes; les rhéteurs en parlent à propos de tous les genres de causes, de toutes les parties du discours. Qu'y a-t-il, en effet, de plus inconvenant, que d'aller, lorsqu'on plaide au sujet d'une gouttière devant un seul juge, se jeter dans les grands mots, dans les lieux communs; ou de parler de la majesté du peuple romain en termes familiers et simples?

XXII. Voilà pour les bienséances en général. D'autres pèchent contre cette partie, pour ce qui regarde, ou leur propre personne, ou la personne des juges, ou celle de leurs adversaires, et ce n'est pas par l'idée seulement, c'est par l'expression. Il est bien vrai que sans l'idée l'expression n'est rien; mais la même idée plaît ou déplaît, suivant telle ou telle expression. En toutes choses, voyez jusqu'où vous pouvez aller. Chaque sujet a ses proportions; mais le trop choque toujours plus que le trop peu [58] : Apelles blâmait les peintres qui ne sentaient pas où ils devaient s'arrêter.

Ce point est important, Brutus, vous le savez; pour le traiter, il faudrait un livre à part. Mais il suffit, pour notre objet, de la remarque suivante. On dit tous les jours, en jugeant des actions ou des paroles, quelles

quum hoc, inquam, decere dicamus, illud non decere, et id usquequaque, quantum sit, appareat; in alioque ponatur, aliudque totum sit, utrum decere, an oportere dicas (oportere enim, perfectionem declarat officii, quo et semper utendum est, et omnibus: decere, quasi aptum esse, consentaneumque tempori et personæ; quod quum in factis sæpissime, tum in dictis valet, in vultu denique, et gestu, et incessu); contraque item dedecere (quod si poeta fugit, ut maximum vitium, qui peccat etiam, quum probam orationem affingit improbo, stultove sapientis; si denique pictor ille vidit, quum immolanda Iphigenia tristis Calchas esset, mœstior Ulysses, mœreret Menelaus, obvolvendum caput Agamemnonis esse, quoniam summum illum luctum penicillo non posset imitari; si denique histrio, quid deceat, quærit: quid faciendum oratori putemus?); sed, quum hoc tantum sit, quid in causis, earumque quasi membris faciat, orator viderit: illud quidem perspicuum est, non modo partes orationis, sed etiam causas totas, alias alia forma dicendi esse tractandas.

XXIII. Sequitur, ut cujusque generis nota quæratur, et formula. Magnum opus, et arduum, ut sæpe jam diximus: sed ingredientibus considerandum fuit, quid ageremus; nunc quidem jam, quocumque feremur, danda nimirum vela sunt. Ac primum informandus est ille nobis, quem solum quidam vocant atticum.

Summissus est, et humilis, consuetudinem imitans, ab indisertis re plus, quam opinione, differens. Itaque eum qui audiunt, quamvis ipsi infantes sint, tamen illo

qu'elles soient, que telle chose convient, que telle autre ne convient pas, et tout est compris là-dedans. Mais ne confondons pas le *devoir* et la *bienséance :* le mot *devoir* marque une obligation de tout temps, et en toutes choses; le mot *bienséance*, une attention à conformer aux temps et aux personnes les actions, les paroles, le visage, le geste, les manières; le contraire est appelé *messéant*. Si donc le poète évite ce défaut, comme l'un des plus graves; s'il est répréhensible, quand il prête à un méchant le langage d'un homme de bien, à un sot celui d'un homme sensé; si le peintre du sacrifice d'Iphigénie, après avoir représenté Calchas triste, Ulysse plus triste, Ménélas en pleurs, vit bien qu'il fallait voiler la tête d'Agamemnon, parce que son pinceau ne pouvait exprimer la profonde douleur d'un père [59]; si enfin l'acteur cherche à se conformer aux *bienséances*, que ne devons-nous pas attendre de l'orateur? Qu'il voie donc, puisque cette qualité est essentielle, ce qui convient à son sujet et aux parties de son sujet; car il est clair que chaque partie d'un discours, que souvent même un discours entier demande un caractère particulier de style.

XXIII. Il s'agit donc à présent de rechercher le caractère de chaque genre d'élocution. C'est un travail important, difficile, nous en avons souvent fait l'observation; mais c'est en commençant qu'il fallait y réfléchir : maintenant il faut faire voile, et arriver où nous pourrons. Occupons-nous d'abord de l'orateur qui, selon quelques-uns, mérite seul le nom d'orateur attique.

Humble, simple, familier, il s'éloigne plus qu'on ne pense du langage vulgaire. Ceux qui l'entendent, quoique n'ayant pas eux-mêmes le don de la parole, croiront

modo confidunt se posse dicere. Nam orationis subtilitas, imitabilis illa quidem videtur esse existimanti; sed nihil est experienti minus. Etsi enim non plurimi sanguinis est, habeat tamen succum aliquem oportet, ut, etiamsi illis maximis viribus careat, sit, ut ita dicam, integra valetudine. Primum igitur eum tanquam vinculis numerorum eximamus. Sunt enim quidam, ut scis, oratori numeri (de quibus mox agemus) observandi, ratione quadam, sed alio in genere orationis, in hoc omnino relinquendi. Solutum quiddam sit, nec vagum tamen, ut ingredi libere, non ut licenter videatur errare. Verba etiam verbis quasi coagmentare negligat. Habet enim ille tanquam hiatus concursu vocalium molle quiddam, et quod indicet non ingratam negligentiam, de re, hominis, magis quam de verbis, laborantis. Sed erit videndum de reliquis, quum hæc duo ei liberiora fuerint, circuitus, conglutinatioque verborum. Illa enim ipsa contracta et minuta non negligenter tractanda sunt; sed quædam etiam negligentia est diligens. Nam ut mulieres esse dicuntur nonnullæ inornatæ, quas id ipsum deceat: sic hæc subtilis oratio etiam incompta delectat. Fit enim quiddam in utroque, quo sit venustius, sed non ut appareat. Tum removebitur omnis insignis ornatus, quasi margaritarum; ne calamistri quidem adhibebuntur. Fucati vero medicamenta candoris et ruboris omnia repellentur; elegantia modo, et munditia remanebit. Sermo purus erit, et latinus; dilucide planeque dicetur; quid deceat, circumspicietur.

XXIV. Unum aderit, quod quartum numerat Theophrastus in orationis laudibus, ornatum illud, suave et

pouvoir parler comme lui : rien n'est en apparence plus facile à imiter que le style simple, rien n'est en réalité plus difficile. Ce style, quoiqu'il ne doive pas être très-nourri, doit avoir cependant un certain suc, et sinon une force extrême, au moins un air de santé parfaite. Tirons-le d'abord de la servitude des nombres. Il y a pour l'orateur, vous le savez, des nombres dont bientôt nous nous occuperons, et qu'il faut observer dans d'autres genres; le style simple ne les admet pas. Sa marche est libre, mais régulière; il ne connaît pas la contrainte, mais il évite la licence et les écarts. Il ne doit pas non plus chercher à lier, pour ainsi dire, les paroles les unes aux autres; l'hiatus, le choc des voyelles a je ne sais quel abandon gracieux qui montre l'heureuse négligence d'un homme qui s'attache aux choses plus qu'aux mots. Mais l'orateur, libre du travail de la période et de l'enchaînement des mots, doit remplir d'autres fonctions. Il faut de l'art dans ces phrases courtes et déliées; il y a une sorte de négligence qui est l'effet de l'art. Comme ces femmes à qui il sied de n'être point parées, ainsi le style simple a des charmes, même sans ornemens. Le style, comme la beauté, a des grâces d'autant plus touchantes qu'elles sont moins recherchées[60]. Il faut éloigner ce qui jette trop d'éclat, les perles, l'artifice de la coiffure, le blanc, le rouge, tout ce qui s'appelle fard, et ne conserver que l'élégance et la propreté. Le style simple sera pur et correct, toujours clair et facile, toujours conforme aux bienséances.

XXIV. Théophraste exige une quatrième qualité, l'agrément, des traits ingénieux et vifs, de ces pensées fines

affluens; acutæ crebræque sententiæ ponentur, et nescio unde ex abdito erutæ, atque in hoc oratore dominabuntur. Verecundus erit usus oratoriæ quasi supellectilis. Supellex est enim quodam modo nostra, quæ est in ornamentis, alia rerum, alia verborum. Ornatus autem verborum, duplex : unus simplicium, alter collocatorum. Simplex probatur in propriis usitatisque verbis, quod aut optime sonat, aut rem maxime explanat; in alienis, aut translatum, aut sumptum aliunde, ut mutuo; aut factum ab ipso, aut novum, aut priscum, et inusitatum : sed etiam inusitata, ac prisca, sunt in propriis, nisi quod raro utimur. Collocata autem verba habent ornatum, si aliquid concinnitatis efficiunt, quod verbis mutatis non maneat, manente sententia. Nam sententiarum ornamenta, quæ permanent, etiamsi verba mutaveris, sunt illa quidem permulta, sed, quæ emineant, pauciora.

Ergo ille tenuis orator, modo sit elegans, nec in faciendis verbis erit audax, et in transferendis verecundus, et parcus in priscis, reliquisque ornamentis et verborum et sententiarum demissior; translatione fortasse crebrior, qua frequentissime sermo omnis utitur non modo urbanorum, sed etiam rusticorum : siquidem est eorum, « gemmare vites, sitire agros, lætas esse segetes, luxuriosa frumenta. » Nihil horum parum audacter, sed aut simile est illi, unde transferas, aut, si res suum nullum habet nomen, docendi causa sumptum, non ludendi, videtur. Hoc ornamento liberius paullo, quam

et neuves qui paraissent éclore tout-à-coup, et qui sont un des caractères de ce genre. Mais il ne faut user que bien sobrement des richesses de l'éloquence, je veux dire des figures de pensées ou de mots. Le style admet deux sortes d'ornemens : l'un consiste dans les mots pris en eux-mêmes ; l'autre, dans l'art de les placer. Le mérite des mots pris en eux-mêmes, des mots propres et usités, consiste dans l'harmonie et la clarté, ou dans un choix heureux d'expressions figurées, qui sont tantôt métaphoriques, tantôt empruntées d'ailleurs, ou bien dérivées, ou bien nouvelles : on peut employer les termes anciens, inusités ; les termes anciens et inusités sont au rang des termes propres ; seulement il est rare qu'on les emploie. Quant à l'art de placer les mots, il contribue à l'ornement, lorsqu'une adroite combinaison produit un effet qui disparaîtrait si l'on changeait les termes, la pensée d'ailleurs restant la même ; tandis que les figures de pensées subsistent même avec le changement des termes : du reste, malgré leur nombre, il en est peu qui aient de l'éclat.

Ainsi l'orateur du genre simple, content d'une diction élégante, n'osera guère créer des mots, sera réservé dans ses métaphores, avare de termes vieillis, scrupuleux dans l'emploi des figures de mots ou de pensées ; il usera toutefois de ces métaphores qui sont familières au langage de la ville, et même à celui de la campagne, où l'on entend parler tous les jours des *perles* de la vigne, des champs *altérés*, d'une campagne *riante*, du *luxe* des blés[61]. Ces expressions sont hardies ; mais la justesse de la comparaison ou la pauvreté de la langue les fait recevoir : ce n'est pas qu'elles embellissent, mais elles expliquent. Le style simple fera de ces figures un

ceteris, utetur hic summissus; nec tam licenter tamen, quam si genere dicendi uteretur amplissimo.

XXV. Itaque illud indecorum (quod quale sit, ex decoro debet intelligi) hic quoque apparet, quum verbum aliquod altius transfertur, idque in oratione humili ponitur, quod idem in alia deceret. Illam autem concinnitatem, quæ verborum collocationem illuminat his luminibus, quæ Græci quasi aliquos gestus orationis, σχήματα appellant (quod idem verbum ab his etiam in sententiarum ornamenta transfertur), adhibet quidem hic subtilis (quem, nisi quod solum, ceteroquin recte quidam vocant atticum), sed paullo parcius. Nam, sicut in epularum apparatu, a magnificentia recedens, non se parcum solum, sed etiam elegantem videri volet; eliget, quibus utatur. Sunt enim pleræque aptæ hujus ipsius oratoris, de quo loquor, parcimoniæ. Nam illa, de quibus antedixi, huic acuto fugienda sunt, paria paribus relata, et similiter conclusa, eodemque pacto cadentia, et immutatione litteræ quasi quæsitæ venustates; ne elaborata concinnitas, et quoddam aucupium delectationis manifesto deprehensum appareat. Itemque si quæ verborum iterationes contentionem aliquam, et clamorem requirent, erunt ab hac submissione orationis alienæ : ceteris promiscue poterit uti; continuationem verborum modo relaxet, et dividat, utaturque verbis quam usitatissimis, translationibus quam mollissimis; etiam illa sententiarum lumina assumat, quæ non erunt vehementer illustria. Non faciet rempublicam loquentem, nec ab inferis mortuos excitabit, nec acervatim multa frequentans, una complexione devinciet. Valentiorum hæc late-

usage un peu plus fréquent que les autres genres de style, mais toujours moins que le sublime.

XXV. Ce défaut de convenance (nous nous sommes expliqués sur ce qui concerne la convenance) devient sensible quand on emploie dans le style simple ces figures hardies qui peut-être conviendraient dans un autre genre. Mais ces combinaisons symétriques, d'où naissent dans la construction des phrases ces formes remarquables qui sont comme les attitudes du style, et que les Grecs nomment σχήματα, nom qu'ils donnent également aux figures de pensées, le style simple les admet, ce style qu'on peut appeler attique, pourvu qu'on ne croie pas que ce soit seul; mais il doit user avec sobriété de ces ornemens. Comme ces repas sans magnificence, mais où la délicatesse règne avec l'économie, le style simple se distinguera par un choix de bon goût. Il devra s'interdire diverses sortes d'ornemens. Il évitera ces figures dont j'ai parlé plus haut, les antithèses peu naturelles, les chutes et désinences semblables, les changemens de lettres qui font des jeux de mots; il craindra que des beautés si travaillées, des pièges ainsi tendus ne trahissent en lui le désir de plaire. Les figures de répétition[62], qui demandent une prononciation forte et animée, seront bannies de ce style modeste; il pourra faire usage des autres figures de mots, pourvu qu'il coupe ses phrases et leur donne un air facile, qu'il n'emploie que des expressions conformes à l'usage, que ses métaphores soient naturelles, et que les figures de pensées qu'il admettra ne soient pas trop brillantes. Il ne fera pas parler la république, n'appellera pas les morts du sein des enfers, ne resserrera pas dans une seule période les détails d'une riche énumération; ces ornemens sup-

rum sunt, nec ab hoc, quem informamus, aut exspectanda, aut postulanda : erit enim ut voce, sic etiam oratione suppressior. Sed pleraque ex illis convenient etiam huic tenuitati; quanquam iisdem ornamentis utetur horridius : talem enim inducimus.

Accedet actio non tragica, nec scenæ, sed modica jactatione corporis, vultu tamen multa conficiens : non hoc, quo dicuntur os ducere, sed illo, quo significant ingenue, quo sensu quidque pronuntient.

XXVI. Huic generi orationis adspergentur etiam sales, qui in dicendo nimium quantum valent : quorum duo genera sunt, unum facetiarum, alterum dicacitatis. Utetur utroque : sed altero in narrando aliquid venuste, altero in jaciendo, mittendoque ridiculo : cujus genera plura sunt; sed nunc aliud agimus. Illud admonemus tamen, ridiculo sic usurum oratorem, ut nec nimis frequenti, ne scurrile sit; nec subobsceno, ne mimicum; nec petulanti, ne improbum; nec in calamitatem, ne inhumanum ; nec in facinus, ne odii locum risus occupet; neque aut sua persona, aut judicum, aut tempore alienum : hæc enim ad illud indecorum referuntur. Vitabit etiam quæsita, nec ex tempore ficta, sed domo allata : quæ plerumque sunt frigida. Parcet et amicitiis, et dignitatibus : vitabit insanabiles contumelias; tantummodo adversarios figet, nec eos tamen semper, nec omnes, nec omni modo. Quibus exceptis sic utetur sale et facetiis, ut ego ex istis novis atticis talem cognoverim neminem, quum id certe sit vel maxime atticum.

posent des efforts de voix qu'on ne peut ni attendre ni exiger de lui; il aura le ton aussi simple que le style, et cependant la plupart des figures de pensées ne lui seront pas étrangères, pourvu qu'il en use avec sévérité : car tel est le caractère qu'il doit avoir..

L'orateur de ce genre n'aura pas une action tragique, théâtrale; il aura des gestes modérés, de l'expression dans le visage, et, sans grimace, il fera naturellement comprendre son intention.

XXVI. Ce genre admet aussi la plaisanterie, avantage précieux pour l'orateur. Il y a deux sortes de plaisanteries : l'enjouement et les bons mots. Il emploiera la première pour raconter agréablement; la seconde, s'il veut lancer quelques traits, jeter du ridicule. Il y a plusieurs sortes de ridicules, nous ne perdons pas notre sujet de vue. Nous nous contenterons d'avertir l'orateur de n'user de ridicule ni trop fréquemment : car il passerait pour un bouffon; ni contrairement à la décence : ce ne serait plus qu'un mime; ni sans mesure : on le croirait méchant; ni contre le malheur : ce serait de la cruauté; ni contre le crime : le rire ne doit pas prendre la place de la haine; ni enfin, sans observer ce qu'il se doit à lui-même, ce qu'il doit à ses juges, ce que demandent les circonstances : car il violerait ainsi les *bienséances*. Il évitera aussi ces bons mots étudiés, médités à loisir, qu'on apporte tout faits, et qui, la plupart du temps, sont insipides. Il respectera l'amitié, la dignité; il craindra de faire des blessures mortelles; il ne s'attaquera qu'à ses adversaires, et encore pas à tous, ni en tout temps, ni de toute manière. A cela près, il emploiera la plaisanterie, et l'assaisonnera de ce sel que n'ont pas nos prétendus attiques, quoique ce soit bien de l'atticisme le plus pur.

Hanc ego judico formam summissi oratoris, sed magni tamen, et germani attici : quoniam, quidquid est salsum, aut salubre in oratione, id proprium atticorum est; e quibus tamen non omnes faceti : Lysias satis, et Hyperides; Demades praeter ceteros fertur. Demosthenes minus habetur; quo quidem mihi nihil videtur urbanius : sed non tam dicax fuit, quam facetus. Est autem illud acrioris ingenii, hoc majoris artis.

XXVII. Uberius est aliud, aliquantoque robustius, quam hoc humile, de quo dictum est; summissius autem, quam illud, de quo jam dicetur, amplissimum. Hoc in genere, nervorum vel minimum, suavitatis autem est vel plurimum. Est enim plenius, quam hoc enucleatum; quam autem illud ornatum, copiosumque, summissius.

Huic omnia dicendi ornamenta conveniunt, plurimumque est, in hac orationis forma, suavitatis. In qua multi floruerunt apud Graecos : sed Phalereus Demetrius meo judicio praestitit ceteris; cujus oratio quum sedate placideque loquitur, tum illustrant eam, quasi stellae quaedam, translata verba, atque immutata.

Translata ea dico, ut saepe jam, quae per similitudinem ad aliam rem aut suavitatis aut inopiae causa transferuntur. Mutata, in quibus pro verbo proprio subjicitur aliud, quod idem significet, sumptum ex re aliqua consequenti. Quod quanquam transferendo fit, tamen alio modo transtulit, quum dixit Ennius, « arcem et urbem orbas; » alio modo, si pro patria arcem dixisset : et « horridam Africam terribili tremere tumultu » quum

Telle est l'idée que je me forme de l'orateur du genre simple, qui n'en est pas moins grand orateur, et véritable attique; car tout ce qui est piquant et de bon goût dans le style est le propre des attiques : non pas que tous aient de l'enjouement; Lysias et Hypéride [63] n'en manquent pas, Démade [64] passe pour en avoir plus que tous les autres; mais on en accorde peu à Démosthène, quoique, selon moi, il soit le premier pour l'urbanité; mais peut-être avait-il moins de gaîté que de grâce. De ces deux qualités la première annonce un esprit plus vif; la seconde, un art plus savant.

XXVII. Le second genre de style a plus d'abondance et de force que le style simple dont nous venons de parler; mais il n'a pas l'élévation du sublime, dont nous parlerons bientôt. Son caractère n'est pas l'énergie, mais la douceur. Il est plus plein que le premier, mais bien moins magnifique que le dernier.

Il admet toutes sortes d'ornemens, et ce qui le distingue enfin, c'est l'art de plaire. Les Grecs en ce genre ont eu plusieurs modèles; Demetrius de Phalère [65] est, selon moi, le premier. Il s'exprime avec calme et douceur, et son style est parsemé de métaphores et de métonymies, comme le ciel d'étoiles.

La métaphore [66], dont j'ai déjà souvent parlé, transporte, par similitude, une expression d'un sens à un autre, soit pour l'ornement, soit pour remédier à la disette de la langue. La métonymie substitue au mot propre un mot qui signifie la même chose et qui lui est fourni par un objet analogue. Il y a bien là aussi un transport d'expression; toutefois il y a cette différence, que dans Ennius, par exemple, *arcem et urbem orbas*

dicit, pro Afris immutat Africam. Hanc hypallagen rhetores, quia quasi summutantur verba pro verbis; metonymiam grammatici vocant, quod nomina transferuntur. Aristoteles autem translationi hæc ipsa subjungit, et abusionem, quam κατάχρησιν vocant : ut quum *minutum* dicimus animum pro parvo, et abutimur verbis propinquis, si opus est, vel quod delectat, vel quod decet. Jam quum fluxerunt plures continuæ translationes, alia plane fit oratio. Itaque genus hoc Græci appellant ἀλληγορίαν, nomine recte; genere melius ille, qui ista omnia translationes vocat. Hæc frequentat Phalereus maxime, suntque dulcissima : et quanquam translatio est apud eum multa, tamen immutationes nusquam crebriores.

In idem genus orationis (loquor enim de illa modica ac temperata) verborum cadunt lumina omnia, multa etiam sententiarum : latæ eruditæque disputationes ab eodem explicantur, et loci communes sine contentione dicuntur. Quid multa? e philosophorum scholis tales fere evadunt : et, nisi coram erit comparatus ille fortior, per se hic, quem dico, probabitur. Est enim quoddam insigne, et florens orationis, pictum et expolitum genus, in quo omnes verborum, omnes sententiarum illigantur lepores. Hoc totum e sophistarum fontibus defluxit in forum; sed spretum a subtilibus, repulsum a gravibus, in ea, de qua loquor, mediocritate consedit.

est une métaphore, et *arcem* au lieu de *patriam*, une métonymie. On trouve aussi dans Ennius *Africa terribili tremit horrida terra tumultu*. Il y a également ce métonymie; au lieu d'*Afri* le poète dit *Africa*. C'est ce que les rhéteurs nomment *hypallage*, parce qu'il y a une sorte d'échange de mots; et les grammairiens, *métonymie*, parce qu'il y a transport d'expression. Aristote confond toutes ces figures avec la métaphore, et y joint la catachrèse, c'est-à-dire *l'abus*, figure dont on se sert quand on dit esprit *mince* au lieu de petit esprit, et que l'on abuse ainsi des mots qui ont du rapport avec le mot propre, soit pour l'agrément du style, soit par nécessité. Quand plusieurs métaphores se succèdent, le discours devient tout autre : c'est ce que les Grecs nomment *allégorie*, expression très-juste; mais le terme général de *métaphore* vaut encore mieux. Demetrius fait un usage fréquent de ces figures, et son style n'en a que plus de charmes; il emploie souvent la métaphore, mais nul n'a plus employé la métonymie.

Le genre dont je parle, le genre tempéré, admet toutes les figures de mots, et plusieurs figures de pensées; c'est le genre des discussions étendues et savantes, des lieux communs qui n'ont pas besoin de véhémence. En un mot, telle est à peu près l'éloquence de l'élève des philosophes; ce genre a son mérite, mais gardons-nous de le comparer au sublime. Ce style brillant, fleuri, figuré, poli, ce style où s'enchaînent toutes les grâces de l'expression, toutes celles de la pensée, a passé de l'école des sophistes au barreau; mais, dédaigné du genre simple, repoussé par le sublime, c'est au genre moyen dont je parle qu'il se rapporte naturellement.

XXVIII. Tertius est ille amplus, copiosus, gravis, ornatus, in quo profecto vis maxima est. Hic est enim, cujus ornatum dicendi et copiam admiratæ gentes, eloquentiam in civitatibus plurimum valere passæ sunt; sed hanc eloquentiam, quæ cursu magno, sonituque ferretur, quam suspicerent omnes, quam admirarentur, quam se assequi posse diffiderent. Hujus eloquentiæ est tractare animos, hujus omni modo permovere. Hæc modo perfringit, modo irrepit in sensus; inserit novas opiniones, evellit insitas. Sed multum interest inter hoc dicendi genus et superiora. Qui in illo subtili et acuto elaboravit, ut callide arguteque diceret, nec quidquam altius cogitaret, hoc uno perfecto, magnus orator est, si non maximus; minimeque in lubrico versabitur, et, si semel constiterit, nunquam cadet. Medius ille autem, quem modicum et temperatum voco, si modo suum illud satis instruxerit, non extimescet ancipites dicendi incertosque casus; etiam, si quando minus succedet, ut sæpe fit, magnum tamen periculum non adibit: alte enim cadere non potest. At vero hic noster, quem principem ponimus, gravis, acer, ardens, si ad hoc unum est natus, aut in hoc solo se exercuit, aut huic generi studet uni, nec suam copiam cum illis duobus generibus temperavit, maxime est contemnendus. Ille enim summissus, quod acute et veteratorie dicit, sapiens jam; medius, suavis; hic autem copiosissimus, si nihil est aliud, vix satis sanus videri solet. Qui enim nihil potest tranquille, nihil leniter, nihil partite, definite, distincte, facete dicere, præsertim quum causæ partim totæ sint eo modo, partim aliqua ex parte tractandæ; si is non

XXVIII. Le troisième est ce genre sublime, riche, abondant, majestueux, magnifique, dont la force est invincible[67]. C'est, en effet, ce genre dont la magnificence et la richesse ont commandé l'admiration des peuples, et ont valu, dans le gouvernement, tant de pouvoir à l'éloquence : je parle de cette éloquence entraînante, de cette éloquence retentissante, qu'on subit, qu'on admire, qu'on ne croit pouvoir atteindre. C'est elle qui soumet les esprits, qui les fait mouvoir à son gré. Parfois elle brise tous les obstacles, parfois elle s'insinue dans les cœurs, elle y jette des opinions nouvelles, elle en arrache les mieux affermies. Mais il y a une grande différence entre l'orateur sublime et les précédens[68]. L'orateur qui travaille dans le style simple et qui s'est proposé de parler avec finesse, avec goût, sans chercher à s'élever, s'il atteint son but, est grand orateur, quoiqu'il ne soit pas au premier rang; une fois sûr de sa manière, il n'a point de risque à courir; il ne tombera pas. L'orateur du genre moyen, de ce genre que j'appelle tempéré, s'il a soin de se pourvoir de tout ce qui est son domaine, n'a pas de grands périls à craindre; et même s'il chancelle, cela arrive, il ne s'exposera pas beaucoup, car il ne peut tomber de bien haut. Mais si l'orateur que nous plaçons à la tête des autres, cet orateur majestueux et véhément, est né seulement pour le sublime, s'il ne s'est exercé qu'en ce genre, s'il en a fait son unique étude, s'il ne sait pas tempérer son style par le mélange des deux autres genres, il s'attirera le mépris. L'orateur du genre simple, par la finesse et la justesse de ses expressions, annonce du goût; celui du genre tempéré est agréable; celui du genre sublime, s'il ne change pas de ton, ne paraît pas même raisonnable. Celui qui ne peut rien dire

præparatis auribus inflammare rem cœpit, furere apud sanos, et quasi inter sobrios bacchari vinolentus videtur.

XXIX. Tenemus igitur, Brute, quem quærimus; sed animo: nam manu si prehendissem, ne ipse quidem sua tanta eloquentia mihi persuasisset, ut se dimitterem. Sed inventus profecto est ille eloquens, quem nunquam vidit Antonius. Quis est igitur is? Complectar brevi, disseram pluribus. Is enim est eloquens, qui et humilia subtiliter, et magna graviter, et mediocria temperate potest dicere.

Nemo is, inquies, unquam fuit. Ne fuerit : ego enim, quid desiderem, non, quid viderim, disputo; redeoque ad illam Platonis, de qua dixeram, rei formam, et speciem : quam etsi non cernimus, tamen animo tenere possumus. Non enim eloquentem quæro, neque quidquam mortale et caducum, sed illud ipsum, cujus qui sit compos, sit eloquens; quod nihil est aliud, nisi eloquentia ipsa, quam nullis, nisi mentis oculis videre possumus. Is erit igitur eloquens (ut idem illud iteremus), qui poterit parva summisse, modica temperate, magna graviter dicere. Tota mihi causa pro Cæcina de verbis interdicti fuit : res involutas definiendo explicavimus; jus civile laudavimus; verba ambigua distinximus. Fuit ornandus in Manilia lege Pompeius : temperata oratione ornandi copiam persecuti sumus. Jus omne retinendæ majestatis Rabirii causa continebatur : ergo in omni genere amplificationis

avec calme, avec douceur; qui ne sait pas distribuer, définir, varier son style, plaisanter, quoiqu'il y ait des causes qui demandent à être ainsi traitées en tout ou en partie; et qui, sans avoir préparé les esprits, s'enflamme tout d'abord, celui-là est un fou parmi des gens sensés, un homme ivre parmi des gens à jeun.

XXIX. Nous tenons, Brutus, notre orateur, mais en idée seulement : si je l'avais une fois saisi, toute son éloquence ne me persuaderait pas de le laisser aller. Mais enfin nous avons trouvé cet homme éloquent, que jamais Antoine n'a vu. Quel est-il donc? j'établis en peu de mots ce que bientôt je développerai : l'homme éloquent, c'est celui qui dans les petites choses emploie le style simple, dans les grandes le sublime, et dans les médiocres le tempéré.

Mais, dira-t-on, il n'y en a jamais eu de tel. Soit, je dis ce que je désire, et non ce que j'ai vu. J'en reviens à ce beau idéal de Platon, dont j'ai parlé, à cette forme primitive qui n'est visible qu'aux yeux de l'esprit. Ce n'est pas un homme éloquent que je cherche, je ne veux rien de mortel, de périssable; je cherche ce qui constitue l'homme éloquent, en un mot l'éloquence elle-même, cette éloquence qu'aperçoivent les yeux seuls de l'esprit. Ainsi l'éloquence, nous le répétons, devra être simple pour les petites choses, tempérée pour les médiocres, sublime pour les grandes. Mon discours *pour Cécina* [69] roulait entièrement sur l'ordonnance du préteur : je débrouillai, à l'aide des définitions, les points embarrassés; je citai le droit civil; j'expliquai les termes équivoques. Il fallait dans mon discours *pour la loi Manilia* [70], faire l'éloge de Pompée : j'adoptai le style tempéré comme étant celui de l'éloge. Les droits et la

exarsimus. At hæc interdum temperanda, et varianda sunt. Quod igitur in accusationis quinque libris non reperitur genus? quod in Aviti? quod in Cornelii? quod in plurimis nostris defensionibus? quæ exempla selegissem, nisi vel nota esse arbitrarer, vel posse eligere, qui quærerent. Nulla est enim ullo in genere laus oratoris, cujus in nostris orationibus non sit aliqua, si non perfectio, at conatus tamen, atque adumbratio. Si non assequimur; at, quid deceat, videmus.

Nec enim nunc de nobis, sed de re dicimus : in quo tantum abest, ut nostra miremur, ut usque eo difficiles ac morosi simus, ut nobis non satisfaciat ipse Demosthenes; qui quanquam unus eminet inter omnes in omni genere dicendi, tamen non semper implet aures meas : ita sunt avidæ et capaces, et semper aliquid immensum, infinitumque desiderant.

XXX. Sed tamen, quoniam et hunc tu oratorem cum ejus studiosissimo Pammene, quum esses Athenis, totum diligentissime cognovisti, neque eum dimittis e manibus, et tamen nostra etiam lectitas : vides profecto, illum multa perficere, nos multa conari ; illum posse, nos velle, quocumque modo causa postulet, dicere. Sed ille magnus ; nam et successit ipse magnis, et maximos oratores habuit æquales : nos magnum fecissemus, si quidem potuissemus, quo contendimus, pervenire, in ea urbe, in qua (ut ait Antonius) auditus eloquens nemo erat. Atqui, si Antonio Crassus eloquens visus non est, aut sibi

majesté du peuple romain étaient intéressés dans la cause de Rabirius [71]; je m'y livrai à toute la chaleur de l'éloquence. Mais il faut souvent mélanger et varier ces genres de style. Quel est celui qu'on ne trouve pas dans mes cinq livres *contre Verrès*, dans mes discours *pour Avitus, pour Cornelius*, dans la plupart de mes plaidoyers? J'en citerais des exemples, si je ne croyais qu'ils sont connus, ou faciles à trouver. Il n'y a, en effet, en aucun genre aucune qualité de l'orateur dont mes discours ne laissent voir, je ne dirai pas la parfaite image, mais une ébauche, une ombre. Si nous n'atteignons pas notre but, voyons du moins comment on peut l'atteindre.

Au reste, il n'est pas ici question de moi, mais bien de l'éloquence; loin d'admirer mes ouvrages, je suis si difficile et si sévère, que Démosthène lui-même ne me satisfait pas. Non, ce prince des orateurs dans tous les genres d'éloquence ne répond pas toujours à ce qu'attend mon oreille avide, insatiable, et toujours désireuse de je ne sais quoi d'immense et d'infini.

XXX. Mais vous, Brutus, qui, dans votre séjour à Athènes, avez étudié à fond cet orateur avec Pammène, son admirateur le plus passionné, vous qui le tenez toujours dans les mains, sans toutefois dédaigner mes ouvrages, vous trouvez assurément que, s'il est parfait en quelques points, j'essaie de l'être aussi; et que, s'il atteint le but dans les sujets qu'il traite, moi, je cherche à l'atteindre. Mais c'est un grand homme qui a succédé à de grands hommes, et qui a eu pour contemporains les orateurs les plus distingués; et moi, si j'avais atteint le but que je me proposais, j'aurais aussi fait quelque chose de grand dans cette Rome où, au juge-

ipse, nunquam Cotta visus esset, nunquam Sulpicius, nunquam Hortensius. Nihil enim ample Cotta, nihil leniter Sulpicius, non multa graviter Hortensius. Superiores magis ad omne genus apti, Crassum dico et Antonium. Jejunas igitur hujus multiplicis, et æquabiliter in omnia genera fusæ orationis aures civitatis accepimus; easque nos primi, quicumque eramus, et quantulumcumque dicebamus, ad hujus generis [dicendi] audiendi incredibilia studia convertimus.

Quantis illa clamoribus adolescentuli diximus de supplicio parricidarum? quæ nequaquam satis deferbuisse post aliquanto sentire cœpimus. « Quid enim tam commune, quam spiritus vivis, terra mortuis, mare fluctuantibus, litus ejectis? Ita vivunt, dum possunt, ut ducere animam de cœlo non queant; ita moriuntur, ut eorum ossa terram non tangant; icta jactantur fluctibus, ut nunquam alluantur; ita postremo ejiciuntur, ut ne ad saxa quidem mortui conquiescant, » et quæ sequuntur. Sunt enim omnia, sicut adolescentis, non tam re et maturitate, quam spe et exspectatione, laudati. Ab hac indole jam illa matura: « Uxor generi, noverca filii, filiæ pellex. » Nec vero hic unus erat ardor in nobis, ut hoc modo omnia diceremus. Ipsa enim illa pro Roscio juvenilis redundantia, multa habet attenuata, quædam etiam paullo hilariora, ut pro Avito, pro Cornelio, compluresque aliæ: nemo enim orator tam multa, ne in græco quidem

ment d'Antoine, on n'avait pas encore entendu d'orateur éloquent. Or, si Antoine refusait ce titre à Crassus, s'il se le refusait à lui-même, l'eût-il donné à Cotta, à Sulpicius, à Hortensius [72] ? Dans Cotta rien de sublime, dans Sulpicius rien de séduisant, presque rien de grave dans Hortensius; les premiers (c'est d'Antoine et de Crassus [73] que je parle) étaient plus propres qu'eux à tous les genres. Je trouvai donc des oreilles peu accoutumées à cette variété du discours, à cette heureuse fusion des différens styles, et, le premier, quelque médiocre, quelque faible que je sois, j'inspirai aux Romains le goût le plus vif pour ces diverses sortes d'éloquence.

Quels applaudissemens j'obtins dans ma jeunesse, pour ce tableau du supplice des parricides [74], où cependant je ne tardai pas à blâmer moi-même l'effervescence d'un jeune talent! « Qu'y a-t-il qui soit plus de droit commun, que l'air pour les vivans, la terre pour les morts, la mer pour les naufragés, le rivage pour les échappés du naufrage ? Eh bien, les parricides poursuivent leur vie précaire sans pouvoir respirer l'air du ciel; ils meurent sans que la terre s'ouvre pour recevoir leurs ossemens; ils flottent au milieu des vagues, sans en être baignés; ils sont poussés enfin sur les rochers; sans qu'il leur soit possible d'y trouver le repos. » Tout ce passage est d'un jeune homme; aussi fut-il moins loué pour sa perfection que pour les espérances que donnait l'orateur naissant. On trouve le même caractère, mais plus de maturité, dans ce portrait : « La femme de son gendre, la marâtre de son fils, la rivale de sa fille [75]. » Toutefois il ne faut pas croire que, dans mes premières années, j'aie toujours parlé de ce même ton de véhé-

otio, scripsit, quam multa sunt nostra; eaque hanc ipsam habent, quam probo, varietatem.

XXXI. An ego Homero, Ennio, reliquis poetis, et maxime tragicis concederem, ut ne omnibus locis eadem contentione uterentur, crebroque mutarent, nonnunquam etiam ad quotidianum genus sermonis accederent; ipse nunquam ab illa acerrima contentione discederem? Sed quid poetas divino ingenio profero? histriones eos vidimus, quibus nihil posset in suo genere esse præstantius, qui non solum in dissimillimis personis satisfaciebant, quum tamen in suis versarentur, sed et comœdum in tragœdiis, et tragœdum in comœdiis admodum placere vidimus. Ego non elaborem? Quum dico me, te, Brute, dico: nam in me quidem jampridem effectum est, quod futurum fuit. Tu autem eodem modo omnes causas ages? aut aliquod causarum genus repudiabis? aut in iisdem causis perpetuum et eumdem spiritum sine ulla commutatione obtinebis? Demosthenes quidem, cujus nuper inter imagines tuas ac tuorum (quod eum, credo, amares), quum ad te in Tusculanum venissem, imaginem ex ære vidi, nihil Lysiæ subtilitate cedit, nihil argutiis et acumine Hyperidi, nihil lenitate Æschini, et splendore verborum. Multæ sunt ejus totæ orationes subtiles, ut contra Leptinem; multæ totæ graves, ut quædam Philippicæ; multæ variæ, ut contra Æschinem,

mence. Au milieu de cette redondance toute juvénile de mon discours *pour Roscius*, il y a des traits du genre simple; il y en a du genre fleuri, comme on peut voir aussi dans mes plaidoyers *pour Avitus, pour Cornelius*, pour une foule d'autres; car aucun orateur n'a tant écrit que moi, pas même les Grecs dans tout leur loisir; et tous mes ouvrages ont cette variété que je veux dans l'éloquence.

XXXI. Pourquoi permettrais-je à Homère, à Ennius et autres poètes, et surtout aux tragiques, de descendre quelquefois du style élevé et soutenu; de varier souvent leur langage, de se rapprocher même du style familier, et n'oserais-je pas à mon tour sortir du style véhément? Mais qu'ai-je besoin de citer ces poètes, ces génies divins? Nous avons vu non-seulement des acteurs du premier ordre bien rendre des rôles très-différens, mais qui rentraient dans leur partie; nous avons vu même accueillis avec faveur l'acteur comique dans la tragédie, l'acteur tragique dans la comédie [76]. Et moi je n'en essaierais pas? Quand je dis, moi, c'est de vous plutôt, Brutus, que je parle; car j'ai fait depuis long-temps ce que je pouvais faire. Mais vous, traiteriez-vous de la même manière toutes les causes? ou refuseriez-vous celles qui ne seraient pas d'un certain genre? ou dans les mêmes causes, auriez-vous toujours le même ton? Démosthène, votre orateur favori, j'ai dû le croire du moins, car j'ai vu dernièrement, dans votre maison de Tusculum, son image en bronze parmi les images de vos ancêtres; Démosthène ne le cède ni à Lysias en simplicité, ni à Hypéride en esprit, en finesse, ni à Eschine en douceur, en éclat. Beaucoup de ses discours sont entièrement du style simple, comme celui *contre Leptine*;

falsæ legationis, ut contra eumdem pro causa Ctesiphontis. Jam illud medium quoties vult, arripit, et a gravissimo discedens, eo potissimum delabitur. Clamores tamen tum movet, et tum in dicendo plurimum efficit, quum gravitatis locis utitur.

Sed ab hoc parumper abeamus; quandoquidem de genere, non de homine quærimus : rei potius, id est eloquentiæ vim et naturam explicemus. Illud tamen, quod jam ante diximus, meminerimus, nil nos præcipiendi causa esse dicturos, atque ita potius acturos, ut existimatores videamur loqui, non magistri. In quo tamen longius sæpe progredimur, quod videmus, non te hæc solum esse lecturum, qui ea multo, quam nos, qui quasi docere videamur, habeas notiora; sed hunc librum, etiamsi minus nostra commendatione, tuo tamen nomine divulgari necesse est.

XXVII. Esse igitur perfecte eloquentis puto, non eam solum facultatem habere, quæ sit ejus propria, fuse, lateque dicendi, sed etiam vicinam ejus atque finitimam, dialecticorum scientiam assumere. Quanquam aliud videtur oratio esse, aliud disputatio; nec idem loqui esse, quod dicere : attamen utrumque in disserendo est. Disputandi ratio, et loquendi, dialecticorum sit; oratorum autem, dicendi et ornandi. Zeno quidem ille, a quo disciplina stoicorum est, manu demonstrare solebat, quid inter has artes interesset. Nam quum compresserat di-

beaucoup du style sublime, comme plusieurs de ses *Philippiques;* beaucoup du genre mixte, comme ses plaidoyers contre Eschine, l'un *sur les Prévarications de l'ambassade* [77], l'autre *pour la Couronne.* Quant au style tempéré, il s'en empare, quand cela lui convient; quand il quitte le sublime, c'est pour descendre à ce style; jamais toutefois il n'excite plus d'applaudissemens, jamais il n'obtient plus de succès que lorsqu'il traite les différentes parties du sublime.

Mais laissons un peu Démosthène; il s'agit ici de la chose même et non d'un homme; il s'agit de l'éloquence dont nous devons expliquer la nature et montrer la puissance. Rappelons-nous cependant ce que nous avons dit plus haut, que notre but n'est pas de donner des préceptes, et que nous voulons apprécier l'art plutôt que l'enseigner. Assez souvent, je l'avoue, nous passons ces bornes; c'est que vous n'êtes pas le seul, Brutus, qui lirez ce livre, vous qui en savez sur l'éloquence plus que moi qui parais en donner des leçons; d'autres aussi voudront le lire, moins parce que j'en serai l'auteur, que parce qu'il paraîtra sous vos auspices.

XXXII. Il faut donc, selon moi, que l'homme vraiment éloquent, non-seulement ait cette faculté qui lui est propre, de s'exprimer avec abondance et richesse, mais qu'il étudie l'art qui a un rapport immédiat avec l'éloquence, la dialectique. En effet, quoiqu'il y ait une différence entre une dissertation et un discours, entre parler et savoir parler, l'un et l'autre sont compris dans l'art de la parole. C'est à la dialectique qu'appartiennent le raisonnement, la discussion; le développement de la pensée, les ornemens du style, sont du ressort de l'éloquence. Zénon, le chef des stoïciens, se servait de la

gitos, pugnumque fecerat, dialecticam aiebat ejusmodi esse; quum autem diduxerat, et manum dilataverat, palmæ illius similem eloquentiam esse dicebat. Atque etiam ante hunc Aristoteles principio artis rhetoricæ dicit, illam artem quasi ex altera parte respondere dialecticæ : ut hoc videlicet differant inter se, quod hæc ratio dicendi latior sit, illa loquendi contractior. Volo igitur huic summo, omnem, quæ ad dicendum trahi possit, loquendi rationem esse notam : quæ quidem res (quod te his artibus eruditum minime fallit) duplicem habet docendi viam. Nam et ipse Aristoteles tradidit præcepta plurima disserendi; et postea, qui dialectici dicuntur, spinosiora multa pepererunt. Ergo eum censeo, qui eloquentiæ laude ducatur, non esse earum rerum omnino rudem ; sed vel illa antiqua, vel hac Chrysippi disciplina institutum : noverit primum vim, naturam, genera verborum, et simplicium, et copulatorum; deinde quot modis quidque dicatur; qua ratione, verum falsumne sit, judicetur; quid efficiatur e quoque; quod cui consequens sit, quodque contrarium; quumque ambigue multa dicantur, quomodo quidque eorum dividi, explanarique oporteat. Hæc tenenda sunt oratori : sæpe enim occurrunt. Sed quia sua sponte squalidiora sunt, adhibendus erit in his explicandis quidam orationis nitor.

XXXIII. Et quoniam in omnibus, quæ ratione docentur et via, primum constituendum est, quid quidque sit (nisi enim inter eos, qui disceptant, convenit, quid sit illud, de quo ambigitur; nec recte disseri, nec unquam ad exitum perveniri potest) : explicanda est sæpe

main pour les distinguer. La main fermée, c'est, disait-il, la dialectique; la main ouverte, c'est l'éloquence. Aristote avait dit, avant lui, au commencement de la *Rhétorique*, que la dialectique et l'éloquence se répondent l'une à l'autre; la seule différence, ajoutait-il, c'est que la première serre ses raisonnemens, et que la seconde les étend. Je veux donc que l'orateur parfait connaisse tout ce qui peut entraîner la persuasion; or, vous n'ignorez pas, vous qui avez profondément étudié tout cela, qu'il y a deux méthodes admises par la logique. Aristote, en effet, nous a laissé des règles sur la manière de raisonner; et puis sont venus ces dialecticiens qui ont introduit tant de questions épineuses. Ainsi, celui qui prétend à la gloire de l'éloquence doit, à mon avis, ne pas ignorer ces doctrines; il faut que l'ancienne méthode, ou celle de Chrysippe[78], lui soient bien connues. Qu'il sache d'abord la force, la nature, les diverses espèces tant de mots isolés que des arrangemens de mots; puis de quelles manières différentes on exprime une idée, par quelles règles on discerne le vrai du faux, quelle conséquence on tire de chaque principe; si la conclusion est légitime ou non, et, quand des équivoques se présentent, comment on distingue, comment on éclaircit. Telle doit être la science de l'orateur; souvent il aura besoin de l'appliquer. Mais, comme toutes ces choses ne sont pas par elles-mêmes bien attrayantes, elles auront besoin d'être revêtues des grâces du style.

XXXIII. Dans toutes les matières où l'on suit la méthode et la marche prescrites par la raison, il faut d'abord établir l'état de la question; car si ceux qui discutent ne conviennent pas entre eux du sujet qui les divise, les raisonnemens n'auront ni justesse ni résultat

verbis mens nostra de quaque re, atque involutæ rei notitia definiendo aperienda est; siquidem definitio est oratio, quæ, quid sit id, de quo agitur, ostendit quam brevissime. Tum, ut scis, explicato genere cujusque rei, videndum est, quæ sint ejus generis sive formæ, sive partes, ut in eas tribuatur omnis oratio. Erit igitur hæc facultas in eo, quem volumus esse eloquentem, ut definire rem possit, neque id faciat tam presse et anguste, quam in illis eruditissimis disputationibus fieri solet; sed quum explanatius, tum etiam uberius, et ad commune judicium popularemque intelligentiam accommodatius. Idemque etiam, quum res postulabit, genus universum in species certas, ut nulla neque prætermittatur, neque redundet, partietur ac dividet. Quando autem, aut quomodo id faciat, nihil ad hoc tempus : quoniam, ut supra dixi, judicem me esse, non doctorem volo.

Nec vero dialecticis modo sit instructus, sed habeat omnes philosophiæ notos et tractatos locos. Nihil enim de religione, nihil de morte, nihil de pietate, nihil de caritate patriæ, nihil de bonis rebus, aut malis, nihil de virtutibus, aut vitiis, nihil de officio, nihil de dolore, nihil de voluptate, nihil de perturbationibus animi, et erroribus, quæ sæpe cadunt in causas, sed jejunius aguntur; nihil, inquam, sine ea scientia, quam dixi, graviter, ample, copiose dici et explicari potest.

XXXIV. De materia loquor orationis etiam nunc, non ipso de genere dicendi. Volo enim prius habeat orator rem, de qua dicat, dignam auribus eruditis, quam cogitet, quibus verbis quidque dicat, aut quo modo. Quem

possible. Notre pensée sur un objet a souvent besoin d'être exposée nettement ; des choses obscures ont besoin de définition : car le but de la définition est d'expliquer le plus brièvement possible ce dont il s'agit. Alors, comme vous le savez, après avoir déterminé le genre, on établit les espèces comprises sous le genre, afin de les suivre dans les diverses parties du discours. Ainsi l'homme éloquent dont il s'agit aura le talent de la définition ; mais ses définitions [79] ne seront pas aussi serrées, aussi courtes que celles des dialecticiens ; elles seront plus développées, plus ornées, plus à la portée du peuple, plus en rapport avec son intelligence. Il faut aussi que l'orateur, s'il en est besoin, divise, partage le genre en ses espèces, qu'il n'omette rien d'essentiel, qu'il n'ajoute rien de superflu. Mais quand et comment appliquera-t-il ces préceptes ? ce n'est pas la question qui nous occupe. Je veux faire ici, comme je l'ai dit plus haut, l'office de critique, et non celui de maître.

Il ne suffit pas que l'orateur soit dialecticien, il faut qu'il connaisse bien les autres parties de la philosophie. Sans cela, il n'aura rien à dire sur la religion, sur la mort, sur les affections de famille, sur l'amour de la patrie, sur le bien, le mal, la vertu, le vice ; sur les devoirs, sur la douleur, le plaisir, sur les agitations de l'âme, ou les illusions de l'esprit : idées qui entrent souvent dans les discours publics, mais trop sèchement, et qu'on ne peut, sans la science dont je parle, exposer avec force, abondance, richesse.

XXXIV. Ce que je dis ici regarde moins la forme que la matière du discours : car je veux que l'orateur connaisse son sujet, de manière à se faire écouter avec plaisir des hommes éclairés ; je veux qu'il possède les

etiam, quo grandior sit, et quodam modo excelsior (ut de Pericle dixi supra), ut physicorum quidem esse ignarum volo. Omnia profecto, quum se a coelestibus rebus referet ad humanas, excelsius magnificentiusque et dicet et sentiet. Quumque illa divina cognoverit, nolo ignoret ne hæc quidem humana. Jus civile teneat, quo egent causæ forenses quotidie. Quid est enim turpius, quam legitimarum et civilium controversiarum patrocinia suscipere, quum sis legum et civilis juris ignarus? Cognoscat etiam rerum gestarum et memoriæ veteris ordinem, maxime scilicet nostræ civitatis; sed et imperiosorum populorum, et regum illustrium : quem laborem nobis Attici nostri levavit labor, qui conservatis notatisque temporibus, nihil quum illustre prætermitteret, annorum septingentorum memoriam uno libro colligavit. Nescire autem, quid antea, quam natus sis, acciderit, id est semper esse puerum. Quid enim est ætas hominis, nisi memoria rerum veterum quum superiorum ætate contexitur? Commemoratio autem antiquitatis, exemplorumque prolatio summa cum delectatione et auctoritatem orationi affert, et fidem.

XXXV. Sic igitur instructus veniet ad causas : quarum habebit genera primum ipsa cognita. Erit enim ei perspectum, nihil ambigi posse, in quo non aut res controversiam faciat, aut verba. Res, aut de vero, aut de recto, aut de nomine. Verba, aut de ambiguo, aut de contrario. Nam si quando aliud in sententia videtur esse, aliud in verbis, genus est quoddam ambigui, quod

choses, avant de songer aux mots. Peut-être même, pour que son talent ait plus d'élévation et de majesté, doit-il, comme je l'ai dit plus haut de Périclès, ne pas ignorer les sciences naturelles. Quand il descendra de la contemplation des choses célestes à celle de la vie humaine, il pensera et s'exprimera avec plus de noblesse et de grandeur. Mais que ces études divines ne lui fassent pas négliger nos études humaines; il connaîtra le droit civil dont l'usage est continuel au barreau. Qu'y a-t-il, en effet, de plus honteux que de se charger de causes qui se décident par les lois et le droit civil, quand on est étranger aux lois et au droit civil? Il devra posséder encore l'histoire des siècles passés; qu'il sache surtout la nôtre, celles des principaux empires et des rois illustres. L'ouvrage de notre cher Atticus [80] nous a rendu cette étude facile; car, en observant exactement les époques et l'ordre chronologique, et sans rien omettre de remarquable, Atticus a renfermé en un seul volume l'histoire de sept cents ans. Ignorer ce qui s'est passé avant nous, c'est être toujours enfant. Qu'est-ce, en effet, que la vie de l'homme, si le souvenir des faits antérieurs ne rattache le présent au passé [81]? Rappeler l'antiquité, en tirer des exemples, c'est le moyen de donner au discours beaucoup d'agrément, et en même temps plus de poids et d'autorité.

XXXV. Muni de tous ces secours, l'orateur pourra se présenter pour soutenir une cause; mais il doit d'abord connaître les divers genres de causes. Il saura que toute contestation roule sur les choses ou sur les mots. Quant aux choses, il y a des questions de fait, de droit, de nom. Quant aux mots, on recherche s'il y a équivoque, contradiction. Toutefois que les mots ne paraissent

ex præterito verbo fieri solet : in quo, quod est ambiguorum proprium, res duas significari videmus.

Quum tam pauca sint genera causarum, etiam argumentorum præcepta pauca sunt. Traditi sunt, e quibus ea ducantur, duplices loci : uni e rebus ipsis, alteri assumpti. Tractatio igitur rerum efficit admirabiliorem orationem : nam ipsæ quidem res in perfacili cognitione versantur. Quid enim jam sequitur, quod quidem artis sit, nisi ordiri orationem, in quo aut concilietur auditor, aut erigatur, aut paret se ad discendum? rem breviter exponere, et probabiliter, et aperte, ut, quid agatur, intelligi possit? sua confirmare? adversaria evertere? eaque efficere non perturbate, sed singulis argumentationibus ita concludendis, ut efficiatur quod sit consequens iis, quæ sumentur ad quamque rem confirmandam? post omnia perorationem inflammantem, restinguentemve concludere?

Has partes quemadmodum tractet singulas, difficile dictu est hoc loco : nec enim semper tractantur uno modo. Quoniam autem non, quem doceam, quæro, sed quem probem; probabo primum eum, qui, quid deceat, videbit. Hæc enim sapientia maxime adhibenda eloquenti est, ut sit temporum, personarumque moderator. Nam nec semper, nec apud omnes, nec contra omnes, nec pro omnibus, nec omnibus eodem modo dicendum arbitror.

XXXVI. Is erit ergo eloquens, qui ad id, quod-

pas exprimer la pensée véritable, c'est une sorte d'équivoque; elle est souvent l'effet d'un mot omis, et alors, ce qui est le propre de l'équivoque, elle offre à l'esprit deux sens.

S'il y a peu de genres de causes, il y a aussi peu de préceptes sur les argumens. On reconnaît, comme source des argumens, deux sortes de lieux : les uns pris dans la chose même, les autres étrangers au sujet. La manière de traiter les choses fait tout le succès; car les choses mêmes sont faciles à trouver. Quelle règle de l'art reste-t-il à établir encore? Il faut que l'orateur, dans son exorde, se concilie la bienveillance de ceux qui l'écoutent, qu'il éveille leur attention, qu'il excite leur intérêt; qu'ensuite il expose le fait avec tant de brièveté, de clarté, de netteté, que l'on saisisse aussitôt l'état de la question; puis qu'il établisse ses preuves, renverse celles de son adversaire, le tout avec ordre, et en disposant l'argumentation de manière à faire sentir la liaison des conséquences avec les principes; et enfin qu'il termine le discours par une péroraison qui allume ou éteigne les passions.

Quelle est la manière de traiter chacune de ces parties? c'est ce qu'il serait difficile d'établir ici; cette manière varie selon les sujets. Je ne cherche pas d'ailleurs un orateur à former; je cherche l'orateur que je puisse admirer. J'admirerai avant tout celui qui saura voir ce qui convient. En effet, le premier devoir de l'homme éloquent, c'est de conformer son langage aux temps et aux personnes : car, selon moi, le même langage ne convient ni toujours, ni devant tous, ni à tous, ni pour ou contre tous.

XXXVI. Il sera donc éloquent celui qui saura ap-

cumque decebit, poterit accommodare orationem. Quod
quum statuerit, tum, ut quidque erit dicendum, ita dicet; nec satura jejune, nec grandia minute, nec item
contra; sed erit rebus ipsis par et æqualis oratio. Principia verecunda, non elatis incensa verbis, sed acuta sententiis, vel ad offensionem adversarii, vel ad commendationem sui. Narrationes credibiles, nec historico, sed
prope quotidiano sermone explicatæ dilucide. Dein si
tenues causæ, tum etiam argumentandi tenue filum et
in docendo, et in refellendo; idque ita tenebitur, ut,
quanta ad rem, tanta ad orationem fiat accessio. Quum
vero causa ea inciderit, in qua vis eloquentiæ possit expromi : tum se latius fundet orator, tum reget et flectet
animos, et sic afficiet, ut volet, id est ut causæ natura,
et ratio temporis postulabit.

Sed erit duplex omnis ejus ornatus ille admirabilis,
propter quem ascendit in tantum honorem eloquentia.
Nam quum omnis pars orationis esse debet laudabilis,
sic ut verbum nullum, nisi aut grave, aut elegans excidat; tum sunt maxime luminosæ, et quasi actuosæ partes duæ : quarum alteram in universi generis quæstione
pono, quam (ut supra dixi) Græci appellant θέσιν; alteram in augendis amplificandisque rebus, quæ ab eisdem αὔξησις est nominata. Quæ etsi æquabiliter toto corpore orationis fusa esse debet, tamen in communibus locis
maxime excellet; qui communes appellati, quod videntur multarum iidem esse causarum, sed proprii singularum esse debebunt.

proprier le discours à toutes les bienséances. Il discernera dès-lors quel devra être son langage, et ne sera pas stérile pour les sujets féconds, petit pour les grands, et réciproquement; il y aura entre les choses et les paroles une heureuse correspondance. L'exorde [82] sera modeste, sans ambition, sans enflure, mais semé de pensées piquantes, propres à prévenir les esprits contre l'adversaire, ou à les concilier à l'orateur. Les narrations auront de la vraisemblance, expliqueront le fait avec clarté, et d'un style plutôt familier qu'historique; et puis, si la cause est mince et légère, le fil de l'argumentation sera mince et léger, soit qu'on prouve, soit qu'on réfute. L'argumentation devra s'élever en proportion de la grandeur du sujet. Quand la cause sera susceptible des grands effets de l'éloquence, l'orateur prendra un essor plus libre, dominera, subjuguera les esprits, et leur inspirera les affections qu'exigeront et la nature du sujet et les circonstances du temps.

Mais il y a deux ornemens principaux qui ont fait de l'éloquence un objet d'admiration, et l'ont élevée au plus haut degré d'estime et de gloire. Sans doute toutes les parties du discours doivent se distinguer par la force ou l'élégance; mais les deux parties dont je parle seront plus éclatantes, plus vives que les autres. La première est la *question générale;* comme je l'ai dit plus haut, les Grecs la nomment θέσις; la seconde, c'est l'*amplification*, αὔξησις, selon les Grecs. Quoique l'*amplification* doive être également répandue dans tout le discours, c'est cependant dans les lieux communs qu'elle sera surtout bien à sa place : on les nomme *lieux communs* parce qu'ils semblent appartenir à plusieurs causes; mais il faut les rendre propres à chacune.

At vero illa pars orationis, quæ est de genere universo, totas causas sæpe continet : quidquid est enim illud, in quo quasi certamen est controversiæ, quod græce κρινό-μενον dicitur, id ita dici placet, ut traducatur ad perpetuam quæstionem, atque ut de universo genere dicatur : nisi quum de vero ambigetur; quod quæri conjectura solet. Dicetur autem non peripateticorum more (est enim illorum exercitatio elegans jam inde ab Aristotele constituta), sed aliquanto nervosius; et ita de re communia dicentur, ut et pro reis multa leniter dicantur, et in adversarios aspere.

Augendis vero rebus, et contra abjiciendis, nihil est, quod non perficere possit oratio; quod et inter media argumenta faciendum est, quotiescumque dabitur vel amplificandi, vel minuendi locus, et pæne infinite in perorando.

XXXVII. Duo sunt, quæ bene tractata ab oratore, admirabilem eloquentiam faciant : quorum alterum est, quod Græci ἠθικὸν vocant, ad naturas, et ad mores, et ad omnem vitæ consuetudinem accommodatum; alterum, quod iidem παθητικὸν nominant, quo perturbantur animi et concitantur, in quo uno regnat oratio. Illud superius, come, jucundum, ad benivolentiam conciliandam paratum : hoc, vehemens, incensum, incitatum, quo causæ eripiuntur; quod quum rapide fertur, sustineri nullo pacto potest. Quo genere nos, mediocres, aut multo etiam minus, sed magno semper usi impetu, sæpe adversarios de statu omni dejecimus. Nobis pro familiari reo summus orator non respondit Hortensius. A nobis homo audacissimus Catilina in senatu accusatus obmu-

La *question générale* embrasse souvent tout le corps du discours : en effet, quel que soit le point à juger (en grec τὸ κρινόμενον), on peut le ramener à une question de genre; et alors il n'est pas nécessaire d'entrer dans les détails, à moins qu'il n'y ait doute sur la vérité d'un fait, auquel cas il y a *conjecture*. On ne traitera pas cette partie du discours suivant la méthode des péripatéticiens, dont les formes si ingénieuses sont dues à Aristote, mais avec plus d'énergie; et, dans l'emploi des lieux communs, on ne perdra de vue ni le client en faveur de qui l'on parle, ni l'adversaire que l'on ne doit pas ménager.

Quant à l'amplification, qu'elle agrandisse ou qu'elle diminue, tout lui est possible; elle doit entrer dans l'argumentation toutes les fois qu'il faudra élever ou déprécier. Sa place est par-dessus tout dans la péroraison.

XXXVII. Il y a encore deux moyens qui, bien employés par l'orateur, font la beauté de l'éloquence : l'un, que les Grecs appellent ἠθικὸν, est l'art de peindre les caractères, les mœurs, les habitudes de la vie sociale; l'autre, qu'ils nomment παθητικὸν, est l'art d'émouvoir, d'entraîner les esprits, ce qui est le triomphe de l'éloquence. Le premier genre est doux, agréable, insinuant, propre à nous concilier la bienveillance; le second, vif, ardent, impétueux, enlève la victoire, et, quand il s'abandonne à sa violence, ne trouve rien qui lui résiste. C'est par cette noble véhémence que souvent, tout médiocre que je suis et peut-être même au dessous du médiocre, j'ai absolument déconcerté mes adversaires; c'est grâce à elle qu'Hortensius, ce grand orateur, plaidant pour un ami [83], ne put me répondre; et que le

tuit. Nobis privata in causa magna et gravi quum cœpisset Curio pater respondere, subito assedit, quum sibi venenis ereptam memoriam diceret. Quid ego de miserationibus loquar? quibus eo sum usus pluribus, quod etiam si plures dicebamus, perorationem mihi tamen omnes relinquebant : in quo ut viderer excellere, non ingenio, sed dolore assequebar. Quæ qualiacumque in me sunt; me enim ipsum pœnitet, quanta sint; sed apparent in orationibus : etsi carent libri spiritu illo, propter quem majora eadem illa quum aguntur, quam quum leguntur, videri solent.

XXXVIII. Nec vero miseratione solum mens judicum permovenda est (qua nos ita dolenter uti solemus, ut puerum infantem in manibus perorantes tenuerimus; ut alia in causa, excitato reo nobili, sublato etiam filio parvo, plangore et lamentatione complerimus forum) : sed etiam est faciendum, ut irascatur judex, mitigetur, invideat, faveat, contemnat, admiretur, oderit, diligat, cupiat, satietate afficiatur, speret, metuat, lætetur, doleat : qua in varietate, duriorum, accusatio suppeditabit exempla; mitiorum, defensiones meæ. Nullo enim modo animus audientis aut incitari, aut leniri potest, qui modus a me non tentatus sit : dicerem perfectum, si ita judicarem, nec in veritate crimen arrogantiæ extimescerem. Sed, ut supra dixi, nulla me ingenii, sed magna

plus audacieux des hommes, Catilina, accusé par moi en plein sénat, fut réduit au silence [84]. C'est par elle encore que, dans une cause particulière, mais importante et grave, je pressai si vivement Curion le père, qu'il fut forcé de s'asseoir, disant que, par maléfice, on lui avait fait perdre la mémoire [85]. Que dirai-je de l'art qui consiste à exciter la compassion? Je m'y suis d'autant plus exercé que, lorsque nous nous trouvions plusieurs à plaider la même cause, on s'accordait à me laisser le soin de la péroraison; si j'obtenais quelques succès en ce genre, ce n'est pas à l'art que je les devais, mais à une sensibilité naturelle. Quel que soit mon talent en ce genre, et je regrette qu'il n'ait pas plus de puissance, on peut en juger par mes discours, quoique la lecture ne puisse suppléer à cette chaleur d'action qui donne à l'éloquence parlée tant d'avantage sur l'éloquence écrite.

XXXVIII. Mais il ne suffit pas d'exciter la compassion des juges, comme je l'ai fait souvent et d'une manière si touchante que, dans la péroraison d'un de mes plaidoyers, j'ai présenté un jeune enfant entre mes bras; que, dans une autre cause, je fis lever tout-à-coup l'illustre accusé pour qui je plaidais, et que, prenant aussi dans mes bras son fils en bas âge, je fis retentir le forum de pleurs et de gémissemens [86] : il faut de plus irriter les juges ou les apaiser; il faut exciter dans leur âme l'envie, la faveur, le mépris, l'admiration, la haine, l'amour, le désir, le dégoût, l'espérance, la crainte, la joie, la douleur; dans mes ouvrages, on trouvera des exemples pour ces passions diverses : pour les fortes, dans mes discours *contre Verrès;* pour les douces et tendres, dans mes défenses. Tous les moyens, en effet,

vis animi inflammat, ut me ipse non teneam. Nec unquam is, qui audiret, incenderetur, nisi ardens ad eum perveniret oratio.

Uterer exemplis domesticis, nisi ea legisses; uterer alienis vel latinis, si ulla reperirem; vel graecis, si deceret. Sed Crassi perpauca sunt, nec ea judiciorum; nihil Antonii, nihil Cottae, nihil Sulpicii; dicebat melius, quam scripsit, Hortensius. Verum haec vis, quam quaerimus, quanta sit, suspicemur, quoniam exemplum non habemus; aut, si exempla sequimur, a Demosthene sumamus, et quidem perpetuae dictionis, ex eo loco, unde, in Ctesiphontis judicio, de suis factis, consiliis, meritis in rempublicam aggressus est dicere. Ea profecto oratio in eam formam, quae est insita in mentibus nostris, includi sic potest, ut major eloquentia non requiratur.

XXXIX. Sed jam forma ipsa restat, et character ille qui dicitur : qui qualis esse debeat, ex ipsis, quae supra dicta sunt, intelligi potest. Nam et singulorum verborum, et collocatorum lumina attigimus; quibus sic abundabit, ut verbum ex ore nullum, nisi aut elegans, aut grave exeat; ex omnique genere frequentissimae translationes erunt, quod eae propter similitudinem transferunt animos, et referunt, ac movent huc et illuc; qui

d'émouvoir ou de calmer les esprits, je les ai tentés; je dirais même que je les ai portés à la perfection, si je le pensais ainsi, ou si je ne craignais le reproche de présomption, même en restant dans la vérité. Mais, comme je l'ai déclaré, je dois alors mes succès moins au talent qu'à ce feu qui m'embrase, à ces passions qui me transportent hors de moi-même. Jamais l'auditeur ne s'enflammerait si des paroles brûlantes n'arrivaient à lui.

Je citerais des exemples de mes ouvrages si vous ne les aviez lus. J'en citerais de nos orateurs latins s'ils m'en fournissaient; des Grecs si cela était convenable. Il y en a bien de Crassus, mais non dans le genre du barreau; je n'en vois pas dans Antoine, Cotta, Sulpicius; Hortensius parlait mieux qu'il n'écrivait. Mais imaginons, à défaut d'exemples, cette éloquence entraînante que nous cherchons; ou, s'il nous faut des exemples, ayons recours à Démosthène, et lisons toute la suite de son plaidoyer *pour Ctésiphon*, à partir de l'endroit où il commence à parler de ses actions, de ses conseils, des services qu'il a rendus à la chose publique. Ce discours répond tellement à l'idée que nous nous sommes formée de l'éloquence, que nous ne pouvons rien désirer de plus.

XXXIX. Il nous reste à faire connaître la forme et le caractère du style de l'orateur; nos remarques précédentes en ont pu déjà donner une idée. En effet, nous avons dit quelques mots de l'éclat que donnent au discours les mots considérés séparément ou dans l'arrangement de la phrase : l'orateur saura si bien les employer qu'il ne lui échappera aucune expression qui n'ait de l'élégance ou de la dignité. Son style sera plein de métaphores de tout genre; la métaphore, par la compa-

motus cogitationis, celeriter agitatus, per se ipse delectat.

Et reliqua, ex collocatione verborum quæ sumuntur quasi lumina, magnum afferunt ornamentum orationi. Sunt enim similia illis, quæ in amplo ornatu scenæ, aut fori appellantur insignia; non quod sola ornent, sed quod excellant. Eadem ratio est horum, quæ sunt orationis lumina, et quodam modo insignia : quum aut duplicantur iteranturque verba, aut breviter commutata ponuntur, aut ab eodem verbo ducitur sæpius oratio, aut in idem conjicitur, aut in utrumque, aut adjungitur idem iteratum, aut idem ad extremum refertur, aut continenter unum verbum non in eadem sententia ponitur; aut quum similiter vel cadunt verba, vel desinunt; aut multis modis contrariis relata contraria; aut quum gradatim sursum versus reditur; aut quum, demptis conjunctionibus, dissolute plura dicuntur; aut quum aliquid prætereuntes, cur id faciamus, ostendimus; aut quum corrigimus nosmet ipsi, quasi reprehendentes; aut si est aliqua exclamatio vel admirationis, vel conquestionis; aut quum ejusdem nominis casus sæpius commutatur.

Sed sententiarum ornamenta, majora sunt; quibus quia frequentissime Demosthenes utitur, sunt qui putent, idcirco ejus eloquentiam maxime esse laudabilem. Et vero nullus fere ab eo locus sine quadam conformatione sententiæ dicitur; nec aliud quidquam est, dicere,

raison qu'elle renferme, transporte l'esprit d'un objet à l'autre, le ramène, le fait mouvoir en tous sens; ce mouvement rapide de la pensée est une jouissance pour l'esprit.

Les figures qui naissent de l'arrangement des mots sont encore un des ornemens du discours. On peut les comparer à ce qui orne le théâtre ou la place publique les jours de fête, aux *décorations;* non pas que ce soit le seul ornement du spectacle, mais c'est le plus apparent. Les figures de mots [87] ne sont-elles pas, pour ainsi dire, les décorations du discours, soit que l'orateur répète [88] et redouble à propos certains termes, ou qu'il leur fasse subir une légère altération; soit que les mêmes mots se trouvent au commencement ou à la fin de la phrase, ou dans ces deux endroits, ou au milieu; soit qu'ils terminent plusieurs phrases de suite, ou qu'ils se reproduisent immédiatement dans un sens différent; soit que plusieurs membres de phrase aient la même chute ou la même désinence; soit qu'on oppose de diverses manières les contraires aux contraires, ou bien qu'on procède par gradation [89], ou qu'on supprime les conjonctions [90] pour la rapidité du discours; soit que, s'imposant silence à soi-même, on en laisse entrevoir le motif, ou bien qu'on se reprenne comme d'une erreur; soit que, par l'exclamation, on exprime l'étonnement ou la plainte; soit enfin qu'on change plusieurs fois le cas d'un même nom [91]?

Mais les figures de pensée ont un tout autre éclat; et comme Démosthène les emploie très-fréquemment, certains critiques pensent que c'est là surtout le secret de son admirable éloquence. En effet, il y a dans Démosthène peu d'endroits qui ne soient relevés par quel-

7.

nisi omnes, aut certe plerasque aliqua specie illuminare sententias : quas quum tu optime, Brute, teneas, quid attinet nominibus uti, aut exemplis? tantum notetur locus.

XL. Sic igitur dicet ille, quem expetimus, ut verset sæpe multis modis eamdem et unam rem, et hæreat in eadem commoreturque sententia; sæpe etiam ut extenuet aliquid; sæpe ut irrideat; ut declinet a proposito deflectatque sententiam; ut proponat, quid dicturus sit; ut, quum transegerit jam aliquid, definiat; ut se ipse revocet; ut, quod dixit, iteret; ut argumentum ratione concludat; ut interrogando urgeat; ut rursus quasi ad interrogata sibi ipse respondeat; ut contra, ac dicat, accipi et sentiri velit; ut addubitet, quid potius, aut quo modo dicat; ut dividat in partes; ut aliquid relinquat ac negligat; ut ante præmuniat; ut in eo ipso, in quo reprehendatur, culpam in adversarium conferat : ut sæpe cum iis, qui audiunt, nonnunquam etiam cum adversario quasi deliberet; ut hominum sermones moresque describat; ut muta quædam loquentia inducat; ut ab eo, quod agitur, avertat animos ; ut sæpe in hilaritatem risumve convertat; ut ante occupet, quod videat opponi; ut comparet similitudines; ut utatur exemplis; ut aliud alii tribuens dispertiat; ut interpellatorem coerceat; ut aliquid reticere se dicat; ut denuntiet, quid caveant; ut liberius quid audeat; ut irascatur etiam; ut objurget aliquando, ut deprecetur, ut supplicet, ut medeatur, ut a proposito declinet aliquantulum, ut optet, ut exsecre-

que figure de pensée; et même l'art de bien dire n'est guère autre chose que celui de donner aux pensées, ou du moins à la plupart, une forme brillante. Qu'est-il besoin, Brutus, pour vous qui possédez si bien tout cela, de donner le nom de ces figures, ou de citer des exemples? il suffira de les indiquer.

XL. L'orateur parfait devra donc présenter sous des aspects divers une seule et même chose, tenir l'esprit de l'auditeur attaché sur une même idée, affaiblir certains objets, souvent employer la raillerie, s'écarter du sujet par une digression, annoncer le point qu'il va traiter, conclure après un développement, revenir sur ses pas, reprendre ce qu'il a dit, donner à ses preuves une force nouvelle en les résumant; presser son adversaire par l'interrogation [92], se répondre à lui-même, comme s'il était interrogé [93], faire entendre autre chose que ce qu'il dit [94]; paraître incertain de ce qu'il doit penser ou dire, établir des divisions, omettre et négliger certaines choses, prévenir en sa faveur, faire retomber le reproche qu'on lui adresse sur celui qu'elle combat, entrer avec les juges et même avec l'adversaire [95] en une sorte de délibération, décrire les mœurs et raconter les entretiens des personnes, faire parler les êtres inanimés [96], détourner les esprits de la question, souvent exciter la gaîté et le rire, prévenir une objection, établir des similitudes, citer des exemples, distribuer une idée en plusieurs points, rappeler l'adversaire au silence, déclarer qu'il ne s'explique pas entièrement, avertir les juges de se tenir sur leurs gardes, parler avec une noble hardiesse [97], s'abandonner quelquefois à la colère, aux reproches, prier, supplier, guérir une blessure, s'écarter un peu de son but, former des vœux, faire des imprécations, se

tur; ut fiat iis, apud quos dicet, familiaris. Atque alias etiam dicendi quasi virtutes sequatur; brevitatem, si res petet : saepe etiam rem dicendo subjiciet oculis; saepe supra feret, quam fieri possit; significatio saepe erit major, quam oratio; saepe hilaritas, saepe vitae naturarumque imitatio.

XLI. Hoc in genere (nam quasi silvam vides) omnis eluceat oportet eloquentiae magnitudo. Sed haec, nisi collocata, et quasi structa, et nexa verbis, ad eam laudem, quam volumus, adspirare non possunt.

De quo quum mihi deinceps viderem esse dicendum, etsi movebant jam me illa, quae supra dixeram, tamen iis, quae sequuntur, perturbabar magis. Occurrebat enim, posse reperiri non invidos solum, quibus referta sunt omnia, sed fautores etiam mearum laudum, qui non censerent ejus viri esse, de cujus meritis tanta senatus judicia fecisset, comprobante populo romano, quanta de nullo, de artificio dicendi litteris tam multa mandare. Quibus si nihil aliud responderem, nisi me M. Bruto negare roganti noluisse, justa esset excusatio, quum et amicissimo et praestantissimo viro, et recta et honesta petenti, satisfacere voluissem. Sed si profitear (quod utinam possem!) me studiosis dicendi praecepta, et quasi vias, quae ad eloquentiam ferrent, traditurum: quis tandem id justus rerum aestimator reprehenderet? Nam quis unquam dubitavit, quin in republica nostra primas eloquentia tenuerit semper, urbanis, pacatisque rebus; secundas, juris scientia? quum in altera, gratiae, gloriae, praesidii plurimum esset; in altera, perse-

rendre familier avec ceux qui l'écoutent. L'orateur doit encore avoir d'autres qualités du discours, être au besoin vif et pressé, mettre sous les yeux l'objet qu'il décrit [98], exagérer [99], donner plus à entendre qu'il ne dit, se laisser aller à la gaîté; enfin, peindre des mœurs, des caractères [100].

XLI. Voilà le vaste champ d'où l'éloquence tire son éclat et sa grandeur. Mais, si l'on ne sait disposer ces ornemens, si l'on n'en construit, pour ainsi dire, l'édifice par un habile arrangement, on prétendra vainement à ce beau titre d'orateur [101].

Au moment d'entrer dans ces détails, j'ai plus vivement éprouvé l'agitation que j'avais ressentie dès le commencement de cet ouvrage. En effet, pensais-je, il peut se rencontrer, je ne dis pas des envieux, espèce de gens qu'on trouve partout, mais des amis, des partisans de ma gloire, qui trouvent étrange qu'un citoyen aux services duquel le sénat a rendu des hommages éclatans, confirmés par le peuple romain, et jusqu'alors inconnus, écrive si longuement sur l'art de parler. Quand je me bornerais à leur répondre que je n'ai pas voulu me refuser à la demande de M. Brutus, ce serait une excuse légitime, puisque cette demande m'était faite par l'ami le plus cher, l'homme le plus distingué, et qu'elle n'avait d'ailleurs rien que de juste et d'honorable. Mais si j'ajoute (puissent mes forces ne pas me tromper!) que mon but est de donner des préceptes à ceux qui veulent arriver à l'éloquence, de leur tracer la route qui les y conduira, quel homme équitable osera me blâmer? Ne sait-on pas que, dans notre république, l'éloquence a toujours tenu le premier rang en temps de paix, et la jurisprudence le second; que la première

cutionum, cautionumque præceptio; quæ quidem ipsa auxilium ab eloquentia sæpe peteret, ea vero repugnante vix suas regiones finesque defenderet. Cur igitur jus civile docere semper pulchrum fuit, hominumque clarissimorum discipulis floruerunt domus; ad dicendum si quis acuat, aut adjuvet in eo juventutem, vituperetur? Nam si vitiosum est dicere ornate, pellatur omnino e civitate eloquentia : sin ea non modo eos ornat, penes quos est, sed etiam universam rempublicam; cur aut discere turpe est, quod scire honestum est; aut, quod nosse pulcherrimum est, id non gloriosum docere?

XLII. At alterum factitatum est, alterum novum. Fateor : sed utriusque rei causa est. Alteros enim respondentes audire sat erat, ut ii, qui docerent, nullum sibi ad eam rem tempus ipsi seponerent, sed eodem tempore et discentibus satisfacerent, et consulentibus; alteri, quum domesticum tempus in cognoscendis componendisque causis, forense in agendis, reliquum in se ipsis reficiendis omne consumerent, quem habebant instituendi aut docendi locum? Atque haud scio, an plerique nostrorum oratorum ingenio plus valuerint, quam doctrina : itaque illi dicere melius, quam præcipere; nos contra fortasse possumus.

At dignitatem docere non habet. Certe, si quasi in ludo : sec si monendo, si cohortando, si percunctando, si communicando, si interdum etiam una legendo, audiendo; nescio, docendo etiam aliquid aliquando si pos-

donne le crédit, la gloire, la force, et l'autre de simples formules d'attaque, de défense; que souvent elle a dû implorer le secours de l'éloquence; que, même sans cet appui, elle eût à peine conservé ses droits et son empire. Pourquoi donc l'enseignement du droit civil a-t-il toujours été si honorable; pourquoi des maisons de Romains illustres ont-elles été de florissantes écoles, si l'on ne peut être sans crime l'instigateur ou le guide de la jeunesse dans la carrière de l'éloquence? Si c'est un mal de bien parler, il faut sur-le-champ bannir de Rome l'éloquence; si, au contraire, l'éloquence est glorieuse, non-seulement pour ceux qui la possèdent, mais pour tout un état, pourquoi serait-il honteux d'étudier ce qu'il est honorable de savoir, et quel déshonneur y a-t-il à enseigner ce qu'il est beau de connaître?

XLII. Mais le premier enseignement a pour lui l'usage; le second est une innovation, je l'avoue : mais voici la raison de cette différence. Il suffisait d'entendre les réponses des jurisconsultes; ils n'avaient point pour leurs disciples d'heure marquée; mais ils les instruisaient tout en répondant à ceux qui les consultaient; tandis que les orateurs, occupés à méditer et à composer chez eux, à plaider au forum, même à se délasser, ne trouvaient pas le temps d'enseigner. Je ne sais d'ailleurs si la plupart de nos orateurs n'ont pas eu plus de génie que d'étude : ils devaient donc avoir plutôt le talent de la parole que celui de l'enseignement; chez nous c'est peut-être le contraire.

Mais il n'y a pas de dignité à enseigner. Oui, si l'on enseignait comme dans une école; mais si l'on emploie tantôt les avis, les exhortations; tantôt les questions, les entretiens, quelquefois des lectures faites par l'un,

sis meliores facere, cur nolis? An, quibus verbis sacrorum alienatio fiat, docere honestum est [ut est]: quibus ipsa sacra retineri defendique possint, non honestum est?

At jus profitentur etiam, qui nesciunt; eloquentia autem, illi ipsi, qui consecuti sunt, tamen se valere dissimulant, propterea quod prudentia hominibus grata est, lingua suspecta. Num igitur aut latere eloquentia potest, aut id, quod dissimulat, effugit; aut est periculum, ne quis putet in magna arte et gloriosa, turpe esse docere alios id, quod ipsi fuerit honestissimum discere? Ac fortasse ceteri tectiores : ego semper me didicisse præ me tuli. Quid enim possem, quum et abfuissem domo adolescens, et horum studiorum causa mare transissem, et doctissimis hominibus referta domus esset, et aliquæ fortasse inessent in sermone nostro doctrinarum notæ? quumque vulgo scripta nostra legerentur, dissimularem me didicisse? Quid erat, cur probarem, nisi quod parum fortasse profeceram?

XLIII. Quod quum ita sit, tamen ea, quæ supra dicta sunt, plus in disputando, quam ea, de quibus dicendum est, dignitatis habuerunt. De verbis enim componendis, et de syllabis propemodum dinumerandis et dimetiendis loquemur : quæ etiamsi sunt, sicuti mihi videntur, necessaria, tamen fiunt magnificentius, quam docentur. Est id omnino verum, sed proprie in hoc dicitur : nam

répétées par l'autre [102] ; si l'on peut même par ses leçons rendre les hommes meilleurs, pourquoi ne le ferait-on pas? Eh quoi! il est honnête d'enseigner la formule qui rend valable l'aliénation des biens consacrés [103], et, si l'on enseigne l'art de défendre la consécration même, cela n'est pas honnête?

Mais, dit-on, on s'honore du titre de jurisconsulte sans connaître le droit, tandis que ceux qui sont habiles dans l'art de parler dissimulent leur talent, et cela parce que la jurisprudence est agréable aux hommes, et que l'éloquence leur est suspecte. Mais l'éloquence peut-elle vraiment se déguiser? échappe-t-elle à notre pénétration? ou bien s'expose-t-on à quelque reproche en enseignant aux autres un art grand et noble? Qu'il est beau d'avoir étudié soi-même! Quelques-uns peut-être dissimulent leurs études; pour moi, je m'en suis toujours fait gloire. Pourrais-je n'en pas convenir, puisque, bien jeune encore, j'ai quitté Rome et passé la mer pour m'instruire; puisque ma maison a toujours été remplie des hommes les plus éclairés, et que peut-être mes entretiens offrent quelques traces de connaissances? mes écrits d'ailleurs sont honorés du public : comment alors dissimuler mes études? Que m'en reviendrait-il, sinon de passer pour ne pas en avoir tiré grand fruit?

XLIII. Il y a cependant, il faut l'avouer, plus de dignité à traiter les points précédens que ceux dont je vais parler. Il s'agit, en effet, d'examiner maintenant la manière d'arranger les mots et, pour ainsi dire, de compter, de mesurer les syllabes; cet art, tout nécessaire qu'il est, selon moi, a bien un autre éclat dans la pratique que dans les règles qu'on en donne. Cela est vrai de toutes choses, mais surtout de ce qui nous occupe

omnium magnarum artium, sicut arborum, altitudo nos delectat; radices stirpesque non item : sed esse illa sine his non potest. Me autem, sive pervagatissimus ille versus, qui vetat,

> Artem pudere proloqui, quam factites,

dissimulare non sinit, quin delecter; sive tuum studium hoc a me volumen expressit : tamen eis, quos aliquid reprehensuros suspicabar, respondendum fuit. Quod si ea, quæ dixi, non ita essent; quis tamen se tam durum agrestemque præberet, qui hanc mihi non daret veniam, ut, quum meæ forenses artes, et actiones publicæ concidissent, non me aut desidiæ, quod facere non possum; aut mœstitiæ, cui resisto, potius, quam litteris, dederem? quæ quidem me antea in judicia atque in curiam deducebant, nunc oblectant domi. Nec vero talibus modo rebus, quales hic liber continet, sed multo etiam gravioribus et majoribus : quæ si erunt perfectæ, profecto forensibus nostris rebus etiam domesticæ litteræ respondebunt. Sed ad institutam disputationem revertamur.

XLIV. Collocabuntur igitur verba, aut ut inter se quam aptissime cohæreant extrema cum primis, eaque sint quam suavissimis vocibus; aut ut forma ipsa concinnitasque verborum conficiat orbem suum; aut ut comprehensio numerose et apte cadat. Atque illud primum videamus, quale sit, quod vel maxime desiderat diligentiam, ut fiat quasi structura quædam, nec tamen fiat

maintenant. Il en est des études les plus nobles comme de ces arbres dont la hauteur charme nos regards ; on n'en peut dire autant des racines : mais, sans leur secours, l'arbre n'aurait pu s'élever. Pour moi, soit que ce vers, passé en proverbe,

> On ne doit pas rougir de l'art que l'on professe,

me force d'avouer que je me plais infiniment à ces travaux ; soit que le désir de vous satisfaire m'ait arraché ce traité, j'ai cru cependant devoir prévenir la critique de certains esprits. Quand même ce que j'ai dit ne serait pas aussi bien fondé, il faudrait être bien difficile, bien sauvage pour ne pas me permettre, quand je ne puis plus vaquer ni aux fonctions du barreau, ni aux affaires publiques[104], de chercher de la consolation dans les lettres, au lieu de me livrer à l'oisiveté, qui me répugne, ou à la tristesse, que je tâche de vaincre ? Ces études, qui autrefois m'accompagnaient au sénat, au barreau, font aujourd'hui le bonheur de ma solitude. Au reste, je ne m'occupe pas seulement des matières traitées dans ce livre ; je m'occupe de sujets d'une importance plus haute ; si je puis y donner la dernière main, mes travaux privés ne paraîtront pas, je pense, inférieurs à mes discours publics. Revenons à notre objet.

XLIV. L'arrangement des mots consiste ou à lier le plus habilement possible les dernières syllabes avec les suivantes, et à former les sons les plus agréables ; ou à choisir les mots, et à les disposer si bien que la mesure naisse d'elle-même ; ou à donner à la période un tour harmonieux, une juste cadence. Voyons ce qui concerne le premier arrangement : pour réussir en ce point, il faut sans doute de l'art et des soins ; mais il ne faut pas

operose : nam esset quum infinitus, tum puerilis labor; quod apud Lucilium scite exagitat in Albucio Scævola,

> Quam lepide lexeis compostæ! ut tesserulæ omnes
> Arte pavimento, atque emblemate vermiculato.

Nolo tam minuta hæc constructio appareat : sed tamen stilus exercitatus efficiet facile hanc viam componendi. Nam ut in legendo oculus, sic animus in dicendo prospiciet, quid sequatur, ne extremorum verborum cum insequentibus primis concursus, aut hiulcas voces efficiat, aut asperas. Quamvis enim suaves gravesque sententiæ, tamen si inconditis verbis efferuntur, offendent aures; quarum est judicium superbissimum. Quod quidem latina lingua sic observat, nemo ut tam rusticus sit, qui vocales nolit conjungere. In quo quidam etiam Theopompum reprehendunt, quod eas litteras tanto opere fugerit; etsi id magister ejus Isocrates : at non Thucydides : ne ille quidem, haud paullo major scriptor, Plato; nec solum in his sermonibus, qui dialogi dicuntur, ubi etiam de industria id faciendum fuit, sed in populari oratione, qua mos est Athenis laudari in concione eos, qui sint in prœliis interfecti; quæ sic probata est, ut eam quotannis, ut scis, illo die recitari necesse sit : in ea est crebra ista vocum concursio, quam magna ex parte, ut vitiosam, fugit Demosthenes.

XLV. Sed Græci viderint; nobis, ne si cupiamus quidem, distrahere voces conceditur. Indicant orationes

que l'art soit trop sensible : ce serait un travail puéril et infini que de vouloir polir toutes les syllabes ; et l'on mériterait ces reproches ingénieux que Scévola, dans Lucilius, adresse à Albucius [105] :

> Le bel arrangement, l'admirable industrie !
> C'est une mosaïque, une marqueterie.

Je ne veux pas une attention si minutieuse : mais l'habitude d'écrire rendra facile cet artifice de la composition. Comme l'œil du lecteur, ainsi l'esprit de celui qui compose voit ce qui suit, et il évite le choc de certaines syllabes entre elles, les hiatus, les sons durs. Quelque agrément et quelque noblesse que puissent avoir les pensées, si l'expression n'en est pas harmonieuse, elles blesseront l'oreille, ce juge si sévère. C'est au reste quelque chose de si conforme au génie de notre langue, qu'il n'y a aucun Romain, quelque grossier qu'il soit, qui ne préfère l'élision au choc des voyelles. On reproche cependant à Théopompe d'avoir poussé trop loin cette attention : ainsi faisait Isocrate son maître, mais non Thucydide, ni même cet écrivain plus grand qu'eux tous, Platon ; non-seulement dans ses dialogues, où cette négligence était commandée par l'art même, mais dans ce discours funèbre qu'il composa, suivant l'usage d'Athènes, en l'honneur des guerriers morts pour la patrie, et qui fut trouvé si beau que la loi ordonne, comme vous le savez, que tous les ans on en fasse lecture publique. On y rencontre souvent des voyelles qui se heurtent, ce que Démosthène, presque partout, évite comme un défaut.

XLV. Mais c'est aux Grecs à juger ce que leur langue autorise : nous devons, nous, éviter absolument le

illæ ipsæ horridulæ Catonis; indicant omnes poetæ, præter eos, qui, ut versum facerent, sæpe hiebant; ut Nævius :

Vos, qui accolitis Histrum fluvium, atque Algidam.

Et ibidem,

Quam nunquam vobis Graii, atque Barbari.

At Ennius semel,

Scipio invicte....

Et quidem nos,

Hoc motu radiantis Etesiæ in vada ponti

Hoc idem nostri sæpius non tulissent, quod Græci laudare etiam solent. Sed quid ego vocales? sine vocalibus sæpe brevitatis causa contrahebant, ut ita dicerent, *multi' modis, vas' argenteis, palmi' et crinibus, tecti' fractis*. Quid vero licentius, quam quod hominum etiam nomina contrahebant, quo essent aptiora? nam ut *duellum, bellum*, et *duis, bis :* sic Duellium, eum, qui Pœnos classe devicit, Bellium nominaverunt, quum superiores appellati essent semper Duellii. Quin etiam verba sæpe contrahuntur, non usus causa, sed aurium. Quomodo enim vester Axilla, Ala factus est, nisi fuga litteræ vastioris? quam litteram etiam e maxillis, et taxillis, et vexillo, et paxillo, consuetudo elegans latini sermonis evellit. Libenter etiam copulando verba jungebant, ut *sodes*, pro, *si audes; sis*, pro, *si vis*. Jam in uno,

concours des voyelles; témoin Caton dans ses harangues, toutes rudes qu'elles sont; témoin tous nos poètes, hormis ceux qui souvent, pour faire le vers, ont eu recours à l'hiatus : c'est ainsi qu'on trouve, dans Névius :

> Vos, qui accolitis Histrum fluvium, atque Algidam,

et au même endroit :

> Quam nunquam vobis Graii, atque Barbari.

Ennius n'offre d'autre exemple que celui-ci :

> Scipio invicte.....

J'ai dit moi-même [106] :

> Hoc motu radiantis Etesiæ in vada ponti.

On ne nous pardonnerait pas cette licence si elle revenait trop souvent; les Grecs la regardent comme une beauté. Mais pourquoi ne parler que des voyelles? souvent pour avoir une brève on retranchait des consonnes : on disait *multi' modis*, *vasi' argenteis*, *palmi' et crinibus*, *tecti' fractis*. Mais quelle licence plus hardie que l'abréviation qu'on faisait des noms propres pour s'en servir plus aisément? Comme de *duellum* on avait fait *bellum*, et de *duis*, *bis*, ainsi Duellius, vainqueur de la flotte carthaginoise, fut appelé Bellius, quoique ses ancêtres eussent toujours porté le nom de Duellius. Souvent même on contractait plusieurs mots, non par besoin, mais pour le plaisir de l'oreille. Pourquoi du nom d'Axilla, un de vos ancêtres, a-t-on fait Ala [107], sinon pour n'avoir pas à prononcer une lettre d'un son trop rude? Cette lettre, repoussée par la langue devenue plus

capsis, tria verba sunt : *ain'*, pro, *aisne; nequire*, pro, *non quire; malle*, pro, *magis velle; nolle*, pro, *non velle. Dein* etiam sæpe, et *exin*, pro *deinde* et *exinde* dicimus. Quid illud? non olet unde sit, quod dicitur, *cum illis ? cum* autem *nobis* non dicitur, sed *nobiscum?* quia si ita diceretur, obscenius concurrerent litteræ, ut etiam modo, nisi *autem* interposuissem, concurrissent. Ex eo est *mecum*, et *tecum* : non *cum me*, et *cum te*, ut esset simile illis *vobiscum*, atque *nobiscum*.

XLVI. Atque etiam a quibusdam sero jam emendatur antiquitas, qui hæc reprehendunt : nam pro *deum atque hominum fidem*, *deorum* aiunt. Ita credo : hoc illi nesciebant; an dabat hanc licentiam consuetudo? Itaque idem poeta, qui inusitatius contraxerat, *Patris mei meum factum pudet*, pro *meorum factorum;* et *Texitur; exitium examen rapit*, pro *exitiorum* : non dicit *liberum*, ut plerique loquimur, quum *cupidos liberum*, aut, *in liberum loco*, dicimus : sed ut isti volunt :

Neque tuum unquam in gremium extollas liberorum ex te genus.

Et idem,

Namque Æsculapi liberorum.....

At ille alter in Chryse, non solum,

Cives, antiqui amici majorum meum,

polie, a également disparu, par contraction, des mots *maxillœ*, *taxilli*, *vexillum*, *paxillus* [108]. On réunissait volontiers deux mots en un, comme *sodes* pour *si audes;* *sis* pour *si vis;* et même trois, comme dans *capsis*. On disait *ain'* pour *aisne*, *nequire* pour *non quire*, *malle* pour *magis velle*, *nolle* pour *non velle*. Nous disons de même *dein*, *exin*, pour *deinde* et *exinde*. Mais pourquoi, si l'on dit *cum illis*, ne met-on pas *cum* avant *nobis?* c'est que cette rencontre de syllabes pourrait présenter un sens déshonnête; c'est même pour cela que j'ai eu soin de mettre un mot entre *cum* et *nobis*. De *nobiscum* et *vobiscum* sont venus par analogie *mecum* et *tecum*, au lieu de *cum me* et *cum te*.

XLVI. Certains critiques voudraient, mais un peu tard, corriger le langage de l'antiquité; ainsi, quand ils trouvent *deum atque hominum fidem*, ils disent *deorum*. Nos pères, sans doute, péchaient par ignorance, ou plutôt n'usaient-ils pas d'une licence autorisée par l'usage? Ainsi le même poète qui, par une syncope inusitée, avait dit, *Patris mei meum factum pudet*, pour *meorum factorum;* et, *Texitur; exitium examen rapit*, pour *exitiorum*, ne dit pas *liberum*, comme font la plupart d'entre nous dans ces phrases, *cupidos liberum*, *in liberum loco;* mais comme le veulent nos critiques modernes :

Neque tuum unquam in gremium extollas liberorum ex te genus.

Et ailleurs :

Namque Æsculapi liberorum.....

En voici un autre qui, dans son *Chrysès*, dit :

Cives, antiqui amici majorum meum;

quod erat usitatum; sed durius etiam,

Consilium, augurium, atque extum interpretes

Idemque pergit :

Postquam prodigium horriferum, portentum pavos :

quæ non sane sunt in omnibus neutris usitata. Nec enim dixerim tam libenter, *armum judicium*, etsi est apud eumdem,

Nihilne ad te de judicio armum accidit?

quam *armorum*. Jam (ut censoriæ tabulæ loquuntur) *fabrum*, et *procum*, audeo dicere, non *fabrorum*, et *procorum*. Planeque, *duorumvirorum judicium*, aut, *triumvirorum capitalium*, aut, *decemvirorum litibus judicandis*, dico nunquam. Atqui dixit Attius,

Video sepulcra, dua duorum corporum.

Idemque,

Mulier una duum virum.

Quid verum sit, intelligo : sed alias ita loquor, ut concessum est, ut hoc, vel, *Proh deum* dico, vel, *Proh deorum* : alias, ut necesse est, quum *triumvirum*, non *virorum* : quum *sestertium nummum*, non *nummorum*, quod in his consuetudo varia non est.

XLVII. Quid, quod sic loqui, *nosse*, *judicasse*, vetant : *novisse*, jubent, et *judicavisse?* quasi vero nesciamus, in hoc genere et plenum verbum recte

ce qui du moins était usité; mais il ajoute plus durement encore :

Consilium, augurium, atque extum interpretes.

Plus loin nous trouvons :

Postquam prodigium horriferum, portentum pavos :

quoique la contraction ne soit pas usitée dans tous les neutres; car je ne dirais pas volontiers *armum judicium* pour *armorum*, bien que le même Pacuvius ait dit :

Nihilne ad te de judicio armum accidit ?

Quant à *fabrum* et à *procum*, qu'on trouve dans les tables des censeurs, je les préfère à *fabrorum* et *procorum*; mais jamais je ne dis *duorumvirorum judicium*, ni *triumvirorum capitalium*, ni *decemvirorum litibus judicandis*. Attius cependant a dit :

Video sepulcra, dua duorum corporum.

Et,

Mulier una duum virum.

Je sais ce que demande la règle; mais tantôt j'use de la liberté que me laisse l'usage, et je dis également *Proh deum* ou *Proh deorum*; tantôt je me conforme à la règle, et je dis *triumvirum* et non *virorum*, *sestertium nummum* et non *nummorum*, parce qu'en cela l'usage est invariable.

XLVII. Ne nous défendent-ils pas aussi de dire *nosse*, *judicasse*, au lieu de *novisse*, *judicavisse ?* comme si nous ne savions pas que cette forme du mot entier est

dici, et imminutum usitate. Itaque utrumque Terentius,

> Eho, tu cognatum tuum non noras?

Post idem,

> Stilphonem, inquam, noveras?

Siet, plenum est; *sit*, imminutum : licet utare utroque : ergo ibidem,

> Quam cara sintque, post carendo intelligunt,
> Quamque attinendi magni dominatus sient.

Nec vero reprehenderim,

> ......Scripsere alii rem.

Et *scripserunt*, esse verius sentio : sed consuetudini auribus indulgenti libenter obsequor. *Idem campus habet*, inquit Ennius : et, *In templis isdem*, probavit. At, *eisdem*, erat verius; nec tamen, *eisdem*, opimius : male sonabat, *iisdem*. Impetratum est a consuetudine, ut peccare suavitatis causa liceret, et *pomeridianas quadrigas*, quam *postmeridianas*, libentius dixerim; et *mehercule*, quam *mehercules*. *Non scire* quidem, barbarum jam videtur; *nescire*, dulcius. Ipsum *meridiem*, cur non *medidiem?* credo, quod erat insuavius. Una præpositio est, *abs*, eaque nunc tantum in accepti tabulis manet; ne his quidem omnium : in reliquo sermone mutata est. Nam *amovit* dicimus, et *abegit*, et *abstulit*, ut jam nescias, *abne* verum sit, an *abs*. Quid si etiam *abfugit* turpe visum est; et *abfer* noluerunt,

bonne, mais que l'usage autorise la contraction. Aussi voyons-nous l'un et l'autre dans Térence; il dit d'abord,

> Eho, tu cognatum tuum non noras?

Puis,

> Stilphonem, inquam, noveras ?

Siet est le mot entier; *sit*, la contraction. On peut employer les deux : nous les trouvons dans une même phrase :

> Quam cara sintque, post carendo intelligunt,
> Quamque attinendi magni dominatus sient.

Je ne blâmerai pas,

> ......Scripsere alii rem,

quoique je sente bien que *scripserunt* est plus conforme à la règle; mais j'obéis sans peine à l'usage, qui cherche toujours le plaisir de l'oreille. Ennius a dit, *Idem campus habet;* et, autre part, *In templis isdem. Eisdem* était plus régulier, mais il n'est pas si doux. L'harmonie repoussait *iisdem*. L'usage a donc consenti à certaines fautes que demandait le plaisir de l'oreille[109], et je préfèrerais *pomeridianæ quadrigæ* à *postmeridianæ*, *mehercule* à *mehercules*. Aujourd'hui, *non scire* paraît barbare, *nescire* est plus doux. Pourquoi disons-nous *meridiem* et non *medidiem ?* c'est que le dernier a moins d'harmonie. La préposition *abs* ne se trouve plus aujourd'hui que dans les livres de recette; on ne la rencontre plus ailleurs. Nous disons *amovit, abegit, abstulit;* en sorte que l'on ne peut distinguer lequel est le plus régulier de *ab* ou de *abs*. *Abfugit* a paru mauvais,

aufer maluerunt? quæ præpositio præter hæc duo verba, nullo alio in verbo reperitur. *Noti* erant, et *navi*, et *nari;* quibus quum IN præponi oporteret, dulcius visum est, *ignoti, ignavi, ignari* dicere, quam ut veritas postulabat. *Ex usu* dicunt, et *e republica*, quod in altero vocalis excipiebat, in altero esset asperitas, nisi litteram sustulisses; ut, *exegit, edixit, effecit, extulit, edidit :* adjuncti verbi primam litteram præpositio commutavit; ut *suffugit, summutavit, sustulit.*

XLVIII. Quid in verbis junctis? quam scite *insipientem*, non *insapientem? iniquum*, non *inæquum? tricipitem*, non *tricapitem? concisum*, non *concæsum?* Ex quo quidam *pertisum* etiam volunt : quod eadem consuetudo non probavit. Quid vero hoc elegantius, quod non fit natura, sed quodam instituto? *inclytus* dicimus brevi prima littera, *insanus* producta : *inhumanus* brevi, *infelix* longa : et, ne multis, quibus in verbis eæ primæ litteræ sunt, quæ in *sapiente*, atque *felice*, producte dicitur; in ceteris omnibus, breviter : itemque *composuit, consuevit, concrepuit, confecit.* Consule veritatem, reprehendet; refer ad aures, probabunt. Quære, cur? ita se dicent juvari : voluptati autem aurium morigerari debet oratio. Quin ego ipse, quum scirem ita majores locutos esse, ut nusquam, nisi in vocali, adspiratione uterentur, loquebar sic, ut *pulcros, Cetegos, triumpos, Cartaginem* dicerem : aliquando, idque sero, convicio aurium quum extorta mihi veritas esset, usum loquendi populo concessi, scientiam mihi reservavi. *Orcivios* ta-

ainsi qu'*abfer;* on a préféré *aufugit, aufer.* La préposition *ab* ne se trouve sous cette forme que dans ces deux mots. Pour *noti, navi, nari,* quand il a fallu les faire précéder de la préposition IN, *ignoti, ignavi, ignari* ont paru plus doux que la forme régulière. On dit *ex usu,* mais *e republica,* parce que, dans le premier exemple, il y a une voyelle après *x,* et que, dans le second, il y aurait de la dureté si l'on ne retranchait cette lettre. *Exegit, edixit, effecit, extulit, edidit* suivent la même règle. La préposition change quelquefois selon la première lettre d'un mot, comme dans *suffugit, summutavit, sustulit.*

XLVIII. Que dirons-nous des mots composés? quelle différence entre *insipientem* et *insapientem, iniquum* et *inæquum, tricipitem* et *tricapitem, concisum* et *concæsum?* Quelques-uns même ont voulu dire *pertisum;* l'usage s'y est opposé. Qu'y a-t-il encore de plus délicat que ce que l'usage a établi contre la règle pour certains mots? nous faisons brève la première lettre d'*inclytus,* et longue la première d'*insanus;* nous faisons également brève la première d'*inhumanus,* et longue la première d'*infelix*[110]. De sorte que *in,* quand il se joint aux mots qui commencent par les mêmes lettres que *sapiens* ou *felix,* se prononce long, tandis qu'il est bref partout ailleurs. On peut faire la même observation pour *composuit, consuevit, concrepuit, confecit.* Consultez la règle, elle vous condamne; consultez l'oreille, elle vous approuve. Pourquoi? c'est que cette prononciation la flatte. Or, le plaisir de l'oreille est une des lois les plus impérieuses du discours. Moi-même, sachant que les anciens ne se servaient de l'aspiration qu'avec les voyelles, je prononçais *pulcros, Cetegos, triumpos, Car-*

men, et *Matones, Otones, Cæpiones, sepulcra, coronas, lacrymas* dicimus, quia per aurium judicium semper licet. *Burrum* semper Ennius, nunquam *Pyrrhum. Vi patefecerunt Bruges*, non *Phryges* : ipsius antiqui declarant libri; nec enim græcam litteram adhibebant : nunc autem etiam duas; et quum *Phrygum*, et quum *Phrygibus* dicendum esset, absurdum erat aut tantum barbaris casibus græcam litteram adhibere, aut recto casu solum græce loqui, tamen et *Phryges* et *Phrygum* aurium causa dicimus. Quin etiam, quod jam subrusticum videtur, olim autem politius, eorum verborum, quorum eædem erant postremæ duæ litteræ, quæ sunt in *optumus*, postremam litteram detrahebant, nisi vocalis insequebatur. Ita non erat offensio in versibus, quam nunc fugiunt poetæ novi. Ita enim loquebamur : *Qui est omnibu' princeps*, non *omnibus princeps;* et, *Vita illa dignu', iocoque*, non *dignus*. Quod si indocta consuetudo tam est artifex suavitatis, quid ab ipsa tandem arte et doctrina postulari putamus?

Hæc dixi brevius, quam si hac de re una disputarem (est enim hic locus late patens, de natura usuque verborum); longius autem, quam instituta ratio postulabat.

XLIX. Sed quia rerum, verborumque judicium, pru-

taginem[111]; enfin, mais un peu tard, forcé par les reproches de l'oreille d'en venir à la vraie prononciation, je me conformai à l'usage pour la pratique, me réservant à moi seul la connaissance de l'art. Nous prononçons cependant *Orcivios, Matones, Otones, Cæpiones, sepulcra, coronas, lacrymas*, parce que l'oreille le permet. Notre vieil Ennius dit *Burrus*; jamais il n'a dit *Pyrrhus. Vi patefecerunt Bruges*, dit-il encore, et non *Phryges*, comme on peut le voir dans les livres de son temps. Les Romains ne se servaient alors d'aucune lettre grecque. Nous en avons depuis reçu deux; et quoiqu'il parût absurde à nos ancêtres de dire *Phrygum*, *Phrygibus*, c'est-à-dire de ne laisser qu'une ou deux lettres grecques au génitif et au datif, en conservant cependant un nominatif tout grec, aujourd'hui, pour satisfaire aux exigences de l'oreille, nous disons *Phrygum* tout aussi bien que *Phryges*. On aurait aujourd'hui mauvaise grâce, c'était une élégance autrefois, de supprimer la dernière lettre dans les mots terminés en *us*, quand ils ne sont pas suivis d'une voyelle. Ainsi on n'était pas choqué de rencontrer dans les vers ce que n'admettent plus nos poètes modernes; on disait alors: *Qui est omnibu' princeps*, au lieu d'*omnibus*; on disait *Vita illa dignu' locoque*, au lieu de *dignus*. Si l'usage sans le secours de l'art a tant fait pour l'oreille, que ne doit-on pas attendre de l'art même et de ses combinaisons?

Je ne suis pas entré dans les mêmes détails que s'il n'eût été question que de ce point, car la nature et l'emploi des mots nous ouvrent une vaste carrière; mais peut-être en ai-je dit plus que ne le comportait mon sujet.

XLIX. Mais puisque le choix des pensées et des mots

dentiæ est; vocum autem, et numerorum, aures sunt judices; et, quod illa ad intelligentiam referuntur, hæc ad voluptatem; in illis ratio invenit, in his sensus artem. Aut enim negligenda nobis fuit voluptas eorum, quibus probari volebamus, aut ars ejus conciliandæ reperienda.

Duæ sunt igitur res, quæ permulceant aures, *sonus* et *numerus*. De numero mox, nunc de sono quærimus. Verba (ut supra diximus) legenda sunt potissimum bene sonantia, sed ea non ut poetæ, exquisita ad sonum, sed sumpta de medio. *Qua ponto ab Helles*, superat modum: at, *Auratos aries Colchorum*, splendidis nominibus illuminatus est versus : sed proximus inquinatus insuavissima littera finitus,

Frugifera et ferta arva Asiæ tenet.

Quare bonitate potius nostrorum verborum utamur, quam splendore Græcorum, nisi forte sic loqui pœnitet, *Qua tempestate Paris Helenam*, et quæ sequuntur. Immo vero ista sequamur, asperitatemque fugiamus : *Habeo istam ego perterricrepam*. Itemque : *Versutiloquas malitias*.

Nec solum componentur verba ratione, sed etiam finientur, quoniam id judicium esse alterum aurium diximus. Sed finiuntur aut compositione ipsa, et quasi sua sponte, aut quodam genere verborum, in quibus ipsis concinnitas inest : quæ sive casus habent in exitu similes, sive paribus paria redduntur, sive opponuntur contraria, suapte natura numerosa sunt, etiamsi nihil est factum de industria. In hujus concinnitatis consecta-

appartient à l'esprit, celui des sons et des nombres à l'oreille; puisque le premier est une affaire d'intelligence, le second une affaire de plaisir; c'est la raison qu'on doit consulter pour l'un, et le sentiment pour l'autre. Il fallait ou négliger le plaisir de ceux dont nous recherchions le suffrage, ou trouver l'art de concilier le sentiment et la raison.

Deux choses flattent l'oreille, le nombre et le son. Nous traiterons prochainement du nombre; occupons-nous maintenant du son. Il faut choisir des mots harmonieux, non pas retentissans comme les mots poétiques, mais tirés du langage usité. *Qua ponto ab Helles* est très-hasardé; *Auratos aries Colchorum* est brillant; mais une lettre désagréable trop souvent répétée gâte ceci :

Frugifera et ferta arva Asiæ tenet.

Contentons-nous donc de la simplicité de nos bons mots latins, sans recourir à ces mots éclatans des Grecs; et n'ayons pas regret de dire : *Qua tempestate Paris Helenam*, etc. Préférons ce style à la dureté de ces phrases : *Habeo istam ego perterricrepam.... Versutiloquas malitias.*

L'arrangement des mots ne suffit pas; il faut étudier la chute des phrases; c'est là-dessus que l'oreille, nous l'avons dit déjà, exerce un second jugement. La beauté d'une chute de phrase dépend, ou de l'arrangement même, quand il est naturellement harmonieux, ou de quelques effets de style, où se trouve nécessairement de l'élégance, comme les désinences semblables, les antithèses, l'opposition des contraires, toutes choses qui

tione Gorgiam fuisse principem accepimus, quo de genere illa nostra sunt in Miloniana : « Est enim, judices, hæc non scripta, sed nata lex; quam non didicimus, accepimus, legimus, verum ex natura ipsa arripuimus, hausimus, expressimus; ad quam non docti, sed facti ; non instituti, sed imbuti sumus. » Hæc enim talia sunt, ut, quia referentur ad ea, ad quæ debent referri, intelligamus non quæsitum esse numerum, sed secutum. Quod fit item in contrariis referendis; ut illa sunt, quibus non modo numerosa oratio, sed etiam versus efficitur :

Eam, quam nihil accusas, damnas.

Condemnas, diceret, qui versum effugere vellet.

Bene quam meritam esse autumas, dicis male mereri.
Id, quod scis, prodest nihil; id, quod nescis, obest.

Versum efficit ipsa relatio contrariorum : id esset in oratione numerosum, « Quod scis, nihil prodest : quod nescis, multum obest. » Semper hæc, quæ Græci ἀντίθετα nominant, quum contrariis opponuntur contraria, numerum oratorium necessitate ipsa efficiunt, et eum sine industria.

Hoc genere antiqui jam ante Isocratem delectabantur, et maxime Gorgias ; cujus in oratione plerumque efficit numerum ipsa concinnitas. Nos etiam in hoc genere frequentes, ut illa sunt in quarto accusationis, « Conferte hanc pacem cum illo bello; hujus prætoris adventum, cum illius imperatoris victoria ; hujus cohortem impuram, cum illius exercitu invicto; hujus libidines, cum

ont du nombre par elles-mêmes et sans qu'on y travaille. C'est Gorgias, dit-on, qui le premier a recherché ce genre d'harmonie. En voici un exemple tiré de ma *Milonienne :*
— *Est enim, judices, hæc non scripta, sed nata lex; quam non didicimus, accepimus, legimus, verum ex natura ipsa arripuimus, hausimus, expressimus; ad quam non docti, sed facti; non instituti, sed imbuti sumus.* Tout ici se trouve dans un si juste rapport, que le nombre semble n'avoir pas été amené, mais être venu naturellement. C'est ce qui arrive dans les oppositions de contraires; comme dans ces phrases qui tiennent non-seulement du nombre, mais de la versification :

Eam, quam nihil accusas damnas.

Il fallait dire *condemnas*, pour éviter le vers.

Bene quam meritam esse autumas, dicis male mereri.
Id, quod scis, prodest nihil; id, quod nescis, obest.

Le vers est ici la suite naturelle du rapport de contraires; voici quel serait le nombre oratoire : *Quod scis, nihil prodest; quod nescis, multum obest.* Ces formes du langage que les Grecs nomment ἀντίθετα, c'est-à-dire l'opposition des contraires, produisent nécessairement, et sans le secours de l'art, la cadence et le nombre.

Même avant Isocrate, les anciens, et Gorgias surtout, aimaient ce genre; Gorgias, dans ses discours, n'a presque pas d'autre nombre. Mes ouvrages en fournissent aussi des exemples : on trouve dans ma quatrième *Verrine :* — *Conferte hanc pacem cum illo bello; hujus prætoris adventum, cum illius imperatoris victoria; hujus cohortem impuram, cum illius exercitu invicto; hujus*

illius continentia : ab illo, qui cepit, conditas; ab hoc, qui constitutas accepit, captas dicetis Syracusas.» Ergo et hi numeri sint cogniti.

L. Genus illud tertium explicetur, quale sit, numerosæ et aptæ orationis : quod qui non sentiunt, quas aures habeant, aut quid in his hominis simile sit, nescio. Meæ quidem et perfecto completoque verborum ambitu gaudent, et curta sentiunt, nec amant redundantia. Quid dico meas? conciones sæpe exclamare vidi, quum apte verba cecidissent. Id enim exspectant aures, ut verbis colligentur sententiæ. Non erat hoc apud antiquos. Et quidem nihil aliud fere non erat : nam et verba eligebant, et sententias graves et suaves reperiebant; sed eas aut vinciebant, aut explebant, parum. Hoc me ipsum delectat, inquiunt. Quid si antiquissima illa pictura paucorum colorum, magis, quam hæc jam perfecta, delectet? illa nobis sit, credo, repetenda; hæc scilicet repudianda.

Nominibus veterum gloriantur. Habet autem, ut in ætatibus auctoritatem senectus, sic in exemplis antiquitas : quæ quidem apud me ipsum valet plurimum; nec ego id, quod deest antiquitati, flagito potius, quam laudo, quod est : præsertim quum ea majora judicem, quæ sunt, quam illa, quæ desunt. Plus est enim in verbis et in sententiis boni, quibus illi excellunt, quam in conclusione sententiarum, quam non habent. Post inventa conclusio est, qua credo usuros veteres illos fuisse, si jam

libidines, cum illius continentia: ab illo, qui cepit, conditas; ab hoc, qui constitutas accepit, captas dicetis Syracusas[112]. Il faut donc connaître ces sortes de nombres.

L. Arrivons à la troisième question, à ce qui concerne le nombre dans la période[113]. S'il est des gens qui n'y soient pas sensibles, je ne sais quelle est leur oreille, je ne sais ce qu'ils ont de l'homme. Pour moi, j'avoue que mon oreille aime une phrase pleine et nombreuse, et qu'elle est blessée s'il y a trop ou trop peu. Pourquoi parler de moi? j'ai souvent vu toute une assemblée se récrier de plaisir à une chute harmonieuse. L'oreille est naturellement sensible au charme de la période. Les anciens ne se sont pas occupés de cela; c'était presque la seule chose qui leur manquait; car ils choisissaient les expressions, et trouvaient les pensées agréables ou solides; mais ils ne savaient pas les enchaîner, les arrondir. C'est ce que j'aime, dira-t-on. C'est comme si l'on préférait la peinture antique, d'un coloris simple et peu varié, au fini de nos tableaux modernes. Il faudrait sans doute revenir à l'origine de l'art, et ne pas en accepter les progrès.

On cite avec orgueil d'anciens noms; je sais de quel poids est cette autorité: c'est celle de la vieillesse. Certes, je la respecte infiniment: loin de blâmer l'antiquité pour ce qu'elle n'a pas, je l'estime pour ce qu'elle possède; éloge d'autant mieux fondé, que ce qu'elle a est supérieur à ce qui lui manque: car il y a dans cette richesse de paroles et de pensées, dont les anciens nous offrent le modèle, bien plus que dans cette science de la période, qu'on ne trouve pas chez eux. C'est après eux, en effet, que cette science est venue. Je m'imagine

nota atque usurpata res esset : qua inventa, omnes usos magnos oratores videmus.

LI. Sed habet nomen invidiam, quum in oratione judiciali et forensi numerus, græce ῥυθμὸς, inesse dicitur. Nimis enim insidiarum ad capiendas aures adhiberi videtur, si etiam in dicendo numeri ab oratore quæruntur. Hoc freti isti, et ipsi infracta et amputata loquuntur, et eos vituperant, qui apta et finita pronuntiant. Si inanibus verbis, levibusque sententiis, jure; sin probæ res, lecta verba, quid est cur claudicare aut insistere orationem malint, quam cum sententia pariter excurrere? Hic enim invidiosus numerus nihil affert aliud, nisi ut sit apte verbis comprehensa sententia : quod fit etiam ab antiquis, sed plerumque casu, sæpe natura : et quæ valde laudantur apud illos, ea fere, quia sunt conclusa, laudantur. Et apud Græcos quidem jam anni prope quadringenti sunt, quum hoc probatur; nos nuper agnovimus. Ergo Ennio licuit, vetera contemnenti, dicere :

Versibu', quos olim Fauni vatesque canebant :

mihi de antiquis eodem modo non licebit? præsertim quum dicturus non sim, *Ante hunc*,.... ut ille; nec quæ sequuntur, *Nos ausi reserare* .... Legi enim audivique nonnullos, quorum propemodum absolute concluderetur oratio. Quod qui non possunt, non est eis satis

toutefois que les anciens en auraient fait usage s'ils l'avaient connue, puisque, depuis, tous les grands orateurs l'ont mise à profit.

LI. Mais n'est-ce pas, dit-on, tenir un langage suspect, que d'employer dans les discours publics, dans les plaidoyers, ce qu'on appelle en latin *le nombre*, en grec ῥυθμός? En s'appliquant à cette étude, on paraît chercher trop de pièges pour l'oreille. Tels sont les prétextes de ces critiques qui recherchent un style rompu, mutilé, et qui blâment ceux dont les phrases sont liées et soutenues. Si ces phrases ne sont remplies que de vains mots, de pensées futiles, ils ont raison ; si les pensées sont exactes et les expressions bien choisies, pourquoi préférer un style qui boite, qui s'arrête à chaque pas, à celui qui se soutient, et marche toujours d'accord avec la pensée ? Ce nombre, qu'on affecte de rendre odieux, ne fait autre chose que d'enfermer la pensée dans un juste contour de paroles. Les anciens même ont atteint quelquefois à cette perfection, soit par hasard, soit par instinct : dans les parties les plus vantées de leurs ouvrages, c'est presque partout une trace de style périodique que l'on vante. Il y a près de quatre cents ans que les Grecs apprécient la beauté du nombre; pour nous, ce n'est que depuis peu que nous le connaissons. Ennius a donc pu parler avec mépris pour les anciens,

De ces vers que chantaient les Faunes, les devins;

et moi, je ne pourrai m'exprimer de la même manière sur leur compte ! Je ne viens même pas dire comme lui : « Nous qui avons osé ouvrir la carrière; » car j'ai lu et entendu des orateurs qui avaient presque atteint à la perfection de la période. Quant à ceux qui ne peuvent y atteindre,

non contemni; laudari etiam volunt. Ego autem illos ipsos laudo, idque merito, quorum se isti imitatores esse dicunt, etsi in eis aliquid desidero; hos vero minime, qui nihil illorum, nisi vitium, sequuntur, quum a bonis absint longissime.

Quod si aures tam inhumanas, tamque agrestes habent, ne doctissimorum quidem virorum eos movebit auctoritas? Omitto Isocratem discipulosque ejus, Ephorum et Naucratem : quanquam orationis faciendæ et ornandæ auctores locupletissimi, summi ipsi oratores, esse debeant. Sed quis omnium doctior, quis acutior, quis in rebus vel inveniendis, vel judicandis acrior Aristotele fuit? quis porro Isocrati est adversatus impensius? Is igitur versum in oratione vetat esse, numerum jubet. Ejus auditor Theodectes, in primis (ut Aristoteles sæpe significat) politus scriptor, atque artifex, hoc idem et sentit et præcipit. Theophrastus vero, iisdem de rebus etiam accuratius. Quis ergo istos ferat, qui hos auctores non probent? nisi omnino hæc esse ab his præcepta nesciant. Quod si ita est (nec vero aliter existimo), quid? ipsi suis sensibus non moventur? nihilne eis inane videtur? nihil inconditum, nihil curtum, nihil claudicans, nihil redundans? In versu quidem theatra tota exclamant, si fit una syllaba aut brevior, aut longior. Nec vero multitudo pedes novit, nec ullos numeros tenet; nec illud, quod offendit, aut cur, aut in quo offendat, intelligit : et tamen omnium longitudinum et brevitatum in sonis, sicut acutarum graviumque

il ne leur suffit pas de n'être pas méprisés : ils veulent qu'on les loue. Pour moi, je loue, et à juste titre, ceux dont ils se disent les imitateurs, malgré ce que je pourrais leur reprocher ; mais je ne puis approuver ceux qui ne copient qu'un défaut dans leurs modèles et qui jamais n'en reproduisent une qualité.

Que s'ils ont des oreilles si inhumaines, si sauvages, au moins devront-ils se soumettre à l'autorité des hommes les plus éclairés ; je ne parle ni d'Isocrate, ni de ses disciples Éphore et Naucrate, quoique, dans l'art de construire le discours et de l'embellir, tous trois soient dignes de servir de guides, puisque eux-mêmes ils ont été d'excellens orateurs ; mais qui jamais fut plus éclairé, plus pénétrant, plus habile à inventer ou à juger qu'Aristote ? qui fut cependant plus ennemi d'Isocrate [114] ? Or, Aristote, pour la prose, tout en bannissant le vers, exige le nombre. Son disciple Théodecte, écrivain poli, rhéteur habile, au jugement même d'Aristote, pense et s'explique là-dessus comme son maître. Théophraste s'étend encore plus sur ce point. Que croire de ceux qui ne se soumettraient pas à de telles autorités, sinon que peut-être ils ne les connaissent pas ? S'il en est ainsi, et je ne puis croire autrement, eh bien, que n'interrogent-ils leurs sens mêmes ? N'ont-ils jamais remarqué dans une phrase rien qui fût inutile, irrégulier, tronqué, défectueux, redondant ? Au théâtre, le public entier murmure [115], s'il arrive à un acteur de se tromper sur une brève ou sur une longue. Sans doute le peuple ne connaît ni les pieds, ni les nombres : il ne sait ni comment, ni pourquoi son oreille est blessée ; mais la juste mesure des longues et des brèves, comme celle des tons

vocum, judicium ipsa natura in auribus nostris collocavit.

LII. Visne igitur, Brute, totum hunc locum accuratius etiam explicemus, quam illi ipsi, qui et hæc, et alia nobis tradiderunt? an his contenti esse, quæ ab illis dicta sunt, possumus? Sed quid quæro, velisne; quum litteris tuis, eruditissime scriptis, te id vel maxime velle perspexerim? Primum ergo origo, deinde causa, post natura, tum ad extremum usus ipse explicetur orationis aptæ atque numerosæ.

Nam qui Isocratem maxime mirantur, hoc in ejus summis laudibus ferunt, quod verbis solutis numeros primus adjunxerit. Quum enim videret, oratores cum severitate audiri, poetas autem cum voluptate : tum dicitur numeros secutus, quibus etiam in oratione uteremur, quum jucunditatis causa, tum ut varietas occurreret satietati. Quod ab his vere quadam ex parte, non totum, dicitur. Nam neminem in eo genere scientius versatum Isocrate, confitendum est : sed princeps inveniendi fuit Thrasymachus ; cujus omnia nimis etiam exstant scripta numerose. Nam, ut paullo ante dixi, paria paribus adjuncta, et similiter definita, itemque contrariis relata contraria, quæ sua sponte, etiamsi id non agas, cadunt plerumque numerose, Gorgias primus invenit; sed his est usus intemperantius : id autem est genus, ut ante dictum est, ex tribus partibus collocationis alterum. Horum uterque Isocratem ætate præcurrit : ut eos ille moderatione, non inventione vicerit. Est enim, ut in transferendis faciendisque verbis tranquillior, sic in ip-

graves et aigus, a été mise en nous, placée dans nos oreilles par la nature même.

LII. Voulez-vous, Brutus, que nous entrions là-dessus dans un plus grand détail que les rhéteurs anciens, qui, sur ce point comme sur tant d'autres, nous ont transmis leurs observations? ou bien ces observations qu'ils ont faites nous suffiront-elles? Mais à quoi bon cette demande, puisque j'ai dû juger par vos lettres si belles, si bien pensées, que vous le désirez vivement? Je vais donc essayer de développer successivement l'origine, la cause, la nature et enfin l'usage du nombre oratoire.

Ceux qui admirent le plus Isocrate le louent surtout d'avoir le premier introduit le nombre dans la prose. Comme il vit, disent-ils, que les orateurs étaient écoutés d'un air sérieux, les poètes d'un air de plaisir, il chercha des nombres propres au discours, d'abord pour l'agrément, ensuite pour que la variété préservât de l'ennui. Ce qu'ils disent est vrai en partie, mais n'est pas vrai en tout. De tous les rhéteurs, c'est Isocrate, il faut l'avouer, qui a été le plus versé dans la science des nombres; mais l'inventeur fut Thrasymaque, qui même les prodigue dans tous ses ouvrages. Quant à ces autres formes dont nous avons parlé, comme les antithèses, les désinences semblables, les contraires, formes qui, par elles-mêmes, et sans qu'on le veuille, produisent une juste cadence, c'est à Gorgias qu'elles remontent; il n'en a pas même fait un usage modéré. C'est, je le rappelle, une des trois sortes d'arrangemens de mots que nous avons distinguées. Ces deux auteurs ont précédé Isocrate; ce dernier a sur eux l'avantage de la retenue s'il n'a pas celui de l'invention; car, autant il est réservé dans l'emploi des métaphores et des mots nou-

sis numeris sedatior. Gorgias autem avidior est generis ejus, et his festivitatibus (sic enim ipse censet) insolentius abutitur : quas Isocrates (quum tamen audivisset in Thessalia adolescens senem jam Gorgiam) moderatius temperavit. Quin etiam se ipse tantum, quantum ætate procedebat (prope enim centum confecit annos), relaxarat a nimia necessitate numerorum : quod declarat in eo libro, quem ad Philippum Macedonem scripsit, quum jam admodum esset senex; in quo dicit, sese minus jam servire numeris, quam solitus esset. Ita non modo superiores, sed etiam se ipse correxerat.

LIII. Quoniam igitur habemus aptæ orationis eos principes, auctoresque, quos diximus, et origo inventa est : causa quæratur. Quæ sic aperta est, ut mirer, veteres non esse commotos, præsertim quum, ut fit, fortuito sæpe aliquid concluse apteque dicerent : quod quum animos hominum, auresque pepulisset, ut intelligi posset, id, quod casus effudisset, cecidisse jucunde; notandum certe genus, atque ipsi sibi imitandi fuerunt. Aures enim, vel animus aurium nuntio naturalem quamdam in se continet vocum omnium mensionem. Itaque et longiora et breviora judicat, et perfecta ac moderata semper exspectat. Mutila sentit quædam, et quasi decurtata, quibus, tanquam debito fraudetur, offenditur; productiora alia, et quasi immoderatius excurrentia, quæ magis etiam aspernantur aures : quod quum in plerisque, tum in hoc genere nimium quod est, offendit vehementius, quam id, quod videtur parum. Ut igitur poetica et versus inventus est terminatione aurium, observatione pruden-

veaux, autant il l'est dans l'usage des nombres. Gorgias, au contraire, était si partisan de ce genre, si avide de ce qu'il regardait comme les agrémens du style, qu'il s'y laissait aller sans mesure; tandis qu'Isocrate, quoiqu'il eût bien jeune écouté en Thessalie les leçons du vieux Gorgias, crut ne devoir en user qu'avec sobriété. Bien plus, à mesure qu'il avançait en âge (il a vécu près de cent ans), il s'affranchissait des entraves du nombre, comme nous le voyons par ce discours qu'il adressa, fort vieux déjà, à Philippe, roi de Macédoine. Il déclare expressément dans ce discours qu'il fait du nombre un usage plus modéré qu'auparavant. Ainsi, non-seulement il corrigea ses devanciers, mais il se corrigea lui-même.

LIII. Maintenant que nous connaissons les auteurs et l'origine du nombre, cherchons-en la cause. Elle est si évidente, qu'il me paraît surprenant que les anciens n'en aient pas été frappés, eux qui n'ont pas manqué de rencontrer la période, la phrase bien cadencée, comme le hasard en produit souvent. Les chutes fortuites, qui charmaient leur esprit et leur oreille, auraient dû leur révéler ce secret de l'harmonie, et les porter à s'imiter eux-mêmes. L'oreille, en effet, ou plutôt l'esprit à qui l'oreille fait son rapport [116], a, pour ainsi dire, en soi la mesure de tous les sons. Elle juge de ce qui est trop court et attend toujours une cadence juste et régulière. Elle s'offense des nombres tronqués ou mutilés, comme si on la frustrait de ce qu'on lui doit; mais des phrases trop longues, et dont l'étendue passe les bornes naturelles, la blessent plus encore; en cela, comme à peu près en tout, le trop choque plus que le trop peu. Ainsi, comme le vers doit son origine aux exigences de l'oreille et à l'observation des gens de goût, on a de même re-

tium : sic in oratione animadversum est, multo illud quidem serius, sed eadem natura admonente, esse quosdam certos cursus conclusionesque verborum.

Quoniam igitur causam quoque ostendimus, naturam nunc (id enim erat tertium), si placet, explicemus : quæ disputatio non hujus instituti sermonis est, sed artis intimæ. Quæri enim potest, qui sit orationis numerus, et ubi sit positus, et natus ex quo; et is unusne sit, an duo, an plures, quaque ratione componatur, et ad quam rem, et quando, et quo loco, et quemadmodum adhibitus aliquid voluptatis afferat.

Sed ut in plerisque rebus, sic in hac, duplex est considerandi via : quarum altera est longior, brevior altera, eadem etiam planior.

LIV. Est autem longioris prima illa quæstio, sitne omnino ulla numerosa oratio (quibusdam enim non videtur : quia nihil insit in ea certi, ut in versibus, et quod ipsi, qui affirment, eos esse numeros, rationem, cur sint, non queant reddere)? Deinde, si sit numerus in oratione, qualis sit, aut quales; et e poeticisne numeris, an ex alio genere quodam; et, si e poeticis, quis eorum sit, aut qui (namque aliis unus modo, aliis plures, aliis omnes iidem videntur)? Deinde, quicumque sint, sive unus, sive plures; communesne sint omni generi orationis (quoniam aliud genus est narrandi, aliud persuadendi, aliud docendi)? an dispares numeri cuique orationis generi accommodentur? Si communes, qui sint? si dispares, quid intersit, et cur non æque in oratione, atque in versu numerus appareat? Deinde, quod

marqué, beaucoup plus tard, il est vrai, mais tout aussi naturellement, qu'il y a pour la prose des arrangemens de mots, des chutes harmonieuses.

Telle est la cause du nombre; occupons-nous maintenant du troisième point, de la nature même du nombre. Ce n'est pas que cette discussion soit nécessairement liée à mon plan, mais elle se rapporte aux secrets de l'art. On peut demander, en effet, quel est le nombre oratoire, en quoi il consiste, d'où il résulte, si l'on n'en reconnaît qu'un, si l'on en distingue deux ou plusieurs, comment il se compose, quel en est le but, quand et où il doit se placer, par quel art enfin il fait éprouver à l'âme du plaisir?

Il y a ici, comme presque partout, deux manières de traiter la chose, l'une plus longue, l'autre plus courte et plus facile.

LIV. La première ici, la plus longue, soulève d'abord cette question. Le discours est-il susceptible de nombre? bien des gens n'en conviennent pas, parce qu'il n'y a pas de règles fixes pour la prose comme pour les vers, et que les partisans du nombre dans la prose ne peuvent rendre raison de leur sentiment. Autres questions. S'il y a un nombre ou plusieurs dans la prose, quel est-il, ou quels sont-ils? sont-ils semblables aux nombres poétiques? sont-ils d'une autre espèce? quels sont, dans le premier cas, ceux dont la prose doit se servir? car les uns n'en admettent qu'un seul, les autres en admettent plusieurs, les autres tous, sans réserve. Quoi qu'il en soit, les nombres seront-ils communs à tous les genres d'éloquence, car le style varie s'il faut narrer, s'il faut persuader, s'il faut instruire? ou bien devra-t-on les proportionner aux formes di-

dicitur in oratione numerosum, id utrum numero solum efficiatur, an etiam vel compositione quadam, vel genere verborum, an sit suum cujusque, ut numerus intervallis, compositio vocibus, genus ipsum verborum quasi quædam forma et lumen orationis appareat; sitque omnium fons compositio, ex eaque et numerus efficiatur, et ea, quæ dicuntur orationis quasi formæ et lumina, quæ (ut dixi) Græci vocant σχήματα. At non est unum, nec idem, quod voce jucundum est, et quod moderatione absolutum, et quod illuminatum genere verborum : quanquam id quidem finitimum est numero, quia per se plerumque perfectum est; compositio autem ab utroque differt, quæ tota servit gravitati vocum et suavitati.

Hæc igitur fere sunt, in quibus rei natura quærenda sit.

LV. Esse ergo in oratione numerum quemdam, non est difficile cognoscere. Judicat enim sensus; in quo iniquum est, quod accidit, non agnoscere, si, cur id accidat, reperire nequeamus. Neque enim ipse versus ratione est cognitus, sed natura atque sensu, quem dimensa ratio docuit, quid acciderit. Ita notatio naturæ et animadversio peperit artem.

Sed in versibus res est apertior : quanquam etiam, a modis quibusdam cantu remoto, soluta esse videatur oratio, maximeque id in optimo quoque eorum poetarum,

verses de la composition? S'ils sont toujours les mêmes, quels sont-ils? s'ils sont différens, où est la différence, et pourquoi le nombre n'est-il pas aussi sensible dans la prose que dans les vers? Ce qu'on appelle nombreux dans le discours vient-il du nombre seul, ou d'un certain arrangement de mots, ou de la nature même de l'expression, ou de toutes ces choses à la fois; en sorte que le nombre y concoure par des intervalles ménagés, l'arrangement par les sons, et l'expression par l'emploi de formes brillantes? ou bien l'arrangement seul est-il la source de toute beauté, et produit-il le nombre et ces formes brillantes que les Grecs (je l'ai dit déjà) nomment σχήματα? Mais il y a une différence à remarquer entre les sons qui flattent l'oreille et la perfection de la mesure et de la cadence, quoiqu'il y ait bien un rapport entre les figures et le nombre, puisqu'elles présentent le plus souvent un heureux ensemble; mais rien de tel dans l'arrangement des mots, qui ne recherche que la noblesse et l'harmonie.

Telles sont à peu près les questions qui se rattachent à celle de la nature du nombre.

LV. Et d'abord le discours est-il susceptible de nombre? Il n'est pas difficile de s'en assurer. Ici l'oreille prononce. Il ne serait pas juste de nier le fait, parce qu'on ne peut l'expliquer. La découverte même du vers n'est pas due au raisonnement, mais à la nature, au sentiment que la raison s'est bornée à instruire du fait, en pesant et mesurant les syllabes; et c'est ainsi que l'observation a donné naissance à l'art.

Il est vrai que, dans les vers, le nombre est plus sensible, quoique certains vers ressemblent, quand on ne les chante pas, à la prose même. C'est ce qu'on remar-

qui λυρικοί a Græcis nominantur; quos quum cantu spoliaveris, nuda pæne remanet oratio. Quorum similia sunt, quædam etiam apud nostros : velut illa in Thyeste,

> Quemnam te esse dicam? qui tarda in senectute,

et quæ sequuntur: quæ, nisi quum tibicen accessit, orationi sunt solutæ simillima. At comicorum senarii propter similitudinem sermonis sic sæpe sunt abjecti, ut nonnunquam vix in eis numerus et versus intelligi possit : quo est ad inveniendum difficilior in oratione numerus, quam in versibus.

Omnino duo sunt, quæ condiant orationem : verborum numerorumque jucunditas. In verbis inest quasi materia quædam; in numero autem expolitio. Sed ut ceteris in rebus, necessitatis inventa antiquiora sunt, quam voluptatis : ita et in hac re accidit, ut multis sæculis ante oratio nuda, ac rudis ad solos animorum sensus exprimendos fuerit reperta, quam ratio numerorum, causa delectationis aurium, excogitata.

LVI. Itaque et Herodotus, et eadem superiorque ætas numero caruit, nisi quando temere ac fortuito; et scriptores perveteres de numero nihil omnino, de oratione præcepta multa nobis reliquerunt. Nam quod et facilius est, et magis necessarium, id semper ante cognoscitur. Itaque translata, aut facta, aut juncta verba, facile sunt cognita, quia sumebantur e consuetudine, quotidianoque sermone; numerus autem non domo depromebatur,

que surtout dans les plus distingués de ces poètes que les Grecs nomment *lyriques*; leur versification, dépouillée du chant, n'est presque plus qu'une simple prose. On en peut dire autant de quelques passages de nos poètes, et, par exemple, de ces vers du *Thyeste* :

> Quemnam te esse dicam? qui tarda in senectute;

sans l'accompagnement de la flûte, cela ressemblerait beaucoup à de la prose. Quant aux vers iambiques qu'on emploie pour la comédie, ils sont d'un ton si peu élevé, à cause de leur ressemblance avec le discours familier, qu'à peine y aperçoit-on quelque trace de nombre et de versification ; aussi est-il plus difficile de trouver le nombre dans la prose que dans les vers.

Il y a deux choses qui sont comme l'assaisonnement du style : l'agrément des mots et celui des nombres. Les mots sont comme la matière du discours; le nombre sert à les polir. Mais ici il arrive en général que le nécessaire précède l'agréable. Aussi les hommes ne se sont-ils servis d'abord que d'un langage rude et naïf, et simplement pour exprimer leurs pensées; ce n'est que bien plus tard qu'on a imaginé le nombre pour le plaisir de l'oreille.

LVI. C'est pour cela que ni dans Hérodote [117], ni dans ses contemporains, ni dans ses devanciers, on ne trouve aucune trace de nombre, à moins que ce ne soit un pur effet du hasard. Les anciens rhéteurs n'en ont rien dit, quoiqu'ils nous aient laissé bien des préceptes sur l'art de la parole. Ce qu'il y a de plus facile, de plus nécessaire, est ce que l'on connaît toujours en premier lieu. Ainsi l'on a facilement connu les termes métaphoriques, les dérivés, les composés, parce qu'ils appartenaient au

neque habebat aliquam necessitudinem aut cognationem cum oratione : itaque serius aliquanto notatus et cognitus, quasi quamdam palæstram et extrema lineamenta orationi attulit. Quod si et angusta quædam atque concisa, et alia est collatata et diffusa oratio : necesse est id non litterarum accidere natura, sed intervallorum longorum et brevium varietate; quibus implicata atque permixta oratio quoniam tum stabilis est, tum volubilis, necesse est ejusmodi naturam numeris contineri. Nam circuitus ille, quem sæpe jam diximus, incitatior numero ipso fertur et labitur, quoad perveniat ad finem, et insistat. Perspicuum est igitur, numeris adstrictam orationem esse debere, carere versibus.

Sed hi numeri, poeticine sint, an ex alio genere quodam, deinceps est videndum. Nullus est igitur numerus extra poeticos; propterea quod definita sunt genera numerorum. Nam omnis talis est, ut unus sit e tribus. Pes enim, qui adhibetur ad numeros, partitur in tria, ut necesse sit, partem pedis aut æqualem alteri parti, aut altero tanto, aut sesqui esse majorem. Ita fit æqualis dactylus, duplex iambus, sesqui pæon : qui pedes in orationem non cadere qui possunt? quibus ordine locatis, quod efficitur, numerosum sit necesse est.

Sed quæritur, quo numero, aut quibus potissimum sit utendum. Incidere vero omnes in orationem, etiam ex hoc intelligi potest, quod versus sæpe in oratione per imprudentiam dicimus (quod vehementer est vitiosum : sed non attendimus, neque exaudimus nosmet ip-

langage usuel, à la conversation. Mais le nombre qu'on ne rencontrait pas dans la vie domestique, et qui n'avait avec le discours familier, ni rapport ni affinité, n'a été observé et reconnu que long-temps après, et c'est de l'usage qu'on en a fait que le style a tiré ses grâces et sa perfection. Au reste, si l'on reconnaît deux sortes de prose, l'une serrée et concise, l'autre étendue et diffuse, cette différence ne vient point de la nature des mots, mais des intervalles plus ou moins longs qui, jetés çà et là au milieu de la phrase, impriment au nombre leur caractère de lenteur ou de rapidité. La période, en effet, règle sa marche sur le nombre même, jusqu'à ce qu'elle arrive et s'arrête au but. Il est donc évident que la prose doit être soumise à la loi des nombres, sans avoir cependant la cadence des vers.

Mais ces nombres sont-ils les mêmes que ceux de la poésie [118], ou sont-ils d'une autre nature? C'est ce que nous allons examiner. Il n'y a pas de nombres qui ne soient poétiques, car tous ont une mesure déterminée; tous peuvent entrer dans une des trois classes générales; car il faut ou qu'une partie du pied qui compose le nombre soit égale à l'autre en mesure, ou qu'elle soit une fois plus grande, ou qu'elle la renferme une fois et demie [119]. Le dactyle est de la première classe, l'iambe de la deuxième, le péon de la troisième. Or, ces trois pieds entrent nécessairement dans la phrase, et, s'ils sont bien placés, y produisent le nombre.

Mais on demande de quels pieds on se servira préférablement. On comprend facilement que la prose les admet tous, puisque dans nos discours nous faisons souvent des vers sans nous en douter, ce qui est un très-grand défaut; mais cela vient de ce que l'on ne s'écoute

sos); senarios vero, et hipponacteos effugere vix possumus. Magnam enim partem ex iambis nostra constat oratio. Sed tamen eos versus facile agnoscit auditor; sunt enim usitatissimi. Inculcamus autem per imprudentiam saepe etiam minus usitatos, sed tamen versus : vitiosum genus, et longa animi provisione fugiendum. Elegit ex multis Isocratis libris triginta fortasse versus Hieronymus, peripateticus in primis nobilis, plerosque senarios, sed etiam anapaesta : quo quid potest esse turpius? etsi in eligendo fecit malitiose : prima enim syllaba dempta in primo verbo sententiae, postremum ad verbum primam rursus syllabam adjunxit insequentis. Ita factus est anapaestus is, qui Aristophanaeus nominatur : quod ne accidat, observari nec potest, nec necesse est. Sed tamen hic corrector, in eo ipso loco, quo reprehendit (ut a me animadversum est studiose inquirente in eum), immittit imprudens ipse senarium. Sit igitur hoc cognitum, in solutis etiam verbis inesse numeros, eosdemque esse oratorios, qui sint poetici.

LVII. Sequitur ergo, ut, qui maxime cadant in orationem aptam numeri, videndum sit. Sunt enim qui iambicum putent, quod sit orationi simillimus: qua de causa fieri, ut is potissimum propter similitudinem veritatis adhibeatur in fabulis; quod ille dactylicus numerus hexametrorum magniloquentiae sit accommodatior. Ephorus autem, levis ipse orator, sed profectus ex optima disciplina, paeona sequitur, aut dactylum; fugit autem spon-

pas quand on parle. Quelque attentif que l'on soit, on ne peut guère éviter l'ïambe et l'hipponactéen[120]. Notre prose, en effet, est presque toute composée d'ïambes : mais l'auditeur exercé les remarque sans peine ; car ils sont fort usités. Nous laissons aussi, par mégarde, échapper d'autres mesures moins usitées, mais qui n'en sont pas moins des vers. C'est un défaut essentiel et que l'on doit fuir avec grand soin. Un illustre philosophe péripatéticien, Hiéronyme, a tiré de plusieurs écrits d'Isocrate trente vers environ, la plupart ïambiques ; mais il s'en trouve aussi d'anapestes[121], négligence impardonnable. Ce n'est pas, il est vrai, sans malice que procède le critique, car il retranche la première syllabe du premier mot d'une phrase, et joint au dernier mot la première syllabe de la phrase suivante. Il forme ainsi l'anapeste que l'on nomme *aristophanéen*[122]. Ce sont de ces accidens qu'il n'est guère possible et qu'il n'est pas, au reste, nécessaire de prévenir ; mais notre critique, à l'endroit même où il reprend Isocrate, ne va-t-il pas (je l'ai surpris en l'examinant avec attention) faire un vers ïambique? Que ce soit donc une chose reconnue que, dans la prose, il y a des nombres, et que ce sont les mêmes que dans la poésie.

LVII. Voyons maintenant quels nombres conviennent le mieux à la poésie oratoire. Les uns veulent que ce soit l'ïambe, parce qu'il se rapproche le plus du langage ordinaire, et que la poésie dramatique l'a choisi comme plus convenable que tout autre au ton naturel de la conversation, tandis que le dactyle est plus approprié à la pompe de l'hexamètre[123]. Éphore, médiocre orateur, mais sorti d'une très-bonne école, recherche le péon et le dactyle, mais évite le spondée et le trochée[124]. Il dit

deum et trochæum. Quod enim pæon habeat tres breves, dactylus autem duas, brevitate et celeritate syllabarum labi putat verba proclivius; contraque accidere in spondeo et trochæo: quod alter longis constaret, alter e brevibus fieret; alteram nimis incitatam, alteram nimis tardam orationem, neutram temperatam. Sed et illi priores errant, et Ephorus in culpa est. Nam et qui pæona prætereunt, non vident mollissimum a sese numerum, eumdemque amplissimum præteriri. Quod longe Aristoteli videtur secus, qui judicat, heroum numerum grandiorem, quam desideret soluta oratio; iambum autem nimis e vulgari esse sermone. Ita neque humilem, nec abjectam orationem, nec nimis altam et exaggeratam probat; plenam tamen eam vult esse gravitatis, ut eos, qui audient, ad majorem admirationem possit traducere. Trochæum autem, qui est eodem spatio, quo choreus, cordacem appellat, quia contractio et brevitas dignitatem non habeat. Ita pæona probat, eoque ait uti omnes, sed ipsos non sentire, quum utantur; esse autem tertium ac medium inter illos; sed ita factos eos pedes esse, ut in eis singulis modus insit aut sesquiplex, aut duplex, aut par. Itaque illi, de quibus ante dixi, tantummodo commoditatis habuerunt rationem, nullam dignitatis. Iambus enim et dactylus in versum cadunt maxime : itaque ut versum fugimus in oratione, sic hi sunt evitandi continuati pedes. Aliud enim quidquam est oratio, nec quidquam inimicius, quam illa versibus. Pæon autem minime est aptus ad versum : quo libentius eum recepit oratio. Ephorus vero ne spondeum quidem, quem fugit, intelligit esse æqualem dactylo, quem probat. Syl-

que les trois brèves du péon et les deux du dactyle jettent dans la phrase une rapidité et une brièveté qui la font couler facilement; que le contraire arrive dans l'emploi du spondée et du trochée, parce que l'un, à cause des longues, rend le discours trop lent, et que l'autre, à cause des brèves, le rend trop rapide; et qu'ainsi ni l'un ni l'autre n'amènent une juste cadence. Mais si les premiers sont dans l'erreur, Éphore me paraît se tromper aussi. En effet, s'interdire le péon, c'est se priver d'un nombre plein de douceur et de majesté. Aristote est loin de penser ainsi; le nombre héroïque lui semble être trop sublime pour la prose, et l'iambe trop conforme au langage familier. Ainsi la prose, suivant ce grand maître, ne doit avoir rien de rampant ni de trop élevé, mais elle doit être soutenue par un style grave et noble, et amener ainsi l'esprit des auditeurs au sentiment de l'admiration. Quant au trochée, qui a la même mesure que le chorée, il l'appelle *cordax*[25], parce qu'il a peu de dignité dans son allure vive et sautillante. C'est le péon qu'il préfère; il dit que tout le monde l'emploie sans s'en douter; que c'est un troisième nombre qui tient le milieu entre les pieds dont j'ai parlé; que tous ces pieds sont construits de manière que la proportion de mesure qui se trouve entre eux est du double, ou d'une fois et demie, ou d'égalité. Ceux dont j'ai parlé plus haut n'ont donc vu que la commodité et non la dignité du discours. Les vers sont remplis d'iambes et de dactyles; évitons donc d'en mettre plusieurs de suite en prose, comme nous évitons le vers dans nos discours : car le génie de la prose repousse absolument ce qui a l'air de la versification. Or, le péon est peu propre aux vers, et ainsi la prose l'a facilement adopté. Quant à Éphore, il

labis enim metiendos pedes, non intervallis, existimat : quod idem facit in trochæo, qui temporibus et intervallis est par iambo; sed eo vitiosus in oratione, si ponatur extremus, quod verba melius in syllabas longiores cadunt. Atque hæc, quæ sunt apud Aristotelem, eadem a Theophrasto Theodecteque de pæone dicuntur. Ego autem sentio, omnes in oratione esse quasi permixtos et confusos pedes : nec enim effugere possemus animadversionem, si semper iisdem uteremur; quia neque numerosa esse, ut poema, neque extra numerum, ut sermo vulgi, esse debet oratio. Alterum nimis est vinctum, ut de industria factum appareat; alterum nimis dissolutum, ut pervagatum ac vulgare videatur : ut ab altero non delectere, alterum oderis. Sit igitur, ut supra dixi, permixta et temperata numeris, nec dissoluta, nec tota numerosa, pæone maxime (quoniam optimus auctor ita censet), sed reliquis etiam numeris, quos ille præterit, temperata.

LVIII. Quos autem numeros, cum quibus, tanquam purpuram, misceri oporteat, nunc dicendum est, atque etiam quibus orationis generibus sint quique accommodatissimi. Iambus enim frequentissimus est in jiis, quæ demisso atque humili sermone dicuntur; pæon autem in amplioribus; in utroque dactylus. Ita in varia et perpetua oratione hi sunt inter se miscendi et temperandi. Sic minime animadvertetur delectationis aucupium, et quadrandæ orationis industria : quæ latebit eo magis, si et verborum et sententiarum ponderibus utemur. Nam qui

ne voit pas que le spondée, qu'il rejette, est égal en valeur au dactyle qu'il admet; c'est qu'il mesure les pieds par le nombre des syllabes, et non par les intervalles. C'est ce qu'il fait aussi pour le trochée, qui a la même mesure de temps que l'ïambe, mais qui produit un mauvais effet quand il termine la période, parce que, d'ordinaire, les syllabes longues conviennent mieux à une fin de période. Cette doctrine d'Aristote sur le péon est aussi celle de Théophraste et de Théodecte. Pour moi, je pense que tous les pieds doivent être mélangés, fondus dans le discours; ce serait nous exposer à un blâme mérité que de nous servir toujours des mêmes pieds; car, si la prose ne doit pas être cadencée comme la poésie, elle ne doit pas non plus être privée de nombre comme le langage populaire. Le vers a trop d'entraves, et l'art s'y fait trop sentir; le langage populaire est décousu, trivial; l'un ne peut plaire et l'autre choque. La prose ne doit donc être, je le répète, ni tout-à-fait dénuée de nombre, ni toute mesurée, mais semée de nombres; et quoique, entre tous, doive figurer le péon, comme le recommande un si grand maître, elle ne doit pas rejeter les autres.

LVIII. De quelle manière doit-on mélanger les nombres entre eux, comme on fait pour la pourpre que l'on assortit à d'autres couleurs [126]? c'est ce dont nous allons nous occuper; et nous examinerons aussi à quel genre de discours chaque nombre convient. C'est l'ïambe qui se montre le plus souvent dans le style simple; dans le style sublime, c'est le péon; le dactyle convient à tous deux. Il faut les mélanger dans le corps du discours, les tempérer les uns par les autres. Par-là vous ne laissez pas apercevoir à l'auditeur le piège que vous lui tendez sous l'appât du plaisir, et le soin que vous donnez

audiunt, hæc duo animadvertunt, et jucunda sibi censent, verba dico et sententias : eaque dum animis attentis admirantes excipiunt, fugit eos et prætervolat numerus; qui tamen si abesset, illa ipsa delectarent. Nec vero nimius is cursus est numerorum, orationis dico (nam est longe aliter in versibus), nihil ut fiat extra modum; nam id quidem esset poema : sed omnis, nec claudicans, nec quasi fluctuans, et æqualiter constanterque ingrediens, numerosa habetur oratio. Atque id in dicendo numerosum putatur, non quod totum constat e numeris, sed quod ad numeros proxime accedit. Quo etiam difficilius est oratione uti, quam versibus : quod illis certa quædam et definita lex est, quam sequi sit necesse; in dicendo autem nihil est propositum, nisi ut ne immoderata, aut angusta, aut dissoluta, aut fluens sit oratio. Itaque non sunt in ea tanquam tibicini percussionum modi, sed universa comprehensio et species orationis clausa et terminata est; quod voluptate aurium judicatur.

LIX. Solet autem quæri, totone in ambitu verborum numeri tenendi sint, an in primis partibus, atque in extremis. Plerique enim censent cadere tantum numerose oportere, terminarique sententiam. Est autem, ut id maxime deceat, non id solum : ponendus est enim ille ambitus, non abjiciendus. Quare quum aures extremum semper exspectent, in eoque acquiescant, id vacare numero non oportet; sed ad hunc exitum tamen a principio, ferri debet verborum illa comprehensio, et tota a

à la cadence; ce que l'on dissimulera d'autant mieux, que la pensée et l'expression seront plus remarquables ; car les auditeurs se laissent séduire par ces deux choses, la pensée et l'expression : tandis qu'ils y réfléchissent et qu'ils les admirent, le nombre leur échappe en fugitif; c'est que, sans le nombre même, elles auraient l'art de plaire. Au reste, la prose n'est pas scrupuleusement astreinte à de certains nombres; je dis la prose : c'est tout différent en vers, où la mesure est partout bien précise. Mais que le discours marche sans broncher, sans chanceler, et d'un pas toujours égal et ferme, cela suffit pour qu'on puisse l'appeler nombreux. On regarde comme nombreux dans le discours, non ce qui est tout-à-fait composé de nombres, mais ce qui en approche le plus. C'est pour cela que la prose offre peut-être plus de difficultés que les vers : les vers sont soumis à des lois fixes, déterminées; mais, pour la prose, il suffit que le rhythme ne soit ni diffus, ni trop concis, ni décousu, ni traînant. La prose n'a pas, comme la musique, des battemens de mesure; ses règles sont générales et embrassent tout le corps du discours, et son harmonie n'a d'autre juge que l'oreille.

LIX. Souvent on demande si le nombre doit s'étendre à toutes les parties de la période, ou s'il doit ne se placer qu'au commencement et à la fin. Il suffit, selon la plupart des critiques, que la phrase ait une chute nombreuse, se termine bien. Cela ne suffit pas, quoique cela soit très-important. Il faut déposer et non laisser tomber la période. Comme l'oreille attend toujours la fin, il faut que le nombre s'y fasse sentir; mais il faut aussi que l'harmonie règne dès le commencement jusqu'au terme du repos, et embrasse ainsi toute l'étendue

capite ita fluere, ut ad extremum veniens ipsa consistat. Id autem bona disciplina exercitatis, qui et multa scripserint, et quæcumque etiam sine scripto dicerent, similia scriptorum effecerint, non erit difficillimum. Ante enim circumscribitur mente sententia, confestimque verba concurrunt : quæ mens eadem, qua nihil est celerius, statim dimittit, ut suo quodque loco respondeat; quorum descriptus ordo alias alia terminatione concluditur : atque omnia illa et prima et media verba spectare debent ad ultimum. Interdum enim cursus est in oratione incitatior, interdum moderata ingressio : ut jam a principio videndum sit, quemadmodum velis venire ad extremum. Nec in numeris magis, quam in reliquis ornamentis orationis, eadem quum faciamus, quæ poetæ, effugimus tamen in oratione poematis similitudinem.

LX. Est enim in utroque et materia et tractatio : materia in verbis, tractatio in collocatione verborum. Ternæ autem sunt utriusque partes. Verborum; translatum, novum, priscum; nam de propriis nihil hoc loco dicimus. Collocationis autem, eæ, quas diximus, compositio, concinnitas, numerus. Sed in utroque frequentiores sunt, et liberiores poetæ. Nam et transferunt verba quum crebrius, tum etiam audacius; et priscis libentius utuntur, et liberius novis. Quod idem fit in numeris : in quibus quasi necessitati parere coguntur; sed tamen hæc nec nimis esse diversa, neque ullo modo conjuncta intelligi licet. Ita fit, ut non item in oratione, ut in versu, numerus exstet; idque, quod numerosum in oratione

de la période; ce qui ne sera pas bien difficile à pratiquer pour ceux qui, après s'être formés à une bonne école, auront composé, ou même qui, sans avoir composé, se seront exercés à parler avec le soin qu'on apporte à la composition. En effet, l'esprit conçoit d'abord le plan de la phrase, et aussitôt les termes se présentent; l'esprit, dont les opérations ont tant de promptitude, les envoie chacun à leur place naturelle, et ainsi se forme la période que termine enfin une chute quelconque que l'on a préparée dès les premiers mots et dans le cours même de la phrase. Tantôt, en effet, la marche du discours est rapide, tantôt elle est modérée; et vous devez dès le commencement avoir en vue le terme où vous voulez arriver. Mais quoique dans l'usage des nombres, comme dans celui des autres ornemens du discours, nous procédions comme les poètes, évitons de donner à la prose l'air de la poésie.

LX. Dans l'une comme dans l'autre, on distingue la matière et la mise en œuvre. La matière consiste dans les mots, la mise en œuvre dans leur arrangement. Chacune a trois parties : on distingue dans les mots les anciens, les nouveaux, les métaphoriques (nous ne disons rien ici des mots propres); et dans l'arrangement des mots, la composition, la symétrie, le nombre. Les poètes, sous ces deux rapports, sont moins réservés, sont plus libres; ils ont des métaphores plus fréquentes et plus hardies; ils se servent plus volontiers et avec moins de retenue des mots anciens, comme des mots nouveaux. Quant à l'usage du nombre, c'est pour eux une nécessité. On voit par-là qu'entre la prose et la poésie il n'y a ni trop de différence, ni trop de rapport. Ainsi, le nombre n'est pas dans l'une le même que dans l'autre,

dicitur, non semper numero fiat, sed nonnunquam, aut concinnitate, aut constructione verborum.

Ita, si numerus orationis quæritur qui sit; omnis est, sed alius alio melior atque aptior : si locus; in omni parte verborum : si, unde ortus sit; ex aurium voluptate : si componendorum ratio; dicetur alio loco, quia pertinet ad usum, quæ pars quarta et extrema nobis in dividendo fuit : si, ad quam rem adhibeatur; ad delectationem : si, quando; semper : si, quo loco; in tota continuatione verborum : si, quæ res efficiat voluptatem; eadem, quæ in versibus, quorum modum notat ars, sed aures ipsæ tacito eum sensu sine arte definiunt.

LXI. Satis multa de natura : sequitur usus, de quo est accuratius disputandum. In quo quæsitum est, in totone circuitu illo orationis, quem Græci περίοδον, nos tum ambitum, tum circuitum, tum comprehensionem, aut continuationem, aut circumscriptionem dicimus; an in principiis solum, an in extremis, an in utraque parte numerus tenendus sit? deinde, quum aliud videatur esse numerus, aliud numerosum; quid intersit? tum autem in omnibusne numeris æqualiter particulas deceat incidere, an facere alias breviores, alias longiores; idque quando, aut cur, quibusque partibus; pluribusne, an singulis; imparibus, an æqualibus; et quando aut istis, aut illis sit utendum; quæque inter se aptissime collocentur, et quomodo; an omnino nulla sit in eo genere distinctio; quodque ad rem maxime pertinet, qua ratione numerosa fiat oratio? Explicandum etiam est, unde

et ce qu'on appelle nombreux dans la prose ne résulte pas toujours du nombre, mais peut venir de la symétrie et de la construction des mots.

Si donc on demande quel nombre convient à la prose, je répondrai : tous les nombres, mais chacun suivant l'occasion ; quelle en est la place : partout ; d'où il est né : du plaisir de l'oreille ; comment on dispose les nombres : j'en parlerai ailleurs en traitant de leur usage, qui est la dernière et la quatrième partie de la division que j'ai établie ; à quelle fin on les emploie : pour charmer l'oreille ; quand on doit en faire usage : toujours ; dans quelle partie de la phrase : dans toutes ; pour quelle raison ils plaisent : pour la même que les vers, dont les règles sont déterminées par l'art, mais dont l'oreille, sans interroger l'art, juge par un secret sentiment.

LXI. En voilà assez sur la nature des nombres ; ce qui suit en concerne l'usage, et réclame un examen plus approfondi. On demande ici, d'abord, si le nombre est de rigueur dans cet arrangement de mots que les Grecs nomment *période* et les Latins *contour, circuit, compréhension, continuation, circonscription*[127], ou s'il n'a lieu qu'au commencement ou seulement à la fin, ou dans ces deux endroits ; comme il paraît y avoir une différence entre le nombre et ce qui est nombreux, en quoi consiste cette différence ; puis, si tous les membres de la période doivent être égaux, ou s'il convient que les uns soient plus longs, les autres plus courts ; quand et pourquoi ils doivent avoir cette égalité ou cette inégalité, et en quelles parties ; en plusieurs ou en toutes ; quand il faut se servir de périodes, ou de membres, ou d'incises ; quelles sont les parties de la période qui s'arrangent le mieux ensemble ; comment il faut les unir ;

orta sit forma verborum; dicendumque, quantos circuitus facere deceat; deque eorum particulis, et tanquam
incisionibus disserendum est, quaerendumque, utrum
una species et longitudo sit earum, anne plures; et, si
plures, quo loco; aut quando, quoque genere uti oporteat : postremo totius generis utilitas explicanda est, quae
quidem patet latius; non ad unam enim rem aliquam,
sed ad plures accommodatur.

Ac licet non ad singulas res respondentem de universo
genere sic dicere, ut etiam singulis satis responsum esse
videatur. Remotis igitur reliquis generibus unum sele-
gimus hoc, quod in causis foroque versatur, de quo diceremus. Ergo in aliis, id est in historia, et in eo, quod
appellamus επιδεικτικὸν, placet omnia dici Isocrateo
Theopompeoque more, illa circumscriptione ambituque,
ut tanquam in orbe inclusa currat oratio, quoad insistat in singulis perfectis absolutisque sententiis. Itaque
posteaquam est nata haec vel circumscriptio, vel comprehensio, vel continuatio, vel ambitus, si ita licet dicere:
nemo, qui aliquo esset in numero, scripsit orationem
generis ejus, quod esset ad delectationem comparatum,
remotumque a judiciis forensique certamine, quin re-
digeret omnes fere in quadrum numerumque sententias.
Nam quum is est auditor, qui non vereatur, ne compo-
sitae orationis insidiis sua fides attentetur, gratiam quoque habet oratori, voluptati aurium servienti.

LXII. Genus autem hoc orationis neque totum assu-
mendum est ad causas forenses, neque omnino repudian-

s'il ne doit y avoir en cela aucune distinction ; et, ce qui est le point principal, comment on peut rendre le discours nombreux? Il faut expliquer aussi d'où naît la forme de la période; quel développement elle peut recevoir, quels sont les membres et, pour ainsi dire, les parcelles qui la composent; si ces membres sont de même espèce et de même étendue, ou s'il y a des différences, et, supposé ce dernier cas, comment, quand et en quel lieu il faut s'en servir. Enfin nous traiterons de l'utilité des nombres, utilité plus grande qu'on ne pense; car elle embrasse plus d'un genre d'élocution.

On peut, je crois, sans répondre aux questions particulières, satisfaire à toutes par une réponse générale. J'ai donc cru devoir écarter les autres genres, pour ne parler ici que de l'éloquence du barreau. J'avertis seulement que l'histoire et le genre qu'on nomme ἐπιδεικτικὸν (démonstratif) veulent des phrases semblables à celles d'Isocrate et de Théopompe, c'est-à-dire des périodes où la pensée, comme enfermée dans un cercle, se développe de membre en membre, pour s'arrêter enfin quand toutes les idées partielles sont parfaitement achevées. Depuis que l'on connaît ces combinaisons ingénieuses du style, il n'est pas un orateur de quelque renom où l'on ne trouve, s'il a eu à traiter des sujets d'agrémens et tout-à-fait étrangers aux débats judiciaires, une attention particulière à renfermer presque toutes ses pensées dans un cercle de paroles nombreuses. Comme l'auditeur ne craint pas alors qu'on veuille surprendre sa religion par les artifices d'un discours étudié, il sait gré à l'orateur du soin qu'il prend de flatter l'oreille.

LXII. Mais ces formes périodiques ne peuvent-elles convenir aux débats judiciaires? On ne doit ni les y

dum. Si enim semper utare, quum satietatem affert, tum, quale sit, etiam ab imperitis agnoscitur. Detrahit praeterea actionis dolorem, aufert humanum sensum actoris, tollit funditus veritatem et fidem. Sed, quoniam adhibenda nonnunquam est, primum videndum est, quo loco, deinde quamdiu retinenda sit, tum quot modis commutanda. Adhibenda est igitur numerosa oratio, si aut laudandum est aliquid ornatius, ut nos in accusationis secundo de Siciliae laude diximus; ut in senatu, de consulatu meo : aut exponenda narratio, quae plus dignitatis desiderat, quam doloris, ut in quarto accusationis, de Ennensi Cerere, de Segestana Diana, de Syracusarum situ diximus. Saepe etiam in amplificanda re, concessu omnium funditur numerose et volubiliter oratio. Id nos fortasse non perfecimus, conati quidem saepissime sumus : quod plurimis locis perorationes nostrae, voluisse nos, atque animo contendisse, declarant. Id autem tum valet, quum is, qui audit, ab oratore jam obsessus est, ac tenetur. Non enim id agit, ut insidietur et observet; sed jam favet, processumque vult, dicendique vim admirans, non inquirit, quod reprehendat.

Haec autem forma retinenda non diu est, nec dico in peroratione, quam ipse includit, sed in orationis reliquis partibus. Nam quum sis his locis usus, quibus ostendi licere; transferenda tota dictio est ad illa, quae nescio cur, quum Graeci κόμματα et κῶλα nominent, nos non recte incisa et membra dicamus. Neque enim esse possunt, rebus ignotis, nota nomina; sed quum

admettre toujours, ni les en bannir tout-à-fait. La continuité, outre le dégoût qu'elle amène, est bientôt reconnue même par les moins habiles. Elle éteint le feu de l'action, amortit la sensibilité de l'orateur, et détruit complètement cet air de vérité qui inspire la confiance. Mais comme l'usage du nombre est quelquefois nécessaire, voyons d'abord en quelle occasion, puis combien de temps on doit s'en servir, enfin en combien de manières on peut le varier. Un discours nombreux convient à l'éloge; et c'est ainsi que, dans ma deuxième *Verrine*, j'ai fait l'éloge de la Sicile, et en présence du sénat celui de mon consulat. Il convient aussi aux narrations où il faut de la dignité plutôt que de la sensibilité. Telles sont, dans la quatrième *Verrine*, les descriptions de la Cérès d'Enna [128], de la Diane de Ségeste et de la ville de Syracuse. Souvent aussi l'amplification se plaît aux tours nombreux et périodiques. Peut-être n'ai-je pas réussi, mais je l'ai tenté très-souvent. Mes péroraisons fournissent mille preuves de mes intentions et des efforts de mon esprit. Jamais le nombre n'a plus de pouvoir que quand l'auditeur ne résiste plus, subjugué déjà par l'orateur. Alors il ne songe plus à épier, à surprendre un défaut. Il se range du parti de l'orateur; il veut qu'il s'élève encore, et, admirant cette puissance de la parole, il ne cherche plus à critiquer.

Mais l'emploi du nombre ne doit pas durer long-temps; je ne dis pas dans la péroraison, puisque c'est la conclusion du discours, mais dans les autres parties. Quand on s'en est servi dans les endroits qui l'admettent volontiers, on a recours à ce que les Grecs nomment κόμματα et κῶλα [129], et que nous pouvons fort bien traduire par *incises* et *membres*. Il n'y a pas, en effet,

verba, aut suavitatis, aut inopiæ causa transferre soleamus, in omnibus hoc fit artibus, ut, quum id appellandum sit, quod, propter rerum ignorationem ipsarum, nullum habuerit ante nomen, necessitas cogat aut novum facere verbum, aut a simili mutuari.

LXIII. Quo autem pacto deceat incise membratimve dici, jam videbimus : nunc, quot modis mutentur comprehensiones conclusionesque, dicendum est. Fluit omnino numerus a primo tum incitatius brevitate pedum, tum proceritate tardius : cursum contentiones magis requirunt; expositiones rerum, tarditatem. Insistit autem ambitus modis pluribus, e quibus unum est secuta Asia maxime, qui dichoreus vocatur, quum duo extremi chorei sunt, id est e singulis longis et brevibus : explanandum est enim, quod ab aliis iidem pedes aliis nominantur vocabulis. Dichoreus non est ille quidem sua sponte vitiosus in clausulis; sed in orationis numero nihil est tam vitiosum, quam si semper est idem. Cadit autem per se ille ipse præclare : quo etiam satietas formidanda est magis. Me stante, C. Carbo, C. F., tribunus plebis, in concione dixit his verbis, « O Marce Druse, patrem appello. » Hæc quidem duo binis pedibus incisim. Dein membratim, « Tu dicere solebas, sacram esse rempublicam. » Hæc item membra ternis. Post ambitus, « Quicumque eam violavissent, ab omnibus esse ei pœnas persolutas. » Dichoreus. Nihil enim ad rem, extrema illa, longa sit, an brevis. Deinde, « Patris dictum sapiens, temeritas filii comprobavit. » Hoc dichoreo tantus clamor concionis etatus excist, ut admirabile esset. Quæro,

de noms établis pour des choses inconnues. Mais, comme nous nous servons tous les jours de la métaphore, soit pour l'agrément, soit par besoin, on est forcé dans tous les arts où des objets jusqu'alors ignorés n'avaient point de noms, ou de hasarder des termes nouveaux, ou d'en former par analogie.

LXIII. Mais comment faut-il s'exprimer par membres et par incises? c'est ce que nous verrons bientôt. Disons maintenant en combien de manières on peut varier la période et ses cadences. Tantôt le nombre coule avec rapidité dès le commencement de la phrase, à cause des brèves. Tantôt les longues ralentissent sa marche [130]. La rapidité convient à la dispute, et la lenteur aux expositions. Il y a plusieurs manières de finir la période: les Asiatiques la terminent le plus souvent par le dichorée, mesure formée de deux chorées; chaque chorée est formé d'une longue et d'une brève. Je crois devoir m'expliquer ainsi, parce que les rhéteurs ne s'accordent pas à donner les mêmes noms aux mêmes pieds. Sans doute le dichorée n'a par lui-même rien de vicieux à la fin des périodes; mais, dans le nombre, rien de plus vicieux que l'uniformité. Plus il est harmonieux, plus on doit craindre qu'il n'engendre la satiété. J'étais présent quand le tribun du peuple C. Carbon, fils de Caïus, parla ainsi dans l'assemblée: *O Marce Druse, patrem appello*. Voilà deux incises, chacune de deux pieds. Viennent ensuite deux membres de trois pieds chacun: *Tu dicere solebas, sacram esse rempublicam*. La période continue: *Quicumque eam violavissent, ab omnibus esse ei pœnas persolutas*. Ce dernier mot est un dichorée. Peu importe, en effet, que la dernière syllabe soit longue ou brève. Voici la suite: *Patris dictum sapiens, temeritas*

nonne id numerus effecerit? Verborum ordine immuta; fac sic, « Comprobavit filii temeritas : » jam nihil erit, etsi *temeritas* ex tribus brevibus, et longa est; quem Aristoteles ut optimum probat; a quo dissentio. At eadem verba, eadem sententia. Animo istuc satis est, auribus non satis. Sed id crebrius fieri non oportet. Primum enim numerus agnoscitur; deinde satiat; postea cognita facilitate contemnitur.

LXIV. Sed sunt clausulæ plures, quæ numerose et jucunde cadant. Nam et creticus, qui est e longa, et brevi, et longa, et ejus æqualis pæon, qui spatio par est, syllaba longior, quam commodissime putatur in solutam orationem illigari, quum sit duplex : nam aut e longa, et tribus brevibus, qui numerus in primo viget, jacet in extremo; aut e totidem brevibus, et longa, in quem optime cadere censent veteres; ego non plane rejicio, sed alios antepono. Ne spondeus quidem funditus est repudiandus : etsi, quod est e longis duabus, hebetior videtur et tardior; habet tamen stabilem quemdam, et non expertem dignitatis gradum : in incisionibus vero multo magis, et in membris; paucitatem enim pedum gravitatis suæ tarditate compensat. Sed hos quum in clausulis pedes nomino, non loquor de uno pede extremo : adjungo (quod minimum sit) proximum superiorem, sæpe etiam tertium. Ne iambus quidem, qui est e brevi et longa; aut par choreo, qui habet tres breves, sed spatio par, non syllabis; aut etiam dactylus,

filii comprobavit. On ne saurait croire quelles acclamations accueillirent ce dichorée[131]. Or, je demande si ce ne fut pas là un effet du nombre. Changez l'ordre des mots ; dites par exemple : *Comprobavit filii temeritas :* où est l'harmonie, quoique le mot *temeritas* soit de trois brèves et d'une longue? mesure qu'Aristote regarde comme la meilleure ; sentiment qui n'est pas le mien. Ce sont cependant les mêmes mots et la même pensée. C'est assez pour l'esprit ; ce n'est pas assez pour l'oreille. Mais il ne faut pas abuser de ces sortes d'effets. D'abord on reconnaît le nombre, puis on s'en fatigue ; on le méprise enfin comme trop facile.

LXIV. Mais il y a beaucoup d'autres pieds qui rendent les chutes de la période agréables et nombreuses. Le crétique, formé d'une brève entre deux longues, et le péon qui lui est égal en mesure, quoiqu'avec une syllabe de plus, conviennent on ne peut mieux à l'harmonie de la prose. Le péon est de deux sortes : l'un, d'une longue et de trois brèves, a de la force au commencement de la phrase, mais il languit à la fin ; l'autre, de trois brèves et d'une longue, termine parfaitement la période, au jugement des anciens rhéteurs : je ne le rejette pas absolument, mais je préfère d'autres mesures. Le spondée même ne doit pas être tout-à-fait banni de la fin des périodes ; tout lent et tout pesant qu'il est à cause de ses deux longues, il a de la gravité, et n'est même pas sans dignité, mais surtout dans les incises et les membres, parce qu'alors il compense le petit nombre des pieds par la lenteur de la mesure. Quand je parle des pieds qui terminent la période, je ne parle pas seulement du dernier, j'y comprends aussi le pénultième, et souvent l'antépénultième. L'ïambe, d'une brève et

qui est e longa, et duabus brevibus, si est proximus a postremo, parum volubiliter pervenit ad extremum, si est extremus choreus, aut spondeus : nunquam enim interest, uter sit eorum in pede extremo. Sed iidem hi tres pedes male concludunt, si quis eorum in extremo locatus est, nisi quum pro cretico postremus est dactylus : nihil enim interest, dactylus sit extremus, an creticus; quia postrema syllaba, brevis, an longa sit, ne in versu quidem refert. Quare etiam pæona qui dixit aptiorem, in quo esset longa postrema, vidit parum; quoniam nihil ad rem est, postrema an longa sit. Jam pæon, quod plures habeat syllabas, quam tres, numerus a quibusdam, non pes habetur. Est quidem, ut inter omnes constat antiquos, Aristotelem, Theophrastum, Theodectem, Ephorum, unus aptissimus orationi vel orienti, vel mediæ : putant illi etiam cadenti; quo loco mihi videtur aptior creticus. Dochmius autem e quinque syllabis, brevi, duabus longis, brevi, longa, ut est hoc, *Amicos tenes*, quovis loco aptus est, dum semel ponatur : iteratus, aut continuatus, numerum apertum et nimis insignem facit. His igitur tot commutationibus, tamque variis si utemur, nec deprehendetur manifesto, quid a nobis de industria fiat, et occurretur satietati.

LXV. Et quia non numero solum numerosa oratio, sed et compositione fit, et genere (quod ante dictum est) concinnitatis : compositione potest intelligi; quum ita

d'une longue; le tribraque, qui, formé de trois brèves, est égal en mesure au chorée, quoiqu'avec une syllabe de plus, peuvent aussi produire assez bon effet à la fin de la période; j'en dirai même autant du dactyle, qui est composé d'une longue et de deux brèves, pourvu cependant qu'il se trouve immédiatement avant le dernier pied, et que ce pied soit un chorée ou un spondée [132] : car peu importe lequel des deux termine la phrase. Mais l'ïambe, le tribraque, le dactyle sont mal placés à la fin d'une période, à moins que le dactyle ne tienne lieu de crétique, parce qu'en prose, comme en vers, il est indifférent que la dernière soit longue ou brève. Ainsi celui qui préférait le péon, pourvu que la dernière fût longue, n'y a pas regardé d'assez près.... peu importe, nous le répétons, la quantité de la dernière. Le péon, parce qu'il a plus de trois syllabes, est regardé par quelques rhéteurs comme un nombre et non comme un pied. Il est du moins regardé par tous les anciens rhéteurs, Aristote, Théophraste, Théodecte, Éphore, comme celui qui convient le mieux à la prose, soit au commencement, soit au milieu, soit même à la fin de la phrase : pour moi, c'est le crétique que je préfère pour la fin. Le dochmius, formé de cinq syllabes, savoir d'une brève, de deux longues, puis d'une brève et d'une longue, comme *ămīcōs tĕnēs*, convient partout dans la période, pourvu qu'on ne l'y emploie qu'une fois. Continué ou répété, il rend le nombre trop sensible et trop brillant. Par l'usage heureux de ces formes si variées, on dissimulera l'art du style, et l'on préviendra la satiété.

LXV. Ce n'est pas seulement le nombre qui rend la prose nombreuse [133]; c'est encore l'arrangement des mots, et, comme nous l'avons dit, une espèce de symé-

structa verba sunt, ut numerus non quæsitus, sed ipse secutus esse videatur; ut apud Crassum, « Nam, ubi lubido dominatur, innocentiæ leve præsidium est. » Ordo enim verborum efficit numerum sine ulla aperta oratoris industria. Itaque si quæ veteres illi (Herodotum dico, et Thucydidem, totamque eam ætatem) apte numeroseque dixerunt; ea non numero quæsito, sed verborum collocatione ceciderunt. Formæ vero quædam sunt orationis in quibus ea concinnitas inest, ut sequatur numerus necessario. Nam quum aut par pari refertur, aut contrarium contrario opponitur, aut, quæ similiter cadunt verba, verbis comparantur : quidquid ita concluditur, plerumque fit ut numerose cadat. Quo de genere cum exemplis supra diximus, ut hæc quoque copia facultatem afferat non semper eodem modo desinendi. Nec tamen hæc ita sunt arcta et adstricta, ut ea, quum velimus, laxare nequeamus. Multum interest, utrum numerosa sit, id est similis numerorum, an plane e numeris constet oratio. Alterum si fit, intolerabile vitium est; alterum nisi fit, dissipata, et inculta, et fluens est oratio.

LXVI. Sed quoniam non modo non frequenter, verum etiam raro in veris causis, aut forensibus, circumscripte numeroseque dicendum est : sequi videtur, ut videamus, quæ sint illa, quæ supra dixi incisa, quæ membra. Hæc enim in veris causis maximam partem orationis obtinent. Constat enim ille ambitus et plena compre-

trie. Il est un arrangement si heureux, si naturel, que le nombre semble n'avoir pas été cherché, mais être venu de lui-même; comme en cet endroit de Crassus : *Nam, ubi lubido dominatur, innocentiæ leve præsidium est.* C'est l'ordre même des paroles qui fait ici le nombre, sans aucun artifice apparent de l'orateur. Si donc nous remarquons quelque chose qui ressemble au nombre dans Hérodote, Thucydide et leurs contemporains, nous devons l'attribuer, non pas à la recherche du nombre, mais à un effet fortuit de l'arrangement des mots. Il y a aussi de certaines formes de style, de certains tours symétriques, qui produisent nécessairement le nombre. Ainsi, quand les membres de la phrase se répondent les uns aux autres, quand il y a opposition des contraires, quand il y a un juste rapport de chutes et de consonnances, il en résulte presque toujours une cadence nombreuse : nous en avons parlé plus haut, et nous en avons cité des exemples; c'est encore là un des moyens de prévenir le retour des mêmes terminaisons de phrase. On n'est pas non plus si étroitement enchaîné par le nombre, qu'on ne puisse, si l'on veut, en relâcher les liens. Il y a une grande différence entre une prose nombreuse, je veux dire qui a du rapport avec les nombres, et une prose toute composée de nombres. La dernière serait un insupportable défaut; si l'on n'emploie la première, le style est mou, négligé, languissant.

LXVI. Mais comme, dans les causes sérieuses, dans celles du barreau, non-seulement on ne doit pas fréquemment, mais on ne doit même que bien rarement employer le style nombreux et périodique, voyons ce qu'on entend par ces membres, ces incises, dont nous avons parlé plus haut[134]. Dans les causes réelles, ces

hensio e quatuor fere partibus, quæ membra dicimus; ut et aures impleat, et ne brevior sit, quam satis sit, neque longior. Quanquam utrumque nonnunquam, vel potius sæpe accidit, ut aut citius insistendum sit, aut longius procedendum, ne brevitas defraudasse aures videatur, neve longitudo obtudisse. Sed habeo mediocritatis rationem : nec enim loquor de versu, et est liberior aliquanto oratio. E quatuor igitur, quasi hexametrorum instar versuum quod sit, constat fere plena comprehensio. His igitur singulis versibus quasi nodi apparent continuationis, quos in ambitu conjungimus. Sin membratim volumus dicere, insistimus; idque, quum opus est, ab isto cursu invidioso facile nos et sæpe disjungimus. Sed nihil tam debet esse numerosum, quam hoc quod minime apparet, et valet plurimum. Ex hoc genere illud est Crassi, «Missos faciant patronos; ipsi prodeant.» Nisi intervallo dixisset, «ipsi prodeant,» sensisset profecto effugisse senarium : omnino melius caderet, « prodeant ipsi.» Sed de genere nunc disputo. « Cur clandestinis consiliis non oppugnant? cur de perfugis nostris copias comparant contra nos?» Prima sunt illa duo, quæ κόμματα Græci vocant, nos incisa dicimus; deinde tertium, κῶλον illi, nos membrum. Sequitur non longa; ex duobus enim versibus, id est membris, perfecta comprehensio est, et in spondeos cadit. Et Crassus quidem sic plerumque dicebat; idque ipse genus dicendi maxime probo.

LXVII. Sed quæ incisim aut membratim efferuntur, ea vel aptissime cadere debent; ut est apud me, «Domus

formes du style occupent la plus grande place. La période pleine et parfaite est d'ordinaire composée de quatre membres. Ainsi construite, elle remplit l'oreille, et ne paraît ni trop longue, ni trop courte. Quelquefois cependant, ou plutôt souvent, il faut resserrer la phrase, ou lui donner plus d'étendue. L'oreille ne doit pas plus être frustrée par trop de brièveté, que fatiguée par trop de longueur. Mais je cherche à prendre un milieu; je ne parle pas des vers, mais de la prose, où l'on est plus libre. L'étendue de quatre vers hexamètres, voilà à peu près ce que comporte la période[135]. Entre chacun de ces vers, il y a comme des jointures et des articles, qui, dans la période, servent de liaisons. Si l'on préfère séparer les membres, on s'arrête, et au besoin on interrompt une marche qui pourrait paraître suspecte; mais rien ne doit être plus nombreux que ce qui paraît l'être le moins et n'en a d'ailleurs que plus de force; comme dans cet exemple de Crassus : *Missos faciant patronos, ipsi prodeant.* S'il ne se fût arrêté avant *ipsi prodeant*, il eût certainement vu qu'il faisait un vers ïambique : peut-être était-il mieux de dire : *prodeant ipsi*; mais nous ne traitons que la question générale. *Cur clandestinis consiliis nos oppugnant? cur de perfugis nostris copias comparant contra nos?* Les deux premières phrases sont ce que les Grecs nomment κόμματα, et nous *incises;* la troisième est ce qu'ils nomment κῶλον, et nous *membre;* puis vient une courte période composée de deux membres seulement, et terminée par des spondées. C'était le genre qu'affectionnait Crassus; et c'est un genre que j'approuve beaucoup.

LXVII. Mais il faut donner aux incises et aux membres une chûte harmonieuse, comme je l'ai fait ici :

tibi deerat? at habebas. Pecunia superabat? at egebas. » Hæc incise dicta sunt quatuor. At membratim, quæ sequuntur, duo, « Incurristi amens in columnas; in alienos insanus insanisti. » Deinde omnia, tanquam crepidine quadam, comprehensione longiore sustinentur, « Depressam, cæcam, jacentem domum pluris, quam te, et quam fortunas tuas æstimasti. » Dichoreo finitur. At dispondeo proximum illud : nam in iis, quibus, ut pugiunculis, uti oportet, brevitas facit ipsa liberiores pedes. Sæpe enim singulis utendum est, plerumque binis (et utrisque addi pedis pars potest), non fere ternis amplius. Incisim autem et membratim tractata oratio in veris causis plurimum valet, maximeque his locis, quum aut arguas, aut refellas; ut nostra in Corneliana secunda, « O callidos homines! o rem excogitatam! o ingenia metuenda! » Membratim adhuc; deinde cæsim diximus. Rursus membratim, « Testes dare volumus. » Extrema sequitur comprehensio, sed ex duobus membris, qua non potest esse brevior, « Quem, quæso, nostrum fefellit, ita vos esse facturos? » Nec ullum genus est dicendi aut melius, aut fortius, quam binis aut ternis ferire verbis, nonnunquam singulis, paullo alias pluribus: inter quæ variis clausulis, interponit se raro numerosa comprehensio; quam perverse fugiens Hegesias, dum ille quoque imitari Lysiam vult, alterum pæne Demosthenem, saltat, incidens particulas. Et is quidem non minus sententiis peccat, quam verbis : ut non quærat, quem appellet ineptum, qui illum cognoverit. Sed ego illa Crassi, et nostra posui, ut, qui vellet, auribus ipsis, quid numerosum etiam in minimis particulis orationis

Domus tibi deerat ? at habebas. Pecunia superabat ? at egebas : voilà quatre incises. Maintenant voici deux membres : *Incurristi amens in columnas ; in alienos insanus insanisti*[136]. Puis une plus longue période, semblable à une digue, soutient ces petites phrases : *Depressam, cæcam, jacentem domum pluris, quam te, et quam fortunas tuas æstimasti.* C'est un dichorée qui la termine. C'est un double spondée qui termine le dernier des deux membres précédens ; car, lorsque les phrases se précipitent comme autant de coups de poignard, la brièveté ne fait que rendre la mesure plus libre. Souvent l'incise est composée d'un pied, d'un pied et demi, ou bien de deux, de deux et demi ; jamais elle n'en a plus de trois. Les incises et les membres détachés donnent beaucoup de force au discours dans les causes réelles, surtout si l'on prouve ou si l'on réfute. Tel est cet exemple tiré de ma seconde *Cornélienne* : — *O callidos homines ! o rem excogitatam ! o ingenia metuenda !* Voilà trois membres, suivis d'une incise, *diximus.* Voici un autre membre, *Testes dare volumus*, suivi d'une période à deux membres, et qui ne pouvait être plus courte : *Quem, quæso, nostrum fefellit, ita vos esse facturos ?* Rien de plus vif, rien de plus énergique dans le discours que ces incises de deux ou de trois mots[137], et quelquefois d'un seul, au milieu desquelles on jette parfois des périodes nombreuses, dont les chutes sont variées. Hégésias[138] se refuse sans raison à l'emploi de ces périodes, et, pour vouloir imiter Lysias, qui est presque un autre Démosthène, il ne procède que par petites phrases coupées, il ne fait que sautiller. Ses pensées ne valent pas mieux que son style ; quand on le connaît, on n'a plus à chercher le modèle du méchant écrivain. Je n'ai cependant cité des

esset, judicaret. Et, quoniam plura de numerosa oratione diximus, quam quisquam ante nos; nunc de ejus generis utilitate dicemus.

LXVIII. Nihil enim est aliud, Brute (quod quidem tu minime omnium ignoras), pulchre et oratorie dicere, nisi optimis sententiis verbisque lectissimis dicere. Et nec sententia ulla est, quæ fructum oratori ferat, nisi apte exposita, atque absolute; nec verborum lumen apparet, nisi diligenter collocatorum; et horum utrumque numerus illustrat. Numerus autem (sæpe enim hoc testandum est) non modo non poetice junctus, verum etiam fugiens illum, eique omnium dissimillimus : non quin iidem sint numeri non modo oratorum et poetarum, verum omnino loquentium, denique etiam sonantium omnium, quæ metiri auribus possumus; sed ordo pedum facit, ut id, quod pronuntiatur, aut orationis, aut poematis simile videatur. Hanc igitur sive compositionem, sive perfectionem, sive numerum vocari placet, et adhibere necesse est, si ornate velis dicere, non solum (quod ait Aristoteles et Theophrastus) ne infinite feratur, ut flumen, oratio, quæ non aut spiritu pronuntiantis, aut interductu librarii, sed numero coacta debet insistere; verum etiam, quod multo majorem habent apta vim, quam soluta. Ut enim athletas, nec multo secus gladiatores videmus nihil nec vitando facere caute, nec petendo vehementer, in quo non motus hic habeat palæstram quamdam; ut, quidquid in his rebus fiat uti-

phrases de Crassus, et quelques-unes des miennes, que pour soumettre au jugement de l'oreille même ce qu'il y a de nombre et d'harmonie dans les moindres parties du discours. Maintenant que je me suis étendu sur le nombre oratoire plus que personne ne l'avait fait avant moi, je vais parler de son utilité.

LXVIII. Parler avec éloquence et noblesse, ce n'est autre chose, vous le savez, Brutus, qu'exprimer d'excellentes pensées en termes excellens. Les pensées ne produisent d'effet qu'autant qu'elles sont rendues avec une justesse parfaite; les expressions les plus brillantes perdent leur éclat si elles ne sont bien placées; c'est le nombre qui donne du lustre aux unes comme aux autres. Mais, nous ne saurions trop le redire, ce n'est pas de la mesure poétique qu'il s'agit, c'est d'une mesure toute différente, et qui n'a rien de l'autre : ce n'est pas que les nombres ne soient les mêmes pour les orateurs et les poètes, pour tous ceux qui parlent et même pour tous les sons que notre oreille peut mesurer; mais c'est d'après la disposition des pieds que l'on distingue ce qui appartient à la prose et ce qui est du domaine de la poésie. Donnez à cet arrangement tel nom que vous voudrez ; appelez-le composition, perfection, nombre ; ce n'en est pas moins une des conditions nécessaires de l'éloquence ; ce n'est pas seulement, comme l'ont dit Aristote et Théophraste, parce que le discours ne doit pas, semblable à un fleuve, couler sans cesse, et qu'il faut le contenir et le régler, non sur la durée de la respiration, ni sur la ponctuation du copiste, mais sur les lois du nombre : c'est aussi parce qu'un style périodique et bien lié a beaucoup plus de force qu'un style décousu. Ne voyons-nous pas l'athlète et le gladiateur, soit qu'ils

liter ad pugnam, idem ad adspectum etiam sit venustum : sic oratio nec plagam gravem facit, nisi petitio fuit apta; nec satis recte declinat impetum, nisi etiam in cedendo, quid deceat, intelligit. Itaque, qualis eorum motus, quos ἀπαλαίστρους Græci vocant, talis horum mihi videtur oratio, qui non claudunt numeris sententias; tantumque abest, ut, quod ii, qui hoc aut magistrorum inopia, aut ingenii tarditate, aut laboris fuga non sunt assecuti, solent dicere, enervetur oratio compositione verborum, ut aliter in ea nec impetus ullus, nec vis esse possit.

LXIX. Sed magnam exercitationem res flagitat, ne quid eorum, qui genus hoc secuti non tenuerunt, simile faciamus; ne aut verba trajiciamus aperte, quo melius aut cadat, aut volvatur oratio : quod se L. Cœlius Antipater in prooemio belli punici, nisi necessario, facturum negat. O virum simplicem, qui nos nihil celet! sapientem, qui serviendum necessitati putet! Sed hic omnino rudis. Nobis autem in scribendo, atque in dicendo necessitatis excusatio non probatur : nihil est enim necesse; et, si quid esset, id necesse tamen non erat confiteri. Et hic quidem, qui hanc a Lælio, ad quem scripsit, cui se purgat, veniam petit, et utitur ea trajectione verborum, et nihilo tamen aptius explet, concluditque sententias. Apud alios autem, et Asiaticos maxime, numero servientes, inculcata reperias inania quædam verba, quasi complementa numerorum. Sunt

esquivent avec adresse, soit qu'ils attaquent avec vigueur, déployer dans leurs moindres mouvemens de l'élégance et de l'art, et, tout en combattant pour vaincre, réussir à plaire? Il en est de même de l'orateur : il ne fait pas de blessures profondes, s'il attaque sans art; il ne sait pas éviter les coups qui lui sont portés, si, même en reculant, il ne conserve de la dignité. Aussi puis-je voir dans ces athlètes que les Grecs nomment ἀπαλαί-στροι (sans exercice), l'image des écrivains qui négligent les nombres; et je suis si loin de croire ceux qui, faute de maîtres, d'esprit, ou de travail, n'ont pu atteindre à ce degré de perfection, et prétendent que l'arrangement des mots énerve le discours, qu'il me semble au contraire que, sans cet artifice, il n'y aurait, dans la parole, ni entraînement, ni puissance.

LXIX. Mais il faut bien de l'exercice pour arriver à ce but, de peur de ressembler à ceux qui l'ont manqué, et de laisser voir la peine qu'on se donne pour rendre, par des transpositions de mots, le discours harmonieux et coulant. L. Célius Antipater [139], dans la préface de sa *Guerre punique*, annonce qu'il ne le fera qu'au besoin. L'excellent homme, qui ne nous déguise rien! l'homme sage, qui se soumet à la nécessité! Mais c'est aussi trop de simplicité. Dans un écrit, dans un discours, l'excuse de la nécessité ne peut être admise. Il n'y a rien de nécessaire; et quand même il y aurait quelque chose de tel, il serait encore nécessaire de ne pas l'avouer. Mais ce même auteur, qui s'excuse ainsi auprès de Lélius, à qui il dédie son ouvrage, a recours à ces transpositions de mots, et ses phrases n'en sont ni plus pleines, ni mieux arrondies. Chez d'autres, et surtout chez les asiatiques, qui sont esclaves du nom-

etiam, qui illo vitio, quod ab Hegesia maxime fluxit, infringendis, concidendisque numeris in quoddam genus abjectum incidant, Siculorum simillimum. Tertium est, in quo fuerunt fratres illi, asiaticorum rhetorum principes, Hierocles, et Menecles, minime mea sententia contemnendi. Etsi enim a forma veritatis et ab Atticorum regula absunt, tamen hoc vitium compensant vel facultate, vel copia. Sed apud eos varietas non erat, quod omnia fere concludebantur uno modo.

Quæ vitia qui fugerit, ut neque verbum ita trajiciat, ut id de industria factum intelligatur, neque inferciens verba, quasi rimas expleat, nec minutos numeros sequens, concidat delumbetque sententias, nec sine ulla commutatione in eodem semper versetur genere numerorum : is omnia fere vitia vitaverit. Nam de laudibus multa diximus, quibus sunt alia perspicua vitia contraria.

LXX. Quantum autem sit apte dicere, experiri licet, si aut compositi oratoris bene structam collocationem dissolvas permutatione verborum. (Corrumpatur enim tota res, ut hæc nostra in Corneliana, et deinceps omnia : « Neque me divitiæ movent, quibus omnes Africanos et Lælios multi venalitii, mercatoresque superarunt. » Immuta paullum, ut sit, « Multi superarunt mercatores venalitiique; » perierit tota res. Et quæ sequuntur : « Neque vestis, aut cælatum aurum et argentum, quo nostros veteres Marcellos Maximosque multi eunuchi e Syria Ægyptoque vicerunt. » Verba permuta sic, ut sit,

bre, vous trouvez des mots qui n'ont aucun sens et ne servent qu'à remplir les vides de la période. D'autres ont le défaut attribué surtout à Hégésias; ils brisent et découpent leurs nombres, et tombent ainsi dans ce misérable style des Siciliens. Il est une troisième classe d'écrivains où figurent ces deux frères, chefs des rhéteurs asiatiques, Hiéroclès et Ménéclès, qui, suivant moi, ne sont pas sans mérite. S'ils n'ont pas les formes pures et régulières de l'éloquence active, ils rachètent ce défaut par le talent et l'abondance. Mais ce qui leur manque, c'est la variété; leurs périodes se ressemblent toutes.

Fuyez donc ces transpositions où l'art se fait sentir, les mots jetés dans une phrase pour en remplir les vides, ces nombres trop courts qui mutilent et énervent les pensées, ces cadences uniformes dont l'harmonie est toujours la même; et vous aurez évité presque tous les abus du nombre. Ce que nous avons dit avec assez d'étendue sur ses qualités, nous indique clairement quels sont les défauts contraires.

LXX. Voulez-vous connaître par vous-même tout le prix de l'harmonie? d'un côté, prenez dans quelque habile orateur une période bien faite. Décomposez-la; changez, par exemple, la disposition des mots dans cet exemple tiré de mon plaidoyer *pour Cornelius :* — *Neque me divitiæ movent, quibus omnes Africanos et Lælios multi venalitii, mercatoresque superarunt.* Faites un léger changement, *Multi superarunt mercatores venalitiique;* il ne reste rien. Et plus bas : *Neque vestis, aut cælatum aurum et argentum, quo nostros veteres Marcellos Maximosque multi eunuchi e Syria Ægyptoque vicerunt.* Changez ainsi l'ordre des mots : *Vicerunt eunuchi*

« Vicerunt eunuchi e Syria Ægyptoque. » Adde tertium, « Neque vero ornamenta ista villarum, quibus L. Paullum et L. Mummium, qui rebus his urbem Italiamque omnem referserunt, ab aliquo video perfacile Deliaco aut Syro potuisse superari. » Fac ita, « Potuisse superari ab aliquo Syro aut Deliaco. » Videsne, ut ordine verborum paullum commutato, iisdem verbis, stante sententia, ad nihilum omnia recidant, quum sint ex aptis dissoluta?) Aut si alicujus inconditi arripias dissipatam aliquam sententiam, eamque, ordine verborum paullum commutato, in quadrum redigas, efficiatur aptum illud, quod fuerat antea diffluens ac solutum. Age, sume de Gracchi apud censores illud : « Abesse non potest, quin ejusdem hominis sit, probos improbare, qui improbos probet. » Quanto aptius, si ita dixisset, « Quin ejusdem hominis sit, qui improbos probet, probos improbare? » Hoc modo dicere nemo unquam noluit; nemoque potuit, quin dixerit. Qui autem aliter dixerunt, hoc assequi non potuerunt. Ita facti sunt repente attici. Quasi vero Trallianus fuerit Demosthenes : cujus non tam vibrarent fulmina illa, nisi numeris contorta ferrentur.

LXXI. Sed si quos magis delectant soluta, sequantur ea sane, modo sic, ut si quis Phidiæ clypeum dissolverit, collocationis universæ speciem sustulerit, non singulorum operum venustatem : ut in Thucydide, orbem modo orationis desidero, ornamenta comparent. Isti

e *Syria Ægyptoque*. Ajoutons ce troisième exemple : *Neque vero ornamenta ista villarum, quibus L. Paullum et L. Mummium, qui rebus his urbem Italiamque omnem referserunt, ab aliquo video perfacile Deliaco aut Syro potuisse superari*. Mettez à la place, *Potuisse superari ab aliquo Syro aut Deliaco*. Voyez comme avec ces changemens, quelque légers qu'ils soient, bien que les mots et les pensées restent les mêmes, les phrases se réduisent à rien, parce que l'harmonie en est détruite. D'un autre côté, prenez dans un orateur peu soigneux du nombre quelque phrase mal faite; changez un peu l'ordre des mots, soumettez-les aux lois du nombre, et vous pourrez arriver à donner un tour harmonieux à ce qui n'avait auparavant ni liaison ni mesure. Prenons, par exemple, cette phrase de Gracchus devant les censeurs : *Abesse non potest, quin ejusdem hominis sit, probos improbare, qui improbos probet*. Ceci n'était-il pas plus conforme aux lois de l'harmonie : *Quin ejusdem hominis sit, qui improbos probet, probos improbare ?* Personne n'a jamais négligé volontairement cette qualité du style; personne ne l'a possédée sans la mettre à profit. Si l'on n'en trouve aucune trace chez quelques orateurs, c'est qu'ils n'ont pu l'acquérir; et puis ils se sont érigés tout d'un coup en orateurs attiques : comme si Démosthène était un Trallien [140], Démosthène dont les foudres auraient moins d'impétuosité si elles n'étaient, pour ainsi dire, lancées par le nombre oratoire.

LXXI. Mais qu'on adopte, j'y consens, un style décousu, pourvu qu'on trouve au moins dans ces phrases rompues les beautés qu'on admirerait encore dans les fragmens du bouclier de Phidias, si quelqu'un l'eût mis en pièces. Ainsi, dans Thucydide il ne manque que la

autem quum dissolvunt **orationem, in qua nec res, nec verbum ullum est, nisi abjectum; non clypeum, sed, ut in proverbio est (etsi humilius dictum est, tamen consimile est), scopas, ut ita dicam, mihi videntur dissolvere.** Atque, ut plane genus hoc, quod ego laudo, contempsisse videantur, aut scribant aliquid vel Isocrateo more, vel quo Æschines, aut Demosthenes utitur; tum illos existimabo non desperatione reformidavisse genus hoc, sed judicio refugisse : aut reperiam ipse, eadem conditione qui uti velit, ut aut dicat, aut scribat, utra voles lingua, eo genere, quo illi volunt. Facilius est enim apta dissolvere, quam dissipata connectere. Res autem se hic habet (ut brevissime dicam quod sentio) : composite, et apte, sine sententiis dicere, insania est; sententiose autem sine verborum et ordine et modo, infantia : sed ejusmodi tamen infantia, ut ea qui utantur, non stulti homines haberi possint, etiam plerumque prudentes : quo qui est contentus, utatur. Eloquens vero, qui non approbationes solum, sed admirationes, clamores, plausus, si liceat, movere debet, omnibus oportet ita rebus excellat, ut ei turpe sit, quidquam aut spectari, aut audiri libentius.

Habes meum de oratore, Brute, judicium : quod aut sequere, si probaveris; aut tuo stabis, si aliud quoddam est tuum : in quo neque pugnabo tecum, neque

tournure périodique; j'y trouve les autres beautés. Ces écrivains, au contraire, dont le style est brisé, sans qu'il y ait d'ailleurs autre chose que de basses pensées et des termes bas, me semblent mettre en pièces, non pas le bouclier de Minerve [141], mais (si j'ose me servir d'une expression un peu triviale, que je crois ici bien appliquée) de misérables brins de bouleau [142]. Pour montrer qu'ils ont droit de mépriser ce que je loue, que n'écrivent-ils quelques pages comme Isocrate, ou comme Eschine, ou comme Démosthène? alors je croirai que ce n'est pas le désespoir du succès qui leur fait fuir ce genre, mais que c'est leur goût qui le réprouve : pour moi, je trouverai sans peine quelqu'un qui acceptera cette condition, et qui pourra en latin ou en grec, comme on voudra, écrire ou parler comme eux. Il est plus facile, en effet, de décomposer une période, que d'en former une des élémens d'un style brisé. Voici, pour terminer, mon sentiment en peu de mots : parler d'une manière harmonieuse et sonore, mais sans idées, c'est le fait d'un fou; avoir des idées, mais n'avoir ni ordre, ni nombre dans l'expression, ce n'est pas être orateur. Sans doute, on n'est pas un sot parce qu'on n'a pas ce mérite; on peut même, cela arrive souvent, être un homme sage : se contente de cette gloire qui voudra. Pour moi, l'homme éloquent sera celui à qui l'approbation ne saurait suffire, mais qui excitera des applaudissemens, des transports, des cris d'admiration; il voudra exceller en tout, et rougirait qu'on pût voir ou entendre quelqu'un de préférence à lui.

Voilà, Brutus, mon sentiment sur l'orateur parfait : partagez-le, si vous l'approuvez. Si vous en avez un autre, restez-y fidèle : je ne le combattrai pas; et quel-

hoc meum, de quo tantopere hoc libro asseveravi, unquam affirmabo esse verius, quam tuum. Potest enim non solum aliud mihi, ac tibi, sed mihi ipsi aliud alias videri : nec in hac modo re, quæ ad vulgi assensum spectat, et ad aurium voluptatem, quæ duo sunt ad judicandum levissima; sed ne in maximis quidem rebus quidquam adhuc inveni firmius, quod tenerem, aut quo judicium meum dirigerem, quam id, quodcumque mihi quam simillimum veri videretur, quum ipsum illud verum in occulto lateret. Tu autem velim, si tibi ea, quæ disputata sunt, minus probabuntur, ut aut majus opus institutum putes, quam effici potuerit, aut, dum tibi roganti voluerim obsequi, verecundia negandi, scribendi me impudentiam suscepisse.

ques efforts que j'aie faits dans cet ouvrage pour établir le mien, je n'assurerai jamais qu'il soit mieux fondé que le vôtre. Je puis penser autrement que vous sur un même sujet; je puis même ne pas penser dans un temps comme j'aurai pensé dans un autre : et je ne parle pas seulement de l'éloquence qui a pour but la faveur de la multitude et le plaisir de l'oreille, deux autorités bien légères pour qu'on puisse asseoir un jugement; je parle des matières mêmes les plus importantes. Je n'ai pu trouver encore où me rattacher, où arrêter mes idées; je me contente du vraisemblable, puisque la vérité se tient cachée [143]. Je vous prie seulement, si mon ouvrage n'obtient pas votre approbation [144], de croire que j'ai essayé sans doute plus que je ne pouvais faire, et que c'est pour me rendre à vos vœux que j'ai préféré l'exécution d'une entreprise téméraire [145] au regret de vous désobéir.

NOTES

SUR L'ORATEUR.

1. I. L'Orateur. Le *de Oratore* et l'*Orator* diffèrent en ce que, dans le premier, Cicéron embrasse toutes les parties de la rhétorique, et que, dans le second, il recherche seulement quel est l'idéal de l'éloquence, et quelles sont les qualités de l'orateur accompli.

2. *Homère, Archiloque, Sophocle* ou *Pindare*. Homère, on le sait, est le prince des poètes épiques; Archiloque, l'inventeur de l'iambe et de la satire; Sophocle, le plus parfait des dramatiques grecs; Pindare, le premier des lyriques. Mais n'y a-t-il pas quelque gloire à marcher sur leurs traces et à les suivre, même de loin? *Magna sunt ea*, dit Cicéron, *quæ sunt optimis proxima*.

3. *Aristote.... n'a pas été effrayé de la majesté de Platon*. Platon est le premier des philosophes de l'antiquité, soit par la beauté de son génie, soit par la sublimité de ses doctrines, soit, comme le remarque ici notre auteur, par la majesté de son style. Il est beau d'être comme lui grand philosophe, grand écrivain, j'ai presque ajouté grand poète !

4. II. *L'Ialyse que nous avons vu à Rhodes*. Ialyse était un chasseur de l'île de Rhodes : Protogène, peintre célèbre, en fit le sujet d'un de ses tableaux. On rapporte que, tandis qu'il y travaillait, Demetrius, roi de Macédoine, assiégea Rhodes, et que ce prince, ayant appris que Protogène ne laissait pas de travailler dans un faubourg déjà occupé, le fit venir, et lui demanda comment il osait se croire en sûreté au milieu des ennemis : « C'est que je sais, répondit le peintre, que vous ne faites la guerre qu'aux Rhodiens, et non aux beaux-arts. » Cette réponse plut au prince, qui même fit placer une garde autour de l'atelier de Protogène, afin qu'il pût sans danger se livrer à l'exercice de son

art. Le tableau d'Ialyse fut depuis transporté à Rome, dans le temple de la Paix.

5. *La Vénus de Cos.* Les deux plus célèbres tableaux d'Apelles furent deux Vénus, celle dont parle ici Cicéron, et la Vénus *Anadyomène*, c'est-à-dire sortant des flots. C'est, selon les uns, d'après Campaspe; selon d'autres, d'après Phryné, qu'Apelles peignit sa Vénus Anadyomène.

6. *Le Jupiter Olympien.* Phidias, le plus illustre statuaire de l'antiquité, fit la statue de Jupiter Olympien et celle de Minerve. La majesté du Jupiter Olympien était telle, que l'artiste lui même ne pouvait, dit-on, l'envisager sans terreur, et tremblait ainsi devant son propre ouvrage :

> Tels, renfermant la mort, les bronzes de la guerre
> Reculent au moment qu'ils lancent le tonnerre.
> (DELILLE, *Paradis perdu*, liv. IV.)

7. *Le Doryphore.* Cette statue fut faite par Polyclète, statuaire de Sicyone, et représentait, comme le nom l'indique, un jeune guerrier portant une lance. Les artistes l'appelaient la règle, ὁ κανών. « Polycletus, *dit Pline* (liv. XXXIV, ch. 8), Doryphorum viriliter puerum fecit, quem canona artifices vocant, lineamenta artis ex eo petentes, velut a lege quadam. » *Voir* WINKELMANN, *Histoire de l'Art*, VI, 2.

8. *Il n'y a rien qui ne le cède à cette beauté primitive.* Les hommes ne peuvent jamais ni saisir, ni surtout rendre toute la perfection du modèle qu'ils ont choisi et qu'ils suivent. Il n'appartient qu'à Dieu de donner à ses ouvrages toute la beauté, toute la perfection qu'il veut leur communiquer. C'est que l'homme, dans ses créations, ne peut se manifester que tel qu'il est, c'est-à-dire comme un être imparfait, et que Dieu, qui est la perfection même, ne peut pas ne point se manifester comme perfection. Sans doute il reste supérieur à son ouvrage; mais son ouvrage n'en atteste pas moins sa puissance et son intelligence infinies. « Il répugne, dit M. Cousin (Introduction à l'*Histoire de la philosophie*, cinquième leçon), que Dieu, en se manifestant, ne passe pas jusqu'à un certain point dans sa manifestation, et en même temps il répugne que le principe d'une manifestation ne reste pas supérieur à la manifestation qu'il produit, de toute la supériorité de

la cause sur l'effet. L'univers est donc un reflet imparfait, mais un reflet de l'essence divine. »

Si nous insistons un peu sur ce point, c'est qu'il appartient à cette doctrine des idées, si admirablement conçue et développée par Platon, et d'après laquelle Cicéron conçoit son orateur parfait. Nous emprunterons en entier à l'abbé Colin, auteur d'une traduction de *l'Orateur*, la note suivante, où cette matière est éclaircie.

9. III. *Ces formes originelles, Platon les nomme* IDÉES. Platon traite des idées dans le *Parménide*, dans le *Timée* et dans le xe livre de la *République*. Il y établit que la *véritable science* n'a point pour objet les choses singulières, visibles, changeantes et périssables, telle que sont une maison, un homme, un triangle, etc., mais l'original immatériel, immuable et éternel sur lequel chaque chose a été créée ; qu'ainsi, pour devenir habile en quelque science et en quelque art que ce soit, il ne faut pas s'arrêter à la connaissance des individus ; mais qu'il faut considérer les genres et les espèces universelles. Pour connaître, par exemple, la nature et les propriétés des triangles, il ne faut pas examiner un tel triangle en particulier, mais l'on doit examiner le triangle en général ; de même, pour connaître en quoi consiste la vertu, il ne faut pas considérer la vertu de Socrate, de Phocion, ou de quelque autre homme vertueux, mais on doit s'attacher à examiner l'essence de la vertu en elle-même. Cicéron suit exactement cette méthode dans son traité. Quoiqu'il rende justice au mérite et à l'éloquence de Démosthène, d'Eschine, de Crassus, d'Antoine et des autres orateurs tant grecs que romains, il ne s'attache à aucun d'eux pour établir son système ; il le fonde entièrement sur l'idée de la parfaite éloquence. Or, comme tout le fond de son livre est appuyé sur la doctrine des idées platoniciennes, il ne sera pas hors de propos d'en donner ici une explication plus détaillée. Je me servirai pour cela de deux ou trois passages de saint Augustin, où l'on trouvera cette doctrine bien établie.

« Ideas Plato primus appellasse perhibetur.... sunt ideæ principales formæ quædam, vel rationes rerum stabiles atque incommutabiles, quæ ipsa formatæ non sunt, ac per hoc æternæ, ac semper eodem modo sese habentes, quæ in divina intelligentia continentur.... Quod si recte dici vel credi non potest, Deum

irrationabiliter omnia condidisse, restat ut omnia ratione sint condita, nec eadem ratione homo, qua equus. Hoc enim absurdum est esse, nisi in mente creatoris ? » (D. Augustin. lib. octo g. *trium quæst.*, 11. 36.) « Insinuavit nobis, animam humanam et mentem rationalem non vegetari, non beatificari, non illuminari nisi ab ipsa (*substantia Dei*). » (Id. *Tract.* 23, *in Joann.*)

Dans le livre *de Magistro* (c. 11), il dit : « De universis, quæ intelligimus, non loquentem qui personat foris, sed intus ipsi menti præsidentem consulimus veritatem.... ille autem, qui consulitur, docet, qui in interiore homine habitare dictu est *Christus*, id est immutabilis Dei virtus atque sempiterna sapientia. »

Il résulte de ces passages :

1° Que les idées sont éternelles et immuables; 2° Qu'elles sont les archétypes et les modèles de chaque chose; 3° Qu'elles sont dans l'entendement divin; 4° Que Dieu a créé toutes choses sur ces modèles; 5° Que les idées sont bien différentes des perceptions que nous en avons, puisqu'elles ne se peuvent trouver qu'en Dieu qui en est la source, qui éclaire tous les esprits, et qui est la souveraine et immuable vérité; 6° Que toutes nos idées particulières ne sont que des perceptions et des participations causées par l'action des idées divines sur notre entendement.

En effet, comme mon œil n'est point la lumière qui me rend visibles les objets dont je suis environné, et que je ne pourrais les voir s'ils n'étaient éclairés par les rayons du soleil matériel; de même mon esprit n'est point la lumière de mon intelligence : il n'est que la faculté qui reçoit les rayons de cette lumière primitive et originale, de ce soleil divin qui habite en chacun de nous, et *qui illumine tout homme venant en ce monde*. (Saint Jean, ch. 1, ỳ 9.) Cette lumière universelle se communique à tous les esprits avec mesure, à proportion de leurs besoins, et selon le degré de leur attention.

On ne peut pas dire que je me donne à moi-même mes idées, ou que je les reçoive des autres, puisque ma raison, de même que celle des autres hommes, est changeante, incertaine, sujette à l'erreur, et que les idées sont certaines, éternelles et immuables. Les hommes peuvent parler pour m'instruire; mais je ne dois acquiescer à leurs instructions qu'autant que je trouve leurs discours conformes à ce que me dit le maître intérieur : c'est lui

qui me redresse quand je m'égare, et qui me rappelle à la vérité lorsque les autres m'en éloignent. Il est comme une règle infaillible, qui redresse les lignes tortues, et qui confirme la justesse de celles qui sont droites. Je n'ai donc qu'à rentrer au dedans de moi-même ; j'y trouverai un maître qui m'enseignera les vérités dont j'ai besoin, et qui me fera connaître si ce que les autres me proposent extérieurement est vrai ou faux, juste ou injuste. Cette raison supérieure à la mienne, et supérieure à toutes les autres raisons bornées et imparfaites, se communique en tous temps, en tous lieux, à tous les esprits qui la consultent avec docilité et avec attention.

Elle assujettit tous les hommes, de quelque pays qu'ils soient et quelque éducation qu'ils aient reçue, à penser et à parler de même sur un certain nombre de vérités. Quelque éloigné qu'ils soient les uns des autres, ils sont tous unis par des notions communes, et par des règles sûres qu'on nomme les premiers principes. D'un bout de l'univers à l'autre, tous sont d'accord sur les règles immuables de la morale.

Le Père Malebranche s'est servi des principes de saint Augustin pour établir son sentiment sur les idées. On peut voir sur cela sa *Recherche de la vérité*, ses *Réponses à M. Arnauld*, et ses *Entretiens sur la métaphysique et sur la religion*. Mais le Père Malebranche ne s'en tient pas là ; il prétend encore que nous voyons les corps en Dieu. C'est une question dans laquelle je n'entrerai point ; elle est étrangère à notre sujet.

10. *Qu'aux promenades de l'Académie.* C'est donc à la philosophie que l'orateur doit demander ces connaissances dont il a tant besoin. Comme le dit Horace (*Art poét.*, v. 309) :

Scribendi recte sapere est et principium et fons.
Rem tibi Socraticæ poterunt ostendere chartæ.

11. *Où d'ailleurs l'orateur est fort maltraité.* Tel est évidemment le sens de ce passage. L'abbé Colin traduit : *C'est.... dans ces nobles exercices dont Platon a le premier ouvert la carrière, que l'orateur s'est formé*, etc. Il n'a pas remarqué qu'au chapitre VIII Cicéron dit : « Reprehendit Æschines quædam et exagitat; » et un peu plus bas : « Quum Demosthenes exagitatur ut putidus; »

qu'enfin au chapitre xii, il dit de Platon lui-même, qu'il était *exagitator omnium rhetorum.*

12. IV. *Dans le* Phèdre *de Platon.* Chapitre cxx, p. 326, édit. Heindorf.

13. *Anaxagore.* Anaxagore de Clazomène est le premier qui ait enseigné la philosophie à Athènes. Ses disciples avaient de lui la plus haute idée, et le nommaient Νοῦς, c'est-à-dire l'*Esprit.* Socrate, Euripide et Périclès furent au nombre de ses disciples.

14. *Démosthène, dont les lettres, etc.* Il ne reste de Démosthène que six lettres. C'est dans la cinquième, adressée à un disciple de Platon, Héracléodore, qu'il parle de cet illustre philosophe : « C'est un crime, dit-il, quand on a été élevé à l'école de Platon, de ne pas avoir l'imposture en horreur; de ne pas être bon envers tous les hommes. » (Trad. de l'abbé Auger, édit. de 1804, t. ii, p. 395-396.)

15. V. *C'est pour cela que M. Antoine.* Voyez *Brutus,* ch. xxxvi et suiv.

16. VI. *Il y a trois genres de style.* Ici se trouve clairement établie la distinction des trois principaux caractères de l'élocution, le *simple,* le *tempéré,* le *sublime.* « Quelques modernes, dit M. V. Le Clerc, dans sa *Rhétorique,* ont regardé cette division comme pédantesque, et ont voulu la bannir de l'art oratoire.... Il suffira, je crois, pour justifier les anciens rhéteurs, de laisser parler Cicéron, qui n'a fait que développer leur doctrine. Il savait très-bien, et il a surtout prouvé par son exemple, que dans un seul discours on prend quelquefois tous les tons, et que ces divisions ne peuvent être exclusives; s'il les a conservées, c'est qu'il ne les a pas crues inutiles à l'enseignement de la rhétorique et à l'analyse des beautés oratoires. » Une traduction excellente de quelques morceaux de l'*Orateur* vient à l'appui de cette opinion. On sait d'ailleurs que M. V. Le Clerc a fort bien traduit l'ouvrage en entier.

17. *Ses ornemens, comme ceux d'une couronne, ont peu de relief.* Nous suivons ici l'interprétation de Paschalius (*de Coronis,* lib. ii, c. 12), également adoptée par M. V. Le Clerc. L'abbé Colin traduit le mot *tori* par *bas fleurons.* On sait que le sens ordinaire de *torus* est *tore, moulure, astragale.* Vitruve emploie souvent ce

terme, que l'on définit ainsi : « moulure demi-ronde qui fait partie de la base d'une colonne. »

18. VII. *Dans mon* DIALOGUE DE BRUTUS. *Voyez* le ch. IX de *Brutus*. Ceci prouve, comme nous l'avons remarqué dans la Préface, que l'*Orateur* a été composé après le *Brutus*.

19. *Que s'ils veulent passer pour attiques.* — *Voyez* dans les ch. LXXXII et suiv. du *Brutus*, et au ch. 1 de la deuxième *Tusculane*, ce que dit Cicéron du faux atticisme.

20. *Qu'Athènes même n'a pu, je crois, l'être plus que lui*. Il était difficile de faire avec plus de précision un plus bel éloge de Démosthène, considéré sous le point de vue de l'atticisme.

21. VIII. *Les Cariens, les Phrygiens, les Mysiens*. Peuples qui habitaient cette partie de l'Asie Mineure appelée aujourd'hui la Natolie.

22. *Les Rhodiens*. Rhodes n'est éloignée des rivages de la Carie que de dix lieues environ.

23. *Cet orateur.... dans son excellent discours* POUR CTÉSIPHON. Cicéron avait traduit ce discours; il avait également traduit celui d'Eschine *contre Ctésiphon*. Il ne nous reste de cet ouvrage que l'avant-propos, connu sous le titre de *de Optimo genere oratorum*.

24. *Il les trouve.... insoutenables.* Ces termes, que blâme Eschine, sont rappelés par Ernesti : « *Nempe tropica verba*, dit-il, *ut* ἀμπελουργεῖν, ἀνατέμνειν τὰ κλήματα, ὑποτέμνειν νεῦρα, φυρμογραφεῖν, βελόνας διείρειν. »

25. *De tel ou tel mot, de tel ou tel geste.* Les manuscrits portent : *in hoc eum, huc an illuc manum porrexerit*. Ce texte, évidemment défectueux, a été corrigé par Manuce d'après saint Ambroise, qui rapporte ainsi ce passage avec le texte grec de Démosthène : « *Negat in eo positas esse fortunas Græciæ, hoc an illo verbo usus sit, huc an illuc manum porrexerit.* » (*Comm. in Luc.*)

26. IX. *L'orateur attique.* Quintilien (liv. XII, ch. 10) a éclairci cette matière; voici le résumé que donne l'abbé Colin des idées du rhéteur romain :

« Il y a une grande différence entre le style attique et le style asiatique : le premier est serré, sain et pur; le second, au contraire, est diffus, enflé et souvent vide de choses; l'un n'a rien de superflu, l'autre ne garde ni bornes ni mesure.

« De ces deux genres de style est né le rhodien, style qui participe des deux autres : car il n'est ni si serré que l'attique, ni si diffus que l'asiatique; en sorte qu'il semble tenir quelque chose du génie de son auteur. En effet, Eschine, qui avait choisi Rhodes pour le lieu de son exil, y porta le goût et les sciences d'Athènes, y établit une école d'éloquence, et y forma des disciples. Mais comme les plantes dégénèrent en changeant de climat et de terroir, de même le goût attique perdit beaucoup de sa première pureté parmi les Rhodiens, après la mort d'Eschine.

« On ne peut pas douter que le genre attique, ce genre si pur, si naturel, si éloigné de toute affectation, ne soit le plus parfait. Les auteurs qui ont écrit dans ce style ont quelque chose de commun entre eux, savoir, un jugement excellent et un goût sûr; mais ils diffèrent par le caractère d'esprit. C'est pourquoi je pense, dit Quintilien, que ceux-là se trompent, qui n'admettent le goût attique que dans les orateurs qui ont un style simple, clair, expressif, et qui, contens, pour ainsi dire, d'une certaine frugalité d'éloquence, s'interdisent les grands mouvemens.... Qui veulent-ils, ajoute Quintilien, que nous prenions pour exemple? Lysias? je le veux. En effet, c'est l'auteur favori des partisans du goût attique. Mais je leur demande si Isocrate n'a pas écrit dans ce style? Ils diront peut-être que non. Cependant c'est de son école que sont sortis les plus grands orateurs d'Athènes. Hypéride n'est-il pas dans le goût attique? toutefois il a beaucoup plus donné à la douceur et à l'agrément du style que Lysias. Que diront-ils d'Eschine? n'est-il pas plus étendu, plus hardi, plus élevé que tous ceux dont je viens de parler? Que diront-ils de Démosthène? n'a-t-il pas plus de force, plus de grandeur, plus d'impétuosité et plus d'harmonie que tous ces orateurs que l'on exalte si fort parmi les Romains, et dont tout le mérite ne consiste souvent que dans une timide et circonspecte délicatesse? Concluons donc qu'écrire et parler attiquement, c'est parler de la manière la plus parfaite; mais que chaque orateur attique est différent des autres par le caractère d'esprit. »

27. *Périclès n'était pas un orateur attique.* — *Voyez* ce que dit Cicéron de Périclès dans son *Brutus*, ch. 11.

28. *Aristophane.* — *Voyez* les *Acharniens*, v. 529.

29. *Mais en voici d'autres qui s'annoncent pour disciples de Thucydide.* Cicéron ne paraît pas ici rendre assez de justice à ce grand historien.

30. *Nous devons à l'Attique une nourriture meilleure.* L'Attique est, selon la tradition commune, le premier pays où l'on a connu l'agriculture.

31. X. *Or, j'aime et j'ai toujours aimé votre caractère, etc.* On sait que le caractère de Brutus fut l'un des plus nobles et des plus purs de l'antiquité. Homme d'état, guerrier, philosophe, il fut aussi grand écrivain. Il avait composé un éloge de Caton d'Utique, et d'autres ouvrages qui ne nous sont pas parvenus. Il ne reste de lui que quelques lettres écrites à Cicéron et à Atticus. Il faut voir combien cet homme se montre grand dans les deux lettres que cite Rollin, à la fin du liv. XLVIII de son *Histoire romaine*. Ces deux lettres, dont la première est adressée à Cicéron, l'autre à Atticus, contiennent des plaintes contre Cicéron lui-même au sujet de sa conduite un peu molle et faible après la mort de César. « Ce sont deux morceaux des plus précieux, dit Rollin, que l'antiquité nous ait transmis, et où l'on voit avec admiration la supériorité que donne la vertu sur les talens, sur les dignités, et sur l'avantage de l'âge. »

32. *La Gaule ne se ressent pas de l'embrasement général.* Il s'agit ici de la Gaule Cisalpine, dont César avait confié le gouvernement à Brutus, avant de passer en Afrique pour combattre Caton et Scipion. *Voyez* PLUTARQUE, *Vie de Brutus.*

33. *Après avoir terminé* CATON. Après la mort de Caton, Cicéron fit son éloge à la prière de Brutus; Brutus lui-même (*voyez plus haut, note 31*) avait composé un éloge de ce grand citoyen. Quoique César fût alors tout-puissant dans le gouvernement, et que Caton eût été son irréconciliable ennemi, il ne trouva pas mauvais que Cicéron eût fait son éloge : il se contenta de répondre à cet écrit par un autre, intitulé *Anti Cato*. Cremutius Cordus, dans Tacite (*Ann.*, liv. IV, ch. 34), cite l'exemple de César, pour se justifier de l'absurde accusation d'avoir fait dans une histoire l'éloge de Brutus, et d'avoir appelé Cassius le dernier des Romains : « Marci Ciceronis libro, *dit-il*, quo Catonem cœlo æquavit, quid aliud dictator Cæsar, quam rescripta oratione velut apud judices respondit. »

34. XI. *Le* Panégyrique *d'Isocrate.* On dit qu'Isocrate mit dix et même quinze ans à composer cet ouvrage.

35. XII. *Dans un rapport..... chutes semblables.* — Demensa et paria? en grec πάρισα; *pugnantia*, en grec ἀντίθετα; *pariter extrema terminantur*, en grec ὁμοιοτέλευτα.

36. *Dans son* Panathénaïque. Isocrate composa cet ouvrage à l'âge de quatre-vingt-quatorze ans.

37. *Socrate appelle* artisans de paroles. Cicéron désigne ici ces rhéteurs dont il avait parlé déjà dans son *Brutus* (ch. viii). Au chapitre xxxi du même traité, il semble traduire l'expression de λογοδαιδάλους par celle de *architecti verborum*.

38. *Ses descriptions de combats ont quelque chose du tumulte de la guerre.* — *Voyez* ce que disent de ces deux grands historiens, Quintilien, liv. x, ch. 1, et Denys d'Halicarnasse (τῶν ἀρχαίων ἐξέτασις), p. 69, édit. de 1586.

39. XIII. *Quoique vous combattiez quelquefois cette opinion.* On conçoit que Brutus, ennemi déclaré de toute amplification oratoire, de tout ornement recherché, et remarquable lui-même par sa précision et sa simplicité dans tout ce qui reste de lui, n'ait pas eu un grand goût pour Isocrate. Aristote, on le sait, n'était pas non plus l'admirateur de cet écrivain. *Voyez*, plus bas, note 53; *voyez* aussi Fénelon, dans son second *Dialogue sur l'éloquence*, où il est beaucoup question d'Isocrate, et où Fénelon déclare partager sur cet orateur le sentiment d'Aristote.

40. *A la deuxième page du* Phèdre. — *Voyez* ch. cxlv, édit. de Heindorf.

41. XIV. *De l'invention, de la disposition, de l'élocution.* Les diverses fonctions de l'orateur, l'invention, la disposition, l'élocution, sont indiquées ici avec autant de précision que de clarté.

42. *Quelles en sont les qualités.* Toutes les matières qui regardent les contestations sont comprises, selon Cicéron, dans ces trois articles : d'abord : La chose est-elle? puis : De quelle nature est-elle? enfin : Quelle en est la qualité ? «Le premier état, dit l'abbé Colin, est *un état de conjecture;* on n'en peut découvrir la vérité que par les signes et les indices qui ont accompagné l'action. Le deuxième est *l'état de la définition;* on ne peut connaître si l'action est bonne ou mauvaise qu'en la définissant. Le troisième est *l'état de la qualité.* Pour décider si on a eu droit

de faire l'action ou non, il faut recourir aux idées que nous avons du bien et du mal, de la justice et de l'injustice. »

43. XV. *Des pensées frivoles, étrangères au sujet, inutiles.* Ce sont là les inconvéniens d'un usage trop servile des lieux communs.

44. XVI. *Notre ami Carnéade.* Il ne faut pas confondre ce Carnéade avec celui qui fut auteur de la nouvelle académie.

45. XVII. *Elle se compose, en effet, de la voix et du geste.*— *Voyez*, là-dessus, Quintilien, liv. xi, ch. 3.

46. XVIII. *L'aigu, le grave et le moyen.* Toutes les inflexions de la voix se réduisent, comme on sait, à trois accens, savoir : l'aigu, qui relève la voix ; le grave, qui la rabaisse ; et le circonflexe, qui étant composé des deux premiers, marque qu'il faut élever et abaisser la voix sur une même syllabe.

47. *Une sorte de chant dissimulé, etc.* — *Voyez* sur ce *chant dissimulé,* et sur les reproches que Démosthène et Eschine s'adressaient à cet égard, ce que dit Quintilien, liv. xi, ch. 3. Quant à ce qu'ajoute Cicéron : *Dicit plura etiam Demosthenes, etc.,* l'abbé Colin traduit : « Démosthène, pour pousser encore plus loin l'ironie, avouait que son adversaire avait parlé d'un ton doux, clair et résonnant. » — « Je ne crois pas, lui écrivait à cet égard le président Bouhier, que ce soit ici un reproche ; c'est plutôt un aveu que faisait quelquefois Démosthène, de la voix douce et claire de son adversaire. » *Voyez,* sur la différence de cette sorte de chant et du *chant musical,* Denys d'Halicarnasse, Περὶ συνθέσεως ὀνομάτων, c. 11.

48. *Un accent aigu.* Tous les mots, comme le remarque l'abbé Colin, reçoivent naturellement un accent aigu, parce qu'on ne peut en prononcer aucun sans y donner quelque sorte d'élévation ; chaque mot ne reçoit qu'un accent aigu, autrement la prononciation, n'étant pas variée, serait dénuée d'harmonie ; enfin, comme l'oreille ne peut juger que des trois dernières syllabes, le lieu le plus éloigné pour l'accent doit être l'antépénultième. *Voyez,* sur toute la première partie de ce chapitre, Marmontel, *Élémens de littérature,* au mot Accent.

49. *Il évitera de courir dans la tribune.* Cléon, général athénien et orateur, fut le premier, chez les Grecs, qui donna l'exemple d'aller et de venir dans la tribune. Cet usage passa chez les Romains, et dégénéra en abus.

NOTES.

50. *Il conservera la dignité de l'action.* — *Voyez*, sur ce passage, Quintilien, liv xi, ch. 3.

51. *C'est le visage.* — *Voyez* Quintilien, *ibid.*

52. XIX. *Théophraste.* Après avoir été disciple de Platon, Théophraste, alors nommé Tyrtame, passa à l'école d'Aristote, qui, charmé de la beauté de son élocution, lui donna le nom de Théophraste (θεὸς, φράζω).

53. *Aristote a porté un défi à Isocrate lui-même.* — *Voyez* les *Tuscul.*, liv. i, ch. 4, et *de l'Orat.*, liv. iii, ch. 35. *Voyez* aussi Quintilien, liv. iii, ch. 1; et Diogène Laerce, *Vie d'Aristote.* Ces deux derniers rapportent un vers du *Philoctète*, parodié par Aristote contre Isocrate :

Αἰσχρὸν σιωπᾶν, Ἰσοκράτην δ' ἐᾶν λέγειν.

Le vers du *Philoctète* est :

Αἰσχρὸν σιωπᾶν, βαρβάρους δ' ἐᾶν λέγειν.

54. *Par la bouche de Xénophon.* Quintilien (liv. x, ch. 1) fait un grand éloge de cet écrivain, qui reçut le nom d'*Abeille attique.*

55. *Quant aux sophistes.* Le nom de *sophiste* était autrefois honorable, et signifiait un homme savant et éloquent. Il commençait à s'avilir dans la Grèce, dès le temps de Philippe. On sait que Socrate et Platon attaquèrent avec force et persévérance la vaine doctrine et la fausse sagesse des sophistes de leur temps. C'est sans doute cette classe de rhéteurs que Socrate appelle, dans le *Phèdre*, λογοδαιδάλους (*voyez* plus haut, ch. xii, et note 37). Athénée dit que *sophiste* désignait quelquefois un musicien. Du temps de saint Augustin, ce mot de *sophiste* semblait avoir repris quelque dignité; il signifiait un philosophe ou un professeur d'éloquence. Aujourd'hui il ne se dit plus que d'un homme captieux, d'un déclamateur, qui ne cherche que de vaines subtilités. Mais ici évidemment Cicéron prend le mot de *sophistes* dans le sens d'*hommes qui parlent uniquement pour plaire.*

56. XX. *Les Grecs disent* ῥυθμός. Le nombre, pour la prose, s'appelait chez les Grecs ῥυθμός, et μέτρον, quand il s'appliquait aux vers. *Voyez* plus bas, ch. li et suivans.

57. XXI. *C'est ce que les Grecs appellent* πρέπον, *et nous* decorum. La bienséance, dit Cicéron, est l'art de placer à propos tout ce qu'on dit et tout ce qu'on fait : « Decorum est scientia earum rerum, quæ agentur, aut dicentur, suo loco collocandarum. » (*De Offic.*, lib. I, c. 40.)

58. XXII. *Le trop choque toujours plus que le trop peu.* Horace a dit (*Sat.*, liv. I, sat. I, v. 106) :

> Est modus in rebus, sunt certi denique fines,
> Quos ultra citraque nequit consistere rectum.

Toutefois, selon Cicéron, le trop choque plus que le trop peu. C'est qu'il est plus aisé, remarque l'abbé Colin, de s'approcher de la perfection, quand on est dans le chemin qui y conduit, qu'il n'est facile de revenir sur ses pas et de se corriger lorsqu'on a une fois passé les justes bornes.

59. *La profonde douleur d'un père.* Cicéron parle ici de ce fameux tableau de Timante, qui obtint le suffrage de tous les connaisseurs de l'antiquité. *Voyez* Pline l'Ancien, liv. xxxv, ch. 10.

60. XXIII. *Le style... a des grâces d'autant plus touchantes qu'elles sont moins recherchées.* La Fontaine et madame de Sévigné presque toujours, souvent Fénelon, quelquefois même Bossuet, ont de ces négligences heureuses, de ces beautés naturelles dont Cicéron nous donne ici une si belle idée.

61. XXIV. *Des* perles *de la vigne,... du* luxe *des blés.* — *Voyez* des exemples de chacune de ces métaphores dans Virgile (*Bucol.*, égl. vii, v. 57; *Géorg.*, liv. I, v. 1, et liv. II, v. 335).

62. XXV. *Les figures de répétition.* — *Voyez* Cicéron, *Rhétorique à Herennius*, liv. iv, ch. 14.

63. XXVI. *Hypéride.* Cet orateur avait, dit Quintilien (*Instit. orat.*, liv. II, ch. 15), de la douceur et de la délicatesse, *dulcis et acutus.* Il se chargea de la défense de Phryné, accusée d'impiété; mais la beauté de Phryné la défendit mieux encore que l'éloquence de ce grand orateur. Hypéride fut tué par ordre d'Antipater; mais, pour ne pas être forcé de répondre aux questions du tyran, il s'était auparavant arraché la langue.

64. *Démade.* De marinier, Démade devint un illustre orateur; il plaisait beaucoup à Philippe, roi de Macédoine. Il fut mis à mort

par l'ordre d'Antipater, selon quelques-uns; de Cassander, selon d'autres.

65. XXVII. *Demetrius de Phalère.* Ce fut le dernier des orateurs attiques. Cicéron le préfère à tous les autres dans le genre fleuri et tempéré.

66. *La métaphore.* — *Voyez*, pour la fin de ce chapitre, le quatrième livre de la *Rhétorique à Herennius*, les *Tropes* de Dumarsais, et la troisième partie de la *Rhétorique* de M. Le Clerc.

67. XXVIII. *Le troisième est ce genre sublime, riche, etc.* Ici est une description magnifique du style sublime. Cicéron, comme on le voit, s'y tient à la hauteur de son sujet.

68. *Il y a une grande différence entre l'orateur sublime et les précédens.* — *Voyez*, pour la distinction des trois genres de style, la *Rhétorique* de M. Le Clerc, p. 208 et suiv.

69. XXIX. *Mon discours* POUR CÉCINA. Ce discours est probablement de l'an de Rome 685.

70. *Mon discours* POUR LA LOI MANILIA. Le discours *pour la loi Manilia* fut prononcé en 688.

71. *Dans le camp de Rabirius.* Cette cause fut plaidée en 691.

72. XXX. *A Cotta, à Sulpicius, à Hortensius.* Sur Cotta et Sulpicius, *voyez* le *Brutus*, ch. LV; sur Hortensius, *voyez* dans le même ouvrage, ch. LXXXVIII et suiv.

73. *C'est d'Antoine et de Crassus.* — *Voyez*, pour Antoine, la note 15, et pour Crassus, le *Brutus*, ch. XXXVIII.

74. *Ce tableau du supplice des parricides.* — *Voyez* le plaidoyer *pour Roscius*, ch. XXVI. Rappelons ce que dit de ce passage M. Gueroult (*Discours choisis de Cicéron*, t. 1, p. 146, édit. de 1820): « Il était question de défendre un fils accusé de parricide: était-ce le moment de s'amuser à un vain jeu d'esprit et de symétriser des antithèses? »

75. « *La femme de son gendre, la marâtre de son fils, la rivale de sa fille.* » C'est un trait tiré du plaidoyer *pour Cluentius Avitus*, ch. LXX.

76. XXXI. *L'acteur comique dans la tragédie, l'acteur tragique dans la comédie.* Roscius chez les Romains; chez nous Talma et mademoiselle Mars.

77. *Les prévarications de l'ambassade.* En latin, *falsæ legationis*; en grec, περὶ παραπρεσβείας. Voici, sur ce titre, la note de

l'abbé Auger (*OEuvres complètes de Démosthène*, etc., p. 289, édit. de 1804) : « Dans ma première édition, j'avais intitulé les deux harangues de Démosthène et d'Eschine, *Harangues sur la fausse ambassade*. Quoique ce titre soit assez vulgaire, j'ai cru devoir le changer, parce qu'il m'a paru rendre mal le grec, présenter quelque chose d'obscur et même de faux. »

78. XXXII. *Chrysippe*. Ce philosophe, disciple de Cléanthe, fit un traité de logique fort estimé des anciens. On disait que si les dieux font usage du raisonnement, c'est la méthode de Chrysippe qu'ils emploient.

79. *Ses définitions*. Il y deux sortes de définitions, l'une philosophique ou morale, l'autre oratoire ou poétique. *Voyez*, sur leur différence, la *Rhétorique* de M. Le Clerc, p. 29.

80. XXXIV. *L'ouvrage de notre cher Atticus*. Atticus avait composé des annales qui comprenaient sept siècles, et où il avait observé une chronologie très-exacte. *Voyez* la *Vie d'Atticus*, par Cornelius Nepos.

81. *Si le souvenir des faits antérieurs ne rattache le présent au passé*. Il y a dans le texte : *Nisi memoria rerum veterum cum superiorum ætate contexitur;* ce qui paraît absurde. Comment, en effet, distinguer entre *res veteres* et *res superiores?* Les uns disent *nostrarum* au lieu de *veterum*, les autres *recentiorum* au lieu de *superiorum*. La première leçon est plus probable.

82. XXXVI. *L'exorde*. — *Voyez*, sur ces différentes parties de la composition oratoire, les premiers livres de la *Rhétorique à Herennius*, et tous les traités de rhétorique.

83. XXXVII. *Hortensius, ce grand orateur, plaidant pour un ami*. Verrès, ayant exercé la charge de préteur en Sicile avec toutes sortes de violences et d'injustices, fut accusé de concussion par les Siciliens. Hortensius, qui était son ami, prit sa défense. Cicéron fit condamner Verrès.

84. *Catilina.... fut réduit au silence*. Salluste dit cependant que Catilina ne demeura pas tout-à-fait sans réplique; mais qu'ayant cherché à jeter des doutes sur la bonne foi et la véracité du consul, qui, disait-il, était son ennemi personnel, il fut interrompu par un murmure général, et qu'outré des reproches qu'on lui adressait d'être un incendiaire, un parricide, un ennemi de la

patrie, il s'écria avec fureur qu'il ne périrait pas seul, et qu'il en envelopperait bien d'autres dans sa ruine.

85. *On lui avait fait perdre la mémoire.* Le fait est raconté dans *Brutus* (ch. LX).

86. XXXVIII. *Je fis retentir le forum de pleurs et de gémissemens.* Le premier plaidoyer est de 692; Cicéron le fit pour P. Sylla, accusé d'avoir trempé dans la conspiration de Catilina. Le second plaidoyer est de 695; il fut fait pour Flaccus, accusé de concussion dans l'Asie, où il avait commandé durant trois ans, après sa préture.

87. XXXIX. *Les figures de mots.* On trouve ici renfermé en peu de lignes ce qui concerne les figures de diction et les figures de pensées. Les rhéteurs ont suffisamment expliqué cette matière.

88. *Soit que l'orateur répète.* Cicéron comprend ici plusieurs figures de répétition, que les rhéteurs se sont efforcés de distinguer sous les noms de *palilogie, tautologie, périssologie, anadiplose* ou *réplication, antimétabole* ou *commutation, zeugme* ou *adjonction,* etc.

89. *Qu'on procède par gradation.* Encore une figure qui tient de la répétition.

90. *Ou qu'on supprime les conjonctions.* Cette figure se nomme ἀσύνδετον, διαλύτον, *disjunctio, dissolutio.*

91. *Qu'on change plusieurs fois le cas d'un même nom.* Par exemple, « Senatus est summi imperii consilium; senatui reipublicæ cura mandatus; ad senatum in dubiis periculosisque rebus omnis civitas respicit. »

92. XL. *Presser son adversaire par l'interrogation.* Cicéron fournit un bel exemple de cette figure, dans son plaidoyer *pour Ligarius* (ch. III).

93. *Comme s'il était interrogé.* Cette figure se nomme *dialogisme.* Elle a du rapport avec la *subjection.*

94. *Faire entendre autre chose que ce qu'il dit.* Comme lorsque Despréaux, voulant donner Quinault pour un mauvais poète, dit de cet auteur :

Je le déclare donc, Quinault est un Virgile.

C'est ce qu'on nomme *ironie* ou *contre-vérité.*

95. *Et même avec l'adversaire.* Comme « Tu, qui alterum ac-

cusas, si esses ejus loco, quid fuisses aliud? appello ego vos, judices : nonne tali in re id quoque egissetis ? »

96. *Faire parler des êtres inanimés.* C'est la *prosopopée.* Voyez *Rhétorique à Horennius*, liv. IV, ch. 53.

97. *Parler avec une noble hardiesse.* Tel est cet exemple de Cicéron lui-même : « Suscepto bello, Cæsar, gesto etiam ex magna parte, nulla vi coactus, judicio ac voluntate ad ea arma profectus sum, quæ erant sumpta contra te. » (*Pro Ligario*, c. III.)

98. *Mettre sous les yeux l'objet qu'il décrit.* C'est l'hypotypose; comme dans cette admirable peinture de Virgile :

..... Illum absens absentem auditque videtque.
(*Æneidos* lib. IV, v. 83.)

99. *Exagérer.* C'est l'hyperbole ; comme *ocior Euro.*

100. *Peindre des mœurs, des caractères.* C'est l'éthopée; tel est dans Salluste le portrait de Catilina (ch. V). Nous n'avons pas la prétention de donner dans ces notes un traité des figures ; nous les avons indiquées tantôt par leurs noms, tantôt par des exemples. On en trouvera les définitions dans toutes les Rhétoriques. On peut consulter, sur cette matière, QUINTILIEN, liv. VIII, ch. 6; liv. IX, ch. 1, 2, 3; ROLLIN, *Traité des Études;* la troisième partie de la *Rhétorique* de M. Le Clerc, etc.

101. XLI. *A ce beau titre d'orateur.* Ici commence la seconde partie de l'ouvrage.

102. XLII. *Faites par l'un, répétées par l'autre.* Tel me semble être le sens de ce passage. Celui qui lit est écouté; l'un de ceux qui écoutaient lit ensuite. *Una legendo, audiendo* me semblent des expressions corrélatives. L'abbé Colin traduit : *Si c'est par manière.... de lecture et d'entretiens familiers;* M. Le Clerc : *Les lectures, les observations réciproques.*

103. *L'aliénation des biens consacrés.* Pour éclaircir ce passage, l'abbé Colin rappelle que, chez les Romains, il y avait non-seulement des places publiques et des champs publics consacrés à la religion, qui étaient inaliénables par la loi des Douze-Tables, mais qu'il y avait encore des fonds de terre appartenant à des familles particulières, qui jouissaient des mêmes privilèges, et qui, étant aussi consacrés par la religion, devenaient perpétuels et inaliénables.

104. XLIII. *Ni aux affaires publiques.* Quand César eut opprimé la république romaine, Cicéron, découragé, se retira dans ses maisons de campagne, et chercha quelque consolation dans les études philosophiques qui avaient fait le charme de sa jeunesse.

105. XLIV. *Albutius.* Chevalier romain, qui fut préteur en Sardaigne l'an de Rome 650. Cicéron en parle dans *Brutus* (ch. xxxv), *des Biens et des Maux* (liv. 1, ch. 3), etc.

106. XLV. *J'ai dit moi-même.* Dans le poëme d'*Aratus*, que Cicéron avait traduit du grec dans sa jeunesse.

107. *Pourquoi du nom d'*Axilla... *a-t-on fait* Ala. Ou plutôt *Ahala*, pour parler comme tous les historiens. C. Servilius Ahala, maître de la cavalerie, tua Sp. Mélius, par l'ordre du dictateur Cincinnatus, l'an de Rome 318. *Voyez* Tite-Live, liv. IV, ch. 14; Cic., première *Catil.*, ch. 1; discours *pour Milon*, ch. xxvii.

108. *Maxillæ, taxilli, vexillum, paxillus.* On a substitué à ces mots *malæ, tali, velum, palus.*

109. XLVII. *L'usage a donc consenti à certaines fautes que demandait le plaisir de l'oreille.* A l'exemple des Latins, nous disons *mon âme, nouvel an,* etc., au lieu de *ma âme, nouveau an,* etc.

110. XLVIII. *D'*infelix. Cette observation regarde, non la quantité, mais la manière dont les Latins prononçaient *in* et *cum* dans les mots composés.

111. *Pulcros, Cetegos, triumpos, Cartaginem.* On revint à cette prononciation; car on trouve dans un très-grand nombre de manuscrits et d'inscriptions *pulcer, pulcra, pulcrum.* Du reste, la manie des aspirations produisit des abus; on connaît cette épigramme de Catulle :

> Chommoda dicebat, si quando commoda vellet
> Dicere, et hinsidias Arrius insidias, etc.

112. XLIX. *Captas dicetis Syracusas.* Voici la remarque de M. Gueroult sur cette phrase, à la suite de sa traduction, *in Verr.* IV, c. 52 : « L'antithèse, qui est souvent une figure un peu froide, donne ici une vivacité singulière à la pensée, et en fait ressortir toute la justesse ; elle ne roule pas sur des mots, elle porte sur un fond vrai et solide : elle est l'image naturelle de la conduite de deux hommes mis en opposition. »

113. L. *Le nombre dans la période.* — *Voyez*, sur le nombre oratoire, l'abbé d'Olivet, dans sa *Prosodie française* (p. 115, édition de 1767).

114. LI. *Qui fut cependant plus ennemi d'Isocrate.* — *Voyez* plus haut, les notes 39 et 53.

115. *Au théâtre, le public entier murmure....* C'est ce qu'atteste avoir remarqué Denys d'Halicarnasse (*de l'Arrangement des mots*, ch. 11); et il en tire cette conséquence, que nous avons le sentiment inné de la mélodie et de la cadence.

116. LIII. *L'esprit à qui l'oreille fait son rapport.* Cicéron, après s'être servi du mot *aures*, se corrige aussitôt et dit, *vel animus aurium nuncio*, pour montrer qu'à proprement parler ce n'est point l'*oreille*, mais, pour ainsi dire, l'*âme* qui entend. Sa doctrine sur nos sensations et perceptions est exposée d'une manière curieuse dans ses *Tusculanes* (liv. 1, ch. 20.) Nos sens, suivant lui, ne sont que des canaux par où l'impression des objets arrive à notre âme.

117. LVI. *Ni dans Hérodote.* Tel n'est pas le sentiment de Quintilien (liv. ix, ch. 4, § 16) : « Cicéron, dit-il, tout bon juge qu'il est, ne me persuadera pas que Lysias, Hérodote et Thucydide aient été peu curieux du nombre. Peut-être ont-ils une autre manière que celle de Démosthène et de Platon, qui eux-mêmes sont différens l'un de l'autre. Mais cela ne prouve rien. »

118. *Ces nombres sont-ils les mêmes que ceux de la poésie?* Voici, d'après l'abbé Colin, une liste des pieds qui entrent dans la prose latine, et une explication succincte de leur nature :

« Les pieds sont de deux sortes : les uns simples, et les autres composés.

« Les simples sont de deux ou trois syllabes. Voici ceux de deux syllabes :

« Le *spondée*, qui a deux longues, comme *Mūsæ*.

« Le *trochée*, que Cicéron appelle aussi *chorée*, est d'une longue et d'une brève comme *Mūsă* (*voyez* plus bas, la note 124, qui servira à rectifier ce qu'il y a ici d'inexact).

« L'*ïambe*, qui est le contraire du chorée, est d'une brève et d'une longue, comme *Dĕō*. Je mettrai encore ici le pyrrhique; qui sert à la composition du péon. Le pyrrhique est de deux brèves, comme *Dĕŭs*.

« Les pieds de trois syllabes dont Cicéron parle, sont :

« Le *dactyle*, qui est d'une longue et de deux brèves, comme *Cārmĭnă*.

« L'*anapeste*, qui est le contraire du dactyle, est de deux brèves et d'une longue, comme *Dŏmĭnī*.

« Le *crétique* est d'une brève au milieu de deux longues, comme *Cāstĭtās*.

« Le *tribraque*, qui a trois brèves, et qui est égal au chorée, non en nombre de syllabes, mais en intervalle, comme *Dŏmĭnă*.

« Outre ces pieds simples, il y en a de composés, qui sont plutôt des assemblages de pieds, que des pieds. On en compte plusieurs : mais Cicéron n'en a employé que trois dans son traité de *l'Orateur*, savoir : le *dichorée*, le *péan* et le *dochime*. (C'est *dochmius*, et non pas *dochimus*; on dit en grec δόχμιος, comme l'a fait observer Capper., Quintil., liv. ix, ch, 4, p. 605.)

« Le *dichorée* est composé de deux chorées, comme *Cōmprŏbārĕ*.

« Le *péon* ou le *péan* est de deux sortes. Le premier est d'une longue et de trois brèves, comme *Cōnfĭcĕrĕ*: ainsi il est composé d'un trochée et d'un pyrrhique. Le second est au contraire de trois brèves et d'une longue, comme *Cĕlĕrĭtās*: alors il est composé d'un pyrrhique et d'un ïambe.

« Le *dochime* est de cinq syllabes, savoir, d'une brève et de deux longues, et ensuite d'une brève et d'une longue, comme *Ămīcōs tĕnĕs* : ainsi il est composé d'un ïambe et d'un crétique. »

119. *Ou qu'elle la renferme une fois et demie*. « Les pieds, dit l'abbé Colin, dont le nombre est composé, sont de trois espèces : les uns sont égaux, c'est-à-dire ont une partie égale à l'autre, comme le spondée, qui est de deux longues, ou comme le dactyle, qui est d'une longue et de deux brèves; car la longue est équivalente à deux brèves. Les autres sont d'une mesure et demie ; en sorte qu'une partie est une fois plus grande que l'autre : tel est l'ïambe, qui est d'une brève et d'une longue ; on sait qu'une longue a deux temps, et que la brève n'en a qu'un. Enfin les autres pieds sont en proportion sesquialtère, c'est-à-dire qu'ils sont comme deux nombres, dont le dernier contient le premier une fois avec l'addition de sa moitié. Neuf, par exemple, contient une fois six et encore la moitié de six, qui est trois : tel est le premier péon, dont la dernière partie, qui est de trois brèves,

égale la première, qui est d'une longue, et la surpasse encore d'une moitié. »

120. *L'hipponactéen.* Les vers hipponactéens, selon Majoragius, ne sont point différens des vers ïambiques, si ce n'est que dans les vers ïambiques le dernier pied est toujours un ïambe, au lieu que dans les hipponactéens le dernier pied est un spondée.

Ils sont donc semblables aux scazons ou choriambes : il n'y a aucun de ces pieds qui n'entre dans la prose; mais plus ils ont de temps, c'est-à-dire de syllabes longues, plus ils lui communiquent de poids et de stabilité; et plus ils ont de brèves, plus ils lui donnent de vitesse et de mouvement.

121. *Mais il s'en trouve aussi d'anapestes.* — *Voyez* le mot ANAPESTE dans les *Élémens de littérature* de Marmontel, et les *Vrais principes de la versification*, par Scoppa.

122. *L'anapeste que l'on nomme* ARISTOPHANÉEN. L'aristophanéen fut ainsi appelé du nom du poète Aristophane, qui faisait un fréquent usage du vers anapeste. *Voyez* SCOPPA, *Principes de la versification.*

123. LVII. *A la pompe de l'hexamètre.* Le dactyle est aussi chez nous et dans la plupart des langues modernes la mesure la plus nombreuse, la plus convenable à l'épopée. *Voyez* MARMONTEL, au mot *dactyle*, dans les *Élémens de littérature*; et SCOPPA, dans l'ouvrage cité précédemment.

124. *Le trochée.* N'oublions pas que, dans Cicéron, le trochée est le même que le tribraque. Ce que l'on appelle ordinairement *trochée*, Cicéron l'appelle *chorée*. — *Voyez*, plus haut, la note 118.

125. *Il l'appelle* CORDAX. Peut-être *cordacique*, d'après la conjecture de Meursius (*de Orchestra*), qui propose *cordacicum*, fondé sur un passage d'Aristote (*Rhét.*, liv. III, ch. 8). Du reste, le mot κορδακικὸς, ainsi que le mot χορεῖος, exprime un rapport avec la danse.

126. LVIII. *La pourpre que l'on assortit à d'autres couleurs.* « Glycère, en formant une couronne, n'est pas plus occupée de l'assortiment des couleurs, que ne l'est de l'harmonie des sons un auteur dont l'oreille est délicate. » (*Voyage d'Anacharsis*, ch. LVIII.)

127. LXI. *Circonscription.* Nous avons cru devoir traduire tous les mots latins, parce qu'en effet chacun de ces mots est employé par les rhéteurs dans le sens du mot grec περίοδος.

128. LXII. *Les descriptions de la Cérès d'Enna.* Quatrième *Verrine*, ch. xlviii ; *de la Diane de Ségeste*, ibid., ch. xxxiii ; et *de la ville de Syracuse*, ibid., ch. lii.

129. Κόμματα *et* κῶλα. Le membre, κῶλόν, est une des deux, trois ou quatre parties de la période ; car il y a, comme on sait, des périodes à deux, à trois et à quatre membres : nous ne parlons ici que de la période régulière. L'incise, κόμμα, est une partie du membre. Dans ce membre de phrase, tiré du premier chapitre de *l'Orateur :* « Nam et negare ei, quem unice diligerem, | cuique me carissimum esse sentirem, | præsertim et justa petenti, | et præclara cupienti, | durum admodum mihi videbatur, » nous trouvons cinq incises, et même six ; car on peut voir deux incises dans ceci : « Nam et negare ei, | quem unice diligerem. » Quelquefois l'incise est renfermée dans un seul mot, comme *Diximus.* — *Voyez* plus bas, ch. lxxvii.

130. LXIII. *Tantôt le nombre coule avec rapidité ;... tantôt les longues ralentissent sa marche.* Qu'y a-t-il de plus rapide que ce *nombre* de Virgile ·

Inde ubi clara dedit sonitum tuba, finibus omnes
Haud mora prosiluere suis, ferit æthera clamor?

et de plus lent que celui-ci :

Belli ferratos rupit Saturnia postes?

131. *Quelles acclamations accueillirent ce dichorée.* Dans la péroraison de l'*Éloge de Turenne*, par Fléchier, au lieu *de la religion et de la patrie éplorée*, que l'on dise *de la religion et de la patrie en pleurs*, il n'y a plus aucune harmonie ; et cette différence, si sensible pour l'oreille, dépend d'un dichorée sur lequel tombe la période ; effet singulier de ce nombre, qui dans notre langue, conserve sur l'oreille le même empire qu'il exerçait dans la langue latine.

132. LXIV. *Et que ce pied soit un chorée ou un spondée.* Cicéron cependant (*voyez* plus haut, ch. xx et lvi) blâme ce qui donne à la prose l'air de la poésie. Quintilien (liv. ix, ch. 4) condamne les fins de périodes qui ressemblent aux fins des vers hexamètres ; mais, si dans le dactyle suivi du spondée ou du chorée, il n'y avait pas une forme poétique régulière, l'oreille en serait sa-

tisfaite, comme plus haut (ch. xii), dans ce membre de phrase :
« Vel reprehendi me a ceteris facile patiebar; » et ch. xxiii, dans
cette phrase : « Sermo purus erit, et latinus; dilucide planeque dicitur; quid deceat, circumspicietur. »

133. LXV. *Ce n'est pas seulement le nombre qui rend la prose nombreuse.* Cicéron distingue ici, comme au ch. liv, entre le *nombreux* et le *nombre.*

134. LXVI. *Ces membres, ces incises dont nous avons parlé plus haut.* — *Voyez* ch. lxii et note 129.

135. *Voilà à peu près ce que comporte la période.* Ce passage est cité par l'abbé Maury (*Essai sur l'éloquence,* ch. xlvi, *du Style nombreux*).

136. LXVII. *Insanus, insanisti.* Le plaidoyer d'où est tiré ce passage est perdu. Sigonius et Strébée pensent qu'il faisait partie du plaidoyer *pour Scaurus.*

137. *Ces incises de deux ou de trois mots.* — *Voyez* note 129.

138. *Hégésias.* Hégésias de Magnésie, auteur d'un style affecté et plein de pensées insipides.

139. LXIX. *L. Célius Antipater.* Voyez *Brutus,* ch. xxvi.

140. LXX. *Comme si Démosthène était un Trallien.* La ville de Trallis, en Phrygie, passait pour être peu éclairée; on y parlait un langage à demi barbare, et qui ne ressemblait guère à l'atticisme.

141. LXXI. *Le bouclier de Minerve.* Placé par Phidias aux pieds de la déesse, dans la statue de Parthénon.

142. *De misérables brins de bouleau.* — *Scopæ* signifie au propre, *balai.*

143. *Puisque la vérité se tient cachée.* Cicéron, comme le remarque l'abbé Colin, faisait profession de la philosophie académique; et la maxime capitale de cette secte était que le vrai ne pouvait se trouver avec certitude, qu'il fallait donc se contenter de chercher le vraisemblable sur chaque chose, et que ce n'est qu'à force d'agiter le pour et le contre qu'on peut découvrir la vraisemblance.

144. *Si mon ouvrage n'obtient pas votre approbation.* Il paraît qu'en effet Brutus n'approuva pas l'ouvrage de Cicéron. Cicéron s'en plaint dans une lettre qu'il écrit à Atticus (liv. xiv, lett. 20.)

LES TOPIQUES

TRADUCTION NOUVELLE

PAR M. DELCASSO

ANCIEN ÉLÈVE DE L'ÉCOLE NORMALE
PROFESSEUR AU COLLÈGE ROYAL DE STRASBOURG.

INTRODUCTION.

Le traité des *Topiques* est peut-être le moins lu de tous les ouvrages de Cicéron. La forme, il est vrai, en est généralement peu attrayante, et la rapidité de l'exposition ne contribue pas à éclaircir un sujet assez obscur par lui-même. Cependant les anciens faisaient grand cas de la méthode qui y est développée. Avons-nous le droit de mépriser une doctrine que des philosophes et des écrivains du premier mérite ont jugée utile pour la théorie et même pour la pratique de l'argumentation? Afin de résoudre cette difficulté, je crois devoir examiner les trois questions suivantes : 1° Quel est le sujet de la *Topique* de Cicéron? 2° En quoi diffère-t-elle du traité d'Aristote qui porte le même titre? 3° Quelle peut être l'utilité de la méthode enseignée dans cet ouvrage?

§ I. *Analyse de la* Topique *de Cicéron*. — Après une introduction où la grâce se joint à la simplicité, Cicéron divise la logique en deux parties : 1° l'invention ou la *Topique*; 2° le jugement ou la *Dialectique*. Se renfermant dans la première, il la distribue en trois sections.

Dans l'une (II-IV), il nous apprend que la *Topique* s'occupe des *lieux*, et que les lieux sont des notions à l'aide desquelles on peut trouver des argumens pour tous les sujets. Vient ensuite l'énumération des lieux qui sont intrinsèques ou extrinsèques. Les lieux intrinsèques se rapportent au tout, ou à ses parties, ou à la signification du mot, ou à certaines circonstances qui ont un rapport intime avec le sujet. Relativement au tout, on a la *définition*; relativement aux parties, l'*énumération*; relativement aux rapports intimes, les *conjugués*, le *genre*, l'*espèce*, la *similitude*, la *différence*, les *contraires*, les *dépendances*, les *antécédens*, les *conséquens*, les *choses qui répugnent entre elles*, les *causes*, les *effets* et la *comparaison*. Les lieux extrinsèques compren-

nent les différentes sortes d'*autorités*. Pour chacun de ces lieux, la première section ne donne qu'une courte définition et un exemple.

Dans la deuxième (v-xx), Cicéron revient sur les lieux qu'il a énumérés, pour en approfondir la nature et en montrer l'emploi. De nouveaux exemples développent ce qui d'abord n'avait été qu'indiqué. Une analyse lumineuse nous fait pénétrer dans tous les replis du sujet ; et, sur une matière si ingrate, l'orateur philosophe sait encore répandre quelque charme.

Dans la troisième section (xxi-xxvi), il traite des questions dans lesquelles les lieux sont employés. D'abord il distingue en général des questions de deux sortes : celles qui sont relatives à la thèse ou *propositum*, et celles qui sont relatives à l'hypothèse ou *cause*. Les questions relatives à la thèse sont au nombre de cinq ; l'auteur assigne les lieux propres à chacune. Ensuite il distingue trois genres de causes ou hypothèses, le délibératif, le démonstratif, le judiciaire, et indique les lieux particuliers à chaque genre. Enfin, passant en revue les diverses parties d'un discours, il fait connaître les lieux qui appartiennent spécialement à l'exorde, à la narration, à la confirmation et à la péroraison.

Ce traité fut composé l'an 710 de Rome. César n'était plus, et Cicéron, âgé de soixante-trois ans, prévoyant la crise fatale vers laquelle la république était entraînée (*Topiq.* xvi), s'embarqua à Vélie pour fuir la tyrannie d'Antoine. « Je partis pour la Grèce, dit-il, à une époque où mes soins ne pouvaient plus être utiles ni à la république ni à mes amis, à une époque où je ne pouvais plus rester honorablement au milieu des armes ; quand même j'aurais pu m'y trouver en sûreté. » (*Topiq.* i.) Ce fut durant la traversée qu'il composa, pour son ami Trebatius, cet abrégé de la *Topique* d'Aristote. Comme Trebatius était un jurisconsulte distingué, Cicéron emprunte presque tous ses exemples au droit romain, ce qui ajoute aux nombreuses difficultés que présente le texte ; mais, en même temps, ces lambeaux d'une jurisprudence peu connue rehaussent de beaucoup le prix de l'ouvrage.

§ II. *De la* Topique *d'Aristote.* — Cicéron nous apprend lui-même, dans sa Préface, que son traité n'est qu'un abrégé de

celui d'Aristote; il ajoute que, privé de livres, il le rédigea de mémoire et avec une très-grande rapidité. Si l'ouvrage qui nous est parvenu sous le nom d'Aristote est réellement de ce philosophe, il faut reconnaître que la mémoire de Cicéron l'a très-mal servi. La *Topique* grecque diffère de celle de notre auteur, et pour les détails, et pour le plan, et même pour le sujet. Elle se divise en trois grandes parties qui embrassent la dialectique dans toute son étendue.

Première partie. L'auteur prend pour point de départ les dix catégories. Il en dérive quatre sortes de problèmes, la *définition*, le *propre*, le *genre* et l'*accident*. Ensuite il entre dans d'assez longs détails sur les problèmes, les propositions et les syllogismes. Il distingue sévèrement la vérité démonstrative, qui est absolue, de la vérité dialectique, qui est relative, et le syllogisme démonstratif, qui repose sur des principes nécessaires, du syllogisme dialectique, qui ne s'appuie que sur des probabilités. Le philosophe grec déclare positivement qu'il se renferme dans la dialectique. On voit que son sujet est beaucoup plus restreint que celui de Cicéron, qui a la prétention de nous enseigner l'invention logique, c'est-à-dire de nous faire découvrir la source de toutes les vérités. Toutefois nous devons avouer que, par une inconséquence peu digne d'Aristote, bien des principes énoncés dans l'ouvrage qu'on lui attribue portent les caractères de la vérité nécessaire, universelle, absolue.

La *deuxième partie* comprend cinq subdivisions : dans la première se trouvent les lieux relatifs au problème de l'accident; dans la deuxième, ceux qui se rapportent au genre; dans la troisième, ceux qui appartiennent au propre; dans la quatrième, ceux qui se rattachent à la définition. La cinquième présente les lieux qui sont communs aux quatre sortes de problèmes.

La *troisième partie* traite de l'argumentation dialectique.

Il est évident que de ces trois parties la deuxième seule correspond à l'ouvrage de Cicéron. Mais que de différences dans la forme et dans le fond! Dans le traité latin, les lieux sont des notions que l'auteur réduit à un petit nombre de chefs principaux. Vainement chercherait-on dans le traité grec cette exposition précise et lumineuse. Le dialecticien énumère plusieurs centaines de lieux : ce sont habituellement des principes, des

axiomes, des préceptes. Ainsi les lieux relatifs à la définition ne sont que les règles à observer pour bien définir. Mais cette multitude de formules ne doit-elle pas se rattacher à quelques notions qui en sont comme la source? Il me paraît hors de doute que, dans l'esprit du philosophe grec, ce travail était tout fait; mais il n'y en a point de trace dans l'ouvrage qui nous occupe. Cependant c'est par cette classification si importante que Cicéron débute, c'est sur ce fondement solide que repose sa *Topique* tout entière. Cette circonstance, jointe à beaucoup d'autres qu'il est hors de propos d'indiquer ici, autorise à croire que ce n'est pas le traité original d'Aristote que nous avons entre les mains. Ajoutons que la partie la plus importante du sujet, je veux dire la partie psycologique, manque dans les deux auteurs.

§ III. *Utilité de la* Topique. — Lors même que la *Topique* des anciens ne présenterait, comme on l'a dit, qu'un amas de subtilités et de vaines formules plutôt faites pour gêner la marche de l'esprit que pour la diriger, cette méthode mériterait encore de fixer l'attention de l'historien de la philosophie. Ceux même qui la méprisent ne sauraient lui contester le long empire qu'elle a exercé sur les intelligences. On dirait qu'ayant trouvé les formes dans lesquelles doit se mouler la pensée, Aristote les imposa à l'humanité en lui commandant de ne penser que par lui et avec lui. Aussi, durant plus de seize siècles, voyons-nous presque tous les savans ne jurer que sur la parole du maître. Certes il y a quelque chose de respectable dans une doctrine qui a régné si longtemps et si impérieusement sur l'esprit humain.

D'où venait cette prodigieuse influence? de ce que le philosophe de Stagire n'avait rien inventé : il se contentait d'être l'interprète de la conscience. Une profonde analyse lui avait révélé tous les secrets de l'entendement; il avait pris sur le fait les différens procédés du raisonnement, et l'argumentation était devenue entre ses mains une science exacte soumise à des lois invariables et infaillibles.

Les détracteurs de la doctrine péripatéticienne nous disent : « Laissez de côté cette méthode artificielle. La véritable, la seule source des argumens, c'est le sujet. » Ils oublient que la *Topique* n'a pas d'autre but que de nous forcer à considérer plus attentivement notre sujet : car les lieux ne sont que les divers points de

INTRODUCTION.

vue sous lesquels le sujet peut être envisagé. Disons avec Aristote, Cicéron et Quintilien, que lorsqu'on ajoute l'étude de cet art au talent et à l'expérience, la *Topique* peut être de quelque utilité; que parfois elle révèle à l'orateur des moyens auxquels il n'aurait pas songé sans son secours, et qu'elle doit intéresser sous le triple rapport de l'histoire, de la théorie et de la pratique.

M. T. CICERONIS

AD

C. TREBATIUM

TOPICA.

I. Majores nos res scribere ingressos, C. Trebati, et iis libris, quos brevi tempore satis multos edidimus, digniores, e cursu ipso revocavit voluntas tua. Quum enim mecum in Tusculano esses, et in bibliotheca separatim uterque nostrum ad suum studium libellos, quos vellet, evolveret, incidisti in Aristotelis Topica quædam, quæ sunt ab illo pluribus libris explicata. Qua inscriptione commotus, continuo a me eorum librorum sententiam requisisti. Quam tibi quum exposuissem, disciplinam inveniendorum argumentorum, ut sine ullo errore, ad eam rationem via perveniremus ab Aristotele inventa, libris illis contineri: verecunde tu quidem, ut omnia, sed tamen ut facile cernerem te ardere studio, mecum, ut tibi illam traderem, egisti. Quum autem ego te, non tam vitandi laboris mei causa, quam quod id

LES TOPIQUES
DE M. T. CICÉRON.

ADRESSÉS

A C. TREBATIUS.

I. J'avais entrepris, C. Trebatius, de traiter un sujet plus élevé, et plus digne des ouvrages que j'ai publiés en assez grand nombre dans un court intervalle; je me suis arrêté au milieu de ma course pour vous obéir. En effet, lorsque vous étiez avec moi à Tusculum, et que, dans ma bibliothèque, nous parcourions, chacun selon notre goût, les ouvrages qui nous plaisaient, vous tombâtes sur le traité d'Aristote où les *Topiques* sont développées en plusieurs livres. Frappé de ce titre, vous me demandâtes aussitôt quel était le sujet du traité. Je vous répondis qu'il contenait une méthode pour trouver les argumens, et qu'on parvenait avec certitude à ce but, en suivant la route tracée par Aristote. Alors, avec cette réserve qui ne vous quitte jamais, et toutefois de manière à laisser voir l'ardeur de votre désir, vous me priâtes de vous apprendre les règles de cette doctrine. Je vous engageai, moins pour m'épargner un peu de peine que pour votre intérêt, ou à lire le traité vous-même, ou à vous faire expliquer toute cette théorie par

tua interesse arbitrarer, vel ut eos per te ipse legeres, vel ut totam rationem a doctissimo quodam rhetore acciperes, hortatus essem : utrumque, ut ex te audiebam, es expertus. Sed a libris te obscuritas rejecit. Rhetor autem ille magnus, hæc, ut opinor, Aristotelica se ignorare respondit. Quod quidem minime sum admiratus, eum philosophum rhetori non esse cognitum, qui ab ipsis philosophis, præter admodum paucos, ignoretur. Quibus eo minus ignoscendum est, quod non modo rebus iis, quæ ab illo dictæ et inventæ sunt, allici debuerunt, sed dicendi quoque incredibili quadam quum copia, tum etiam suavitate. Non potui igitur tibi, sæpius hoc roganti, et tamen verenti, ne mihi gravis esses (facile enim id cernebam), debere diutius, ne ipsi juris interpreti fieri videretur injuria. Etenim quum tu mihi meisque multa sæpe scripsisses, veritus sum, ne, si ego gravarer, aut ingratum id, aut superbum videretur. Sed, dum fuimus una, tu optimus es testis, quam fuerim occupatus : ut autem a te discessi, in Græciam proficiscens, quum opera mea nec respublica nec amici uterentur, nec honeste inter arma versari possem, ne si tuto id quidem mihi liceret; ut veni Veliam, tuaque et tuos vidi, admonitus hujus æris alieni, nolui deesse ne tacitæ quidem flagitationi tuæ. Itaque hæc, quum mecum libros non haberem, memoria repetita, in ipsa navigatione conscripsi, tibique ex itinere misi : ut mea

quelque savant rhéteur. Vous avez, comme je l'ai appris de vous, essayé l'un et l'autre moyen. Mais l'obscurité des livres d'Aristote vous les a fait tomber des mains, et votre savant rhéteur vous a répondu, je crois, qu'il ignorait la méthode d'Aristote. Je n'ai pas été surpris que les écrits de ce philosophe fussent étrangers à un rhéteur, puisque les philosophes eux-mêmes, à l'exception d'un très-petit nombre, ne les connaissent point. Leur ignorance est d'autant moins excusable, qu'ils auraient dû être attirés non-seulement par les sujets qu'il a traités et par les découvertes qu'il y a répandues, mais encore par l'incroyable abondance et même par la douceur de son style. Aussi, après tant d'instances de votre part, quoique la crainte d'être importun vous retînt encore, comme il était facile de le voir, je n'ai pu rester plus long-temps votre débiteur. J'aurais craint de paraître avoir méconnu les droits d'un des premiers interprètes du droit. D'ailleurs vous avez si souvent écrit pour moi et pour les miens, que je n'ai pas voulu, en faisant quelques difficultés, paraître coupable d'ingratitude ou d'orgueil. Mais tant que nous avons été ensemble, vous avez vu mieux que personne combien j'étais occupé. Lorsque je vous ai quitté, je suis parti pour la Grèce, à une époque où mes soins ne pouvaient plus être utiles ni à la république, ni à mes amis; où je ne pouvais plus rester honorablement au milieu des armes, quand même j'aurais pu m'y trouver en sûreté. Arrivé à Vélie, la vue de vos propriétés et de votre famille m'a rappelé mon ancienne dette, et je me suis résolu à vous satisfaire, sans attendre de nouvelles sollicitations. J'ai donc, pendant la traversée, rédigé de mémoire ce petit traité : car je n'avais point de livres

diligentia mandatorum tuorum, te quoque, etsi admonitore non eges, ad memoriam nostrarum rerum excitarem. Sed jam tempus est ad id, quod instituimus, accedere.

II. Quum omnis ratio diligens disserendi duas habeat partes, unam inveniendi, alteram judicandi, utriusque princeps, ut mihi quidem videtur, Aristoteles fuit. Stoici autem in altera elaboraverunt, judicandi enim vias diligenter persecuti sunt, ea scientia, quam Dialecticen appellant : inveniendi vero artem, quæ Topice dicitur, quæque ad usum potior erat, et ordine naturæ certe prior, totam reliquerunt. Nos autem, quoniam in utraque summa utilitas est, et utramque, si erit otium, persequi cogitamus, ab ea, quæ prior est, ordiemur.

Ut igitur earum rerum, quæ absconditæ sunt, demonstrato et notato loco, facilis inventio est : sic, quum pervestigare argumentum aliquod volumus, locos nosse debemus; sic enim appellatæ ab Aristotele sunt hæ quasi sedes, e quibus argumenta promuntur. Itaque licet definire, locum esse argumenti sedem; argumentum autem, rationem, quæ rei dubiæ faciat fidem. Sed ex his locis, in quibus argumenta inclusa sunt, alii in eo ipso, de quo agitur, hærent; alii assumuntur extrinsecus. In ipso, tum ex toto, tum ex partibus ejus, tum ex nota, tum ex his rebus, quæ quodammodo affectæ sunt ad

avec moi; et je vous l'envoie du milieu même de mon voyage, afin que mon zèle à remplir vos ordres vous avertisse, quoique vous n'en ayez pas besoin, de vous souvenir ici de ce qui m'intéresse. Mais il est temps d'en venir à notre objet.

II. Toute logique bien faite se divise en deux parties, l'invention et le jugement[1] : dans l'une et dans l'autre Aristote me paraît exceller. Les stoïciens ne se sont occupés que de la dernière : ils ont énuméré tous les procédés du jugement dans cette science qu'ils nomment la *Dialectique*; mais ils ont entièrement négligé l'invention ou la *Topique*, qui, dans l'usage, est d'une plus grande importance, et qui, dans l'ordre naturel, est certainement la première de ces deux parties. Pour nous qui jugeons ces deux parties de la plus haute utilité, et qui nous proposons de les traiter l'une et l'autre, si nous en avons le temps, nous allons commencer par la première.

Comme il est facile de trouver une chose cachée, si le lieu où elle se trouve est indiqué ou marqué par un signe; de même, quand nous voulons découvrir un argument, il faut que nous connaissions les *lieux* : c'est ainsi qu'Aristote appelle ces espèces de réservoirs où l'on va puiser les preuves. On peut donc définir le lieu, le siège de l'argument, et l'argument, le procédé par lequel on prouve une chose douteuse. Mais de ces lieux qui contiennent les argumens, les uns sont inhérens à la chose même dont on s'occupe, les autres sont pris au dehors. Lorsqu'ils appartiennent au sujet, ils dérivent ou de l'ensemble, ou des parties, ou du signe, ou des choses qui ont quelque rapport intime à l'objet en

id, de quo quæritur. Extrinsecus autem ea dicuntur, quæ absunt, longeque disjuncta sunt.

Sed ad id totum, de quo disseritur, tum definitio adhibetur, quæ quasi involutum evolvit id, de quo quæritur. Ejus argumenti talis et formula : « Jus civile est, æquitas constituta iis, qui ejusdem civitatis sunt, ad res suas obtinendas; ejus autem æquitatis utilis est cognitio; utilis est ergo juris civilis scientia. » Tum partium enumeratio, quæ tractatur hoc modo : « Si neque censu, neque vindicta, nec testamento liber factus est, non est liber; neque est ulla earum rerum; non est igitur liber. » Tum notatio, quum ex vi verbi argumentum aliquod elicitur, hoc modo : « Quum lex [Ælia Sentia] assiduo vindicem assiduum esse jubeat, locupletem jubet locupleti; locuples enim est assiduus, ut ait Ælius, appellatus ab asse dando. »

III. Ducuntur etiam argumenta ex iis rebus, quæ quodammodo affectæ sunt ad id, de quo quæritur. Sed hoc genus in plures partes distributum est. Nam alia conjugata appellamus, alia ex genere, alia ex formula, alia ex similitudine, alia ex differentia, alia ex contrario, alia ex adjunctis, alia ex antecedentibus, alia ex consequentibus, alia ex repugnantibus, alia ex causis, alia ex effectis, alia ex comparatione majorum, aut parium, aut minorum.

Conjugata dicuntur, quæ sunt ex verbis generis ejus-

question. On dit que les lieux sont pris au dehors, lorsqu'ils sont séparés et très-éloignés du sujet.

Si l'argument est emprunté à l'ensemble du sujet, on emploie d'abord la définition qui développe la chose en question lorsqu'elle est comme enveloppée. Voici la formule de cette espèce d'argument : « Le droit civil est l'équité réduite en loi pour régler les droits des membres d'une même cité; or, la connaissance de cette équité est utile; donc, le droit civil est une science utile. » Vient ensuite l'énumération des parties, qui se traite ainsi : « Celui qui n'a été déclaré libre[2] ni par le cens, ni par le coup de baguette, ni par un testament, n'est pas libre; or, cet homme n'a été affranchi d'aucune de ces manières; il n'est donc pas libre. » Enfin, le signe, lorsqu'on tire l'argument de la force du mot; par exemple : « Puisque la loi[3] ordonne au contribuable[4] de servir d'appui au contribuable, elle ordonne au riche de répondre pour le riche : car le riche est contribuable, *assiduus, ab asse dando,* comme dit Élius. »

III. On emprunte aussi des argumens de toutes les choses qui ont quelque rapport intime au sujet; mais ce lieu admet plusieurs subdivisions : tels sont les conjugués, le genre, l'espèce, la similitude, la différence, les contraires, les dépendances, les antécédens, les conséquens, les choses qui répugnent entre elles, les causes, les effets, la comparaison avec parité, supériorité ou infériorité.

On appelle conjugués les mots qui sont de la même

dem. Ejusdem autem generis verba sunt, quæ orta ab uno varie commutantur, ut « sapiens, sapienter, sapientia. » Hæc verborum conjugatio συζυγία dicitur, ex qua hujusmodi est argumentum : « Si compascuus ager est, jus est compascere. »

A genere sic ducitur : « Quoniam argentum omne mulieri legatum est, non potest ea pecunia, quæ numerata domi relicta est, non esse legata; forma enim a genere, quoad suum nomen retinet, nunquam sejungitur; numerata autem pecunia nomen argenti retinet; legata igitur videtur. »

A forma generis, quam interdum, quo planius accipiatur, partem licet nominare, hoc modo : « Si ita Fabiæ pecunia legata est a viro, si ea uxor materfamilias esset, si ea in manum non convenerat, nihil debetur. » Genus enim est, uxor : ejus duæ formæ; una, matrumfamilias earum, quæ in manum convenerunt; altera, earum, quæ tantummodo uxores habentur : qua in parte quum fuerit Fabia, legatum ei non videtur. A similitudine, hoc modo : « Si ædes eæ corruerunt, vitiumve fecerunt, quarum ususfructus legatus est, hæres restituere non debet, nec reficere, non magis, quam servum restituere, si is, cujus ususfructus legatus est, deperisset. » A differentia : « Non, si uxori vir legavit omne argentum, quod suum esset, idcirco, quæ in nominibus fuerunt, legata sunt : multum enim differt, in arcane

famille. Les mots d'une même famille sont ceux qui, sortis d'une racine commune, ont subi diverses modifications; comme *sage, sagement, sagesse*. Cette filiation de mots se nomme en grec συζυγία [5]. A ce lieu se rapporte l'argument suivant : « Si ce champ est commun, on a le droit d'y faire paître les troupeaux en commun. »

Voici un argument tiré du genre : « Puisque tout l'argent a été légué à la femme, il n'est pas possible que l'argent comptant laissé à la maison ne lui ait pas été légué; car l'espèce ne se sépare jamais du genre, tant qu'elle garde le même nom. Or, l'argent comptant conserve le nom d'argent; il a donc été légué. »

Voici un exemple de l'argument tiré de l'espèce, qu'on peut quelquefois appeler partie, pour se faire mieux entendre : « Une somme a été léguée à Fabia par son mari, à condition qu'elle serait *mère de famille* [6]; si donc elle ne lui a pas été unie par la coemption, il ne lui est rien dû. » En effet, le genre, c'est l'épouse, dont les deux espèces sont celle des mères de famille unies par la coemption, et celle des simples épouses. Comme Fabia appartenait à cette dernière, le legs ne lui revient pas. Voici comme on tire un argument de la similitude : « Si une maison dont on a légué l'usufruit, s'écroule ou se détériore, l'héritier n'est pas plus obligé de la reconstruire ou de la réparer, qu'il ne serait obligé de remplacer un esclave dont il aurait l'usufruit, s'il venait à mourir. » De la différence : « Si un mari a légué à sa femme tout l'argent qu'il avait, il ne lui a pas pour cela légué l'argent qu'on lui devait : car il y a une grande différence entre l'argent en caisse et les dettes inscrites sur un livre. » Des contraires : « Une

positum sit argentum, an in tabulis debeatur. » Ex contrario autem, sic : « Non debet ea mulier, cui vir bonorum suorum usumfructum legavit, cellis vinariis et oleariis plenis relectis, putare id ad se pertinere; usus enim, non abusus legatus est : ea sunt inter se contraria. »

IV. Ab adjunctis : « Si ea mulier testamentum fecit, quæ se capite nunquam deminuit, non videtur ex edicto prætoris secundum eas tabulas possessio dari; adjungitur enim, ut secundum servorum, secundum exsulum, secundum puerulorum tabulas possessio videatur ex edicto dari. »

Ab antecedentibus autem, et consequentibus, et repugnantibus, hoc modo : ab antecedentibus, « Si viri culpa factum est divortium, etsi mulier nuntium remisit, tamen pro liberis manere nihil oportet : » a consequentibus, « Si mulier, quum fuisset nupta cum eo, quicum connubium non esset, nuntium remisit; quoniam qui nati sunt, patrem non sequuntur, pro liberis manere nihil oportet : » a repugnantibus, « Si paterfamilias uxori ancillarum usumfructum legavit a filio, neque a secundo hærede legavit, mortuo filio mulier usumfructum non amittet : quod enim semel testamento alicui datum est, id ab eo invito, cui datum est, auferri non potest : repugnat enim recte accipere, et invitum reddere. » Ab efficientibus causis, hoc modo : « Omnibus

femme à qui son mari a légué l'usufruit de ses biens, en laissant des celliers et des magasins remplis de vin et d'huile, ne doit pas se croire la maîtresse d'en disposer à son gré; car on lui a légué l'usage et non l'abus : ces deux choses sont contraires. »

IV. Argument tiré des dépendances : « Si une femme qui n'a jamais éprouvé de changement d'état [7] a fait un testament, le préteur ne peut pas, en vertu de ce testament, prononcer la mise en possession. Autrement il devrait aussi, par analogie, approuver les donations faites par des esclaves, des exilés, des enfans. »

Voici maintenant comme on argumente d'après les antécédens, les conséquens et les choses qui répugnent entre elles. D'après les antécédens : « Si le divorce a eu lieu par la faute du mari, quoique la femme ait demandé le divorce, elle n'est pas obligée de laisser une partie de sa dot pour l'entretien des enfans. » D'après les conséquens : « Si une femme unie avec un homme qu'elle n'avait pas le droit d'épouser, a demandé le divorce, le mari ne doit rien retenir de la dot pour l'entretien des enfans, puisqu'ils ne suivent pas sa condition. » D'après les choses qui répugnent entre elles : « Si un père de famille a légué à sa femme l'usufruit des femmes esclaves, à prendre sur la succession de son fils, sans parler du second héritier; après la mort du fils, la femme ne perdra point cet usufruit : car ce qui a été donné par testament ne peut plus être enlevé au légataire malgré lui. Il répugne, en effet, que qui a le droit de rece-

est jus parietem directum ad parietem communem adjungere, vel solidum, vel fornicatum; at si quis, in pariete communi demoliendo, damni infecti promiserit, non debebit præstare, quod fornix vitii fecerit : non enim ejus vitio, qui demolitus est, damnum factum est, sed ejus operis vitio, quod ita ædificatum est, ut suspendi non posset. » Ab effectis rebus, hoc modo : « Quum mulier viro in manum convenit, omnia, quæ mulieris fuerunt, viri fiunt dotis nomine. »

Ex comparatione autem omnia valent, quæ sunt ejusmodi : « Quod in re majore valet, valeat in minore : ut, si in urbe fines non reguntur, nec aqua in urbe arceatur. » Item contra : « Quod in minore valet, valeat in majore : licet idem exemplum convertere. » Item : « Quod in re pari valet, valeat in hac, quæ par est : » ut, « Quoniam usus auctoritas fundi biennium est, sit etiam ædium. » At in lege ædes non appellantur, et sunt ceterarum rerum omnium, quarum annuus est usus. Valeat æquitas, quæ paribus in causis paria jura desiderat.

Quæ autem extrinsecus assumuntur, ea maxime ex auctoritate dicuntur : itaque Græci tales argumentationes ἀτέχνους vocant, id est artis expertes : ut, si ita respondeas : « Quoniam P. Scævola id solum esse ambitus ædium dixerit, quod, parietis communis tegendi

voir puisse être forcé à rendre. » Voici comme on prouve d'après les causes efficientes : « Il est permis d'adosser dans sa longueur, à un mur commun, un mur plein ou voûté; mais si quelqu'un, en démolissant le mur commun, a promis de payer les dommages qui arriveraient par sa faute, il ne répondra pas des accidens qu'éprouvera la voûte : car la faute n'en est pas à celui qui démolit, mais à l'architecte, qui, en suspendant la voûte, ne l'a pas assez bien soutenue. » D'après les effets : « Lorsqu'une femme contracte un mariage de coemption, tout ce qui lui appartient devient la propriété de son mari, sous le nom de dot. »

D'après la comparaison, on argumente des trois manières suivantes : « Qui prouve le plus prouve le moins ; exemple : Si la loi ne règle pas les limites* dans une ville, à plus forte raison elle n'oblige point à détourner l'eau. — Qui prouve le moins prouve le plus : il suffit ici de retourner l'exemple précédent. » Enfin : « Ce qui est prouvé pour une chose l'est aussi pour toute chose pareille; exemple : Puisque l'usucapion des biens-fonds est de deux ans, l'usucapion des maisons doit être aussi de deux ans. » Il est vrai que les maisons ne sont pas nommées dans la loi, et que par-là elles sont confondues avec les autres choses dont l'usage est annuel; mais il faut leur appliquer ce principe d'équité, qui veut que, pour choses égales, les droits soient égaux.

Les lieux empruntés à l'extérieur se tirent principalement de l'autorité. Les Grecs appellent ces sortes d'argumens ἄτεχνοι, c'est-à-dire sans art; si vous disiez par exemple : « Comme on construisait un toit[8] pour cou-

---

* *Voyez* ch. x, page 243.

causa, tectum projiceretur, ex quo in tectum ejus, ædes qui protexisset, aqua deflueret, id tibi jus videri. »

V. His igitur locis, qui sunt expositi, ad omne argumentum reperiendum, tanquam elementis quibusdam, significatio et demonstratio datur. Utrum igitur hactenus satis est? tibi quidem, tam acuto, et tam occupato, puto. Sed quoniam avidum hominem ad has discendi epulas recepi, sic accipiam, ut reliquiarum sit potius aliquid, quam te hinc patiar non satiatum discedere. Quando ergo unusquisque eorum locorum, quos exposui, sua quædam membra habet, ea quam subtilissime persequamur : et primum de ipsa definitione dicatur.

Definitio est oratio, quæ id, quod definitur, explicat, quid sit. Definitionum autem duo sunt genera prima : unum earum rerum, quæ sunt; alterum earum, quæ intelliguntur. Esse ea dico, quæ cerni tangive possunt, ut fundum, ædes, parietem, stillicidium, mancipium, pecudem, supellectilem, penus, et cetera; quo ex genere quædam interdum nobis definienda sunt. Non esse rursus ea dico, quæ tangi demonstrarive non possunt, cerni tamen animo, atque intelligi possunt : ut, si usucapionem, si tutelam, si gentem, si agnationem, definias; quarum rerum nullum subest quasi corpus, est tamen quædam conformatio insignita et impressa intelligentia,

vrir un mur commun, P. Scévola prétendit qu'il ne pouvait y avoir de pourtour à la maison qu'autant que le propriétaire dirigerait l'écoulement des eaux vers la partie du toit qui lui appartenait exclusivement. Je regarde cette décision comme un principe de droit. »

V. Les lieux que je viens d'exposer sont des signes, des marques infaillibles qui nous font découvrir les argumens; ils en sont comme les principes. Dois-je m'arrêter ici? c'en est assez, je crois, pour un esprit aussi pénétrant et aussi occupé que le vôtre. Mais puisque j'ai invité à ce banquet de science un homme avide de pareille nourriture, je veux le bien traiter; j'aime mieux qu'il y ait un peu de superflu que de vous voir partir non rassasié. Ainsi, comme chacun des lieux que j'ai exposés a ses ramifications, je vais les suivre avec une attention scrupuleuse, et d'abord commençons par la définition.

La définition[9] est un discours qui explique la nature de l'objet défini. On en distingue deux espèces principales : l'une regarde les choses qui sont réellement; l'autre, celles qui ne sont que par la pensée. Les choses sont réellement lorsqu'elles peuvent être vues ou touchées, comme un champ, une maison, un mur, une gouttière, un esclave, du bétail, des meubles, des provisions et autres objets qu'il nous faut quelquefois définir. Je regarde comme n'étant pas réellement les choses qu'on ne peut ni toucher, ni montrer, mais qui sont visibles à l'esprit et à l'intelligence : c'est ainsi qu'on définit l'usucapion, la tutelle, la *gens*, la parenté, qui n'ont point de corps, mais dont nous avons dans l'intelligence une sorte d'image dessinée et empreinte que

quam notionem voco. Ea saepe in argumentando definitione explicanda sunt.

Atque etiam definitiones aliae sunt partitionum, aliae divisionum : partitionum, quum res ea, quae proposita est, quasi in membra discerpitur; ut, si quis jus civile dicat id esse, quod in legibus, senatusconsultis, rebus judicatis, jurisperitorum auctoritate, edictis magistratuum, more, aequitate consistat : divisionum autem definitio formas omnes complectitur, quae sub eo genere sunt, quod definitur, hoc modo : « Abalienatio est ejus rei, quae mancipi est, aut traditio alteri nexu, aut in jure cessio, inter quos ea jure civili fieri possunt. »

VI. Sunt et alia genera definitionum ; sed ad hujus libri institutum illa nihil pertinent : tantum est dicendum, qui sit definitionis modus. Sic igitur veteres praecipiunt : quum sumpseris ea, quae sint ei rei, quam definire velis, cum aliis communia, usque eo persequi, dum proprium efficiatur, quod nullam in aliam rem transferri possit. Ut hoc, « Haereditas est pecunia. » Commune adhuc : multa enim genera sunt pecuniae. Adde quod sequitur : « quae morte alicujus ad quempiam pervenit. » Nondum definitio est : multis enim modis sine haereditate teneri mortuorum pecuniae possunt. Unum adde verbum, « jure. » Jam a communitate res disjuncta videbitur, ut sit explicata definitio sic : « Haereditas est pecunia, quae morte alicujus ad quempiam pervenerit

j'appelle notion. Dans l'argumentation il est souvent nécessaire d'expliquer ces idées par une définition.

La définition se fait aussi ou par énumération des parties, ou par division. L'énumération des parties a lieu lorsque la chose en question est décomposée en ses élémens : comme si l'on disait que le droit civil est celui qui repose sur les lois, les sénatus-consultes, les sentences des tribunaux, les décisions des jurisconsultes, les édits des magistrats, la coutume et l'équité. La définition par division embrasse toutes les espèces qui sont comprises dans un genre; par exemple : « L'aliénation est la tradition sous garantie privée, ou la cession légale d'une chose qui nous appartient en propre, à une personne qui, d'après le droit civil, peut la recevoir. »

VI. Il y a d'autres sortes de définitions; mais elles n'ont point de rapport à l'objet de cet ouvrage. Je n'ai à parler que de la manière de définir. Voici donc ce que prescrivent les anciens : après avoir énoncé, dans la chose que vous voulez définir, les caractères qui lui sont communs avec d'autres, poursuivez jusqu'à ce que vous ayez exprimé ceux qui lui sont propres, et qui ne sauraient s'appliquer à aucune autre; par exemple : « L'héritage est un bien; » voilà un caractère commun : car il y a plusieurs espèces de biens. Ajoutez ce qui suit : « qui nous arrive à la mort de quelqu'un. » La définition n'est pas encore complète : car le bien d'une personne peut nous arriver à sa mort sans qu'il y ait héritage. Ajoutez : « en vertu de la loi; » alors la chose sort de l'ordre des généralités, et la définition se développe ainsi : « L'héritage est un bien qui, à la mort de quelqu'un, nous arrive en vertu de la loi. » Ce n'est pas en-

jure. » Nondum est satis : adde, « nec ea aut legata testamento, aut possessione retenta : » confectum est. — Itemque, ut illud, « Gentiles sunt, qui inter se eodem nomine sunt. » Non est satis. « Qui ab ingenuis oriundi sunt. » Ne id quidem satis est. « Quorum majorum nemo servitutem servivit. » Abest etiam nunc : « Qui capite non sunt deminuti. » Hoc fortasse satis est. Nihil enim video Scævolam, pontificem, ad hanc definitionem addidisse. Atque hæc ratio valet in utroque genere definitionum, sive id, quod est, sive id, quod intelligitur, definiendum est.

VII. Partitionum autem et divisionum genus quale esset, ostendimus; sed quid inter se differant, planius dicendum est. In partitione quasi membra sunt : ut corporis, caput, humeri, manus, latera, crura, pedes, et cetera. In divisione, formæ sunt, quas Græci ἰδέας vocant; nostri, si qui hæc forte tractant, species appellant; non pessime id quidem, sed inutiliter ad mutandos casus in dicendo. Nolim enim, ne si latine quidem dici possit, « specierum » et « speciebus » dicere; et sæpe his casibus utendum est : at « formis » et « formarum » velim. Quum autem utroque verbo idem significetur, commoditatem in dicendo non arbitror negligendam.

Genus et formam definiunt hoc modo : Genus est notio ad plures differentias pertinens. Forma est notio,

core assez; ajoutez enfin : « sans nous être légué par un testament, ou sans nous revenir comme une propriété dont un autre avait l'usufruit. » La définition est complète. — Il en est de même de ce second exemple : « On appelle *gentiles* ceux qui portent le même nom; » ce n'est point assez : « qui sont issus de parens libres; » ce n'est pas tout encore : « qui, parmi leurs ancêtres, n'en comptent pas un seul qui ait vécu dans l'esclavage; » il manque encore un trait : « qui n'ont jamais subi de changement d'état. » Cela suffit sans doute : car je ne vois pas que Scévola le pontife ait rien ajouté à cette définition. Cette méthode s'applique aux deux espèces de définitions, à celle des choses qui sont réellement, et à celle des choses qui ne sont que par l'intelligence.

VII. Nous avons montré ce que l'énumération des parties et la division ont de commun. Il faut maintenant dire plus clairement en quoi elles diffèrent. L'énumération des parties présente, pour ainsi dire, les membres d'un corps; dans l'homme, par exemple, la tête, les épaules, les mains, les côtes, les jambes, les pieds, etc. Dans la division se trouvent les espèces, que les Grecs appellent ἰδέαι. Ceux de nos écrivains qui s'occupent de ces matières emploient le mot *species* : l'expression n'est pas mauvaise, mais ce substantif est inusité à plusieurs cas. Je ne voudrais pas du moins, quand même le latin le permettrait, me servir de *specierum*, *speciebus*; et souvent on a besoin de ces deux cas. Mais j'emploie volontiers *formis*, *formarum*. Comme les deux mots ont la même signification, je crois qu'on doit préférer celui qui dans l'usage est le plus commode.

On définit ainsi le genre et l'espèce : Le genre [10] est une notion qui embrasse plusieurs différences; l'espèce

cujus differentia ad caput generis et quasi fontem referri potest. Notionem appello, quam Græci tum ἔννοιαν, tum πρόληψιν dicunt. Ea est insita et ante percepta cujusque formæ cognitio enodationis indigens. Formæ igitur sunt hæ, in quas genus, sine ullius prætermissione, dividitur : ut si quis jus in legem, morem, æquitatem, dividat. Formas qui putat idem esse, quod partes, confundit artem, et similitudine quadam conturbatus, non satis acute, quæ sunt secernenda, distinguit. Sæpe etiam definiunt et oratores et poetæ per translationem verbi ex similitudine, cum quadam suavitate. Sed ego a vestris exemplis, nisi necessario, non recedam. Solebat igitur Aquillius, collega et familiaris meus, quum de litoribus ageretur, quæ omnia publica esse vultis, quærentibus iis, ad quos id pertinebat, quid esset litus, ita definire, « qua fluctus elideret : » hoc est, quasi qui « adolescentiam, florem ætatis; senectutem, occasum vitæ, » velit definire : translatione utens discedebat a verbis propriis rerum ac suis. Quod ad definitiones attinet, hactenus; reliqua videamus.

VIII. Partitione autem sic utendum est, nullam ut partem relinquas; ut, si partiri velis tutelas, inscienter facias, si ullam prætermittas. At si stipulationum aut judiciorum formulas partiare, non est vitiosum, in re infinita prætermittere aliquid. Quod idem in divisione vitiosum est. Formarum enim certus est numerus, quæ

est une notion dont le caractère distinctif peut être rapporté au genre comme à sa source. J'appelle notion ce que les Grecs nomment tantôt ἔννοια, tantôt πρόληψις. C'est la connaissance de toutes les espèces, connaissance gravée en nous et perçue d'avance, mais ayant besoin de développement. Les espèces sont donc les classes dans lesquelles le genre se divise sans en omettre aucune. Ainsi l'on diviserait le droit en loi, coutume et équité. Celui qui croit que les espèces sont la même chose que les parties, met de la confusion dans l'art, et, abusé par une certaine ressemblance, il ne distingue pas avec assez d'exactitude des objets qui doivent être distingués. Souvent aussi les orateurs et les poètes définissent avec grâce par un trope fondé sur une similitude. Mais je ne veux pas sans nécessité m'écarter des exemples qui vous sont familiers. Aquillius, mon collègue et mon ami, avait coutume, lorsqu'il était question des rivages que vous regardez comme une propriété publique, de répondre à ceux qui lui demandaient ce qu'il entendait par rivage : « C'est l'endroit où les flots viennent se jouer. » C'est comme si l'on définissait l'adolescence, *la fleur de l'âge*, et la vieillesse, *le couchant de la vie*. En employant cette métaphore, il s'éloignait de l'expression propre et de la langue de son art. C'en est assez sur la définition : voyons les autres lieux.

VIII. Ajoutons seulement que, dans l'énumération des parties, on doit n'en omettre aucune. Ainsi voulez-vous énumérer les tutelles; ce sera une faute d'en passer une seule. Cependant, si vous énumérez les stipulations et les jugemens, comme le nombre en est immense, il n'y a pas de mal d'en omettre quelques-uns. Mais c'est toujours une faute grave dans la division : car le nombre

cuique generi subjiciantur : partium distributio sæpe est infinitior, tanquam rivorum a fonte deductio. Itaque in oratoriis artibus, quæstionis genere proposito, quot ejus formæ sint, subjungitur absolute : at quum de ornamentis verborum sententiarumque præcipitur, quæ vocantur σχήματα, non fit idem. Res enim est infinitior; ut ex hoc quoque intelligatur, quid velimus inter partitionem et divisionem interesse. Quanquam enim vocabula prope idem valere videantur : tamen, quia res differebant, nomina rerum distare voluerunt.

Multa etiam ex notatione sumuntur. Ea est autem, quum ex vi nominis argumentum elicitur : quam Græci ἐτυμολογίαν vocant, id est verbum ex verbo, veriloquium : nos autem novitatem verbi non satis apti fugientes, genus hoc notationem appellamus, quia sunt verba rerum notæ. Itaque hoc idem Aristoteles σύμβολον appellat, quod latine est nota. Sed quum intelligitur, quid significetur, minus laborandum est de nomine. Multa igitur in disputando notatione eliciuntur ex verbo: ut, quum quæritur, « Postliminium » quid sit (non dico, quæ sint postliminii; nam id caderet in divisionem, quæ talis est : postliminio redeunt hæc, homo, navis, mulus clitellarius, equus, equa, quæ frena recipere solet) : sed quum ipsius postliminii vis quæritur, et verbum ipsum notatur. In quo Servius noster, ut opinor,

des espèces subordonnées à chaque genre est déterminé, tandis que le nombre des parties est souvent infini, comme le nombre des ruisseaux qui dérivent d'une même source. Voyez dans l'art oratoire : dès qu'on a posé le genre de la question, le nombre des espèces en découle d'une manière absolue. Mais parle-t-on des figures de mots et de pensées, qu'on appelle σχήματα, il n'en est plus de même : car la quantité en est infinie. Ces derniers exemples feront voir encore la différence que nous établissons entre l'énumération des parties et la division. Quoique ces deux mots paraissent avoir à peu près la même signification, comme les idées sont différentes, on a voulu que les expressions ne fussent point synonymes.

On tire aussi un grand nombre d'argumens des signes, c'est-à-dire du matériel des mots; c'est ce que les Grecs nomment ἐτυμολογία, littéralement *veriloquium*. Pour nous, évitant un terme nouveau qui manque peut-être de propriété, nous préférons celui de *signes*, parce que les mots sont les signes des idées. Aristote emploie dans le même sens σύμβολον [11], en latin *nota*. Mais, la pensée une fois comprise, il ne faut pas trop s'inquiéter de l'expression. On peut donc, dans les discussions, tirer beaucoup d'argumens des mots en observant leur forme. Ainsi, quand on demande en quoi consiste le *postliminium**, et je ne parle pas des objets auxquels ce mot s'applique, ce serait retomber dans la division, qui s'exprime ainsi : « Le droit de *postliminium* s'applique à l'homme, aux navires, aux mulets de bât, aux chevaux, aux jumens qui portent le frein; » mais quand je de-

---

* Droit de retour.

nihil putat esse notandum, nisi « post; » et « liminium » illud productionem esse verbi vult, ut in « finitimo, legitimo, æditimo, » non plus esse « timum, » quam in « meditullio, tullium. » Scævola autem, P. F., junctum putat esse verbum, ut sit in eo et « post » et « limen : » ut, quæ a nobis alienata sunt, quum ad hostem pervenerint, et ex suo tanquam limine exierint, dein quum redierint post ad idem limen, postliminio videantur rediisse. Quo in genere etiam Mancini causa defendi potest, postliminio rediisse : deditum non esse, quoniam non sit receptus. Nam neque deditionem, neque donationem sine acceptione intelligi posse.

IX. Sequitur is locus, qui constat ex iis rebus, quæ quodam modo affectæ sunt ad id, de quo ambigitur : quem modo dixi in plures partes distributum. Cujus primus est locus ex conjugatione, quam Græci συζυγίαν vocant, finitimus notationi, de qua modo dictum est : ut, si aquam pluviam eam modo intelligeremus, quam imbri collectam videremus; veniret Mucius, qui, quia conjugata verba essent pluvia et pluendo, diceret, « omnem aquam oportere arceri, quæ pluendo crevisset. » Quum autem a genere ducetur argumentum, non erit necesse id usque a capite arcessere : sæpe etiam

mande ce qu'on entend par *postliminium*, c'est la valeur même du mot que je cherche. Servius, notre ami, veut, si je ne me trompe, que *post* (après) détermine seul la signification de ce mot, et que *liminium* soit une terminaison prolongée comme dans *finitimus, legitimus, œditimus*, la terminaison *timus* ne signifie pas plus que *tullium* dans *meditullium*. Au contraire, Scévola, fils de Publius, prétend que c'est un mot composé dans lequel se trouvent *post* et *limen** : c'est ainsi que les propriétés que nous avons perdues, lorsqu'elles sont tombées entre les mains de l'ennemi, et qu'elles ont, pour ainsi dire, quitté notre seuil, si *après* elles reviennent vers le même *seuil*, paraissent revenir à nous par le droit de *postliminium*. C'est encore ainsi qu'on peut défendre la cause de Mancinus, en disant qu'il est revenu par droit de *postliminium*; qu'il n'a point été livré, puisqu'il n'a point été reçu : car on ne peut concevoir qu'une chose ait été livrée ou donnée, s'il n'y a pas eu acceptation [12].

IX. Vient ensuite le lieu qui embrasse toutes les choses qui ont un rapport intime avec l'objet en discussion. Il a, comme nous l'avons dit, de nombreuses subdivisions. Le premier lieu de cette espèce est celui des conjugués, en grec συζυγία. Il est très-semblable à celui des signes, dont je parlais tout-à-l'heure. Par exemple, si nous ne considérions comme eau de pluie que celle qui provient des nuages, viendrait Mucius, qui, parce que les mots *pluie* et *pleuvoir* sont des conjugués, dirait « qu'on a le droit de faire détourner toute espèce d'eau qui s'accroît quand il pleut. » Pour tirer un argument du genre, il ne sera pas nécessaire de remonter jusqu'au genre le plus

---

* *Après* et *seuil*.

citra licet, dummodo supra sit, quod sumitur, quam id, ad quod sumitur : ut, « aqua pluvia ultimo genere ea est, quæ de cœlo veniens crescit imbri; sed propiore loco, in quo quasi jus arcendi continetur, genus est, aqua pluvia nocens; ejus generis formæ, loci vitio, et manu nocens : quarum altera jubetur ab arbitro coerceri; altera non jubetur. » Commode etiam tractatur hæc argumentatio, quæ ex forma sumitur, quum ex toto persequare partes, hoc modo : « Si dolus malus est, quum aliud agitur, aliud simulatur; » enumerare licet, quibus in modis fiat; deinde in eorum aliquem id, quod arguas dolo malo factum, includere : quod genus argumenti in primis firmum videri solet.

X. Similitudo sequitur; quæ late patet, sed oratoribus et philosophis magis, quam vobis. Etsi enim omnes loci sunt omnium disputationum, ad argumenta suppeditanda, tamen aliis disputationibus abundantius occurrunt, aliis angustius. Itaque genera tibi nota sint : ubi autem his utare, quæstiones ipsæ te admonebunt. Sunt enim similitudines, quæ ex pluribus collationibus perveniunt quo volunt, hoc modo : « Si tutor fidem præstare debet, si socius; si, cui mandaris; si, qui fiduciam acceperit : debet etiam procurator. » Hæc ex pluribus perveniens quo vult, appellatur inductio : quæ græce

élevé; souvent on peut s'arrêter en deçà; il suffit que l'idée qui sert de preuve soit plus générale que ce qu'on veut prouver. Ainsi : « l'eau de pluie, dans le sens le plus général, est celle qui vient du ciel et s'accroît par les orages; mais, dans le sens plus restreint où se renferme le droit de faire détourner, nous trouvons un autre genre, l'eau de pluie qui cause les dégâts. Les espèces de ce genre sont les dégâts qui viennent du vice des lieux, et ceux qui viennent du travail de l'homme. Dans ce dernier cas, le juge peut contraindre à détourner [13]; dans le premier, il ne le peut point. » On tire aussi avec avantage ses preuves de l'espèce, lorsque du tout on descend aux parties pour les parcourir. Par exemple : « Si le mauvais dol a lieu [14] lorsqu'on fait une chose et qu'on paraît en faire une autre, il est permis d'énumérer les différentes manières dont on se rend coupable de dol, et de ranger ensuite dans une de ces espèces l'action que l'on accuse. » Cette sorte d'argument paraît très-solide.

X. Vient ensuite la similitude, qui offre une grande latitude, mais plutôt aux orateurs et aux philosophes qu'aux jurisconsultes : car, bien que tous les lieux soient destinés à fournir des argumens à toutes les discussions, cependant il est des questions où ils se présentent en foule, d'autres où ils ne sont admis qu'en petit nombre. Connaissez donc d'abord les différentes espèces de lieux : c'est au sujet à vous apprendre ensuite quand il convient de les employer. Il y a des similitudes qui par plusieurs comparaisons conduisent au but : « Si un tuteur, un associé, un dépositaire, un fidéicommissaire doivent être fidèles, un fondé de pouvoir doit l'être également. » Cette manière d'argumenter, qui part de plusieurs points

ἐπαγωγή nominatur; qua plurimum est usus in sermonibus Socrates. Alterum similitudinis genus collatione sumitur, quum una res uni, par pari comparatur, hoc modo : « Quemadmodum, si in urbe de finibus controversia est, quia fines magis agrorum videntur esse, quam urbis, finibus regundis adigere arbitrum non possis : sic, si aqua pluvia in urbe nocet, quoniam res tota magis agrorum est, aquæ pluviæ arcendæ adigere non possis arbitrum. » Ex eodem similitudinis loco etiam exempla sumuntur, ut « Crassus in Curiana causa exemplis plurimis usus est, agens de eo, qui testamento sic hæredem instituisset, ut, si filius natus esset in decem mensibus, isque mortuus prius, quam in suam tutelam venisset ; secundus hæres hæreditatem obtineret. Quæ commemoratio exemplorum valuit; » eaque vos in respondendo uti multum soletis. Ficta etiam exempla similitudinis habent vim; sed ea oratoria magis sunt, quam vestra : quanquam uti etiam vos soletis, sed hoc modo : « Finge mancipio aliquem dedisse id, quod mancipio dari non potest : num idcirco id ejus factum est, qui accepit? aut num is, qui mancipio dedit, ob eam rem se ulla re obligavit? » In hoc genere oratoribus et philosophis concessum est, ut muta etiam loquantur, ut mortui ab inferis excitentur, aut aliquid, quod fieri nullo modo possit, augendæ rei gratia, dicatur, aut minuendæ, quæ hyperbole dicitur, et multa mirabilia alia.

pour vous conduire où elle veut, se nomme induction, en grec ἐπαγωγή [15] : c'était l'argument favori de Socrate dans ses entretiens. Une autre sorte de similitude résulte d'un seul rapprochement, lorsque l'on compare une chose unique à une chose unique, un objet égal à un objet égal; par exemple : « Si, dans une ville, il s'élève une contestation sur des limites [16], vous ne pouvez appeler devant un arbitre pour les régler, parce que les limites concernent plutôt les champs que la ville; de même, si l'eau de pluie nuit dans une ville, comme cet objet est du ressort de la police rurale, vous ne pouvez traduire devant un arbitre pour faire détourner l'eau de pluie. » C'est aussi à la similitude qu'on emprunte les exemples. « Ainsi Crassus, dans la cause de Curius, fit usage de plusieurs exemples, en parlant d'un citoyen qui, par testament, en avait institué un autre son héritier, à condition que si, dans l'espace de dix mois, il naissait un fils au testateur, et que ce fils mourût avant de parvenir à la majorité, la succession appartiendrait à ce second héritier. Les exemples cités par Crassus opérèrent la conviction*. » C'est un argument que vous employez souvent dans vos réponses. Les exemples supposés produisent le même effet que la similitude; mais ils sont du domaine des orateurs plutôt que du vôtre. Toutefois il vous arrive d'y recourir; alors on s'y prend ainsi : « Supposez qu'un homme aliène des biens inaliénables; appartiendront-ils pour cela à celui qui les aura reçus? ou celui qui les a aliénés s'est-il par-là engagé en quelque chose? » En ce genre on a permis aux orateurs et aux philosophes de faire parler les êtres privés

---

* Voyez *Brutus*, ch. xxxix.

Sed latior est campus illorum. Eisdem tamen ex locis, ut ante dixi, et in maximis, et in minimis quæstionibus argumenta ducuntur.

XI. Sequitur similitudinem differentia rei, maxime contraria superiori : sed est ejusdem, dissimile et simile invenire. Ejus generis hæc sunt : « Non, quemadmodum quod mulieri debeas, recte ipsi mulieri, sine tutore auctore, solvas : ita quod aut pupillæ, aut pupillo debeas, recte possis eodem modo solvere. »

Deinceps locus est, qui a contrario dicitur. Contrariorum autem genera sunt plura : unum eorum, quæ in eodem genere plurimum differunt, ut sapientia et stultitia. Eodem autem genere dicuntur, quibus propositis occurrunt, tanquam e regione, quædam contraria, ut celeritati tarditas, non debilitas. Ex quibus [contrariis] argumenta talia exsistunt : « Si stultitiam fugimus, sapientiam sequamur; et bonitatem, si malitiam. » Hæc, quæ ex eodem genere contraria sunt, appellantur adversa. Sunt enim alia contraria, quæ privantia licet appellemus latine, Græci appellant στερητικά. Præpositio enim IN privat verbum ea vi, quam haberet, si IN præpositum non fuisset, ut « dignitas, indignitas; humanitas, inhumanitas, » et cetera generis ejusdem : quorum tractatio

de la parole, d'évoquer les morts des enfers, d'avancer des choses impossibles pour augmenter ou affaiblir une idée, ce qu'on appelle hyperbole; enfin d'étaler beaucoup d'autres merveilles. Mais la carrière des jurisconsultes est moins vaste. Néanmoins ces lieux, comme je l'ai dit, peuvent fournir des argumens dans les questions les plus importantes et dans les plus légères.

XI. Après la similitude, vient la différence qui est en tout l'opposé; mais c'est la même opération de l'esprit qui saisit le semblable et le dissemblable. En voici un exemple : « Si vous avez contracté une dette envers une femme, vous pouvez l'acquitter entre ses mains, sans recourir au tuteur[17]; mais ce que vous devez à une pupille ou à un pupille vous ne pouvez pas légalement l'acquitter de même. »

Vient ensuite le lieu nommé des contraires. Il y a plusieurs espèces de contraires. La première nous offre les idées qui dans un même genre sont le plus opposées, comme la sagesse et la folie. On dit que les idées sont du même genre lorsque, l'une étant posée, il s'en présente une contraire qui se trouve, pour ainsi dire, placée en regard : c'est ainsi que la vitesse est opposée à la lenteur, et non à la faiblesse. De ces contraires on tire ainsi des argumens : « Si l'on doit éviter la folie, on doit suivre la sagesse; si l'on doit fuir le mal, on doit chercher le bien. » On appelle opposés, les contraires d'un même genre. Il y a d'autres contraires que nous pouvons en latin appeler *privantia* (privatifs) et que les Grecs appellent στερητικά. En effet, la préposition *in* prive le mot de la force qu'il aurait s'il n'était pas précédé de cette préposition; comme *dignité, indignité; humanité, inhumanité*. On traite les argumens dérivés

est eadem, quæ superiorum, quæ adversa dixi. Nam alia quoque sunt contrariorum genera, velut ea, quæ cum aliquo conferuntur : ut duplum, simplum; multa, pauca; longum, breve; majus, minus. Sunt etiam illa valde contraria, quæ appellantur negantia ; ea ἀποφατικὰ Græci, contraria aientibus : ut, « Si hoc est, illud non est. » Quid enim opus exemplo est? tantum intelligatur argumento quærendo, contrariis omnibus contraria non convenire.

XII. Ab adjunctis autem posui equidem exemplum paullo ante, multa scilicet adjungi, quæ suscipienda essent, si statuissemus, ex edicto prætoris secundum eas tabulas possessionem dari, quas is instituisset, cui testamenti factio nulla esset. Sed locus hic magis ad conjecturales causas, quæ versantur in judiciis, valet : quum quæritur, quid aut sit, aut evenerit, aut futurum sit, aut quid omnino fieri possit. Ac loci quidem ipsius forma talis est. Admonet autem hic locus, ut quæratur, quid ante rem, quid cum re, quid post rem evenerit. Nihil hoc ad jus; ad Ciceronem, inquiebat Gallus noster, si quis ad eum quid tale retulerat, ut de facto quæreretur. Tu tamen patiere, nullum a me artis institutæ locum præteriri; ne, si nihil, nisi quod ad te pertineat, scribendum putaris, nimium te amare videare. Est igitur magna ex parte locus hic oratorius, non modo non jurisconsultorum, sed ne philosophorum quidem. Ante

de ces contraires, de même que les précédens. On reconnaît encore d'autres sortes de contraires : ceux, par exemple, qui résultent d'un rapport de quantité, comme double, simple; beaucoup, peu; long, court; plus grand, plus petit. Les contraires les plus opposés sont appelés négatifs; en grec ἀποφατικὰ, en latin *contraria aientibus*[18]. Par exemple : « Si telle chose est, telle autre n'est pas. » Mais est-il besoin d'exemples? il suffit de savoir, lorsque l'on cherche des argumens, que tous les contraires ne peuvent pas être opposés l'un à l'autre.

XII. J'ai cité plus haut*, pour l'argument tiré des *dépendances*, un exemple où l'on voit que, si nous admettions que l'édit du préteur peut adjuger la possession d'après un testament fait par une personne qui n'avait pas le droit de tester, à cette concession se rattacheraient, comme autant de dépendances, beaucoup d'autres cas qu'il faudrait également admettre. Mais ce lieu convient surtout aux causes conjecturales qui se traitent au barreau, lorsqu'on examine ce qui est, ce qui a été, ce qui sera ou ce qui peut être. Au reste, voici la forme de ce lieu : il nous avertit de chercher ce qui a précédé, accompagné ou suivi le fait. Cela ne regarde point la jurisprudence, adressez-vous à Cicéron, disait notre ami Gallus, quand on le consultait sur ce qui avait rapport au fait. Vous, Trebatius, souffrez que je n'omette aucun détail de la théorie qui nous occupe; gardez-vous de croire que ce qui vous intéresse mérite seul d'être écrit : ce serait paraître trop égoïste. Ce lieu appartient donc en grande partie à l'art oratoire; il est étranger

---

* Ch. IV.

rem enim quæruntur, quæ talia sunt, apparatus, colloquia, locus, constitutum convivium. Cum re autem, pedum crepitus, strepitus hominum, corporum umbræ, et si quid ejusmodi. At post rem, rubor, pallor, titubatio, et si qua alia signa conturbationis et conscientiæ; præterea restinctus ignis, gladius cruentus, ceteraque, quæ suspicionem facti possunt movere.

XIII. Deinceps est locus dialecticorum proprius ex consequentibus, et antecedentibus, et repugnantibus, qui etiam ab adjunctis longe diversus est : nam adjuncta, de quibus paullo ante dictum est, non semper eveniunt; consequentia autem semper. Ea enim dico consequentia, quæ rem necessario consequuntur. Itemque et antecedentia et repugnantia : quidquid enim antecedit quamque rem, id cohæret cum re necessario; et quidquid repugnat, id ejusmodi est, ut cohærere nunquam possit. Quum tripartito igitur distribuatur locus hic, in consecutionem, antecessionem, repugnantiam, reperiendi argumenti locus simplex est, tractandi triplex : nam quid interest, quum hoc sumpseris, pecuniam numeratam mulieri deberi, cui sit omne argentum legatum, utrum hoc modo concludas argumentum : « Si pecunia signata, argentum est, legata est mulieri : est autem pecunia signata argentum : legata igitur; » an illo modo : « Si numerata pecunia, non est legata ; non est nume-

aux jurisconsultes et même aux philosophes. Les circonstances antérieures au fait peuvent être les préparatifs, les entretiens, le lieu, un repas convenu; celles qui l'ont accompagné seront des pas qui ont retenti, un bruit d'hommes qui s'agitaient, les ombres de leurs corps, et autres choses semblables. A la suite du fait, vous remarquerez la rougeur, la pâleur, une démarche chancelante, et tous les autres indices d'une conscience troublée; ajoutez encore les lumières éteintes, un glaive ensanglanté, et tout ce qui peut éveiller le soupçon de ce qui s'est passé.

XIII. Ensuite se présente le lieu des antécédens, des conséquens, et des choses qui répugnent entre elles. Il est propre aux dialecticiens et diffère beaucoup du lieu des dépendances. En effet, les dépendances, dont j'ai parlé un peu plus haut, ne se présentent pas toujours; tandis que les conséquens arrivent inévitablement : car j'appelle conséquens les suites nécessaires d'une action. Il en est de même des antécédens et des choses qui répugnent entre elles. Tout antécédent est essentiellement lié avec le fait qu'il précède; tout ce qui répugne à une action ne peut jamais se concilier avec elle. Comme ce lieu se divise en trois parties, l'antécédent, le conséquent, et les choses qui répugnent entre elles, le lieu, source de l'argument, est simple; la manière de le traiter est triple. Par exemple, une fois que vous avez admis qu'une femme a droit à l'argent comptant, quand tout l'argent lui a été légué, qu'importe que vous adoptiez cette forme : « Si l'argent monnayé est de l'argent; il a été légué à la femme; or l'argent monnayé est de l'argent; donc il a été légué. » Ou celle-ci : « Si l'argent comptant n'est pas compris dans le legs, l'argent comp-

rata pecunia argentum : est autem numerata pecunia argentum : legata igitur est; » an illo modo : « Non et legatum argentum est, et non est legata numerata pecunia : legatum autem argentum est : legata igitur numerata pecunia est. »

Appellant autem dialectici eam conclusionem argumenti, in qua, quum primum assumpseris, consequitur id, quod annexum est, primum conclusionis modum; quum id, quod annexum est, negaris, ut id quoque, cui fuerit annexum, negandum sit, secundus appellatur concludendi modus; quum autem aliqua conjuncta negaris [et his alia negatio rursus adjungitur], et ex his primum sumpseris, ut, quod relinquitur, tollendum sit, is tertius appellatur conclusionis modus. Ex hoc illa rhetorum sunt ex contrariis conclusa, quæ ipsi enthymemata appellant : non quod non omnis sententia proprio nomine enthymema dicatur; sed, ut Homerus propter excellentiam commune poetarum nomen efficit apud Græcos suum; sic, quum omnis sententia enthymema dicatur, quia videtur ea, quæ ex contrariis conficiatur, acutissima, sola proprie nomen commune possidet. Ejus generis hæc sunt : « Hunc metuere, alterum in metu non ponere? — Eam, quam nihil accusas, damnas; bene quam meritam esse autumas, dicis male mereri? — Id, quod scis, prodest nihil; id, quod nescis, obest. »

XIV. Hoc disserendi genus attingit omnino vestras

tant n'est pas de l'argent; or l'argent comptant est de l'argent; donc il a été compris dans le legs. » Ou celle-ci enfin : « Il n'est pas possible que l'argent soit légué et que l'argent comptant ne le soit pas; or l'argent a été légué; on a donc légué l'argent comptant. »

Les dialecticiens appellent premier mode de conclusion celui où, après avoir admis une première proposition conjonctive, vous admettez comme conséquence la seconde proposition qui s'y rattache. Lorsque vous niez la seconde proposition, afin que la première soit également niée, vous employez le second mode. Si vous niez une seconde proposition conjonctive, et qu'après avoir admis la première vous ajoutiez une nouvelle négation pour détruire tout le reste, vous vous servez du troisième mode. De là ces argumens fondés sur les contraires, que les rhéteurs nomment enthymèmes [19]. Sans doute ce nom d'enthymème s'applique à toute preuve en général; mais comme Homère, par sa supériorité, s'est fait donner chez les Grecs le nom de poète par excellence; ainsi, quoique toute preuve se nomme enthymème, celle qui repose sur les contraires paraissant la plus irrésistible, on a fait du nom commun son nom propre par excellence. En voici des exemples : « Pouvez-vous craindre l'un et ne pas craindre l'autre? — Vous condamnez celle à qui vous ne reprochez rien, vous pensez qu'elle a bien mérité, et vous dites qu'il faut la punir. — Ce que vous savez est inutile; ce que vous ignorez vous sera nuisible. »

XIV. Cette espèce d'argument convient aussi à vos

quoque in respondendo disputationes : sed philosophorum magis; quibus est cum oratoribus illa ex repugnantibus sententiis communis conclusio, quæ a dialecticis tertius modus, a rhetoribus enthymema nuncupatur. Reliqui dialecticorum modi plures sunt, qui ex disjunctionibus constant : « Aut hoc, aut illud; hoc autem; non igitur illud. » Itemque, « Aut hoc, aut illud; non autem hoc; illud igitur. » Quæ conclusiones idcirco ratæ sunt, quod in disjunctione plus uno verum esse non potest. Atque ex iis conclusionibus, quas supra scripsi, prior, quartus; posterior, quintus a dialecticis modus appellatur. Deinde addunt conjunctionum negantiam, sic : « Non et hoc est, et illud; hoc autem; non igitur illud. » Hic modus est sextus. Septimus autem, « Non et hoc, et illud; non autem hoc; illud igitur. » Ex his modis conclusiones innumerabiles nascuntur, in quo est fere tota dialectica. Sed ne eæ quidem, quas exposui, ad hanc institutionem sunt necessariæ.

XV. Proximus est locus rerum efficientium, quæ causæ appellantur; deinde rerum effectarum ab efficientibus causis. Harum exempla, ut reliquorum locorum, paullo ante posui, et quidem ex jure civili : sed hæc patent latius. Causarum igitur genera duo sunt : unum, quod vi sua id, quod sub ea subjectum est, certo efficit, ut ignis accendit; alterum, quod naturam efficiendi non habet, sed sine quo effici non possit : « ut, si quis æs cau-

réponses dans les discussions de jurisprudence; mais elle est plus usitée chez les philosophes, qui emploient, aussi bien que les orateurs, la conclusion tirée de deux propositions contraires, que les dialecticiens appellent troisième mode, et les rhéteurs enthymème. Les dialecticiens ont encore plusieurs modes d'argumentation ; les uns reposent sur la disjonction : « C'est ou ceci, ou cela; or c'est ceci; donc ce n'est pas cela. » Et de même : « C'est ou ceci, ou cela; or ce n'est pas ceci; donc c'est cela. » Ces conclusions sont péremptoires, parce que, entre deux propositions disjonctives, une seule peut être vraie. De ces formes d'argumens que je viens de citer, la première est le quatrième mode des dialecticiens, et la suivante le cinquième. Ils ajoutent ensuite la conclusion qui nie le rapport des propositions; par exemple : « Ce ne peut être à la fois ceci et cela ; or c'est ceci; donc ce n'est point cela. » Ce mode est le sixième. Voici le septième : « Ce ne peut être et ceci et cela ; or ce n'est point ceci, donc c'est cela. » De ces différens modes naissent d'innombrables conclusions; et c'est là presque toute la dialectique. Mais celles que j'ai données n'étaient pas même nécessaires à mon objet.

XV. Immédiatement après vient le lieu des forces efficientes que l'on appelle causes ; ensuite celui des choses produites par les causes, ou des effets. Pour ces deux lieux, comme pour les autres, j'ai donné un peu plus haut des exemples, et je les ai tirés du droit civil ; mais ce sujet exige de plus amples développemens. Il y a deux sortes de causes : l'une qui, par sa propre force, produit inévitablement l'effet qui lui est subordonné : ainsi le feu produit la flamme; l'autre qui n'a point la force efficiente, mais sans laquelle l'effet ne peut avoir

sam statuæ velit dicere, quod sine eo non possit effici. » Hujus generis causarum, sine quo non efficitur alia sunt quieta, nihil agentia, stolida quodam modo; ut locus, tempus, materiæ, ferramenta, et cetera generis ejusdem; alia autem præcursionem quamdam adhibent ad efficiendum, et quædam afferunt per se adjuvantia, etsi non necessaria, ut amori congressio causam attulerit, amor flagitio. Ex hoc genere causarum, ex æternitate pendentium, fatum a stoicis nectitur. Atque ut earum causarum, sine quibus effici non potest, genera divisi; sic etiam efficientium dividi possunt. Sunt enim aliæ causæ, quæ plane efficiant, nulla re adjuvante; aliæ, quæ adjuvari velint : ut sapientia efficit sapientes sola per se; beatos efficiat, necne, sola per se, quæstio est.

XVI. Quare quum in disputationem inciderit causa efficiens aliquid necessario, sine dubitatione licebit, quod efficitur ab ea causa, concludere. Quum autem erit talis causa, ut in ea non sit efficiendi necessitas; necessaria conclusio non sequitur. Atque illud quidem genus causarum, quod habet vim efficiendi necessariam, errorem afferre non fere solet; hoc autem, sine quo non efficitur, sæpe conturbat. Non enim, si sine parentibus filii esse non possunt, propterea causa fuit in parentibus gignendi necessaria. Hoc igitur, sine quo non fit,

lieu : comme si l'on disait que l'airain est la cause d'une statue, parce que, sans airain, elle n'aurait pu être faite. Parmi ces causes sans lesquelles l'effet ne peut avoir lieu, les unes sont dépourvues de mouvement, d'activité, d'intelligence, comme le lieu, le temps, les matériaux, les instrumens de fer, et toutes les choses semblables. D'autres, jetées au devant de l'effet, concourent à le produire; elles apportent un secours actif, et qui pourtant n'est pas indispensable : ainsi les entrevues peuvent être la cause de l'amour, et l'amour la cause du crime. C'est de l'enchaînement des causes, lorsqu'elles sont nécessairement liées de toute éternité, que les stoïciens forment l'idée du destin [20]. De même que j'ai divisé en deux genres les causes sans lesquelles l'effet ne peut avoir lieu, je puis aussi diviser les causes efficientes. Il y en a qui produisent leur effet par elles seules et sans aucun secours; d'autres veulent être aidées. Ainsi la sagesse produit des sages par elle seule; mais suffit-elle ou ne suffit-elle pas pour faire des heureux? c'est une question.

XVI. Ainsi, lorsqu'il se présentera dans la discussion une cause qui produit nécessairement son effet, on pourra, sans hésiter, conclure que cet effet existe; mais si la cause est telle qu'elle ne contienne pas nécessairement la force efficiente, on ne peut en tirer une conclusion nécessaire. Le genre de causes qui contient nécessairement la force efficiente ne donne presque jamais lieu à l'erreur; mais la cause sans laquelle l'effet ne peut avoir lieu, nous égare souvent. De ce que les enfans ne peuvent naître s'ils n'ont reçu la vie de leurs parens, il ne s'ensuit pas qu'il y ait dans les parens une cause nécessaire d'engendrer des enfans. Il faut donc séparer

ab eo, a quo certo fit, diligenter est separandum. Illud enim est tanquam,

> Utinam ne in nemore Pelio securibus
> Cæsa cecidisset abiegna ad terram trabes!

Nisi enim cecidisset abiegna ad terram trabes, Argo illa facta non esset : nec tamen fuit in his trabibus efficiendi vis necessaria. At quum in Ajacis navim *crispisulcans igneum fulmen* injectum est, inflammatur navis necessario. Atque etiam est causarum dissimilitudo, quod aliæ sunt, ut sine ulla appetitione animi, sine voluntate, sine opinione, suum quasi opus efficiant, velut, ut omne intereat, quod ortum est; aliæ autem aut voluntate efficiuntur, aut perturbatione animi, aut habitu, aut natura, aut arte, aut casu : voluntate, ut tu, quum hunc libellum legis; perturbatione, ut si quis eventum horum temporum timeat; habitu, ut facile et cito irascatur; natura, ut vitium in dies crescat; arte, ut bene pingat; casu, ut prospere naviget. Nihil horum sine causa, nec quidquam omnino; sed hujusmodi causæ non necessariæ.

XVII. Omnium autem causarum in aliis inest constantia, in aliis non inest. In natura, et in arte constantia est, in ceteris nulla. Sed tamen earum causarum, quæ non sunt constantes, aliæ sunt perspicuæ, aliæ

soigneusement la cause sans laquelle l'effet ne peut être, de celle qui le produit inévitablement. Voici un exemple de la première :

« Plût aux dieux que, dans la forêt du Pélion, les sapins ne fussent jamais tombés sous la hache ! »

Car si les sapins n'avaient pas été abattus, le vaisseau des Argonautes n'eût pas été construit; et cependant il n'y avait point dans ces arbres une cause efficiente nécessaire. Mais, lorsque *la foudre tomba en serpentant* sur le vaisseau d'Ajax, ce vaisseau dut nécessairement s'embraser. Une autre différence entre les causes, c'est que les unes, sans le désirer, le vouloir ou le soupçonner, accomplissent aveuglément leur œuvre; ainsi tout ce qui est né doit périr. D'autres viennent ou de la volonté, ou du trouble de l'esprit, ou de l'habitude, ou du naturel, ou de l'art, ou du hasard. De la volonté, comme lorsque vous lisez ce livre; du trouble de l'esprit, quand on craint, par exemple, la crise vers laquelle nous entraînent les circonstances présentes; de l'habitude, comme la facilité ou la promptitude à se mettre en colère; de la nature, comme un vice qui doit augmenter de jour en jour; de l'art, par exemple, lorsque l'on peint bien; du hasard, si l'on navigue heureusement. Aucun de ces effets, et même rien au monde, ne saurait arriver sans cause; mais les causes de cette espèce ne sont point nécessaires.

XVII. Enfin, parmi les causes, les unes sont permanentes, les autres ne le sont pas. Dans la nature et dans l'art il y a permanence; dans les autres il n'y en a point. Il faut encore distinguer, parmi les causes permanentes, celles qui sont manifestes et celles qui sont cachées. Les

latent. Perspicuæ sunt, quæ appetitionem animi judiciumque tangunt; latent, quæ subjectæ sunt fortunæ. Quum enim nihil sine causa fiat; hoc ipsum est fortunæ eventus, obscura causa, quæ latenter efficitur. Etiam ea, quæ fiunt, partim sunt ignorata, partim voluntaria: ignorata, quæ necessitate effecta sunt; voluntaria, quæ consilio. Quæ autem fortuna, vel ignorata, vel voluntaria. Nam jacere telum, voluntatis est; ferire, quem nolueris, fortunæ. Ex quo aries ille subjicitur in vestris actionibus : « Si telum manu fugit magis, quam jecit. » Cadunt etiam in ignorationem atque in imprudentiam perturbationes animi : quæ, quanquam sunt voluntariæ (objurgatione enim, et admonitione dejiciuntur), tamen habent tantos motus, ut ea, quæ voluntaria sunt, aut necessaria interdum, aut certe ignorata videantur. Toto igitur loco causarum explicato, ex earum differentia in magnis quidem causis vel oratorum, vel philosophorum, magna argumentorum suppetit copia; in vestris autem, si non uberior, at fortasse subtilior. Privata enim judicia maximarum quidem rerum in jurisconsultorum mihi videntur esse prudentia. Nam et adsunt multum, et adhibentur in consilio; et patronis diligentibus, ad eorum prudentiam confugientibus, hastas ministrant.

In omnibus igitur iis judiciis, in quibus, *ex fide bona*, est additum; ubi vero etiam, *ut inter bonos bene*

causes manifestes tiennent aux besoins de l'âme et au jugement; les causes cachées sont rapportées à la fortune. Comme rien n'arrive sans cause, on explique par la fortune toute cause ignorée qui nous dérobe son action. Les effets aussi sont involontaires ou volontaires: involontaires, quand ils sont produits par la nécessité; volontaires, quand ils sont le fruit de notre détermination. Ceux qui viennent de la fortune sont involontaires ou volontaires; car lancer un trait est un acte de la volonté; frapper celui qu'on ne visait pas est un coup de la fortune. C'est de là que vous empruntez cette arme puissante dans vos luttes judiciaires : « Si le trait n'a pas été lancé, mais s'est échappé de la main. » Il y a aussi quelque chose d'involontaire et d'imprévu dans les troubles de l'esprit, qui cependant dépendent de la volonté, puisqu'ils peuvent être apaisés par une réprimande ou par un avis. Mais ils nous agitent si violemment qu'ils donnent aux actes de la volonté une apparence de nécessité, ou du moins d'entraînement aveugle. Lorsqu'on a pénétré tous les replis du lieu des causes, on peut de leurs différentes espèces tirer une foule d'argumens dans les grandes questions oratoires ou philosophiques. Si dans vos questions de jurisprudence l'usage de ce lieu n'est pas plus fréquent, l'atteinte en est peut-être plus sûre. En effet, dans les affaires particulières du plus haut intérêt, le jugement me paraît dépendre de l'habileté des jurisconsultes. On leur demande leur appui, leurs conseils; et lorsqu'un avocat plein de zèle a recours à leur savoir, ils lui fournissent des traits irrésistibles.

Dans toutes les causes où le préteur ajoute cette formule : *On jugera d'après la bonne foi*[21]; ou celle-ci : *Il*

agier; in primisque in arbitrio rei uxoriæ, in quo est, [*quid*] *æquius, melius,* parati esse debent. Illi enim dolum malum, illi fidem bonam, illi æquum, bonum, illi, quid socium socio; quid eum, qui negotia aliena curasset, ei, cujus ea negotia fuissent; quid eum, qui mandasset, eumve, cui mandatum esset, alterum alteri præstare oporteret quid virum uxori, quid uxorem viro, tradiderunt. Licebit igitur, diligenter cognitis argumentorum locis, non modo oratoribus et philosophis, sed juris etiam peritis copiose de consultationibus suis disputare.

XVIII. Conjunctus huic causarum loco locus ille est, qui efficitur ex causis. Ut enim causa effectum indicat, sic quod effectum est, quæ fuerit causa, demonstrat. Hic locus suppeditare solet oratoribus et poetis, sæpe etiam philosophis, sed iis, qui ornate et copiose loqui possunt, mirabilem copiam dicendi, quum denuntiant, quid ex quaque re sit futurum. Causarum enim cognitio cognitionem eventorum facit.

Reliquus est comparationis locus, cujus genus et exemplum supra positum est, ut ceterorum; nunc explicanda tractatio est. Comparantur igitur ea, quæ aut majora, aut minora, aut paria dicuntur : in quibus spectantur hæc, numerus, species, vis, quædam etiam ad res aliquas affectio.

faut agir comme entre gens de bien ; surtout dans les arbitrages, sur les droits de la femme, où la formule est : *Chercher le plus juste, le meilleur ;* les jurisconsultes doivent être toujours prêts. Ce sont eux, en effet, qui ont traité à fond du dol, de la bonne foi, de l'équité, du bien ; eux qui ont précisé les obligations mutuelles des associés ; quels sont les devoirs d'un chargé d'affaires envers celui qui lui a donné sa confiance ; quels sont les devoirs réciproques d'un mandant et de celui qui a reçu son mandat ; les devoirs d'un mari envers sa femme, d'une femme envers son mari. Ainsi, lorsque le jurisconsulte aura acquis la connaissance approfondie des lieux, il pourra, aussi bien que l'orateur et le philosophe, traiter avec abondance les questions qui lui seront soumises.

XVIII. A ce lieu des causes se joint celui des effets, puisque l'effet déclare la cause, comme la cause indique l'effet. Ce lieu fournit aux orateurs, aux poètes, et souvent même aux philosophes, mais seulement à ceux qui savent mettre dans leur style de la richesse et de l'élégance, une ample moisson d'argumens, lorsqu'ils proclament les conséquences de chaque chose : car la connaissance des causes entraîne celle des effets.

Il ne reste plus qu'un lieu, la comparaison, dont nous avons donné plus haut la définition accompagnée d'un exemple, comme pour les autres. Maintenant il faut en expliquer l'emploi. On compare des choses qui sont plus grandes, moindres ou égales : on les envisage relativement à leur nombre, à leur espèce, à leur force, ou dans leur rapport avec d'autres objets.

Numero sic comparabuntur, plura bona ut paucioribus bonis anteponantur, pauciora mala malis pluribus, diuturniora bona brevioribus, longe et late pervagata angustis; ex quibus plura bona propagentur, quæque plures imitentur et faciant.

Specie autem comparantur, ut anteponantur, quæ propter se expetenda sunt, iis, quæ propter aliud; et ut innata atque insita, assumptis et adventitiis, integra contaminatis, jucunda minus jucundis, honesta ipsis etiam utilibus, proclivia laboriosis, necessaria non necessariis, sua alienis, rara vulgaribus, desiderabilia iis, quibus facile carere possis, perfecta inchoatis, tota partibus, ratione utentia rationis expertibus; voluntaria necessariis, animata inanimatis, naturalia non naturalibus, artificiosa non artificiosis.

Vis autem in comparatione sic cernitur : efficiens causa gravior, quam non efficiens; quæ se ipsis contenta sunt, meliora, quam quæ egent aliis; quæ in nostra, quam quæ in aliorum potestate sunt; stabilia incertis; quæ eripi non possunt, iis, quæ possunt.

Affectio autem ad res aliquas, est hujusmodi : principum commoda majora, quam reliquorum; itemque, quæ jucundiora, quæ pluribus probata, quæ ab optimo

Dans les comparaisons relatives au nombre, une plus grande quantité de biens doit l'emporter sur une moindre, une plus petite somme de maux sur une plus considérable; on préférera des biens durables à des biens passagers, des avantages étendus à des avantages bornés; enfin les actions qui engendrent le plus de bons effets, et que la plupart des hommes imitent et reproduisent.

Dans les comparaisons relatives à l'espèce, on préfère les choses désirables par elles-mêmes, à celles qui le sont par des motifs étrangers; des propriétés inhérentes et naturelles, à des qualités empruntées et accessoires; le pur à l'impur; ce qui plaît à ce qui plaît moins; l'honnête sera préféré même à l'utile, le facile au pénible, ce qui est nécessaire à ce qui ne l'est pas, ce qui est à nous à ce qui ne nous appartient point, le rare au commun, les choses dont on a besoin à celles dont on peut se passer, le parfait à l'ébauché, le tout à ses parties, le raisonnable à l'irrationnel, les actes volontaires aux actes forcés, les êtres animés aux êtres inanimés; le naturel à ce qui ne l'est point, les effets de l'art à ce qui est dépourvu d'art.

La force, dans une comparaison, se présente ainsi : la cause efficiente l'emporte sur celle qui ne l'est pas; les choses qui se suffisent à elles-mêmes sont préférables à celles qui ont besoin du secours des autres; celles qui sont en notre pouvoir, à celles qui dépendent d'autrui; le stable à l'incertain; ce qu'on ne saurait nous ravir, à ce qu'on peut nous enlever.

Lorsque la comparaison est fondée sur un rapport avec d'autres objets, elle se fait ainsi : les intérêts des principaux citoyens l'emportent sur ceux des autres

quoque laudata. Atque, ut hæc in comparatione meliora, sic deteriora, quæ iis sunt contraria.

Parium autem comparatio nec elationem habet, nec submissionem : est enim æqualis. Multa autem sunt, quæ æqualitate ipsa comparentur; quæ ita fere concluduntur : « Si consilio juvare cives et auxilio, æqua in laude ponendum est; pari gloria debent esse ii, qui consulunt, et ii, qui defendunt : at, quod primum, est : quod sequitur igitur. »

Perfecta est omnis argumentorum inveniendorum præceptio, ut, quum profectus sis a definitione, a partitione, a notatione, a conjugatis, a genere, a forma, a similitudine, a differentia, a contrariis, ab adjunctis, a consequentibus, ab antecedentibus, a repugnantibus, a causis, ab effectis, a comparatione majorum, minorum, parium, nulla præterea sedes argumenti quærenda sit.

XIX. Sed quoniam ita a principio divisimus, ut alios locos diceremus in eo ipso, de quo ambigitur, hærere, de quibus satis est dictum, alios assumi extrinsecus; de iis pauca dicamus : etsi ea nihil omnino ad vestras disputationes pertinent; sed tamen totam rem perficiamus, quandoquidem cœpimus. Neque enim tu is es, quem nihil, nisi jus civile, delectet : et quoniam ad te

hommes; il faut préférer ce qui offre le plus d'agrémens, ce qui a l'approbation du plus grand nombre, ce qui obtient les éloges des plus vertueux. La comparaison présente ces choses comme meilleures, et les choses opposées comme pires.

Dans la comparaison des choses égales, il ne faut ni préférer, ni mettre au dessous. Il est beaucoup de choses qui peuvent être comparées sous le rapport de l'égalité; telle est la forme de cet argument : « S'il y a un égal honneur à prêter à ses concitoyens le secours de ses conseils ou l'appui de son bras, nous devons une gloire égale à ceux qui nous servent de leurs conseils et à ceux qui nous servent de leurs bras; or le principe est vrai, la conséquence l'est donc aussi. »

Ici se terminent les préceptes relatifs à l'invention des argumens. Quand vous avez passé en revue la définition, l'énumération des parties, les signes, les conjugués, le genre, l'espèce, la similitude, la différence, les contraires, les dépendances, les conséquens, les antécédens, les choses qui répugnent entre elles, les causes, les effets et la comparaison avec supériorité, infériorité ou égalité, il n'y a plus à chercher aucune source d'argumentation.

XIX. Mais, puisqu'en commençant nous avons distingué deux espèces de lieux, les uns, dont nous avons suffisamment parlé, empruntés au fond même de la question, et les autres puisés à l'extérieur; consacrons quelques mots à ces derniers. Ils n'ont, il est vrai, aucun rapport à vos discussions; mais complétons ce traité, puisque nous l'avons entrepris. D'ailleurs, vous n'êtes pas de ceux qui ne trouvent de charmes que dans le

hæc ita scribuntur, ut etiam in aliorum manus sint ventura, detur opera, ut quam plurimum iis, quos recta studia delectant, prodesse possimus.

Hæc ergo argumentatio, quæ dicitur artis expers, in testimonio posita est. Testimonium autem nunc dicimus omne, quod ab aliqua re externa sumitur ad faciendam fidem. Persona autem non qualiscumque testimonii pondus habet : ad faciendam enim fidem auctoritas quæritur. Sed auctoritatem aut natura, aut tempus affert. Naturæ auctoritas in virtute inest maxime; in tempore autem multa sunt, quæ afferant auctoritatem, ingenium, opes, ætas, fortuna, ars, usus, necessitas, concursio etiam nonnunquam rerum fortuitarum. Nam et ingeniosos, et opulentos, et ætatis spatio probatos, dignos, quibus credatur, putant : non recte fortasse; sed vulgi opinio mutari vix potest, ad eamque omnia dirigunt et qui judicant, et qui existimant. Qui enim his rebus, quas dixi, excellunt, ipsa virtute videntur excellere. Sed reliquis quoque rebus, quas modo enumeravi, quanquam in iis nulla species virtutis est, tamen interdum confirmatur fides, si aut ars quædam adhibetur; magna enim est vis ad persuadendum, scientiæ : aut usus; plerumque enim creditur iis, qui experti sunt.

XX. Facit etiam necessitas fidem, quæ quum a corporibus, tum ab animis nascitur. Nam et verberibus, tormentis, igni fatigati quæ dicunt, ea videtur veritas

droit civil; et puisque cet ouvrage, écrit pour vous, peut tomber en d'autres mains que les vôtres, ne négligeons rien pour le rendre utile, autant que faire se peut, à ceux qui aiment les bonnes études.

Cette argumentation, que l'on dit être sans art, est fondée sur le témoignage. Or nous appelons témoignage toute preuve puisée hors du sujet. Toute personne n'a pas le poids nécessaire pour servir de témoin; pour accorder sa foi on exige une certaine autorité; l'autorité vient de la nature ou du temps : celle qui vient de la nature repose principalement sur la vertu; celle que l'on doit au temps dépend de plusieurs circonstances, de l'instruction, de la richesse, de l'âge, de la fortune, de l'art, de l'expérience, de la nécessité, quelquefois même d'un concours d'évènemens fortuits. On regarde, en effet, comme dignes de confiance les hommes éclairés, riches et éprouvés par une longue suite d'années. Peut-être est-ce un tort; mais l'opinion du vulgaire ne peut se changer, et c'est à cette règle que se conforment toujours et le juge qui prononce une sentence, et le particulier qui donne son avis. C'est que ceux qui brillent par les avantages dont je viens de parler paraissent l'emporter sur les autres par l'éclat de la vertu même. Les autres circonstances que j'ai énumérées plus haut, quoiqu'elles n'offrent aucune apparence de vertu, peuvent cependant quelquefois obtenir une grande confiance, surtout si l'on a recours à l'art et à l'expérience : car la science a un pouvoir merveilleux pour persuader, et l'on croit volontiers ceux que l'expérience a éclairés.

XX. On ajoute encore foi à la nécessité, qui règne ou sur les corps, ou sur les esprits : ainsi les témoignages arrachés par les verges, par les tortures ou par

ipsa dicere; et quæ a perturbationibus animi sunt, dolore, cupiditate, iracundia, metu, quia necessitatis vim habent, afferunt auctoritatem et fidem. Cujus generis etiam illa sunt, ex quibus nonnunquam verum invenitur, pueritia, somnus, imprudentia, vinolentia, insania. Nam et pueri sæpe indicaverunt aliquid, ad quod pertineret, ignari; et per somnum, vinum, insaniam, multa sæpe patefacta sunt. Multi etiam in res odiosas imprudentes inciderunt, ut Staleno nuper accidit : qui ea locutus est, bonis viris subauscultantibus, pariete interposito, quibus patefactis, in judiciumque prolatis, rei capitalis jure damnatus est. Huic simile quiddam de Lacedæmonio Pausania accepimus.

Concursio autem fortuitorum talis est, ut, si interventum est casu, quum aut ageretur aliquid, quod proferendum non esset, aut diceretur. In hoc genere etiam illa est in Palamedem conjecta suspicionum proditionis multitudo : quod genus refutare interdum veritas vix potest. Hujus etiam generis est fama vulgi, quoddam multitudinis testimonium.

Quæ autem virtute fidem faciunt, ea bipartita sunt : ex quibus alterum natura valet, alterum industria. Deorum enim virtus natura excellit; hominum autem industria.

Divina hæc fere sunt testimonia : primum orationis (oracula enim ex eo ipso appellata sunt, quod inest in

le feu, paraissent prononcés par la vérité même; et les aveux échappés à une âme troublée par la douleur ont autorité et confiance, parce qu'ils sont le produit d'une force irrésistible. Il faut ranger dans la même classe quelques autres moyens de découvrir la vérité : la candeur de l'enfance, le sommeil, l'imprudence, l'ivresse, la folie. Plus d'une fois, en effet, des enfans, sans y penser, ont dévoilé des secrets dont on avait besoin. Le vin, le sommeil et la folie ont découvert bien des choses. Par imprudence plusieurs ont fourni des armes contre eux; c'est ce qui est arrivé dernièrement à Stalenus : il laissa échapper quelques paroles qui, entendues à travers une muraille par des gens dignes de foi, furent déférées à la justice, et le firent condamner à une peine capitale. On raconte un fait à peu près semblable du Lacédémonien Pausanias.

Il y a concours de circonstances fortuites lorsque, par hasard, un témoin est survenu au milieu d'un acte ou d'un discours répréhensible. A la même espèce de témoignage appartenait cette multitude de soupçons accumulés contre Palamède, pour le convaincre de trahison. Souvent la vérité même a peine à réfuter de telles apparences. Rangeons encore dans le même genre ces opinions accréditées, qu'on peut regarder comme le témoignage du public.

Les témoignages fondés sur la vertu sont de deux sortes : les uns tirent leur force de la nature, les autres de l'éducation. La vertu des deux excelle par sa nature; l'éducation porte celle de l'homme à son plus haut degré.

Voici à peu près les témoignages divins : d'abord, ceux de la parole : car les oracles ont été ainsi appelés

his deorum oratio); deinde rerum, in quibus insunt quasi opera divina quædam; primum ipse mundus, ejusque omnis ordo et ornatus; deinceps aerei volatus avium atque cantus; deinde ejusdem aeris sonitus et ardores, multarumque rerum in terra portenta; atque etiam per exta inventa præsensio; a dormientibus quoque multa significata vivis: quibus ex locis sumi interdum solent ad fidem faciendam testimonia deorum.

In homine virtutis opinio valet plurimum. Opinio autem est, non modo eos virtutem habere, qui habeant, sed eos etiam, qui habere videantur. Itaque, quos ingenio, quos studio, quos doctrina præditos vident, quorumque vitam constantem et probatam, ut Catonis, Lælii, Scipionis, aliorumque plurium, rentur eos esse, quales se ipsi velint. Nec solum eos censent tales esse, qui in honoribus populi, reque publica versantur, sed et oratores, et philosophos, et poetas, et historicos: ex quorum et dictis et scriptis sæpe auctoritas petitur ad faciendam fidem.

XXI. Expositis omnibus argumentandi locis, illud primum intelligendum est, nec ullam esse disputationem, in quam non aliquis locus incurrat, nec fere omnes locos incidere in omnem quæstionem, sed quibusdam quæstionibus alios esse aptiores locos. Quæstionum duo sunt genera: alterum infinitum, alterum definitum.

du mot *oratio*, parce qu'ils sont la parole des dieux; ensuite, les témoignages des choses où la Divinité a laissé l'empreinte de son travail : voyez, par exemple, le monde, l'ordre de ses parties et les ornemens qui l'embellissent; le vol et le chant des hôtes de l'air. Tels sont encore dans l'air ces feux brûlans, ces détonations soudaines; sur la terre, ces prodiges sans nombre, ces présages découverts au milieu des entrailles, ces révélations qui nous sont faites durant le sommeil. C'est dans ces différens lieux qu'on puise quelquefois les témoignages des dieux, afin d'opérer la persuasion.

Dans l'homme, la réputation de vertu est du plus grand poids. Cette réputation n'accompagne pas seulement ceux qui ont de la vertu, mais encore ceux qui paraissent en avoir. Ainsi, lorsque nous voyons briller en un citoyen les talens, l'activité, les lumières; lorsque, digne émule de Caton, de Lélius, de Scipion et de tant d'autres, il a traversé toutes les épreuves de la vie sans jamais se démentir, nous le croyons tel qu'il veut paraître. Cette faveur de l'opinion ne s'attache pas exclusivement à ceux qui courent la carrière des honneurs et de l'administration publique; elle s'étend aux orateurs, aux philosophes, aux poètes, aux historiens, et l'on emprunte à leurs paroles et à leurs écrits des autorités pour donner plus de crédit à ses preuves.

XXI. Après avoir exposé tous les lieux, source de l'argumentation, il faut d'abord reconnaître qu'il n'est aucune discussion qui n'en comporte quelques-uns; que tous ne peuvent être mis en usage dans toute question; mais qu'il y en a de plus ou de moins convenables suivant la nature du sujet. On distingue deux sortes de questions : l'une indéfinie, l'autre déterminée. Les Grecs

Definitum est, quod ὑπόθεσιν Græci, nos causam; infinitum, quod θέσιν illi appellant, nos propositum possumus nominare.

Causa certis personis, locis, temporibus, actionibus, negotiis cernitur, aut in omnibus, aut in plerisque eorum; propositum autem, in aliquo eorum, aut in pluribus, nec tamen in maximis. Itaque propositum pars causæ est. Sed omnis quæstio earum aliqua de re est, quibus causæ continentur, aut una, aut pluribus, aut nonnunquam omnibus. Quæstionum autem, quacumque de re sint, duo sunt genera : unum cognitionis, alterum actionis. Cognitionis sunt hæ, quarum finis est scientia : ut, « Si quæratur, a naturane jus profectum sit, an ab aliqua quasi conditione hominum et pactione. » Actionis autem hujusmodi exempla sunt : « Sitne sapientis ad rempublicam accedere. » Cognitionis quæstiones tripartitæ sunt, quum, an sit, aut quid sit, aut quale sit, quæritur. Horum primum conjectura, secundum definitione, tertium juris et injuriæ distinctione explicatur.

Conjecturæ ratio in quatuor partes distributa est : quarum una est, quum quæritur, sitne aliquid; altera, unde ortum sit; tertia, quæ id causa effecerit; quarta, in qua de mutatione rei quæritur. Sit, necne sit : « Ecquidnam honestum sit; ecquid æquum re vera; an hæc tantum in opinione sint. » Unde autem sit ortum, ut, quum quæritur, « Natura, an doctrina possit effici virtus. »

appellent *hypothèse*, et nous *cause*, la question déterminée. Nous pouvons appeler *propositum* la question indéfinie que les Grecs nomment *thèse* [22].

La cause est déterminée par les personnes, les lieux, les temps, les actions, les affaires; par toutes ces circonstances, ou par la plupart d'entre elles. Le *propositum* se montre en quelqu'une de ces circonstances, ou même en plusieurs, mais non pas dans les plus considérables : c'est donc une partie de la cause. Mais toute question embrasse une ou plusieurs des circonstances qui constituent les causes; quelquefois elles s'y rencontrent toutes. Les questions, quel qu'en soit l'objet, sont de deux sortes : les unes de théorie, les autres de pratique : de théorie, lorsqu'elles ont pour but la science; on demande, par exemple, « si le droit dérive de la nature ou d'une convention, d'un pacte établi entre les hommes; » de pratique, quand on demande « si un sage doit prendre part à l'administration des affaires. » Toute question de théorie est triple : on examine si la chose est, quelle est sa nature, quelles sont ses qualités. Le premier point se traite par la conjecture, le deuxième par la définition, le troisième par la distinction du juste et de l'injuste.

La conjecture procède de quatre manières : dans la première, on demande si une chose existe; dans la deuxième, quelle en est l'origine; dans la troisième, quelle en est la cause; dans la quatrième, quels changemens elle peut éprouver. Par exemple : une chose est-elle ou non? « Est-il quelque chose d'honnête, quelque chose de juste en soi? ou ces idées n'ont-elles d'autre base que l'opinion? » Cherche-t-on l'origine, on demande « si c'est la nature ou l'instruction qui produit la vertu. »

Causa autem efficiens sic, ut, quum quæritur, « Quibus rebus eloquentia efficiatur. » De commutatione, sic : « Possitne eloquentia commutatione aliqua converti in infantiam. »

XXII. Quum autem, quid sit, quæritur; notio explicanda est, et proprietas, et divisio, et partitio : hæc enim sunt definitioni attributa. Additur etiam descriptio, quam Græci χαρακτῆρα vocant. Notio sic quæritur : « Sitne id æquum, quod ei, qui plus potest, utile est. » Proprietas sic : « In hominemne solum cadat, an etiam in belluas ægritudo. » Divisio, et eodem pacto partitio, sic : « Triane genera bonorum sint. » Descriptio, « Qualis sit avarus, qualis assentator, ceteraque ejusdem generis, in quibus natura et vita describitur. »

Quum autem quæritur, quale quid sit, aut simpliciter quæritur, aut comparate : simpliciter, « Expetendane sit gloria? » comparate : « Præponendane sit divitiis gloria? » Simplicium tria genera sunt : de expetendo fugiendoque; de æquo et iniquo; de honesto et turpi. Comparationum autem duo, unum de eodem et alio; alterum de majore et minore. De expetendo et fugiendo, hujusmodi : « Si expetendæ divitiæ, si fugienda paupertas? » De æquo et iniquo : « Æquumne sit ulcisci, a quocumque injuriam acceperis? » De honesto et turpi : « Honestumne sit, pro patria mori? » Ex altero autem ge-

Pour trouver la cause efficiente, on demande « De quelles causes l'éloquence est-elle le produit? » Enfin, à l'égard des changemens qu'une chose peut subir, on demande « s'il est possible que l'éloquence, par suite de quelque changement, dégénère jusqu'à une complète inaptitude pour la parole. »

XXII. Lorsqu'on cherche quelle est la nature d'une chose, il faut d'abord en donner la notion, puis en développer les propriétés, ensuite la diviser et en énumérer les parties. Tels sont les attributs de la définition. On y joint la description que les Grecs nomment *caractère*. On cherche la notion d'une chose ainsi : « Le juste est-il ce qui est utile au plus puissant ? » La propriété, ainsi : « La tristesse agit-elle sur l'homme seul, ou bien aussi sur les animaux ? » La division et l'énumération des parties se ressemblent; elles se font ainsi : « Doit-on distinguer trois sortes de biens? » La description dépeint un avare, un flatteur et tous les sujets de même genre où sont représentées la nature et la vie.

Lorsqu'on recherche les qualités d'une chose, on la considère en elle-même ou par comparaison ; en elle-même : « La gloire est-elle désirable? » par comparaison : « Faut-il préférer la gloire aux richesses? » Il y a trois manières d'examiner une chose en elle-même : faut-il la désirer ou la fuir? est-elle juste ou injuste? honorable ou honteuse? Il y a deux sortes de comparaisons : par ressemblance ou par différence, par supériorité ou par infériorité. Au sujet de ce que l'on doit désirer ou fuir, on demande « si l'on doit désirer les richesses, si l'on doit fuir la pauvreté. » Au sujet du juste et de l'injuste, « s'il est juste de se venger de toute personne dont on a reçu une injure. » Au sujet de l'honorable et du hon-

nere, quod erat bipartitum, unum est de eodem et alio : ut, si quæratur, « Quid intersit inter amicum et assentatorem, regem et tyrannum. » Alterum de majore et minore : ut, si quæratur, « Eloquentiane pluris sit, an juris civilis scientia. » De cognitionis quæstionibus hactenus.

Actionis reliquæ sunt; quarum duo sunt genera : unum ad officium, alterum ad motum animi vel gignendum, vel sedandum, planeve tollendum. Ad officium sic : ut, quum quæritur, « Suscipiendine sint liberi. » Ad movendos animos, quum fiunt cohortationes ad defendendam rempublicam, ad gloriam, et ad laudem : quo ex genere sunt querelæ, incitationes miserationesque flebiles, rursusque oratio quum iracundiam restinguens, tum metum eripiens, tum exsultantem lætitiam comprimens, tum ægritudinem abstergens. Hæc quum in propositis quæstionibus genera sint, eadem in causas transferuntur.

XXIII. Loci autem qui ad quasque quæstiones accommodati sunt, deinceps est videndum. Omnes quidem illi, quos supra diximus, ad plerasque sunt; sed alii ad alias, ut dixi, aptiores. Ad conjecturam igitur maxime apta, quæ ex causis, quæ ex effectis, quæ ex conjunctis sumi possunt. Ad definitionem autem pertinet ratio et scientia definiendi. Atque huic generi finitimum est illud, quod

teux, « s'il est honorable de mourir pour sa patrie. » Quant aux deux espèces de comparaisons, la première est par ressemblance ou par différence; comme si l'on demandait : « Quelle différence y a-t-il entre un ami et un flatteur, un roi et un tyran? » La seconde est de supériorité ou d'infériorité, comme si l'on demandait : « Doit-on faire plus de cas de l'éloquence ou de la science du droit civil? » C'en est assez pour les questions de théorie.

Il reste à parler des questions de pratique; elles sont de deux espèces : les unes sont relatives au devoir, les autres excitent les passions, les apaisent ou les font entièrement disparaître. A l'égard du devoir, on demande par exemple : « Faut-il avoir des enfans? » Pour exciter les passions, on exhorte à la défense de la république, à la gloire, à la vertu. De ce genre sont les plaintes, les mouvemens pathétiques, la compassion, les larmes, et, par-dessus tout, les paroles qui savent éteindre la colère, dissiper la crainte, comprimer l'élan de la joie, ou effacer le chagrin. Ces différentes divisions, qui appartiennent aux questions générales, se retrouvent également dans les causes.

XXIII. Voyons maintenant quels sont les lieux propres à chaque question. Tous ceux que nous avons énumérés conviennent à la plupart des questions; mais, comme je l'ai dit, il y en a de plus ou de moins convenables, selon le genre de chacune. Les argumens tirés des causes, des effets et des dépendances sont très-propres aux questions conjecturales. Pour les questions où il s'agit de la nature d'un fait, il faut recourir à la méthode et à la science des définitions. Cette question tient de près à

appellari de eodem et altero diximus : quod genus forma quædam definitionis est. Si enim quæratur, « Idemne sit pertinacia et perseverantia, » definitionibus judicandum est. Loci autem convenient in ejus generis quæstionem consequentes, antecedentes, repugnantes, adjunctis etiam duobus iis, qui sumuntur ex causis et effectis. Nam si hanc rem illa sequitur, hanc autem non sequitur; aut si huic rei illa antecedit, huic non antecedit; aut si huic rei repugnat, illi non repugnat; aut si hujus rei hæc, illius alia causa est; aut si ex alio hoc, ex alio illud effectum est : ex quovis horum id, de quo quæritur, idemne, an aliud sit, inveniri potest. Ad tertium genus quæstionis, in quo, quale sit, quæritur, in comparationem ea cadunt, quæ paullo ante in comparationis loco enumerata sunt. In illud autem genus, in quo de expetendo fugiendoque quæritur, adhibentur ea, quæ sunt aut animi, aut corporis, aut externa vel commoda, vel incommoda. Itemque quum de honesto turpique quæritur, ad animi bona, vel mala, omnis dirigenda oratio est. Quum autem de æquo et iniquo disseritur, æquitatis loci colliguntur. Hi cernuntur bipartito, et natura, et instituto. Natura partes habet duas, tuitionem sui, et ulciscendi jus. Institutio autem æquitatis tripartita est : una pars legitima est, altera conveniens, tertia moris vetustate confirmata. Atque etiam rursus æquitas tripartita dicitur esse : una ad superos deos, altera ad manes,

la comparaison par ressemblance ou par différence, qui est une espèce de définition. Demande-t-on, par exemple, « si l'opiniâtreté et la persévérance sont une même chose?» On en jugera par les définitions. A ce genre de question conviendront les lieux suivans : les conséquens, les antécédens, les causes qui répugnent entre elles, ajoutez même encore les causes et les effets : car, si telle chose suit ceci et ne suit pas cela ; si telle chose précède ceci et ne précède pas cela ; ou bien, si elle répugne à ceci et ne répugne pas à cela ; si elle est la cause de ceci, tandis que cela a une autre cause ; ou bien encore, si ceci est l'effet d'une cause, et cela l'effet d'une autre ; par chacun de ces moyens vous pourrez trouver si les objets comparés sont semblables ou différens. A l'égard du troisième genre de question, où l'on examine quelle est la qualité d'une chose, si l'on procède par comparaison, il faut recourir aux lieux que nous avons énumérés en parlant de la comparaison. Est-il question de ce qu'on doit désirer ou fuir? puisez vos argumens dans les avantages ou dans les désavantages attachés à l'âme, au corps et aux objets extérieurs. Est-il question de l'honorable ou du honteux? Dirigez toutes vos paroles vers les biens et les maux de l'âme. Discutez-vous sur le juste et l'injuste, rassemblez tous les lieux de l'équité. Ils se divisent en deux classes : les uns viennent de la nature, les autres de conventions humaines. De la nature dérive un double droit : celui de se conserver et celui de se venger. La justice de convention comprend trois parties : l'une repose sur les lois, l'autre sur les convenances, la troisième sur d'anciens usages. Sous un autre point de vue[23], on distingue encore trois espèces de justices : l'une relative aux dieux, l'autre aux mânes,

tertia ad homines pertinere. Prima pietas, secunda sanctitas, tertia justitia aut æquitas nominatur.

XXIV. De proposito satis multa : deinceps de causa pauciora dicenda sunt. Pleraque enim sunt ei cum proposito communia.

Tria sunt igitur genera causarum : judicii, deliberationis, laudationis. Quarum fines ipsi declarant, quibus utendum locis sit. Nam judicii finis est jus : ex quo etiam nomen. Juris autem partes tum expositæ, quum æquitatis. Deliberandi finis, utilitas : cujus hæ partes, quæ modo expositæ, rerum expetendarum. Laudationis finis, honestas : de qua item est ante dictum.

Sed definitæ quæstiones a suis quæque locis, quasi propriis, instituuntur, in accusationem defensionemque partitæ. In quibus exsistunt hæc genera, ut accusator personam arguat facti; defensor aliquid opponat de tribus : aut non esse factum, aut, si sit factum, aliud ejus facti nomen esse, aut jure esse factum. Itaque aut infitialis, aut conjecturalis prima appelletur; definitiva, altera; tertia, quamvis molestum nomen hoc sit, juridicialis vocetur.

XXV. Harum causarum propria argumenta, ex iis sumpta locis, quos exposuimus, in præceptis oratoriis explicata sunt. Refutatio autem accusationis, in qua est depulsio criminis, quæ græce στάσις dicitur, latine appelletur status : in quo primum insistit quasi ad repu-

la troisième aux hommes. La première se nomme piété, la deuxième sainteté, la troisième justice ou équité.

XXIV. Nous avons assez parlé de la thèse; la cause nous arrêtera moins long-temps : car presque tout ce qu'on en peut dire lui est commun avec la thèse.

Il y a trois genres de causes : elles ont pour objet un jugement, une délibération ou un éloge. Le but de chaque genre indique les lieux qui lui conviennent. Le but de tout jugement est le droit, *jus*, c'est de là que vient le nom : or, nous avons exposé les parties du droit en donnant celles de la justice. L'objet de toute délibération est l'utile, dont nous avons donné les parties en parlant des choses qu'il faut désirer. L'objet de l'éloge est l'honorable, dont nous avons aussi parlé plus haut.

De plus, les questions déterminées sont armées chacune de ses lieux propres, afin de procéder à l'attaque ou à la défense. Dans ces deux cas, voici les formes d'argumentation : l'accusateur reproche à l'accusé un fait; le défenseur oppose un de ces trois moyens : ou que le fait n'a pas eu lieu, ou que, s'il a eu lieu, il ne mérite pas le nom qu'on lui donne; ou enfin qu'il était permis. Ainsi la première question doit être appelée négative ou conjecturale; la deuxième se nommera question de définition; la troisième, quelque désagréable que soit ce mot, se nommera juridiciaire.

XXV. Les préceptes oratoires expliquent comment les argumens propres à ces causes sont empruntés aux lieux que nous avons exposés. La réfutation de l'accusation, dans laquelle les inculpations sont repoussées, se nomme en grec στάσις, et peut être appelée en latin *status* (position). C'est le terrain sur lequel se pose

gnandum congressa defensio. Atque etiam in deliberationibus et laudationibus iidem exsistunt status. Nam et negantur saepe ea futura, quae ab aliquo in sententia dicta sunt fore, si aut omnino fieri non possunt, aut sine summa difficultate non possunt. In qua argumentatione status conjecturalis existit. At, quum aliquid de utilitate, honestate, aequitate disseritur, deque iis rebus, quae iis sunt contrariae : incurrunt status, aut juris, aut nominis. Quod idem contingit in laudationibus. Nam aut negari potest, id factum esse, quod laudetur; aut non eo nomine afficiendum, quo laudator affecerit; aut omnino non esse laudabile, quod non recte, non jure factum sit. Quibus omnibus generibus usus est nimis impudenter Caesar contra Catonem meum. Sed quae ex statu contentio efficitur, eam Graeci κρινόμενον vocant : mihi placet id, quoniam quidem ad te scribo, qua de re agitur, vocari. Quibus autem hoc, qua de re agitur, continetur, ea continentia vocentur, quasi firmamenta defensionis; quibus sublatis defensio nulla sit. Sed, quoniam lege firmius in controversiis disceptandis esse nihil debet, danda est opera, ut legem adjutricem et testem adhibeamus. In qua re alii quasi status exsistunt novi, qui appellantur legitimae disceptationes. Tum enim defenditur non id legem dicere, quod adversarius velit, sed aliud : id autem contingit, quum scriptum ambiguum est, ut duae differentes sententiae accipi possint. Tum opponitur

d'abord la défense, lorsqu'elle prend les armes pour repousser l'attaque. Dans les délibérations et dans les éloges on peut de même prendre position. Souvent, en effet, après qu'un orateur a avancé qu'une chose arrivera, on soutient qu'elle n'arrivera point, soit parce qu'elle est absolument impossible, soit parce que les plus grands obstacles s'y opposent. Ce mode d'argumentation contient la position conjecturale. Mais lorsque l'on discute sur l'utile, l'honorable, le juste, ou sur les points contraires, on rencontre alors les positions de droit ou de nom. La même chose arrive dans les éloges : car vous pouvez nier l'existence d'un acte dont on fait l'éloge; ou affirmer qu'il ne mérite pas la qualification que lui donne le panégyriste; ou enfin qu'il ne doit pas du tout être loué, parce qu'il est contraire à la droiture et à la justice. César a employé tous ces genres d'argumens avec trop peu de pudeur, en réfutant mon éloge de Caton[24]. Dès que l'orateur a pris position, le premier combat qu'il engage est appelé par les Grecs τὸ κρινόμενον. Puisque c'est pour vous que j'écris, je l'appellerai *ce dont il s'agit*. La partie du discours qui le contient peut être appelée le terrain de la défense; elle en est comme le point d'appui, et si vous la retirez, il n'y a plus de défense possible. Mais comme pour vider une discussion, rien ne doit être plus puissant que la loi, il faut tâcher d'avoir pour nous le secours et le témoignage de la loi. Là se présentent de nouvelles positions appelées questions légales. Tantôt on soutient que la loi ne dit pas ce que l'adversaire lui fait dire, mais autre chose; ce qui a lieu lorsque l'expression est équivoque et offre un double sens; tantôt on oppose l'intention du législateur aux termes de la loi, et l'on

scripto voluntas scriptoris, ut quæratur, verbane plus, an sententia valere debeat. Tum legi lex contraria affertur. Ita sunt tria genera, quæ controversiam in omni scripto facere possunt, ambiguum, discrepantia scripti et voluntatis, et scripta contraria. Nam hoc perspicuum est, non magis in legibus, quam in testamentis, in stipulationibus, in reliquis rebus, quæ ex scripto aguntur, posse controversias easdem exsistere. Horum tractationes in aliis libris explicantur.

XXVI. Nec solum perpetuæ actiones, sed etiam partes orationis iisdem locis adjuvantur, partim propriis, partim communibus : ut in principiis, quibus ut benivoli, ut dociles, ut attenti sint, qui audiant, efficiendum est propriis locis. Itemque narrationes, ut ad suos fines spectant, id est ut planæ sint, ut breves, ut evidentes, ut credibiles, ut moderatæ, ut cum dignitate : quæ quanquam in tota oratione esse debent, magis tamen sunt propria narrandi. Quæ autem consequitur narrationem fides, ea persuadendo quoniam efficitur, qui ad persuadendum loci maxime valeant, dictum est in iis, in quibus de omni ratione dicendi. Peroratio autem et alia quædam habet, et maxime amplificationem : cujus effectus is debet esse, ut aut perturbentur animi, aut tranquillentur; et, si ita jam affecti ante sunt, ut augeat eorum motus, aut sedet oratio.

Huic generi, in quo et misericordia, et iracundia, et

demande si la lettre doit l'emporter sur l'esprit; tantôt
on oppose à la loi une loi contraire. Ainsi, sur toute
espèce d'écrits, il peut y avoir trois sujets de controverse :
l'ambiguité des termes, l'opposition de l'écrit avec l'intention, enfin des écrits contraires : car il est évident
que ces sujets de controverse n'appartiennent pas plus
aux lois qu'aux testamens, aux stipulations et aux autres
questions fondées sur un écrit. La manière de traiter
ces points de controverse est développée dans d'autres
ouvrages[25].

XXVI. Ce ne sont pas seulement les discours entiers,
mais encore les parties du discours, qui se servent de
ces lieux, et de ceux qui sont propres à chaque partie et de
ceux qu'on appelle communs. Ainsi l'exorde, pour rendre
les auditeurs bienveillans, dociles, attentifs, emploie
des lieux qui lui sont propres. La narration en fera autant, si elle veut atteindre son but, c'est-à-dire être
claire, rapide, frappante, vraisemblable, et réunir à
la noblesse la vérité des peintures, qualités nécessaires
dans tout le discours, mais qui appartiennent plus particulièrement à la narration. Quant à la confirmation,
qui vient après la narration, comme elle se propose de
persuader, il faut employer les lieux propres à la persuasion que nous avons indiqués dans les ouvrages où
nous avons traité de l'art oratoire. La péroraison en a
quelques autres qui lui sont particuliers, surtout l'amplification, dont l'effet doit être de troubler ou de calmer les esprits, ou, si déjà cet effet a été produit auparavant, d'accroître encore ou d'apaiser l'émotion.

Pour ce genre de lieux où la pitié, la colère, la haine,

odium, et invidia, et ceteræ animi affectiones perturbantur, præcepta suppeditantur aliis in libris, quos poteris mecum legere, quum voles. Ad id autem, quod te velle senseram, cumulate satisfactum esse debet voluntati tuæ. Nam, ne præterirem aliquid, quod ad argumentum in omni ratione reperiendum pertineret, plura, quam a te desiderata erant, sum complexus, fecique quod sæpe liberales venditores solent, ut, quum ædes fundumve vendiderint, rutis cæsis receptis, concedant tamen aliquid emptori, quod ornandi causa apte et loco positum esse videatur: sic tibi nos ad id, quod quasi mancipio dare debuimus, ornamenta quædam voluimus non debita accedere.

l'envie et toutes les autres passions sont excitées, on trouve des préceptes dans d'autres livres que vous pourrez lire avec moi, quand vous le voudrez. Mais, pour ce que vous m'aviez demandé, je crois avoir complètement satisfait à vos désirs; car, afin de ne rien omettre de tout ce qui concerne l'invention des argumens, j'ai embrassé plus de détails que vous n'en demandiez. J'ai fait comme ces vendeurs généreux, qui, après avoir vendu une maison ou un terrain, en se réservant le mobilier [26], laissent cependant à l'acheteur quelques meubles qui paraissent nécessaires à l'ornement de la propriété: ainsi j'ai voulu, à cet ouvrage que j'ai dû vous céder comme une propriété [27], ajouter quelques ornemens sur lesquels vous n'aviez aucun droit.

NOTES

SUR LES TOPIQUES.

1. II. *Toute logique bien faite se divise en deux parties, l'in-
vention et le jugement.* L'*invention* fournit les argumens propres au sujet ; le *jugement* enseigne la manière de les traiter et de les disposer : cette seconde partie embrasse tout ce qui concerne le jugement, le raisonnement et la méthode. Aristote, dit Cicéron, excella dans les deux parties. On peut s'en convaincre par l'étude approfondie des divers traités recueillis sous le titre d'*Organum*. Là, ce grand philosophe ne se borne pas à donner les règles de l'argumentation ; il remonte aux sources mêmes des preuves, à ces principes, à ces vérités fécondes qui servent de point d'appui au raisonnement. *Voyez* les *Catégories*, les *Analytiques* et les *Topiques*.

2. « *Celui qui n'a été déclaré libre.* » Il y avait trois manières d'affranchir : ou par le *cens*, lorsque l'esclave, avec le consentement de son maître, était inscrit par le censeur au nombre des citoyens ; ou par la baguette, *vindicta*, lorsqu'en présence du maître, le préteur touchait avec une petite baguette la tête de l'esclave, en disant : « Je déclare que cet homme est libre, *jure Quiritium*; » ou enfin par un testament.

3. *Puisque la loi.* Il faut nécessairement supprimer les mots *Ælia Sentia*, qui ne se trouvent pas dans tous les manuscrits. L'exemple cité par Cicéron est emprunté à la loi des Douze-Tables, dont Aulu-Gelle cite le texte, liv. XVI, ch. 10 : « Assiduo assiduus vindex esto : proletario civi quivis volet vindex esto. » Quant à la loi *Ælia Sentia*, il est certain qu'elle ne fut portée qu'en 755, c'est-à-dire assez long-temps après la mort de Cicéron.

4. *Au contribuable.* Aulu-Gelle nous apprend que le mot *assiduus* signifie tantôt un homme riche de qui l'on tire aisément de

l'argent, quand les besoins de l'état l'exigent ; tantôt un homme assidu à porter toutes les charges publiques. *Vindex* est celui qui se rend caution pour l'ajourné saisi et arrêté, et qui, par ce bon office, empêche qu'il ne soit retenu plus long-temps.

5. III. Συζυγία. Dans la *Topique* grecque (liv. 11, ch. 9), le même lieu est désigné par le mot σύστοιχα; mais l'expression employée par Cicéron étant juste, rien n'empêche de la conserver.

6. *Mère de famille.* On distinguait à Rome l'épouse par usage, *uxor usu capta*, de l'épouse par coemption, *materfamilias*. Dans le premier cas, il suffisait que le mari et la femme eussent habité constamment ensemble pendant un an. Dans le second, l'union se faisait avec plus de solennité : le mari demandait à celle qu'il épousait : « Voulez-vous être *mère de famille?* » Lorsqu'elle avait répondu : « J'y consens, » elle passait sous la puissance du mari, *viri conveniebat in manum*. Ce mariage était appelé de *coemption*, et la femme avait le titre de *mère de famille*.

7. IV. *Si une femme qui n'a jamais éprouvé de changement d'état.* — *Se capite deminuere* signifie ici *statum mutare*, changer d'état. Il paraît qu'il est question de la *coemption fiduciaire*, qu'une femme contractait avec un étranger pour se soustraire à la tutelle et avoir le droit de tester.

8. « *Comme on construisait un toit, etc.* » Conformément à l'interprétation de Boëce, je suppose qu'il s'agit d'un cas particulier sur lequel on avait consulté Scévola, et je traduis sans rien changer au texte. *Ambitus* ne peut s'appliquer ici qu'à la partie du toit qui dépasse le mur. Des quatre murs sur lesquels le toit est appuyé, l'un est mitoyen ou commun. On demande si de ce côté on aura le droit de prolonger le toit. « Oui, répond Scévola, mais à condition que vous ne laisserez pas couler l'eau sur la propriété du voisin, et qu'un conduit la dirigera vers une autre partie du toit. »

9. V. *La définition.* Ἔστι δὲ ὅρος μὲν λόγος ὁ τὸ τί ἦν εἶναι σημαίνων. (ARIST., *Top.*, lib. 1, c. 5, n° 2.)

10. VII. *Le genre.* Γένος δέ ἐστι τὸ κατὰ πλειόνων καὶ διαφερόντων τῷ εἴδει ἐν τῷ τί ἐστι κατηγορούμενον. (*Top.*, lib. 1, c. 5, n° 6; PORPHYR., *Isagog.*, c. 11, n° 8.) — Γένος λέγεται ᾧ ὑποτάσσεται τὸ εἶδος. (PORPHYR., *Isagog.* c. 11, n° 6.)

11. VIII. Σύμβολον. — Ἔστι μὲν οὖν τὰ ἐν τῇ φωνῇ τῶν ἐν τῇ ψυχῇ πα-

θημάτων σύμβολα, καὶ τὰ γραφόμενα, τῶν ἐν τῇ φωνῇ. (ARIST., *de Interpret.*, c. 1, n° 2; *Top.*, lib. 11, c. 2, n° 19.)

12. *S'il n'y a pas eu acceptation.* L'opinion de Scévola est adoptée par les *Institutes*, liv. 1, tit. 12, § 5 : « Dictum est postliminium a *limine* et *post*. Unde eum qui ab hostibus captus in fines nostros postea pervenit, postliminio reversum recte dicimus. Nam limina sicut in domibus finem quemdam faciunt, sic imperii finem limen esse veteres voluerunt. Hinc et limes dictus est quasi finis quidam et terminus. Ab eo postliminium dictum, quia eodem limine revertebatur quo amissum fuerat. »

13. IX. *Le juge peut contraindre à détourner.* — *Arbiter* signifie souvent un juge désigné par le préteur. Cette espèce d'action est ainsi précisée par Ulpien : « Hæc actio locum habet, quoties manu facto opere agro aqua nocitura est; id est quum quis manu fecerit, quo aliter flueret quam natura soleret, si forte immittendo eam aut majorem fecerit, aut citatiorem, aut vehementiorem, aut si comprimendo redundare effecerit. Quod si natura aqua noceat, ea actione non continetur. (*Digest.* xxxix, t. 3, lib. 1, § 2.) Dans ce membre de phrase, *quæ ex genere sumitur*, Wetzel, d'après un manuscrit, préfère *forma* à *genere*. Il faut nécessairement admettre cette leçon.

14. « *Si le mauvais dol a lieu, etc.* » Les Romains distinguaient le bon dol, *dolus bonus*, du mauvais dol, *dolus manus*. « Dolum bonum veteres pro solertia dicebant, maxime si adversus hostem latronemve quis machinaretur. » (BRISSON., *de Verb. signif.*) — *Voyez* le titre *de Dolo malo* au *Digeste*. Cette expression était employée dans la loi des Douze-Tables. — *Voyez* DONAT, *in Eunuch.*, act. III, sc. 3.

15. X. Ἐπαγωγή. — Ἐπαγωγὴ μὲν οὖν ἐστι, καὶ ὁ ἐξ ἐπαγωγῆς συλλογισμὸς, τὸ διὰ τοῦ ἑτέρου θάτερον ἄκρον τῷ μέσῳ συλλογίσασθαι. Cette définition, qui se trouve au ch. 28 du liv. II des *prem. Analyt.*, ne ressemble pas à celle de Cicéron; mais nous retrouvons l'induction socratique dans la *Topique*, liv. 1, ch. 12, n° 2. Ἐπαγωγὴ δὲ ἡ ἀπὸ τῶν καθέκαστα ἐπὶ τὰ καθόλου ἔφοδος. Sur ce passage, *voyez* encore *de l'Invention*, liv. 1, ch. 31.

16. *Il s'élève une contestation sur les limites.* On connaît le respect minutieux des Romains pour la lettre de la loi et les formes de la procédure. Les actions *de Aqua arcenda*, *de Finibus re-*

gundis, ayant été faites pour la campagne, on n'était pas en droit, malgré l'analogie, de les appliquer à la police urbaine.

17. XI. *Sans recourir au tuteur.* « Auctor appellatur is cujus auctoritate quid fit, geritur, contrahitur. Sic *tutore auctore* pupillus contrahere, adire hæreditatem, abstinere, repudiare et alia id genus facere, dicitur. » (Brisson, *de Verb. signif.*)

18. *Contraria aientibus.* Ces deux mots assez obscurs me paraissent être la traduction de l'expression grecque ἀποφατικά. Aristote distingue aussi plusieurs espèces de contraires, dans les ch. x et xi du traité des *Catégories*, où il conclut en ces termes : Ἀναγκαῖον δὲ πάντα ἐναντία ἢ ἐν τῷ αὐτῷ γένει εἶναι, ἢ αὐτὰ γένη εἶναι. Il traite le même sujet dans les *Topiques*, liv. vi, ch. 9, § 3, où, à propos des contraires privatifs, il dit : Ἔνια τῶν ἐναντίων στερήσει θατέρου λέγονται οἷον, ἡ ἀνισότης, στέρησις ἰσότητος δοκεῖ εἶναι.

19. XIII. *Enthymème.* Aristote, Cicéron et Quintilien ne donnent pas à ce mot le sens qu'il a dans nos logiques modernes. Nous appelons ainsi un syllogisme réduit à deux propositions, parce qu'on a sous-entendu la majeure ou la mineure ; par exemple : « Il faut aimer ce qui nous rend heureux ; donc il faut aimer la vertu. » Ici notre auteur appelle *enthymèmes* les argumens fondés sur des propositions conjonctives ou disjonctives. Il ne faut pas confondre cette forme de raisonnement avec le *dilemme*, qui en réalité est un *syllogisme* double, et doit aboutir à une double conclusion ; tandis que l'enthymème est un argument simple et ne présente qu'une seule conclusion.

20. XV. *L'idée du destin.* « Stoïci omnia fato fieri dicunt : fatum autem id appello quod Græci εἱμαρμένην, id est ordinem seriemque causarum, cum causa causæ nexa rem ex se gignat. » (Cic., *de Fato*, c. xv, et *de Divinat.*, lib. 1, c. 55.)

21. XVII. *On jugera d'après la bonne foi.* Le juge avait le droit de prononcer d'après sa conscience et la voix de l'équité naturelle, dès que le préteur avait prononcé les formules citées par Cicéron. Voyez *des Devoirs*, liv. iii, ch. 15 ; *Institut.*, liv., iv, ch. 6, 29.

22. XXI. *Thèse.* Aristote n'attache pas à ces mots le même sens que Cicéron ; il considère la thèse comme une espèce de problème, et l'oppose à l'axiome. Cicéron en donne ailleurs la même définition, *de quibus licet in utramque partem disputari.*

— Aristote distingue deux sortes de thèses : l'*hypothèse*, qui dit qu'une chose est; la *définition*, qui dit ce qu'elle est. *Voyez Analyt. post.*, lib. 1, c. 2; n° 13; *Top.*, lib. vii, c. 1; lib. 1, c. 9. — Cicéron, dans l'*Orateur*, définit la thèse comme ici. « Quæstio a propriis personis et temporibus ad universi generis orationem traducta appellatur thesis. »

23. XXIII. *Sous un autre point de vue.* Depuis *atque etiam* jusqu'à *nominatur*, Schütz enferme entre crochets tout ce passage et le juge en ces termes : « Uncis inclusa adeo inepta sunt ut non potuerint a Cicerone scribi. »

24. XXV. *En réfutant mon éloge de Caton.* Cicéron avait fait cet éloge de Caton; César crut devoir réfuter cet ouvrage qui compromettait sa gloire, et il composa l'*Anti-Caton*.

25. *La manière de traiter ces points de controverse est développée dans d'autres ouvrages.* — *Voyez* surtout le second livre *de l'Invention*, du ch. 40 au ch. 49.

26. XXVI. *En se réservant le mobilier.* — *Ruta* et *cæsa*, de *ruo* et de *cædo*, choses détachées du sol et qu'on peut transporter, biens meubles. « Ea placuit esse *ruta* quæ eruta sunt, ut arena, creta et similia; *cæsa* esse, ut arbores cæsas, et carbones, et his similia. » Ulpianus in l. *fundi*. — « In *rutis* et *cæsis* ea sunt quæ terra non tenentur, quæque opere structili tectoriove non continentur. » (Quint., *Mucius*, lib. τῶν Ὅρων.)

27. *Comme une propriété.* — *Mancipium* signifie droit de propriété. « Fortuna nihil dat *mancipio*. » (Seneca, epist. lxxiii.)

Vita *mancipio* nulli datur, omnibus usu.
(Lucretius, *de Rerum natura*, lib. iii, v. 935.)

DIALOGUE

SUR

LES PARTITIONS ORATOIRES

TRADUCTION NOUVELLE

PAR M. BOMPART.

INTRODUCTION.

Dans ce dialogue, Cicéron, cédant au désir de son fils, qui le presse de lui répéter en latin les leçons d'éloquence qu'il lui a données en grec, et répondant à ses questions sur les différens sujets de cet enseignement, en résume ainsi toute la matière. L'art oratoire comprend : 1° le talent de la parole, qui consiste dans les pensées et dans les mots; 2° la composition du discours, où il y a quatre parties : la narration et la confirmation, qui ont pour but l'établissement du fait; l'exorde et la péroraison, dont l'objet est d'émouvoir; 3° la question, qui est ou une thèse générale ou une espèce nommée aussi cause (ch. 1er).

I. Le talent de la parole comprend l'invention, la disposition, l'élocution, l'action, la mémoire.

1°. Le but de l'invention est de convaincre par les argumens propres ou accessoires au sujet, et d'émouvoir (II).

2° La disposition est subordonnée au but de la question. Le but, dans la question générale, est de convaincre; dans la cause, de convaincre et de toucher : il suffit donc de parler de la cause. Elle se distingue par l'espèce des auditeurs. On parle, en effet, ou devant un simple auditoire, ou devant l'autorité compétente : l'auditoire écoute pour le plaisir d'entendre; l'autorité, pour statuer, comme les tribunaux, sur le passé, ou comme le sénat, sur l'avenir. De là trois genres de causes et d'éloquences : le judiciaire, le délibératif, et le démonstratif ou apologétique, ainsi nommé parce qu'il est surtout consacré à l'éloge. Règles relatives à chaque genre (III-IV).

3°. Il y a une élocution qui semble couler de source (V-VI), dans laquelle on considère d'abord les mots pris séparément (V),

et différens par leur origine, les primitifs, les dérivés; par leur nature, les termes plus sonores, plus nobles, etc.; sous le rapport de l'art, le nom, l'adjectif, les termes anciens, nouveaux, figurés, etc.; ensuite les phrases où il faut du nombre et de la correction; enfin, les qualités communes aux mots et à la phrase, la clarté, la concision, le naturel, l'éclat et l'agrément (vi).

Il est une autre élocution, fruit de l'art et de l'étude :

4°. L'action; et 5° la mémoire, dont on parle en peu de mots (vii).

II. De la composition du discours (viii et suiv.). Règles relatives :

1°. A l'exorde (viii).

2°. A la narration (ix).

3°. A la confirmation et à la réfutation, où l'on traite de l'invention des lieux. Dans la confirmation, lieux de la conjecture (x), de la définition (xi), du raisonnement (xii). Dans la réfutation (xiii); règles de l'argumentation (xiv).

4°. A la péroraison, où il s'agit de l'amplification des mots (xv), et des pensées (xvi), de la récapitulation (xvii).

III. Il y a deux genres de questions (xviii et suiv.) :

1°. Question ou thèse générale, dont il y a deux espèces : l'une spéculative, où l'on recherche si la chose est ou n'est pas; si elle peut être; comment elle peut être (xviii); quelle elle est; différence ou identité des espèces; qualification des choses; ce qui est simplement honnête, utile, juste, ou relativement plus honnête, plus utile, plus juste : l'autre pratique, qui a pour objet l'enseignement de nos devoirs et l'art de maîtriser les esprits (xix).

2°. Question particulière ou cause (xx) : elle comprend le genre démonstratif, que l'on considère seulement sous le rapport de l'éloge des hommes illustres et du blâme des méchans (xxi-xxiii); le genre délibératif; règles particulières à celui qui persuade, à celui qui dissuade, touchant l'utile, l'honnête (xxiv-xxvi); et communes à l'une et à l'autre (xxvii); le genre judiciaire (xxviii et suiv.), où l'on traite des questions préjudicielles (xxviii); des systèmes de défense; l'accusé doit ou nier le fait; ou, s'il l'avoue, nier qu'il ait la gravité qu'on lui prête, et soit ce que l'on

prétend; ou, s'il ne peut nier le fait ni sa nature, en soutenir la moralité (xxix); des différens genres de débats (xxx-xxxi); sur la question de fait (xxxii-xxxv); sur la question de définition (xxxvi); sur le point de droit (xxxvii); sur une loi douteuse ou contradictoire à une autre loi (xxxviii-xxxix).

De l'utilité de la philosophie académique (xl).

DE PARTITIONE ORATORIA DIALOGUS.

I. Cicero filius. Studeo, mi pater, latine ex te audire ea, quæ mihi tu de ratione dicendi græce tradidisti; si modo tibi est otium, et si vis. — Cicero pater. An est, mi Cicero, quod ego malim, quam te quam doctissimum esse? Otium autem primum summum est, quoniam aliquando Roma exeundi potestas data est; deinde ista tua studia vel maximis occupationibus meis anteferrem libenter. — C. F. Visne igitur, ut tu me græce soles ordine interrogare, sic ego te vicissim eisdem de rebus latine interrogem? — C. P. Sane, si placet: sic enim et ego te meminisse intelligam, quæ accepisti; et tu ordine audies, quæ requiris. — C. F. Quot in partes distribuenda est omnis doctrina dicendi? — C. P. In tres. — C. F. Cedo, quas? — C. P. Primum in ipsam vim oratoris, deinde in orationem, tum in quæstionem. — C. F. In quo est ipsa vis? — C. P. In rebus, et verbis. Sed et res, et verba, invenienda sunt, et collocanda. Proprie autem in rebus invenire, in verbis eloqui dicitur. Collocare autem, etsi est commune, tamen ad in-

DIALOGUE

SUR

LES PARTITIONS ORATOIRES.

1. Cicéron fils. Mon père, j'aurais le plus vif désir d'entendre de votre bouche, en latin, les leçons d'éloquence que vous m'avez données en grec, si toutefois vous en avez le loisir et la volonté. — Cicéron père. Est-il, mon fils, rien qui me soit plus doux que d'ajouter sans cesse à votre instruction? J'ai tout le loisir imaginable, puisqu'enfin il m'a été possible de m'absenter de Rome; et, d'ailleurs, je ferais, au besoin, passer vos études avant mes occupations même les plus importantes. — C. F. Puis-je donc, à mon tour, vous adresser, en latin, les questions que vous me faites d'ordinaire en grec? — C. P. Très-volontiers : de cette manière, je me convaincrai que vous avez retenu mes leçons, et vous m'entendrez satisfaire à chacune de vos demandes. — C. F. Comment se divise l'art oratoire? — C. P. En trois parties. — C. F. Lesquelles, je vous prie? — C. P. Le talent de la parole, la composition du discours, et la question. — C. F. En quoi consiste le talent de la parole? — C. P. Dans les pensées et dans les mots : dans l'art de trouver et de disposer les unes et les autres. Aux

veniendum refertur. Vox, motus, vultus, atque omnis actio, eloquendi comes est, earumque rerum omnium custos est memoria. — C. F. Quid? orationis quot sunt partes? — C. P. Quatuor : earum duæ valent ad rem docendam, narratio et confirmatio; ad impellendos animos duæ, principium et peroratio. — C. F. Quid? quæstio quasnam habet partes? — C. P. Infinitam, quam consultationem appello; et definitam, quam causam nomino.

II. C. F. Quoniam igitur invenire primum est oratoris, quid quæret? — C. P. Ut inveniat, quemadmodum fidem faciat eis, quibus volet persuadere, et quemadmodum motum eorum animis afferat. — C. F. Quibus rebus fides fit? — C. P. Argumentis, quæ ducuntur ex locis, aut in re ipsa insitis, aut assumptis. — C. F. Quos vocas locos? — C. P. Eos, in quibus latent argumenta. — C. F. Quid est argumentum? — C. P. Probabile inventum ad faciendam fidem. — C. F. Quomodo igitur duo genera ista dividis? — C. P. Quæ sine arte putantur, ea remota appello, ut testimonia. — C. F. Quid insita? — C. P. Quæ inhærent in ipsa re. — C. F. Testimoniorum quæ sunt genera? — C. P. Divinum, et humanum: divinum, ut oracula, ut auspicia, ut vaticinationes, ut responsa sacerdotum, aruspicum, conjectorum; humanum, quod spectatur ex auctoritate, et ex voluntate, et ex oratione, aut libera, aut expressa : in quo insunt scripta, pacta, promissa, jurata, quæsita. — C. F. Quæ sunt quæ dicis insita? — C. P. Quæ infixa sunt rebus

pensées s'applique proprement l'invention; aux mots l'élocution : quoique commune à toutes deux, la disposition se rapporte cependant à l'invention. La voix, le geste, le jeu de la physionomie, toute l'action enfin sert d'accompagnement au discours; et la mémoire a le dépôt de toutes ces choses. — C. F. Combien y a-t-il de parties oratoires? — C. P. Quatre : la narration et la confirmation, qui ont pour but l'établissement du fait; l'exorde et la péroraison, dont l'objet est d'émouvoir et d'enlever les esprits. — C. F. Comment divisez-vous la question? — C. P. Je distingue la question ou thèse générale de l'espèce, que je nomme aussi la cause.

II. C. F. Puisque l'invention est le premier objet de l'orateur, que doit-il se proposer? — C. P. De convaincre : de subjuguer la raison en entraînant les cœurs. — C. F. Comment s'opère la conviction? — C. P. Par les argumens tirés des lieux propres ou accessoires au sujet [1]. — C. F. Qu'appelez-vous lieux? — C. P. Les sources où va puiser l'argumentation. — C. F. Qu'est-ce qu'un argument? — C. P. Un raisonnement efficace pour convaincre. — C. F. Comment distinguez-vous les deux espèces de lieux? — C. P. J'appelle accessoires [2] ceux qui s'offrent d'eux-mêmes et sans art, comme les témoignages. — C. F. Et propres au sujet? — C. P. Ceux qui lui sont inhérens. — C. F. Combien y a-t-il de sortes de témoignages? — C. P. Deux sortes : les témoignages divins, tels que les oracles, les augures, les prédictions, les réponses des prêtres, des aruspices, des devins; les témoignages humains, qu'on déduit du sentiment, de l'intention, de l'aveu libre ou forcé, sans omettre les preuves écrites, les contrats, les obligations, les sermens, les enquêtes. — C. F. Quels sont les lieux propres au

ipsis, ut definitio, ut contrarium, ut ea, quæ sunt ipsi contrariove ejus aut similia, aut dissimilia, aut consentanea, aut dissentanea; ut ea, quæ sunt quasi conjuncta, aut ea, quæ sunt quasi pugnantia inter se; aut earum rerum, de quibus agitur, causæ; aut causarum eventus, id est quæ sunt effecta de causis; ut distributiones, ut genera partium, generumve partes; ut primordia rerum et quasi præcurrentia, in quibus inest aliquid argumenti; ut rerum contentiones, quid majus, quid par, quid minus sit, in quibus aut naturæ rerum, aut facultates comparantur.

III. C. F. Omnibusne igitur ex his locis argumenta sumemus? — C. P. Immo vero scrutabimur et quæremus ex omnibus: sed adhibebimus judicium, ut levia semper rejiciamus, nonnunquam etiam communia prætermittamus et non necessaria.

C. F. Quoniam de fide respondisti, volo audire de motu. — C. P. Loco quidem quæris; sed planius quod vis explicabitur, quum ad orationis ipsius quæstionumque rationem venero.

C. F. Quid sequitur igitur? — C. P. Quum inveneris, collocare: [cujus] in infinita quæstione, ordo est idem fere, quem exposui, locorum; in definita autem adhibenda sunt illa etiam, quæ ad motum animorum pertinent. — C. F. Quomodo igitur ista explicas? — C. P. Habeo communia præcepta fidem faciendi et commovendi. Quoniam fides est firma opinio; motus autem, animi incitatio aut ad voluptatem, aut ad molestiam, aut ad metum, aut ad cupiditatem (tot enim sunt motus genera, partes plures generum singulorum): omnem

sujet? — C. P. Ceux qui tiennent au fond de la cause, comme la définition [3], les contraires, les rapports de conformité ou de différence, de convenance ou de disconvenance; l'intime liaison des choses entre elles, ou la contradiction qu'elles impliquent; les causes des évènemens, leurs suites ou leurs effets; les divisions, les genres des espèces ou les espèces des genres; les prémices, les signes précurseurs des faits, si l'on en peut tirer avantage; le rapprochement et l'opposition des choses, ce qu'il y a de plus grand, d'égal ou de plus petit dans leur nature et dans leurs qualités.

III. C. F. Faut-il donc tirer des argumens de tous ces lieux? — C. P. Il faut les examiner et les scruter avec le plus grand soin; mais choisir avec discernement, rejeter ce qui est frivole, et passer sous silence ce qui serait commun ou insignifiant [4].

C. F. Voilà pour la conviction; quels sont maintenant les moyens d'émouvoir? — C. P. Cette demande est à sa place; mais j'y répondrai mieux quand je traiterai du discours et des questions.

C. F. Qu'y a-t-il donc ensuite? — C. P. A l'invention succède la disposition. Dans la question générale, elle se réduit à peu près à l'ordre que je viens d'assigner aux lieux des argumens. Dans l'espèce, il faut y joindre les moyens d'émouvoir. — C. F. Veuillez vous expliquer. — C. P. L'art de convaincre et celui d'émouvoir ont des règles communes. L'auditeur est convaincu quand il est fixé sur une opinion; il est ému quand on excite dans son âme le plaisir ou la douleur, la crainte ou le désir (ces passions forment les genres qui ont sous eux les diverses espèces): je règle en conséquence ma disposition suivant

collocationem ad finem accommodo quæstionis. Nam est in proposito finis, fides, in causa et fides, et motus. Quare quum de causa dixero, in qua est propositum, de utroque dixero. — C. F. Quid habes igitur de causa dicere? — C. P. Auditorum eam genere distingui. Nam aut auscultator est modo qui audit, aut disceptator, id est rei sententiæque moderator : ita, ut aut delectetur, aut statuat aliquid. Statuit autem aut de præteritis, ut judex; aut de futuris, ut senatus. Sic tria sunt genera, judicii, deliberationis, exornationis : quæ, quia in laudationes maxime confertur, proprium habet jam ex eo nomen.

IV. C. F. Quas res sibi proponet in istis tribus generibus orator? — C. P. Delectationem in exornatione; in judicio, aut sævitiam, aut clementiam judicis; in suasione autem, aut spem, aut reformidationem deliberantis. — C. F. Cur igitur exponis hoc loco genera controversiarum? — C. P. Ut rationem collocandi ad finem cujusque accommodem. — C. F. Quonam tandem modo? — C. P. Quia, quibus in orationibus delectatio finis est, varii sunt ordines collocandi. Nam aut temporum servantur gradus, aut generum distributiones; aut a minoribus ad majora adscendimus, aut a majoribus ad minora delabimur; aut hæc inæquali varietate distinguimus, quum parva magnis, simplicia conjunctis, obscura dilucidis, læta tristibus, incredibilia probabilibus inteximus, quæ in exornationem cadunt omnia. — C. F. Quid? in deliberatione quid spectas? — C. P. Principia, vel non longa, vel sæpe nulla. Sunt enim ad audiendum, qui deliberant, sua causa parati. Nec multum sane sæpe

mon but. Le but, dans la question, est de convaincre; dans la cause, de convaincre et de toucher. Ainsi, quand j'aurai traité de la cause où la question est impliquée, j'aurai traité de l'une et de l'autre. — C. F. Eh bien, qu'avez-vous à dire de la cause? — C. P. Il faut distinguer si l'on parle devant un simple auditoire, ou devant l'autorité appelée à connaître et à décider de l'affaire; l'auditoire écoute pour le plaisir d'entendre; l'autorité pour statuer. Or, on statue comme les tribunaux sur le passé, ou comme le sénat sur l'avenir. De là trois genres de causes : le judiciaire, le délibératif, le démonstratif ou apologétique, ainsi nommé parce qu'il est surtout consacré à l'apologie.

IV. C. F. Que doit se proposer l'orateur dans ces trois genres? — C. P. Dans le démonstratif, de plaire; dans le judiciaire, de disposer le juge à la sévérité ou à l'indulgence; dans le délibératif, d'exciter l'espérance ou la crainte au sein de l'assemblée délibérante.— C. F. Pourquoi placez-vous ici ces différens genres de causes? — C. P. Pour adapter à chacun la disposition qui lui est propre. — C. F. De quelle manière? — C. P. Dans l'apologie, par exemple, où le but est de plaire, il y a bien des moyens d'y parvenir. Soit qu'on observe l'ordre des temps[5]; qu'on s'attache aux divisions de la matière[6]; qu'on s'élève du plus petit au plus grand[7]; qu'on descende du plus grand au plus petit[8]; soit qu'on recherche la variété des contrastes, en opposant le petit au grand, le simple au composé, le doute à l'évidence, la joie à la tristesse, le merveilleux au vraisemblable : tous ces moyens conviennent au genre. — C. F. Quel est l'ordre à suivre dans le délibératif? — C. P. L'exorde doit être court; souvent même on le supprime; car l'attention est

narrandum est. Est enim narratio aut præteritarum rerum aut præsentium; suasio autem, futurarum. Quare ad fidem et ad motum adhibenda est omnis oratio. — C. F. Quid? in judiciis quæ est collocatio? — C. P. Non eadem accusatoris et rei : quod accusator rerum ordinem prosequitur, et singula argumenta, quasi hasta in manu collocata, vehementer proponit, concludit acriter, confirmat tabulis, decretis, testimoniis, accuratiusque in singulis commoratur; perorationisque præceptis, quæ ad incitandos animos valent, et in reliqua oratione paullulum degrediens de cursu dicendi, utitur, et vehementius in perorando. Est enim propositum, ut iratum efficiat judicem.

V. C. F. Quid faciendum est contra reo? — C. P. Omnia longe secus : sumenda principia ad benivolentiam conciliandam; narrationes aut amputandæ, quæ lædunt; aut relinquendæ, si totæ sunt molestæ; firmamenta ad fidem posita, aut per se diluenda, aut obscuranda, aut degressionibus obruenda; perorationes autem ad misericordiam conferendæ. — C. F. Semperne igitur ordinem collocandi, quem volumus, tenere possumus? — C. P. Non sane. Nam auditorum aures moderantur oratori prudenti et provido, et quod respuunt, immutandum est.

C. F. Expone deinceps, quæ ipsius orationis verborumque præcepta sint. — C. P. Unum igitur genus est eloquendi sua sponte fusum, alterum versum, atque mutatum. Prima vis est in simplicibus verbis; in conjunctis

assez éveillée par l'intérêt même de la délibération. On abrège souvent aussi la narration. Elle ne peut s'étendre que sur le présent ou sur le passé; et l'on délibère sur l'avenir. L'orateur, en ce genre, doit donc s'appliquer uniquement à convaincre et à toucher. — C. F. Et dans le judiciaire, quelle marche faut-il adopter? — C. P. La marche diffère pour l'accusateur ou pour l'accusé. L'accusateur doit suivre l'ordre de sa matière. Chacun de ses argumens est une arme qu'il tourne contre son adversaire; il l'attaque avec véhémence; il le pousse, il le presse; invoque contre lui les titres, les jugemens, les témoignages; s'arrête, insiste sur chacune de ces preuves; par de courtes digressions, met en usage, dans la suite même du discours, les moyens enseignés pour émouvoir, et réserve sa plus grande véhémence pour la péroraison; car son but est de porter le juge à la colère.

V. C. F. L'accusé, au contraire, que doit-il faire? — C. P. Suivre une route opposée : dans son exorde se concilier la bienveillance; omettre dans la narration ce qui lui est défavorable; la supprimer, si elle lui est tout-à-fait contraire; saper dans leurs bases les moyens de conviction de l'adversaire, ou les rendre douteux, ou, par des digressions, les faire perdre de vue; enfin, dans la péroraison, toucher la compassion des juges. — C. F. On est donc toujours libre de suivre l'ordre qu'on s'est proposé? — C. P. Loin de là! L'orateur habile et expérimenté consulte avant tout les dispositions de son auditoire et change ce qui pourrait déplaire.

C. F. Passons à l'élocution et aux mots. — C. P. Il est une élocution naturelle et qui semble couler de source : il en est une autre, fille de l'art et de l'étude. Pris séparément, les mots ont une valeur propre; dans la phrase,

secunda. Simplicia invenienda sunt; conjuncta collocanda sunt.

Et simplicia verba partim nativa sunt, partim reperta. Nativa ea, quæ significata sunt sensu; reperta, quæ ex his facta sunt, et novata aut similitudine, aut imitatione, aut inflexione, aut adjunctione verborum. Atque etiam est hæc distinctio in verbis: altera, natura; tractatione, altera. Natura, ut sint alia sonantiora, graviora, leviora et quodam modo nitidiora; alia contra: tractatione autem, quum aut propria sumuntur rerum vocabula, aut addita ad nomen, aut nova, aut prisca, aut ab oratore modificata et inflexa quodam modo; qualia sunt ea, quæ transferuntur, aut immutantur, aut ea, quibus tanquam abutimur, aut ea, quæ obscuramus, quæ incredibiliter tollimus, quæque mirabilius, quam sermonis consuetudo patitur, ornamus.

VI. C. F. Habeo de simplicibus verbis: nunc de conjunctione quæro. — C. P. Numeri quidam sunt in conjunctione servandi, consecutioque verborum. Numeros aures ipsæ metiuntur, ne aut non compleas verbis, quod proposueris, aut redundes. Consecutio autem, ne generibus, numeris, temporibus, personis, casibus perturbetur oratio. Nam, ut in simplicibus verbis, quod non est latinum; sic in conjunctis, quod non est consequens, vituperandum est.

Communia autem simplicium conjunctorumque sunt hæc quinque quasi lumina: dilucidum, breve, probabile, illustre, suave. Dilucidum fit usitatis verbis, propriis, dispositis, aut circumscriptione conclusa, aut intermissione, aut concisione verborum; obscurum autem,

ils en ont une relative. Il faut trouver les mots et disposer les phrases.

Les mots sont primitifs ou dérivés. Les primitifs sont simplement appellatifs 9. Les dérivés sont composés des primitifs et formés par analogie, par imitation, par inflexion, par opposition. La nature et l'art mettent encore dans les mots d'autres différences. Ainsi les uns sont naturellement plus nobles, plus doux, plus purs; et les autres ont un caractère opposé. Ainsi l'art distingue le nom et l'épithète, les termes anciens et nouveaux, les expressions figurées, comme celles qu'on fait passer à une signification étrangère; qu'on emploie pour d'autres; dont on semble abuser; qu'on enveloppe comme d'un voile; qu'on pousse jusqu'à l'excès, et auxquelles on prête enfin des grâces que n'admet pas l'habitude ordinaire du langage.

VI. G. F. Voilà pour les mots; parlez-moi de la phrase. — C. P. Il faut, dans la phrase, du nombre et de la correction. L'oreille juge du nombre, et condamne également la sécheresse et la redondance. La correction demande l'observation des règles relatives aux genres, aux nombres, aux temps, aux cas et aux personnes : car le solécisme n'est pas moins choquant dans la phrase que le barbarisme dans les mots.

Il y a d'ailleurs cinq qualités communes aux mots et à la phrase : la clarté, la concision, le naturel, l'éclat et l'agrément. La clarté naît des termes usités, du mot propre et mis en sa place dans la période, dans ses membres, dans les phrases incidentes : la longueur ou la

aut longitudine, aut contractione orationis, aut ambiguitate, aut inflexione atque immutatione verborum. Brevitas autem conficitur simplicibus verbis, semel unaquaque re dicenda, nulli rei, nisi, ut dilucide dicas, serviendo. Probabile autem genus est orationis, si non nimis est comptum atque expolitum, si est auctoritas et pondus in verbis, si sententiæ vel graves, vel aptæ opinionibus hominum et moribus. Illustris autem oratio est, si et verba gravitate delecta ponuntur, et translata, et superlata, et ad nomen adjuncta, et duplicata, et idem significantia, atque ab ipsa actione atque imitatione rerum non abhorrentia. Est enim hæc pars orationis, quæ rem constituat pæne ante oculos; is enim maxime sensus attingitur : sed ceteri tamen, et maxime mens ipsa moveri potest. Sed quæ dicta sunt de oratione dilucida, cadunt in hanc illustrem omnia. Est enim plus aliquanto illustre, quam illud dilucidum : altero fit, ut intelligamus; altero vero, ut videre videamur. Suave autem genus erit dicendi, primum elegantia et jucunditate verborum sonantium et lenium; deinde conjunctione, quæ neque asperos habeat concursus, neque disjunctos atque hiantes; et sit circumscripta non longo anfractu, sed ad spiritum vocis apto, habeatque similitudinem æqualitatemque verborum; tum ex contrariis sumpta verbis, crebra crebris, paria paribus respondeant, relataque ad idem verbum; et geminata, atque duplicata, vel etiam sæpius iterata ponantur; constructioque verborum tum conjunctionibus copuletur, tum dissolutionibus relaxetur. Fit etiam suavis oratio, quum aliquid aut invisum, aut inauditum, aut novum dicas. Delectat enim quid-

contraction du style, les équivoques, l'abus des figures, produisent l'obscurité. Pour être concis, soyez simple : bornez-vous à dire chaque chose une fois et à la dire clairement. Le style est naturel s'il est exempt de recherche et d'affectation, si le sens abonde dans les mots, si les pensées ont l'autorité de la raison ou sont conformes aux mœurs et aux maximes reçues. Il doit son éclat au choix et à la noblesse des termes, aux métaphores, aux hyperboles, aux épithètes, aux répétitions, aux synonymes, aux images. Les images peignent l'objet ou l'action, et mettent, pour ainsi dire, la chose sous les yeux (car les yeux sont les premiers séduits); on peut néanmoins émouvoir et les autres sens et surtout l'esprit même. Tout ce que j'ai dit de la clarté convient à l'éclat du style : l'éclat est seulement une clarté plus grande : l'une nous fait comprendre le discours; l'autre nous le rend visible. Tout doit contribuer à l'agrément du langage : le charme et l'élégance des mots doux et sonores; le soin d'éviter, dans la phrase, le concours des sons qui se froissent, se repoussent ou se heurtent avec effort; de borner la période à l'étendue de la voix humaine [10], d'en mesurer et d'en proportionner les parties; de mettre en opposition et en rapport, de presser, de grouper diverses manières de rendre une même idée; de ménager des redoublemens, des reprises, des répétitions; de lier et d'enchaîner, de suspendre et de couper la marche du discours. On ajoute à l'agrément du style par le récit de faits nouveaux, inouïs, jusqu'alors inconnus : le merveilleux nous enchante. Mais ce qui nous touche plus vivement encore, ce sont les secrets mouvemens de l'âme, qui font aimer l'orateur, et qu'il révèle lorsqu'il manifeste les sentimens d'un cœur noble et généreux,

quid est admirabile. Maximeque movet ea, quæ motum aliquem animi miscet, oratio; quæque significat oratoris ipsius amabiles mores : qui exprimuntur, aut significando judicio ipsius ex animo humano ac liberali, aut inflexione sermonis, quum aut augendi alterius, aut minuendi sui causa, alia dici ab oratore, alia existimari videntur, idque comitate fieri magis, quam vanitate. Sed multa sunt suavitatis præcepta, quæ orationem aut magis obscuram, aut minus probabilem faciant. Itaque etiam hoc loco nobis est ipsis, quid causa postulet, judicandum.

VII. C. F. Reliquum est igitur, ut dicas de conversa oratione atque mutata. — C. P. Est itaque id genus totum situm in commutatione verborum; quæ simplicibus in verbis ita tractatur, ut aut ex verbo dilatetur, aut in verbum contrahatur oratio : ex verbo, quum aut proprium, aut idem significans, aut factum verbum in plura verba diducitur; ex oratione, quum aut definitio ad unum verbum revocatur, aut assumpta verba removentur, aut in circuitus diriguntur, aut in conjunctione fit unum verbum ex duobus. In conjunctis autem verbis triplex adhiberi potest commutatio, non verborum, sed ordinis tantummodo : ut, quum semel dictum sit directe, sicut natura ipsa tulerit, invertatur ordo, et idem quasi sursum versus retroque dicatur; deinde idem intercise atque permixte. Eloquendi autem exercitatio maxime in hoc toto convertendi genere versatur.

C. F. Actio igitur sequitur, ut opinor. — C. P. Est ita : quæ quidem oratori et cum rerum et cum verborum momentis commutanda maxime est. Facit enim et dilucidam orationem, et illustrem, et probabilem, et

ou qu'afin d'élever autrui en s'abaissant lui-même, il laisse deviner autre chose que ce qu'il exprime, par un artifice de langage que la vérité pardonne à la politesse. Comme, parmi les moyens d'embellir le style, quelques-uns pourraient nuire à la clarté ou au naturel, il faut que le goût préside au choix de l'orateur.

VII. C. F. Il vous reste à parler de l'élocution, qui doit tout à l'étude et au travail. — C. P. Ce genre consiste uniquement dans l'art de changer les mots et les phrases [11]. Le changement de mots sert à étendre ou à resserrer le style : à l'étendre, lorsqu'au lieu du mot propre, d'un synonyme ou d'un composé, on emploie une périphrase ; à le resserrer, lorsqu'on rappelle la définition au défini ; qu'on supprime les accessoires ou qu'on les réduit à une circonlocution ; qu'on réunit deux mots en un seul. Quant à la phrase, il y a, sans toucher aux mots, trois manières d'en diversifier l'ordonnance : après avoir adopté l'ordre direct et naturel, on peut ou employer l'ordre réfléchi et reproduire la phrase en la renversant, ou couper la phrase et en disposer les membres à volonté. L'habileté en ce genre distingue l'orateur consommé.

C. F. Vient ensuite l'action [12], si je ne me trompe. — C. P. Oui, et il est de la plus haute importance de la graduer et de la mettre au ton de l'expression et de la pensée. Ce ne sont pas, en effet, les mots seuls qui don-

suavem, non verbis, sed varietate vocum, motu corporis, vultu, quæ plurimum valebunt, si cum orationis genere consentient, ejusque vim ac varietatem subsequentur. — C. F. Num quidnam de oratore ipso restat? — C. P. Nihil sane, præter memoriam, quæ est gemina litteraturæ quodam modo, et in dissimili genere persimilis. Nam ut illa constat ex notis litterarum, et ex eo, in quo imprimuntur illæ notæ : sic confectio memoriæ, tanquam cera, locis utitur, et in his imagines, ut litteras collocat.

VIII. C. F. Quoniam igitur vis oratoris omnis exposita est, quid habes de orationis præceptis dicere? — C. P. Quatuor esse ejus partes; quarum prima et postrema ad motum animi valet (is enim initiis est et perorationibus concitandus); secunda, narratio; et tertia, confirmatio, fidem facit orationi. Sed amplificatio quanquam habet proprium locum, sæpe etiam primum, postremum quidem fere semper, tamen reliquo in cursu orationis adhibenda est, maximeque quum aliquid aut confirmatum est, aut reprehensum. Itaque ad finem quoque vel plurimum valet. Est enim amplificatio vehemens quædam argumentatio; ut illa docendi causa sit, hæc commovendi. — C. F. Perge igitur ordine quatuor mihi istas partes explicare. — C. P. Faciam, et a principiis primum ordiar : quæ quidem ducuntur aut ex personis, aut ex rebus ipsis. Sumuntur autem trium rerum gratia : ut amice, ut intelligenter, ut attente audiamur. Quorum primus locus est in personis nostris, discepta-

nent au discours la clarté, le naturel, l'éclat et l'agrément ; c'est surtout le jeu parlant de la physionomie, l'éloquence des gestes, le pathétique de la déclamation, moyens infaillibles quand ils sont en harmonie avec la parole, dont ils doivent seconder la puissance et peindre tous les mouvemens. — C. F. N'avez-vous plus rien à dire des qualités de l'orateur? — C. P. Rien, sinon de la mémoire, cette sœur de l'écriture [13], avec laquelle elle a, dans un genre différent, une si frappante ressemblance. Comme l'écriture trace sur la cire les caractères dont elle est formée, ainsi la mémoire a ses lieux propres, et, pour ainsi dire, ses tablettes où elle grave comme des lettres les souvenirs de ses images.

VIII. C. F. Puisque vous avez développé tout ce qui constitue le talent de la parole, qu'avez-vous à dire de la composition du discours? — C. P. Le discours a quatre parties [14]. La première et la dernière sont destinées à émouvoir ; telle est en effet la fin principale de l'exorde et de la péroraison. La deuxième et la troisième (la narration et la confirmation) servent à convaincre. Quoique l'amplification ait sa place quelquefois dans l'exorde, le plus souvent dans la péroraison, on l'emploie avec succès dans la suite du discours, surtout à l'appui de la confirmation ou de la réfutation. Elle est un puissant moyen de conviction. Amplifier, c'est argumenter avec véhémence : l'argumentation ne s'adresse qu'à la raison ; l'amplification parle au cœur. — C. F. Veuillez développer successivement ces quatre parties du discours. — C. P. Soit : commençons par l'exorde, qui se tire des personnes et des choses. Son but est de captiver à la fois la bienveillance, l'intérêt et l'attention de l'auditoire. L'orateur cherchera à gagner la bienveillance en

torum, adversariorum : e quibus initia benivolentiæ conciliandæ comparantur, aut meritis nostris, aut dignitate, aut aliquo genere virtutis, et maxime liberalitatis, officii, justitiæ, fidei ; contrariisque rebus in adversarios conferendis; et cum iis, qui disceptant, aliqua conjunctionis aut causa, aut spe significanda; et, si in nos aliquod odium offensiove collocata sit, tollenda ea minuendave, aut diluendo, aut extenuando, aut compensando, aut deprecando.

Intelligenter autem ut audiamur, et attente, a rebus ipsis ordiendum est. Sed facillime auditor discit, et, quid agatur, intelligit, si complectare a principio genus naturamque causæ, si definias, si dividas, si neque prudentiam ejus impedias confusione partium, nec memoriam multitudine : quæque mox de narratione dilucida dicentur, eadem etiam huc poterunt recte referri. Ut attente autem audiamur, trium rerum aliqua consequemur : nam aut magna quædam proponemus, aut necessaria, aut conjuncta cum ipsis, apud quos res agetur. Sit autem hoc etiam in præceptis, ut, si quando tempus ipsum, aut res, aut locus, aut interventus alicujus, aut interpellatio, aut ab adversario dictum aliquod et maxime in perorando, dederit occasionem nobis aliquam, ut dicamus aliquid ad tempus apte, ne derelinquamus : et, quæ suo loco de amplificatione dicemus, multa ex his poterunt ad principiorum præcepta transferri.

IX. C. F. Quid? in narratione quæ tandem conservanda sunt? — C. P. Quoniam narratio est rerum explicatio, et quædam quasi sedes ac fundamentum constituendæ fidei, ea sunt in ea servanda maxime, quæ

parlant de lui-même, de ses juges et de ses adversaires. Dans ce but, il rappellera ses services, sa considération, ses qualités, surtout sa générosité, son obligeance, sa justice, sa bonne foi; il rejettera sur la partie adverse l'odieux des défauts contraires; il persuadera aux juges qu'ils ont à sa cause un intérêt présent ou à venir; et, s'il est en butte à la défiance ou à la haine, il effacera ou il affaiblira ces fâcheuses impressions, en prouvant leur injustice ou leur exagération, en leur opposant ce qui parle en sa faveur, ou en implorant l'indulgence.

Pour être écouté avec intérêt et avec attention, il faut se hâter d'entrer en matière. Mais rien ne simplifie et ne facilite l'intelligence de la cause, comme le soin d'en expliquer d'abord le genre et la nature, de la définir, de la diviser, sans embarrasser l'esprit de l'auditeur dans la confusion des parties, ni surcharger sa mémoire de leur nombre. On pourra faire à ce sujet l'application de ce que nous allons dire tout-à-l'heure de la clarté de la narration. Un autre moyen de captiver l'attention, c'est de promettre une affaire importante, une délibération nécessaire, ou une cause qui intéresse les juges mêmes. Qu'on note aussi le précepte suivant : si le temps, le lieu, la chose, l'arrivée imprévue de quelqu'un, une interpellation, un mot échappé à l'adversaire, surtout dans sa péroraison, donnent l'occasion de commencer par un trait heureux, il faut savoir en profiter. Nous aurons lieu, en parlant de l'amplification, de dire plusieurs choses applicables à l'exorde.

IX. C. F. Quelles sont les règles de la narration? — C. P. La narration est l'exposé des faits; elle sert de fondement et de base à l'argumentation; sous ce rapport, elle est soumise aux règles applicables à presque

etiam in reliquis fere dicendi partibus : quæ partim sunt necessaria, partim assumpta ad ornandum. Nam ut dilucide probabiliterque narremus, necessarium est; sed assumimus etiam suavitatem. Ergo ad dilucide narrandum eadem illa superiora explicandi et illustrandi præcepta repetemus, in quibus est brevitas : eaque sæpissime in narratione laudatur, de qua supra dictum est. Probabilis autem erit, si personis, si temporibus, si locis ea, quæ narrabuntur, consentient; si cujusque facti et eventi causa ponetur ; si testata dici videbuntur, si cum hominum opinione, auctoritate, si cum lege, cum more, cum religione conjuncta ; si probitas narrantis significabitur, si antiquitas, si memoria, si orationis veritas, et vitæ fides. Suavis autem narratio est, quæ habet admirationes, exspectationes, exitus inopinatos, interpositos motus animorum, colloquia personarum, dolores, iracundias, metus, lætitias, cupiditates. Sed jam ad reliqua pergamus.

C. F. Nempe ea sequuntur, quæ ad faciendam fidem pertinent. — C. P. Ita est : quæ quidem in confirmationem et reprehensionem dividuntur. Nam in confirmando, nostra probare volumus; in reprehendendo, redarguere contraria. Quoniam igitur omne, quod in controversiam venit, id aut sit, necne sit, aut quid sit, aut quale sit, quæritur : in primo conjectura valet, in altero definitio, in tertio ratio.

toutes les autres parties du discours : et ces règles sont les unes essentielles, les autres accessoires et de simple ornement. C'est ainsi qu'au mérite essentiel de la clarté et de la vraisemblance, la narration doit unir le mérite accessoire de l'agrément. Pour être clairs dans cette partie du discours, rappelons-nous les préceptes qui font régner l'ordre et la clarté dans le discours même. De ce nombre est la brièveté : elle est souvent aussi, nous l'avons remarqué, l'une des qualités de la narration. La narration aura de la vraisemblance si elle s'accorde avec les lieux, les temps et les personnes; si chaque fait, chaque évènement y est expliqué; si rien ne choque les opinions, les sentimens des hommes, les lois, les mœurs et la religion; si la probité, la candeur, la vertu antique du narrateur, jointes aux nobles souvenirs et au témoignage d'une vie sans reproche, déposent de la vérité de ses paroles. Rien ne manque à l'agrément de la narration lorsqu'elle étonne l'esprit, le tient en suspens, le frappe par des évènemens imprévus, et que tantôt pathétique, tantôt dramatique, elle fait entendre les accens de la douleur, de la colère, de la crainte, de la joie, de l'espérance, et met aux prises toutes les passions. Mais voyons la suite.

C. F. La suite est relative aux moyens de convaincre. — C. P. Il est vrai : ces moyens sont la confirmation et la réfutation : nous avons pour but, dans la confirmation, de faire triompher nos raisonnemens; dans la réfutation, de saper ceux de l'adversaire. Or, en toute controverse, la question se réduit à savoir si la chose est ou n'est pas, ce qu'elle est, et quelle elle est. Le premier point se résout par conjecture, le second par définition, le dernier par raisonnement.

X. C. F. Teneo istam distributionem. Nunc conjecturæ locos quæro. — C. P. In verisimilibus, et in propriis rerum notis posita est tota. Sed appellemus docendi gratia verisimile, quod plerumque ita fiat : ut, adolescentiam procliviorem esse ad libidinem. Propriæ autem notæ argumentum, quod nunquam aliter fit, certumque declarat, ut fumus ignem. Verisimilia reperiuntur ex partibus et quasi membris narrationis : ea sunt in personis, in locis, in temporibus, in factis, in eventis, in rerum ipsarum negotiorumque naturis.

In personis naturæ primum spectantur, valetudinis, figuræ, virium, ætatis, marium, feminarum ; atque hæc quidem in corpore : animi autem, aut quemadmodum affecti sint, virtutibus, vitiis, artibus, inertiis; aut quemadmodum commoti, cupiditate, metu, voluptate, molestia. Atque hæc quidem in natura spectantur. In fortuna, genus, amicitiæ, liberi, propinqui, affines, opes, honores, potestates, divitiæ, libertas, et ea, quæ sunt iis contraria. In locis autem et illa naturalia, maritimi an remoti a mari ; plani an montuosi ; læves an asperi; salubres an pestilentes; opaci an aprici : et illa fortuita, culti an inculti; celebres an deserti ; coædificati an vasti; obscuri an rerum gestarum vestigiis nobilitati ; consecrati an profani.

XI. In temporibus autem, præsentia et præterita et futura cernuntur : in his ipsis, vetusta, recentia, instantia, paullo post aut aliquando futura. Insunt etiam

X. C. F. Je comprends cette division. Mais quels sont les lieux de la conjecture? — C. P. Les vraisemblances et les indices certains : pour lever tous les doutes, appelons vraisemblable ce qui est conforme au cours ordinaire des choses, comme le penchant de la jeunesse pour les plaisirs. Les indices certains sont les signes que l'évènement ne peut démentir, et qui l'annoncent infailliblement, comme la fumée annonce le feu. On déduit les vraisemblances et les indices certains des parties et, en quelque sorte, des élémens de la narration, c'est-à-dire des personnes, des lieux, des temps, des faits et des évènemens, de la nature même des choses.

Dans les personnes, on remarque d'abord les qualités naturelles : au physique, la santé, la figure, la force, l'âge, le sexe ; au moral, les affections de l'âme, ses vertus, ses vices, ses facultés intellectuelles ou son ineptie ; et les passions qui l'agitent, l'espérance, la crainte, la joie ou la douleur : toutes choses inhérentes à la nature humaine. On relève ensuite les dons de la fortune, la naissance, les relations d'amitié, la postérité, les liens de famille, les alliances, les biens, les honneurs, la puissance, les richesses ou les choses contraires à ces avantages. Dans les lieux, après en avoir observé la nature, le voisinage ou l'éloignement de la mer, le site plat ou escarpé, uni ou raboteux, salubre ou malsain, ombragé ou découvert, on remarque ce qui est accidentel, s'ils sont cultivés ou incultes, bâtis ou nus, sans nom ou renommés par des actions mémorables, profanes ou consacrés aux dieux.

XI. Dans les temps on distingue d'abord le passé, le présent, l'avenir, et, pour plus de détail, l'ancien, le récent, l'actuel, le plus ou moins prochain ; ensuite,

in temporibus illa, quæ temporis quasi naturam notant, ut hiems, ver, æstas, autumnus : aut anni tempora, ut mensis, ut dies, ut nox, hora, tempestas, quæ sunt naturalia : fortuita autem, sacrificia, festi dies, nuptiæ. Jam facta et eventus aut consilii sunt, aut imprudentiæ; quæ est aut in casu, aut in quadam animi permotione : casu, quum aliter cecidit, ac putatum sit; permotione, quum aut oblivio, aut error, aut metus, aut aliqua cupiditatis causa permovit. Est etiam in imprudentia necessitas ponenda. Rerum autem bonarum et malarum tria sunt genera : nam aut in animis, aut in corporibus, aut extra esse possunt. Hujus igitur materiæ, ad argumentum subjectæ, perlustrandæ animo partes erunt omnes, et ad id, quod agetur, ex singulis conjectura capienda.

Est etiam genus argumentorum aliud, quod ex facti vestigiis sumitur, ut telum, cruor, clamor editus, titubatio, permutatio coloris, oratio inconstans, tremor, et eorum aliquid, quod sensu percipi possit : etiam si præparatum aliquid, si communicatum cum aliquo, si postea visum, auditum, indicatum.

Verisimilia autem partim singula movent suo pondere; partim, etiamsi videntur esse exigua per se, multum tamen, quum sunt coacervata, proficiunt : atque in his verisimilibus insunt nonnunquam etiam certæ rerum et propriæ notæ. Maximam autem facit fidem ad

l'hiver, le printemps, l'été, l'automne, qui marquent, pour ainsi dire, la nature du temps; puis, les parties de l'année, le mois, le jour, la nuit, l'heure, l'état du ciel : distinctions toutes naturelles; on finit par les circonstances accidentelles, les jours de sacrifice, de fête, de mariage. Les évènemens et les faits sont prémédités ou ils sont sans dessein; dans ce dernier cas, ils résultent du hasard ou de quelque trouble de l'âme : du hasard, si l'évènement a trompé notre intention; d'un trouble de l'âme, si l'évènement est l'effet de l'oubli, de l'erreur, de la crainte ou de quelque autre passion. Parmi les causes involontaires, il faut ranger la nécessité. Enfin, trois sortes de choses sont bonnes ou mauvaises; elles tiennent à l'âme, au corps ou aux objets extérieurs. Il faut donc, en chaque question, envisager la matière sous toutes ses faces et dans tous ses points de vue, afin d'en tirer toutes les conjectures propres à la cause.

Il est une autre espèce de conjecture qui résulte des vestiges du fait; tels qu'une arme, du sang, un cri échappé, une démarche mal assurée, le changement de couleur, la contradiction des discours, le tremblement, et tout indice qui vient frapper les sens; tels encore que les préparatifs et les ouvertures relatives au fait et qui l'ont précédé, ou ce qu'on a pu voir, entendre et découvrir depuis son accomplissement.

Parmi les vraisemblances, les unes sont isolément d'un grand poids; les autres, quoique faibles en détail, deviennent imposantes par leur réunion : il s'y mêle souvent aussi des indices certains; on peut d'ailleurs les fortifier de l'autorité d'un exemple suivi d'une compa-

similitudinem veri, primum exemplum; deinde introducta rei similitudo; fabula etiam nonnunquam, etsi est incredibilis, tamen homines commovet.

XII. C. F. Quid? definitionis quæ ratio est, et quæ via? — C. P. Non dubium est id quidem, quin definitio genere declaretur, et proprietate quadam, aut etiam communium frequentia, ex quibus, proprium quid sit, eluceat. Sed quoniam de propriis oritur plerumque magna dissensio, definiendum est sæpe ex contrariis, sæpe etiam ex dissimilibus, sæpe ex paribus. Quamobrem descriptiones quoque sunt in hoc genere sæpe aptæ, et enumeratio consequentium, in primisque commovet explicatio vocabuli ac nominis.

C. F. Sunt exposita jam fere ea, quæ de facto, quæque de facti appellatione quæruntur. Nempe igitur ea restant, quæ, quum factum constet, et nomen, qualia sint, vocatur in dubium. — C. P. Est ita, ut dicis. — C. F. Quæ sunt igitur in eo genere partes? — C. P. Aut jure factum, depellendi aut ulciscendi doloris gratia, aut pietatis, aut pudicitiæ, aut religionis, aut patriæ nomine, aut denique necessitate, inscitia, casu. Nam quæ motu animi et perturbatione facta sine ratione sunt, ea defensionem contra crimen, in legitimis judiciis, non habent, in liberis disceptationibus habere possunt. Hoc in genere, in quo, quale sit, quæritur, ex controversia, jure, et rectene actum sit, quæri solet: quorum disputatio ex locorum descriptione sumenda est.

C. F. Agesis ergo, quoniam in confirmationem et reprehensionem diviseras orationis fidem, et dictum de

raison; parfois même, une fable, fiction sans réalité, fait une impression profonde.

XII. C. F. Quelle est la méthode et la marche à suivre dans la définition [15]? — C. P. Nul doute que la définition ne se prenne du genre et de la propriété, ou de plusieurs qualités communes dont le rapprochement met la propriété dans un plus grand jour. Mais, comme la distinction des qualités propres ouvre un vaste champ à la dispute, il faut souvent recourir aux contraires [16], aux dissemblances [17], ou aux similitudes [18]. On fait alors un heureux emploi de la description [19] et de l'énumération des parties [20]; l'explication du mot [21] ou du nom est aussi d'un utile secours.

C. F. Vous avez exposé ce qui a rapport à l'existence et à la dénomination du fait. Mais quand on est d'accord sur le nom et sur le fait même, la manière de le qualifier est la seule chose qui puisse rester en doute. — C. P. Il est vrai. — C. F. Dans ce genre, quelles sont les espèces? — C. P. Ou bien le fait eut pour cause le droit légitime, la défense naturelle, le ressentiment d'un outrage, la piété filiale, la pudeur, la religion, la patrie; ou bien il fut l'effet du hasard, de l'ignorance, ou de la nécessité : car l'allégation d'un emportement irréfléchi, comme excuse d'une action coupable, n'est pas admise devant les tribunaux, organes de la loi, quoiqu'elle puisse trouver place dans une simple controverse. En général, tout débat judiciaire sur la qualification d'un fait se résume à savoir si ce fait est légitime : il faut donc borner à ce point toute la discussion.

C. F. La confirmation et la réfutation sont, d'après votre division, les deux moyens de convaincre; vous

altero est : expone nunc de reprehendendo. — C. P. Aut totum est negandum, quod in argumentatione adversarius sumpserit, si fictum aut falsum esse possis docere; aut redarguenda ea, quæ pro verisimilibus sumpta sint : primum dubia sumpta esse pro certis; deinde etiam in perspicue falsis eadem posse dici; tum ex iis, quæ sumpserit, non effici, quod velit. Accedere autem oportet ad singula : sic universa frangentur. Commemoranda sunt etiam exempla, quibus simili in disputatione creditum non sit; conquerenda conditio communis periculi, si ingeniis hominum criminosorum sit exposita vita innocentium.

XIII. C. F. Quoniam unde inveniantur, quæ ad fidem pertinent, habeo, quemadmodum in dicendo singula tractentur, exspecto. — C. P. [Argumentationem] quærere videris, quæ sit argumenti explicatio : [quæ sumpta ex iis locis, qui sunt expositi, conficienda et distinguenda dilucide est.] — C. F. Plane istuc ipsum desidero. — C. P. Est ergo, ut supra dictum est, explicatio argumenti, argumentatio : sed ea conficitur, quum sumpseris aut non dubia, aut probabilia, ex quibus id efficias, quod aut dubium, aut minus probabile per se videtur. Argumentandi autem duo sunt genera, quorum alterum ad fidem directo spectat; alterum se inflectit ad motum. Dirigitur, quum proposuit aliquid, quod probaret, sumpsitque ea, quibus niteretur; atque his confirmatis, ad propositum retulit, atque conclusit. Illa autem altera argumentatio, quasi retro et contra, prius sumit, quæ vult, eaque confirmat; deinde id, quod proponendum

venez de parler de l'une, veuillez passer à l'autre. — C. P. Dans la réfutation, niez, s'il se peut, comme fausses et controuvées, les allégations de l'adversaire; rejetez au moins ce qu'il offre comme vraisemblable[22]; soutenez qu'il donne pour certain ce qui est douteux; qu'il pourrait argumenter de la même manière de faits évidemment faux; que, tout fût-il avéré, ses inductions ne seraient pas légitimes. Attaquez ses raisons une à une, vous les minerez toutes en détail. Citez des exemples d'accusations fondées sur les mêmes moyens, et jugées indignes de foi. Déplorez enfin la périlleuse condition de l'humanité, s'il faut que la vie des innocens soit ainsi en butte aux artifices des hommes qui font métier d'accuser.

XIII. C. F. Je sais où il faut puiser les argumens; dites-moi comment on les met en œuvre? — C. P. Vous voulez connaître l'argumentation[23] ou l'art de développer les argumens; car il faut, après les avoir trouvés, les présenter avec adresse, et les disposer avec ordre et avec clarté. — C. F. C'est en effet ce que je souhaite connaître. — C. P. Je vous l'ai dit: l'argumentation est l'art de développer les argumens; elle consiste à déduire de propositions certaines ou probables, ce qui est douteux ou moins probable en soi. Il y a deux sortes d'argumentations : l'une va droit à la conviction; l'autre sait trouver le chemin du cœur. La première énonce la proposition, réunit les raisons qui doivent l'établir; et, après les avoir prouvées, revient à la proposition et conclut. La seconde suit une marche inverse et comme rétrograde : elle commence par choisir ses raisons; les prouve; et, après avoir porté le trouble dans les esprits, leur présente enfin la proposition. Toutes deux se prêtent à

fuit, permotis animis jacit ad extremum. Est autem illa varietas in argumentando, et non injucunda distinctio : ut, quum interrogamus nosmet ipsi, aut percontamur, aut imperamus, aut optamus, quæ sunt cum aliis compluribus sententiarum ornamenta. Vitare autem similitudinem poterimus, non semper a proposito ordientes ; et si non omnia disputando confirmabimus, breviterque interdum, quæ erunt satis aperta, ponemus; quodque ex his efficietur, si id apertum sit, non habebimus necesse semper concludere.

XIV. C. F. Quid ? illa, quæ sine arte appellantur, quæ jamjudum assumpta dixisti, ecquonam modo, ecquonam loco artis indigent ? — C. P. Illa vero indigent : nec eo dicuntur sine arte, quod ita sunt, sed quod ea non parit oratoris ars, sed foris ad se delata, tamen arte tractat, et maxime in testibus. Nam et de toto genere testium, quam id sit infirmum, sæpe dicendum est; et argumenta, rerum esse propria; testimonia, voluntatum; utendumque est exemplis, quibus testibus creditum non sit; et de singulis testibus, si natura vani, si leves, si cum ignominia, si spe, si metu, si iracundia, si misericordia impulsi, si præmio, si gratia adducti ; comparandique superiore cum auctoritate testium, quibus tamen creditum non sit. Sæpe etiam quæstionibus resistendum est, quod et dolorem fugientes multi in tormentis ementiti persæpe sunt, morique maluerunt falsum fatendo, quam infitiando dolere. Multi etiam suam vitam neglexerunt, ut eos, qui his cariores, quam ipsi sibi essent, liberarent; alii autem aut natura corporis, aut consuetudine dolendi, aut metu supplicii ac mortis, vim tor-

une variété de formes qui les embellit, soit que l'orateur s'interroge lui-même [24]; soit qu'il prenne la formule dubitative, impérative [25] ou optative; et quelle que soit enfin la figure dont il orne sa pensée. On peut aussi, pour éviter l'uniformité, ne pas commencer toujours par la proposition, et ne pas tout prouver : il suffit d'énoncer ce qui tombe sous le sens; quand la conclusion est évidente, il est superflu de l'exprimer.

XIV. C. F. Et ces moyens sans art, que vous nommez accessoires, n'ont-ils donc jamais besoin d'art? — C. P. Ils en ont besoin, sans doute : on les nomme sans art, non qu'ils soient tels en effet; seulement, ils ne sont pas une création oratoire; l'orateur les trouve hors de lui; mais il emploie tout son art à les développer, surtout les témoignages : car le peu de solidité de la preuve testimoniale est un point sur lequel on aura souvent lieu de s'étendre. On exposera la certitude des preuves réelles, l'arbitraire des témoignages; on se prévaudra des occasions où ces derniers n'ont pas obtenu de confiance; dans l'examen des témoins, on fera, s'il y a lieu, ressortir la nullité morale d'hommes sans poids, sans autorité, perdus de réputation, vains jouets de l'espérance, de la crainte, de la compassion, de la colère, de l'intérêt ou de la faveur; on mettra en parallèle les hommes irréprochables et dont on a pourtant rejeté les témoignages. On soutiendra que la question même ne peut être accueillie sans défiance; qu'afin d'échapper aux douleurs, beaucoup d'hommes ont menti dans les tortures, préférant un aveu mensonger, suivi d'une prompte mort,

mentorum pertulerunt; alii ementiti sunt in eos, quos oderant. Atque hæc exemplis firmanda sunt. Neque est obscurum, quin (quoniam in utramque partem sunt exempla, et item ad conjecturam faciendam loci) in contrariis contraria sint sumenda. Atque etiam incurrit alia quædam in testibus et in quæstionibus ratio : sæpe enim ea, quæ dicta sunt, si aut ambigue, aut inconstanter, aut incredibiliter dicta sunt, aut etiam aliter ab alio dicta, subtiliter reprehenduntur.

XV. C. F. Extrema tibi pars restat orationis, quæ posita in perorando est, de qua sane velim audire. — C. P. Facilior est explicatio perorationis : nam est divisa in duas partes, amplificationem et enumerationem. Augendi autem et hic est proprius locus in perorando; et in cursu ipso orationis declinationes ad amplificandum dantur, confirmata re aliqua, aut reprehensa. Est igitur amplificatio, gravior quædam affirmatio, quæ motu animorum conciliet in dicendo fidem. Ea et verborum genere conficitur, et rerum. Verba ponenda sunt, quæ vim habeant illustrandi, nec ab usu sint abhorrentia, gravia, plena, sonantia, juncta, facta, cognominata, non vulgata, superlata, in primisque translata, nec in singulis verbis, sed in continentibus soluta, quæ dicuntur sine conjunctione, ut plura videantur. Augent etiam relata verba, iterata, duplicata, et ea, quæ adscendunt

à l'horrible agonie d'une dénégation prolongée; qu'on en a vu d'autres négliger leur vie pour le salut de ceux qui leur étaient plus chers qu'eux-mêmes; d'autres, naturellement moins sensibles, endurcis aux souffrances ou dominés par la crainte de la mort et du dernier supplice, soutenir jusqu'au bout la violence des tourmens; d'autres mentir pour assouvir leur haine. Toutes ces allégations seront confirmées par des faits; et, comme il y a, pour et contre, des exemples et des probabilités égales, on prendra évidemment dans les cas contraires des exemples contraires. Il y a encore une manière adroite d'invalider la preuve testimoniale et la question : c'est de relever l'ambiguité, les variations, les invraisemblances de chaque témoignage, ou d'opposer l'un à l'autre les témoins qui se contredisent.

XV. C. F. Il vous reste à parler de la péroraison; expliquez-moi les règles de cette partie du discours. — C. P. Cette explication est bien simple. La péroraison se divise en deux parties, l'amplification et la récapitulation. C'est en effet à la péroraison que l'amplification appartient en propre, quoiqu'on ait occasion de l'employer dans le discours à la suite de la confirmation ou de la réfutation. On peut la définir une affirmation passionnée qui gagne l'esprit par le cœur. Elle a son langage et ses pensées qui la caractérisent. Dans son langage, elle affecte les locutions qui, sans répugner à l'usage, joignent la noblesse, la plénitude et l'harmonie à l'éclat de la magnificence; les dérivés, les composés, les hyperboles, surtout les métaphores, les phrases courtes, détachées, et qui semblent se multiplier. Elle admet encore les redoublemens, les reprises [26], les répétitions et les progressions qui, par des nuances insen-

gradatim ab humilioribus verbis ad superiora; omninoque semper quasi naturalis et non explanata oratio, sed gravibus referta verbis, ad augendum accommodatior. Hæc igitur in verbis; quibus actio vocis, vultus, et gestus congruens, et apta ad animos permovendos, accommodanda est. Sed et in verbis, et in actione causa erit tenenda, et pro re agenda : nam hæc quia videntur perabsurda, quum graviora sunt, quam causa fert; diligenter, quid quemque deceat, judicandum est.

XVI. Rerum amplificatio sumitur eisdem ex locis omnibus, quibus illa, quæ dicta sunt ad fidem : maximeque definitiones valent conglobatæ, et consequentium frequentatio, et contrariarum, et dissimilium, et inter se pugnantium rerum conflictio; et causæ, et ea, quæ sunt de causis orta, maximeque similitudines et exempla; fictæ etiam personæ; muta denique loquantur, omninoque ea sunt adhibenda, si causa patitur, quæ magna habentur : quorum est duplex genus. Alia enim magna natura videntur, alia usu : natura, ut coelestia, ut divina, ut ea, quorum obscuræ causæ, ut, in terris mundoque admirabilia quæ sunt; ex quibus similibusque, si attendas, ad augendum permulta suppetunt : usu, quæ videntur hominibus aut prodesse aut obesse vehementius : quorum sunt genera ad amplificandum tria. Nam aut caritate moventur homines, ut deorum, ut patriæ, ut parentum; aut amore, ut fratrum, ut conjugum, ut liberorum, ut familiarium; aut honestate, ut virtutum, maximeque earum, quæ ad communionem hominum et liberalitatem valent. Ex iis et cohortationes sumuntur

sibles, passent des expressions les plus simples aux plus véhémentes; elle se distingue enfin par une élocution vive et naturelle, mais toujours imposante. Tel est le langage de l'amplification : on y joindra l'accent, le geste, le jeu de la physionomie le plus propre à émouvoir. Rien, cependant, ni dans le style, ni dans l'action, ne doit sortir du genre de la cause, au succès de laquelle on doit tout ramener. Un ton plus élevé que le sujet ne le comporte est absurde. Il faut, avant tout, garder les convenances.

XVI. L'amplification puise ses pensées aux sources des argumens; elle entasse et développe les définitions, les conséquences, les contrastes nés de la diversité, de l'opposition, de l'incompatibilité des idées; les causes, les effets, les similitudes, les exemples; met en scène les personnes, fait parler même les choses; et, toujours à la hauteur de son sujet, s'élève, au besoin, jusqu'au sublime. Deux sortes de choses sont réputées sublimes, les unes dans la nature, les autres dans nos habitudes : dans la nature, le ciel, les dieux, tout ce qui confond l'intelligence et ravit l'admiration; le spectacle de la terre et du monde, et tant de merveilles dont la contemplation fournit à l'éloquence des inspirations fécondes; dans nos habitudes, les objets de nos plus chères affections, de nos craintes les plus vives, d'où naissent trois genres d'amplifications. On est sûr, en effet, d'émouvoir les hommes ou par le respect des dieux, l'amour de la patrie, et la piété filiale; ou par l'amitié fraternelle et conjugale, la tendresse paternelle et les affections privées; ou par l'honneur et la vertu, celle surtout qui tend au bien public et à la conservation de la société. Plein de ces sentimens, l'orateur en consacre

ad ea retinenda; et in eos, a quibus ea violata sunt, odia incitantur, et miseratio nascitur.

XVII. Proprius locus est augendi, in his rebus aut amissis, aut amittendi periculo. Nihil est enim tam miserabile, quam ex beato miser. Et hoc totum quidem moveat, si bona ex fortuna quis cadat : et a quorum caritate divellatur; quæ amittat, aut amiserit; in quibus malis sit, futurusve sit, exprimatur breviter. Cito enim arescit lacryma, præsertim in alienis malis. Nec quidquam in amplificatione nimis enucleandum est : minuta est enim omnis diligentia; hic autem locus grandia requirit. Illud jam est judicii, quo quaque in causa genere utamur augendi. In illis enim causis, quæ ad delectationem exornantur, ii loci tractandi sunt, qui movere possunt exspectationem, admirationem, voluptatem. In cohortationibus autem, bonorum ac malorum enumerationes et exempla valent plurimum. In judiciis accusatori fere, quæ ad iracundiam; reo plerumque, quæ ad misericordiam pertinent : nonnunquam tamen accusator misericordiam movere debet, et defensor iracundiam.

Enumeratio reliqua est, nonnunquam laudatori suasori non sæpe, accusatori sæpius quam reo, necessaria. Hujus tempora duo sunt, si aut memoriæ diffidas eorum, apud quos agas, vel intervallo temporis, vel longitudine orationis : aut frequentatis firmamentis orationis, et breviter expositis, vim est habitura causa majorem. Et reo rarius utendum est, quod ponenda sunt contraria; quo-

le culte, voue à l'exécration ceux qui les ont violés, et de là le pathétique.

XVII. Nul sujet ne se prête mieux à l'amplification que la perte éprouvée ou imminente de ces biens. Rien n'est, en effet, si digne de pitié que l'homme qui était heureux et qui est dans le malheur. Notre âme s'émeut tout entière à l'aspect de l'infortuné qui tombe victime d'un coup du sort, lorsqu'on nous montre à quelles affections il est arraché, quelles pertes il a faites ou il va faire, quelles calamités l'accablent ou vont l'accabler; mais il faut peindre en peu de mots; les larmes sèchent vite[27], surtout dans les peines d'autrui. L'amplification, en général, ne doit pas épuiser son sujet : tous les détails sont petits; il faut ici de grands traits. Quant à l'espèce d'amplification dont chaque genre est susceptible, c'est une affaire de goût. Dans les causes où l'on ne veut que charmer, on ne doit rien négliger de ce qui produit l'attente, l'admiration, l'enchantement. Dans le genre délibératif, le tableau des avantages et des inconvéniens, les exemples, sont les moyens les plus efficaces. Dans les luttes judiciaires, il appartient à l'accusateur de porter les juges à la colère, à l'accusé de les fléchir. Quelquefois, cependant, c'est l'accusateur qui doit attendrir, c'est l'accusé qui doit faire parler l'indignation.

Reste la récapitulation, qu'on emploie quelquefois dans le genre démonstratif, rarement dans le délibératif, plus souvent dans l'accusation que dans la défense. Elle convient en deux cas : lorsqu'on se défie de la mémoire des auditeurs à raison du laps de temps écoulé ou de la longueur du discours; et quand le rappel et le résumé sommaire des principaux points de la cause,

rum dissolutio in brevitate lucebit, aculei pungent. Sed erit in enumeratione vitandum, ne ostentatio memoriæ suscepta videatur esse puerilis : id effugiet, qui non omnia minima repetet, sed brevia singula attingens, pondera rerum ipsa comprehendet.

XVIII. C. F. Quoniam et de ipso oratore, et de oratione dixisti, expone eum mihi nunc, quem ex tribus extremum proposuisti, quæstionis locum. — C. P. Duo sunt, un initio dixi, quæstionum genera; quorum alterum, finitum temporibus et personis, causam appello; alterum infinitum, nullis neque personis, neque temporibus notatum, propositum voco. Sed est consultatio quasi pars causæ quædam et controversiæ : inest enim infinitum in definito, et ad illud tamen referuntur omnia. Quamobrem prius de proposito dicamus: cujus genera sunt duo, cognitionis alterum; ejus scientia est finis, ut, verine sint sensus : alterum actionis; quod refertur ad efficiendum quid, ut, si quæratur, quibus officiis amicitia colenda sit. Rursus superioris genera sunt tria: sit, necne; quid sit; quale sit. Sit, necne, ut, jus in natura sit, an in more. Quid autem sit : sitne jus id, quod majori parti sit utile. Quale autem sit : juste vivere, sit, necne, utile. Actionis autem duo sunt genera : unum, ad persequendum aliquid, aut declinandum; ut, quibus rebus adipisci gloriam possis, aut quomodo invidia vitetur : alterum, quod ad aliquod commodum usumque refertur; ut, quemadmodum sit respublica ad-

doivent lui donner plus de force. L'accusé a rarement lieu d'en faire usage; réduit à réfuter, plus il est concis, plus il est vif et pénétrant. Il ne faut pas que la récapitulation ait l'air d'une puérile ostentation de mémoire; on devra, pour éviter cet écueil, négliger les détails, et, sans rien omettre d'essentiel, ne présenter que la substance des choses.

XVIII. C. F. Vous m'avez entretenu des qualités de l'orateur et de la composition du discours, veuillez développer la dernière partie de votre division générale, la question. — C. P. Il y a, comme je l'ai dit dans le principe, deux espèces de questions : l'une, spéciale à certains temps et à certaines personnes, se nomme cause; l'autre, générale, sans rapport à aucun temps, ni à aucune personne, s'appelle proposition. Mais cette dernière se retrouve dans chaque cause et dans chaque controverse; car toute question particulière implique une question générale qui en est la clef. Nous allons donc parler d'abord de celle-ci. On en distingue deux sortes: l'une spéculative, dont le but est de connaître; ainsi : Le témoignage des sens est-il fidèle? L'autre, pratique, qui se résout en règle de conduite; ainsi : Quels sont les devoirs de l'amitié? La première renferme les questions de savoir si la chose est ou n'est pas, ce qu'elle est et quelle elle est. Si la chose est ou n'est pas; ainsi : Le droit est-il dans la nature ou dans l'opinion? Ce qu'elle est : Le droit n'est-il que l'avantage du plus grand nombre? Quelle elle est : Est-il ou n'est-il pas utile de vivre selon la justice? Dans la seconde, on distingue deux genres de questions, relatifs, l'un aux moyens d'obtenir un bien ou d'éviter un mal, par exemple, d'acquérir de

ministranda, aut, quemadmodum in paupertate vivendum.

Rursus autem ex cognitionis consultatione, ubi, sit, necne sit, aut fuerit, futurumve sit, quæritur, unum genus est quæstionis, possitne aliquid effici; ut, quum quæritur, ecquisnam perfecte sapiens esse possit : alterum, quemadmodum quidque fiat; ut, quonam pacto virtus pariatur, naturane, an ratione, an usu. Cujus generis sunt omnes, in quibus ut in obscuris naturalibusque quæstionibus, causæ rationesque rerum explicantur.

XIX. Illius autem generis, in quo, quid sit, id, de quo agitur, quæritur, duo sunt genera : quorum in altero disputandum est, aliud an idem sit, ut pertinacia et perseverantia; in altero autem, descriptio generis alicujus, et quasi imago exprimenda est, ut, qualis sit avarus, aut quid sit superbia.

Tertio autem in genere, in quo, quale sit, quæritur, aut de honestate, aut de utilitate, aut de æquitate dicendum est. De honestate sic : ut, Honestumne sit pro amico periculum aut invidiam subire. De utilitate autem sic : ut, Sitne utile, in republica administranda versari. De æquitate vero sic : ut, Sitne æquum, amicos cognatis anteferre. Atque in hoc eodem genere, in quo, quale sit, quæritur, exoritur aliud quoddam disputandi genus. Non enim simpliciter solum quæritur, quid honestum sit, quid utile, quid æquum, sed etiam ex com-

la gloire ou d'échapper à l'envie; l'autre à notre conduite et à nos intérêts, par exemple, à la manière d'administrer la chose publique ou de vivre dans la pauvreté.

La question de savoir si la chose est ou n'est pas, si elle a été ou si elle sera, engendre encore deux questions subsidiaires; l'une de possibilité, comme : La parfaite sagesse est-elle faite pour l'homme? l'autre, de causalité, ainsi : La vertu est-elle un don de la nature, un résultat de la raison ou un fruit de l'exercice? De ce genre, sont toutes les questions de physique et de métaphysique, où l'on remonte aux causes premières et aux principes des choses.

XIX. Les questions de définition sont de deux genres : les unes ont pour objet la différence ou l'identité des espèces, par exemple, de la persévérance et de l'opiniâtreté; les autres, la description, je dirai presque la peinture des espèces, par exemple, de l'avarice ou de l'orgueil.

Les questions de qualification roulent sur l'honnête, l'utile ou le juste; sur l'honnête, ainsi : Est-il beau de braver les périls ou la haine pour un ami ? Sur l'utile : Est-il bon d'être versé dans l'administration publique? Sur le juste : Peut-on avec justice préférer ses amis à ses proches? La qualification des choses soulève encore d'autres questions; car il s'agit de connaître ce qui est non-seulement honnête, utile, juste en soi; mais plus honnête, plus utile, plus juste, ou même le plus honnête, le plus utile, le plus juste. Telle est la question du

paratione, quid honestius, quid utilius, quid æquius; atque etiam, quid honestissimum, quid utilissimum, quid æquissimum : cujus generis illa sunt, quæ præstantissima sit dignitas vitæ. Atque ea quidem, quæ dixi, cognitionis sunt omnia.

Restant actionis : cujus alterum est præcipiendi genus, quod ad rationem officii pertinet; ut, quemadmodum colendi sint parentes : alterum autem ad sedandos animos, et oratione sanandos, ut in consolandis mœroribus, ut in iracundia comprimenda, aut in timore tollendo, aut in cupiditate minuenda. Cui quidem generi contrarium est disputandi genus ad eosdem illos animi motus, quod in amplificanda oratione sæpe faciendum est, vel gignendos, vel concitandos. Atque hæc fere est partitio consultationum.

XX. C. F. Cognovi : sed quæ ratio sit in his inveniendi et disponendi, requiro. — C. P. Quid? tu aliamne censes, et non eamdem, quæ est exposita, ut ex eisdem locis ad fidem et ad inveniendum ducantur omnia? Collocandi autem quæ est exposita in aliis ratio, eadem huc transfertur.

Cognita igitur omni distributione propositarum consultationum, causarum genera restant admodum. Et earum quidem forma duplex est : quarum altera delectationem sectatur aurium; alterius, ut obtineat, probet et efficiat, quod agit, omnis est suscepta contentio. Itaque illud superius, exornatio dicitur : quod quum latum genus esse potest, saneque varium, unum ex eo delegimus, quod ad laudandos claros viros suscipimus, et ad improbos vituperandos. Genus enim nullum est orationis,

genre de vie le plus accompli. Tout ce que je viens de dire est de pure spéculation.

Voyons ce qui touche à la pratique. En ce genre, il y a deux espèces de questions : l'une a pour objet l'enseignement de nos devoirs, par exemple, la manière d'honorer nos parens ; l'autre nous instruit à modérer les esprits et à calmer les passions par l'éloquence, c'est-à-dire à dissiper les chagrins, à réprimer la colère, à bannir la crainte ou à tempérer les désirs. A cette espèce est opposée celle où l'on se propose de faire naître ou d'exalter les passions, c'est le but de l'amplification. Tels sont en substance les différens genres de questions.

XX. C. F. Je vous comprends : mais alors, quelles sont les règles de l'invention et de la disposition ? — C. P. Eh quoi ! pensez-vous qu'il y ait, ici, des règles différentes de celles que je vous ai données [27] sur l'invention et sur l'argumentation ? Il en est de même à l'égard de la disposition.

La division des questions générales ainsi connue, reste à parler des questions particulières. Elles sont toutes comprises sous deux formes principales. Dans les unes, l'orateur s'étudie à charmer l'oreille ; dans les autres, il veut maîtriser, convaincre et mener les esprits à son but. Les premières forment le genre délibératif : comme il est très-étendu et très-varié, nous nous bornerons à l'espèce dont le but est l'éloge des hommes illustres ou le blâme des méchans. Il n'y a pas de genre plus fécond pour l'éloquence, plus utile aux républiques, et qui

quod aut uberius ad dicendum, aut utilius civitatibus esse possit, aut in quo magis orator in cognitione virtutum vitiorumque versetur. Reliquum autem genus causarum, aut in provisione posteri temporis, aut in praeteriti disceptatione versatur : quorum alterum deliberationis est, alterum judicii. Ex qua partitione tria genera causarum exstiterunt : unum, quod, a meliori parte, laudationis est appellatum; deliberationis alterum; tertium judiciorum. Quamobrem de primo primum, si placet, disputemus. — C. F. Mihi vero placet.

XXI. C. P. Ac laudandi vituperandique rationes, quae non ad bene dicendum solum, sed etiam ad honeste vivendum valent, exponam breviter, atque a principiis exordiar et laudandi et vituperandi. Omnia enim sunt profecto laudanda, quae conjuncta cum virtute sunt; et quae cum vitiis, vituperanda. Quamobrem finis alterius est honestas, alterius turpitudo. Conficitur autem genus hoc dictionis, narrandis exponendisque factis, sine ullis argumentationibus, ad animi motus leniter tractandos magis, quam ad fidem faciendam aut confirmandam accommodate. Non enim dubia firmantur, sed ea, quae certa, aut pro certis posita sunt augentur. Quamobrem ex iis, quae ante dicta sunt, et narrandi, et augendi praecepta repetentur.

Et, quoniam in his causis omnis ratio fere ad voluptatem auditoris et ad delectationem refertur, utendum erit iis, in oratione, singulorum verborum insignibus, quae habent plurimum suavitatis : id est ut factis verbis, aut vetustis, aut translatis frequenter utamur, et in ipsa constructione verborum, ut paria paribus, et similia

suppose une connaissance plus approfondie du cœur humain. Dans les secondes, il s'agit ou de pourvoir à l'avenir ou de statuer sur le passé; de là les délibérations et les jugemens. Il y a donc trois genres de causes : le premier, considéré dans son application la plus favorable, se nomme apologétique, le deuxième délibératif, le troisième judiciaire. Commençons, s'il vous plaît, par le premier. — C. F. Très-volontiers.

XXI. C. P. Les règles selon lesquelles il faut louer ou blâmer ne sont pas seulement des leçons d'éloquence; ce sont aussi des préceptes de morale : je vais les exposer sommairement, en remontant à la source même de l'éloge ou du blâme. En principe, tout ce qui a du rapport avec la vertu est louable; tout ce qui en a avec le vice est blâmable. Conséquemment, la fin de l'éloge est de consacrer le mérite; celle du blâme est d'infliger la honte. En ce genre, l'éloquence consiste dans un simple exposé des faits sans raisonnement, dans un récit propre à remuer doucement les cœurs plutôt qu'à convaincre et à subjuguer la raison. Il ne s'agit pas, en effet, de rien prouver qui soit en doute, mais de rehausser des faits certains ou présumés tels. Les règles que j'ai données pour la narration et pour l'amplification trouvent donc ici leur application; on peut s'y référer.

Comme, dans ce genre, l'orateur cherche surtout à plaire et à charmer, il aura soin de déployer toutes les grâces du style le plus séduisant; il sera riche en termes nouveaux, anciens, métaphoriques; les antithèses, les oppositions, les contrastes, les répétitions brilleront dans ses phrases; ses périodes auront du nombre, de la

similibu ssæpe referantur; ut contraria, ut geminata, ut circumscripta numerose, non ad similitudinem versuum, sed ad explendum aurium sensum, apto quodam quasi verborum modo. Adhibendaque frequentius etiam illa ornamenta rerum sunt, sive quæ admirabilia et nec opinata, sive significata monstris, prodigiis, et oraculis; sive quæ videbuntur ei, de quo agimus, accidisse divina atque fatalia. Omnis enim exspectatio ejus, qui audit, et admiratio, et improvisi exitus, habent aliquam in audiendo voluptatem.

XXII. Sed quoniam in tribus generibus bona malave versantur, externis, corporis, et animi; prima sunt externa, quæ ducuntur a genere : quo breviter modiceque laudato, aut, si erit infame, prætermisso; si humile, vel præterito, vel ad augendam ejus, quem laudes, gloriam, tracto; deinceps, si res patietur, de fortunis erit et facultatibus dicendum, postea de corporis bonis; in quibus quidem, quæ virtutem maxime significat, facillime forma laudatur. Deinde est ad facte veniendum, quorum collocatio triplex est : aut enim temporum servandus est ordo, aut in primis recentissimum quodque dicendum, aut multa et varia facta in propria virtutum genera sunt dirigenda. Sed hic locus virtutum atque vitiorum latissime patens, ex multis et variis disputationibus nunc in quamdam angustam et brevem concludetur. Est igitur vis virtutis duplex : aut enim scientia cernitur virtus, aut actione. Nam, quæ prudentia, quæ calliditas, quæque gravissimo nomine sapientia appellatur, hæc scientia pollet una. Quæ vero moderandis cupiditatibus, regendisque animi motibus

cadence et cette harmonie de langage, autre que celle de la poésie, mais non moins douce à l'oreille. Quant aux pensées, il multipliera les figures qui frappent et qui étonnent, soit qu'il annonce des merveilles, raconte des prodiges, fasse parler des oracles, soit qu'il révèle dans la vie de son héros quelque chose de divin ou de prédestiné; car tout ce qui ravit et tient en suspens l'auditoire, tout ce qui cause la surprise, est une source de plaisir.

XXII. Les biens et les maux sont de trois sortes : ceux de la fortune, ceux du corps et ceux de l'âme. La naissance appartient à la première espèce : est-elle honorable, on en fait l'éloge en peu de mots; est-elle honteuse, on la passe sous silence; est-elle obscure, on peut ou n'en rien dire, ou la faire tourner à la gloire de son héros. Après la naissance, viennent la fortune et les richesses dont on parlera, s'il y a lieu; puis les avantages du corps, parmi lesquels la beauté, où semble reluire l'image de la vertu, prête le plus à la louange. Arrivé aux actions, on pourra les présenter de trois manières, en suivant l'ordre des temps, en commençant par les plus récentes, ou en les rapportant à chaque genre de vertu. Nous allons résumer en peu de mots ce lieu commun des vertus et des vices qui occupent tant de place dans les livres des moralistes. La vertu peut s'envisager de deux manières : dans la spéculation et dans la pratique. Ce qu'on nomme doctrine, expérience ou du nom imposant de sagesse, est une vertu purement spéculative; mais celle qui consiste à modérer les passions et à régler les mouvemens de l'âme, celle-ci est toute en action; son nom est la tempérance. On appelle

laudatur, ejus est munus in agendo : cui temperantiæ nomen est. Atque illa prudentia in suis rebus, domestica ; in publicis, civilis appellari solet. Temperantia autem in suas itidem res et in communes distributa est, duobusque modis in rebus commodis discernitur; et ea, quæ absunt, non expetendo, et ab iis, quæ in potestate sunt, abstinendo. In rebus autem incommodis est itidem duplex : nam quæ venientibus malis obstat, fortitudo ; quæ, quod jam adest, tolerat et perfert, patientia nominatur. Quæ autem hæc uno genere complectitur, magnitudo animi dicitur : cujus est liberalitas, in usu pecuniæ ; simulque altitudo animi, in capiendis incommodis et maxime injuriis; et omne, quod est ejus generis, grave, sedatum, non turbulentum. In communione autem quæ posita pars est, justitia dicitur; eaque erga deos religio, erga parentes pietas, vulgo autem bonitas, creditis in rebus fides, in moderatione animadvertendi lenitas, amicitia in benivolentia nominatur.

XXIII. Atque hæ quidem virtutes cernuntur in agendo. Sunt autem aliæ quasi ministræ comitesque sapientiæ : quarum altera, quæ sint in disputando vera atque falsa, quibusque positis quid sequatur, distinguit et judicat ; quæ virtus omnis in ratione scientiaque disputandi sita est : altera autem oratoria. Nihil enim est aliud eloquentia, nisi copiose eloquens sapientia : quæ ex eodem hausta genere, quo illa, quæ in disputando est, uberior est atque latior, et ad motus animorum vulgique sensus accommodatior. Custos vero virtutum omnium, dedecus fugiens, laudemque maxime consequens, verecundia est. Atque hi sunt fere quasi quidam habi-

la tempérance, dans les intérêts privés, bonne conduite domestique; dans les intérêts généraux, vertu de l'homme public. La tempérance se divise encore en qualité individuelle et en vertu sociale. Comme qualité individuelle, elle s'exerce de deux manières : dans les biens, elle ne désire point ceux qu'elle n'a pas et s'abstient de ceux qu'elle possède; dans les maux, elle est la force qui résiste à leur atteinte, et la patience qui en supporte la durée. La grandeur d'âme réunit à ces deux qualités la libéralité dans l'usage des richesses, une élévation de sentimens supérieure aux évènemens, surtout aux injures, et la sérénité d'une âme noble, calme, maîtresse d'elle-même. Comme vertu sociale, la tempérance s'appelle justice; la justice envers les dieux, c'est la religion; envers les parens, c'est la piété; c'est la bonté envers tous les hommes, la bonne foi dans les engagemens, la douceur dans l'application des peines, l'amitié dans les relations de bienveillance.

XXIII. Toutes ces vertus sont pratiques. Mais il en est deux qui sont comme les ministres et les compagnes de la sagesse : l'une démêle dans les controverses la vérité de l'erreur, et saisit les conséquences dans les principes; c'est la dialectique : l'autre est le talent de la parole : car l'éloquence n'est que la sagesse versée dans l'art de bien dire; elle est sœur de la dialectique, mais, plus abondante, plus étendue, elle sait en outre émouvoir les passions et parler aux sens du vulgaire. Enfin les vertus ont pour gardienne cette qualité qui fuit la honte, qui vit d'estime, et qu'on nomme respect humain. Toutes ces inclinations de l'âme sont distinctes entre elles : chacune se rapporte à une vertu particulière, et tout ce

tus animi, sic affecti et constituti, ut sint singuli inter se proprio virtutis genere distincti : a quibus ut quæque res gesta est, ita sit honesta necesse est, summeque laudabilis. Sunt autem alii quidam perfecti animi habitus, ad virtutem quasi præculti et præparati rectis studiis et artibus : ut, in suis rebus, studia litterarum, ut numerorum ac sonorum, ut mensuræ, ut siderum, ut equorum, ut venandi, ut armorum; in communibus, propensiora studia in aliquo genere virtutis præcipue colendo, aut divinis rebus deserviendo, aut parentibus, amicis, hospitibus, præcipue atque insigniter diligendis. Atque hæc quidem virtutum. Vitiorum autem sunt genera contraria.

Cernenda autem sunt diligenter, ne fallant ea nos vitia, quæ virtutem videntur imitari : nam et prudentiam malitia, et temperantiam immanitas in voluptatibus aspernandis, et magnitudinem animi superbia in animis extollendis, et despicientia in contemnendis honoribus, et liberalitatem effusio, et fortitudinem audacia imitatur et patientiam duritia immanis, et justitiam acerbitas, et religionem superstitio, et lenitatem mollitia animi et verecundiam timiditas, et illam disputandi prudentiam concertatio captatioque verborum, et hanc oratoriam vim inanis quædam profluentia loquendi. Studiis autem bonis similia videntur ea, quæ sunt in eodem genere nimia.

Quamobrem omnis vis laudandi vituperandique ex his sumetur virtutum vitiorumque partibus : sed in toto quasi contextu orationis hæc erunt illustranda maxime,

qu'elles produisent, nécessairement honnête, est souverainement digne d'éloge. L'âme porte encore en elle les germes précieux d'autres qualités que l'éducation féconde et fait éclore. Tels sont, pour nous-mêmes, le goût des lettres, du calcul, de la musique, de la géométrie, de l'équitation, de la chasse et des armes; pour la société, la prédisposition naturelle, le penchant inné à la pratique de telle ou telle vertu, comme le ministère des autels, la piété filiale, l'amitié, l'hospitalité. Voilà les vertus. Les affections contraires sont les vices.

Ne vous laissez pas surprendre aux apparences des vices qui ont le faux-semblant des vertus. L'astuce simule la prudence; sous les dehors de la tempérance se cache une aversion des plaisirs qui n'est que rudesse et férocité de mœurs; l'orgueil, qui enfle le cœur et enfante le dédain des honneurs, usurpe le nom de grandeur d'âme; on prend la prodigalité pour la libéralité, l'audace pour le courage, l'insensibilité pour la patience, la rigueur pour la justice, la superstition pour la religion, la faiblesse pour la bonté, une fausse honte pour le respect humain; la manie de disputer et d'argumenter sur des mots s'érige en puissance de raisonnement; on fait un renom d'éloquence à une vaine intempérance de langage. En un mot, rien n'est plus semblable aux vertus que l'abus des vertus mêmes.

Ces différentes espèces de vertus et de vices seront la base de l'éloge et du blâme. Dans la suite du discours, on s'attachera à relever la naissance de son héros, son

quemadmodum quisque generatus, quemadmodum educatus, quemadmodum institutus moratusque fuerit ; et, si quid cui magnum aut incredibile acciderit, maximeque si id divinitus accidisse potuerit videri ; tum quod quisque senserit, dixerit, gesserit, ad ea, quæ proposita sunt, virtutum genera accommodabuntur, ex illisque iisdem inveniendi locis causæ rerum, et eventus, et consequentia requirentur. Neque vero mors eorum, quorum vita laudabitur, silentio præteriri debebit, si modo quid erit animadvertendum, aut in ipso genere mortis, aut in iis rebus, quæ post mortem erunt consecutæ.

XXIV. C. F. Accepi ista, didicique breviter, non solum quemadmodum laudarem alterum, sed etiam quemadmodum eniterer, ut possem ipse jure laudari. Videamus igitur deinceps, in sententia dicenda quam viam et quæ præcepta teneamus. — C. P. Est igitur in deliberando finis utilitas, ad quem omnia ita referuntur in consilio dando, sententiaque dicenda, ut illa prima sint suasori, aut dissuasori videnda, quid aut possit fieri, aut non possit, et quid aut necesse sit, aut non necesse. Nam et, si quid effici non potest, deliberatio tollitur, quamvis utile sit; et, si quid necesse est (necesse autem id est, sine quo salvi liberive esse non possumus), id est reliquis, et honestatibus in civili ratione, et commodis anteponendum. Quum autem quæritur, quid fieri possit, videndum etiam est, quam facile possit : nam quæ perdifficilia sunt, perinde habenda sæpe sunt, ac si effici non possint. Et quum de necessitate attendemus, etsi aliquid non necessarium videbitur, videndum tamen

éducation, la manière dont son cœur et son esprit ont été formés, les prodiges et les merveilles de sa vie, surtout s'il y apparaît quelque chose de divin. On rapportera ses sentimens, ses paroles, ses actions, aux différens genres de vertus dont nous avons parlé; et l'on trouvera aux sources de l'invention les causes et l'enchaînement des faits et des conséquences. La mort de ceux dont on célèbre la vie ne doit pas non plus être passée sous silence, lorsqu'elle est digne de remarque en elle-même ou dans ses suites.

XXIV. C. F. J'ai retenu vos discours et je me suis pénétré des principes qu'il me faut observer pour louer autrui et pour mériter moi-même de justes éloges. Voyons, maintenant, les règles et la marche à suivre dans le genre délibératif. — C. P. Toute délibération roule sur un objet d'utilité; c'est à cette fin qu'il faut rapporter et les conseils et les avis qu'on donne. Ainsi l'orateur, soit qu'il persuade, soit qu'il dissuade, a d'abord à examiner ce qui est ou n'est pas possible, ce qui est ou n'est pas nécessaire. Car si la chose est impossible, la délibération tombe, nonobstant l'utilité de la chose. S'il s'agit, au contraire, d'une chose nécessaire (et telles sont celles d'où dépendent notre salut et notre liberté), il faut la préférer même à ce qu'il y a de plus honorable ou de plus avantageux parmi les hommes. Dans l'examen de ce qui est possible, il faut distinguer le degré de possibilité; car une difficulté extrême est réputée équivalente à l'impossibilité. Dans la discussion de ce qui est nécessaire, si la chose n'est pas abso-

erit, quam sit magnum. Quod enim permagni interest, pro necessario saepe habetur. Itaque quum constet hoc genus causarum ex suasione et dissuasione; suasori proponitur simplex ratio : si et utile est, et fieri potest, fiat. Dissuasori duplex : una, si non utile est, ne fiat; altera si fieri non potest, ne suscipiatur. Sic suasori utrumque docendum est, dissuasori alterum infirmare sat est.

Quare quoniam in his versatur omne consilium duobus, de utilitate ante dicamus, quae in discernendis bonis malisque versatur. Bonorum autem partim necessaria sunt, ut vita, pudicitia, libertas, ut liberi, conjuges, germani, parentes : partim non necessaria; quorum alia sunt per se expetenda, ut ea, que sita sunt in officiis atque virtutibus; alia, quod aliquid commodi efficiunt, ut opes et copiae. Eorum autem, quae propter se expetuntur, partim honestate ipsa, partim commoditate aliqua expetuntur : honestate, ea, quae proficiscuntur ab iis virtutibus, de quibus paullo ante est dictum; quae sunt laudabilia ipsa per se : commoditate autem aliqua, quae sunt in corporis aut in fortunae bonis expetenda; quorum alia sunt quodam modo cum honestate conjuncta, ut honos, ut gloria; alia diversa, ut vires, forma, valetudo, nobilitas, divitiae, clientelae. Est etiam quaedam quasi materies subjecta honestati; quae maxime spectatur in amicitiis. Amicitiae autem caritate et amore cernuntur : nam quum deorum, tum parentum, patriaeque cultus, eorumque hominum, qui aut sapientia, aut opi-

lument telle, il faut voir jusqu'à quel point elle est utile, car le dernier degré d'utilité passe alors pour nécessité. En résumé, le genre délibératif ayant uniquement pour objet de persuader ou de dissuader, la question se réduit, dans le premier cas, aux termes suivans : si la chose est utile et possible, il faut la faire ; dans le second cas, la question présente cette double hypothèse : si la chose est inutile, il ne faut pas la faire; si elle est impossible, il ne faut pas l'entreprendre. Conséquemment, celui qui persuade a deux points à prouver, tandis qu'il suffit à l'adversaire d'infirmer l'un ou l'autre.

Comme toute délibération roule sur ces deux points, considérons d'abord l'utilité dont la mesure est dans la juste appréciation des biens et des maux. Il y a des biens nécessaires; tels sont la vie, l'honneur, la liberté, nos enfans, nos femmes, nos frères, nos parens [29]. Il y en a d'autres qui, sans être d'une nécessité absolue, sont désirables ou pour eux-mêmes, comme ceux qui consistent dans l'accomplissement des devoirs et dans la pratique des vertus; ou pour les avantages qu'ils procurent, comme les richesses et l'abondance. Entre les biens qu'on ambitionne pour eux-mêmes, on désire les uns pour l'honnêteté, les autres pour l'utilité. Dans le premier genre, sont les biens nés des vertus dont nous avons parlé, biens louables par eux-mêmes. Au second genre appartiennent les avantages du corps ou les dons de la fortune, qui se divisent en biens utiles et honorables, comme la considération et la gloire; et en biens seulement utiles, comme la force, la beauté, la santé, la naissance, les richesses, le patronage. Il est encore un trésor dont l'honnêteté augmente le prix, c'est l'amitié, qui comprend la vénération et la tendresse. Les dieux, les

bus excellunt, ad caritatem referri solet; conjuges autem, et liberi, et fratres, et alii, quos usus familiaritasque conjunxit, quanquam etiam caritate ipsa, tamen amore maxime continentur. In his igitur rebus quum bona sint, facile est intellectu, quæ sint contraria.

XXV. Quod si semper optima tenere possemus, haud sane, quoniam quidem ea perspicua sunt, consilio multum egeremus. Sed quia temporibus, quæ vim habent maximam, persæpe evenit, ut utilitas cum honestate certet, earumque rerum contentio plerumque deliberationes efficit, ne aut opportuna propter dignitatem, aut honesta propter utilitatem relinquantur : ad hanc difficultatem explicandam præcepta referamus. Et quoniam non ad veritatem solum, sed etiam ad opiniones eorum, qui audiunt, accommodanda est oratio : hoc primum intelligamus, hominum duo esse genera; alterum indoctum et agreste, quod anteferat semper utilitatem honestati; alterum humanum et politum, quod rebus omnibus dignitatem anteponat. Itaque huic generi laus, honor, gloria, fides, justitia, omnisque virtus; illi autem alteri, quæstus, emolumentum, fructusque proponitur. Atque etiam voluptas, quæ maxime est inimica virtuti, bonique naturam fallaciter imitando adulterat, quam immanissimus quisque acerrime sequitur, neque solum honestis rebus, sed etiam necessariis anteponit, in suadendo, quum ei generi hominum consilium des, sæpe sane laudanda est.

XXVI. Et illud videndum, quanto magis homines

parens, la patrie, les hommes éminens en sagesse et en dignité ont droit à notre vénération. Nos femmes, nos enfans, nos frères et tous ceux qui nous sont unis par les liens de la plus étroite intimité, quoiqu'ils aient part à notre vénération, sont surtout les objets de notre tendresse. Vous savez ce que sont les biens, il est aisé d'en conclure ce que sont les maux.

XXV. Sans doute, s'il nous était donné d'être fidèles au bien, toujours assez évident par lui-même, nous n'aurions pas besoin de tant de délibérations. Mais les circonstances, ordinairement si puissantes, font que l'utile est le plus souvent en lutte avec l'honnête; et l'embarras de les concilier nous appelle à délibérer, de peur de sacrifier l'honneur à l'intérêt ou l'intérêt à l'honneur. Donnons des règles pour la solution de cette difficulté. Comme la tâche de l'orateur n'est pas seulement de dire la vérité, mais encore de la faire goûter à son auditoire, il doit considérer, avant tout, qu'il y a deux espèces d'hommes, les uns ignorans et grossiers, pour qui l'utile est toujours préférable à l'honnête; les autres éclairés et polis, qui mettent au dessus de tout le sentiment de leur propre dignité. Il faut parler à ceux-ci de considération, d'honneur, de gloire, de bonne foi, de justice et de vertu; à ceux-là d'intérêt, de gains, de bénéfices. La volupté même, cette mortelle ennemie de la vertu, cette fausse imitation du bien qu'elle dénature, mais que les hommes grossiers, dans la fureur de leurs désirs, préfèrent aux biens les plus honorables, aux biens les plus nécessaires; la volupté, dis-je, si nous avons à persuader de tels hommes, doit obtenir nos suffrages et nos éloges.

XXVI. Il faut également considérer combien l'aver-

mala fugiant, quam sequantur bona : nam neque honesta tam expetunt, quam devitant turpia. Quis enim honorem, quis gloriam, quis laudem, quis ullum decus tam unquam expetat, quam ignominiam, infamiam, contumeliam, dedecus fugiat? quarum rerum dolor gravis est. Est genus hominum ad honestatem natum, malo cultu pravisque opinionibus corruptum : quare in cohortando atque suadendo propositum quidem nobis erit illud, ut doceamus, qua vi bona consequi, malaque vitare possimus. Sed apud homines bene institutos plurimum de laude et de honestate dicemus; maximeque ea virtutum genera tractabimus, quæ in communi hominum utilitate tuenda augendaque versantur. Sin apud indoctos imperitosque dicemus, fructus, emolumenta, voluptates, vitationesque dolorum proferantur; addantur etiam contumeliæ atque ignominiæ : nemo enim est tam agrestis, quem non, si ipsa minus honestas, contumelia tamen et dedecus magnopere moveat.

Quare, quod ad utilitatem spectet, ex iis, quæ dicta sunt, reperietur : quid autem possit effici, necne, in quo etiam, quam facile possit, quamque expediat, quæri solet, maxime ex causis iis, quæ quamque rem efficiant, est videndum. Causarum autem genera sunt plura. Nam sunt aliæ, quæ ipsæ conficiunt; aliæ, quæ vim aliquam ad conficiendum afferunt. Itaque illæ superiores, conficientes vocentur; hæ reliquæ ponantur in eo genere, ut sine his confici non possit. Conficiens autem causa alia est absoluta et perfecta per se; alia aliquid adju-

sion du mal est plus forte sur les hommes que l'amour du bien. Ils sont, en effet, moins jaloux de s'élever à la considération, que de ne pas tomber dans le mépris. Et qui fut jamais aussi ardent à poursuivre l'honneur, la gloire, les applaudissemens, les distinctions, qu'à fuir l'ignominie, les humiliations, l'infamie, l'opprobre? Le sentiment de ces maux nous abreuve d'amertume. Il est des âmes nées vertueuses que la mauvaise éducation et les maximes pernicieuses ont corrompues; le secret de les persuader et de les convaincre, c'est de leur montrer des biens à acquérir, des maux à éviter. On ne saurait trop parler aux hommes bien élevés, de gloire, d'honneur, et surtout de ces vertus généreuses incessamment occupées de fonder et d'étendre la félicité publique. Les esprits simples et sans culture se laisseront séduire à l'appât du gain, des bénéfices, de la volupté, au désir d'éviter les maux, et même à la crainte des humiliations et de l'ignominie; car s'il est des hommes assez grossiers pour être peu sensibles à l'honneur, il n'en est pas que l'ignominie et les humiliations ne touchent profondément.

Nous venons de considérer l'utile dans tous ses rapports. Quant à ce qui est ou n'est pas possible, et, par suite, à ce qui est plus ou moins facile, plus ou moins expédient, il faut juger des effets par les causes. On en compte plusieurs espèces : celles qui produisent d'elles-mêmes, et celles qui donnent lieu à la production. J'appelle les premières efficientes, les secondes occasionnelles; rien de possible sans ces dernières. Parmi les causes efficientes, les unes sont absolues et parfaites en elles-mêmes, les autres sont auxiliaires et prêtent leur concours : l'efficacité de ces dernières varie, tantôt plus

vans, et efficiendi socia quædam : cujus generis vis varia est, et sæpe aut major, aut minor, ut et illa, quæ maximam vim habet, sola sæpe causa dicatur. Sunt autem aliæ causæ, quæ aut propter principium, aut propter exitum, conficientes vocantur. Quum autem quæritur, quid sit optimum factu; aut utilitas, aut spes efficiendi ad assentiendum impellit animos. Et, quoniam de utilitate jam diximus, de efficiendi ratione dicamus.

XXVII. Quo toto genere, quibuscum, et contra quos, quo tempore, aut quo loco, aut quibus facultatibus armorum, pecuniæ, sociorum, earumve rerum, quæ ad quamque rem efficiendam pertinent, possimus uti, requirendum est. Neque solum ea sunt, quæ nobis suppetant, sed etiam illa, quæ adversentur, videnda. Et, si ex contentione procliviora erunt nostra; non solum effici posse, quæ suademus, erit persuadendum, sed curandum etiam, ut illa facilia, proclivia, jucunda videantur. Dissuadentibus autem, aut utilitas labefactanda est, aut efficiendi difficultates efferendæ, neque aliis ex præceptis, sed iisdem ex suasionis locis. Uterque vero ad augendum habeat exemplorum aut recentium, quo notiora sint, aut veterum, quo plus auctoritatis habeant, copiam. Maximeque sit in hoc genere meditatus, ut possit vel utilia ac necessaria sæpe honestis, vel hæc illis anteferre. Ad commovendos autem animos maxime proficient, si incitandi erunt, hujusmodi sententiæ, quæ aut ad explendas cupiditates, aut ad odium satiandum, aut ad ulciscendas injurias pertinebunt. Sin autem reprimendi; de incerto statu fortunæ, dubiisque eventis rerum futurarum, et retinendis suis fortunis, si erunt

grande, tantôt plus petite; souvent même on réserve exclusivement le nom de cause à celle qui a la plus grande vertu. On donne aussi le nom d'efficientes aux causes premières ou dernières. Lorsqu'on délibère sur ce qu'il y a de mieux à faire, c'est l'utilité ou l'espoir du succès qui détermine l'assentiment. Nous n'avons plus à parler de l'utilité, passons aux moyens d'exécution.

XXVII. Dans cette partie de la délibération, il s'agit de développer toute la suite d'une entreprise; de dire avec qui, contre qui, en quel temps, en quel lieu il faut agir; quelles sont nos ressources en armes, en argent; celles de nos alliés; enfin toutes nos garanties de succès. On fera l'énumération des chances favorables et de celles qui sont contraires; et si les premières l'emportent dans la balance, au lieu de se borner à affirmer la possibilité de l'entreprise, on dira qu'elle est simple, facile, et promet un heureux avenir. L'orateur qui veut dissuader jettera, au contraire, des doutes sur l'utilité de l'entreprise, en exagérera les difficultés, et tournera contre elle le même art de persuader dont s'est prévalu le premier orateur. Chacun d'eux trouvera une ample matière à amplification dans les faits récens et plus connus ou dans les exemples anciens et plus accrédités. Mais c'est surtout lorsqu'il s'agit d'amener les hommes à préférer l'utile et le nécessaire à l'honnête, ou l'honnête à l'utile, qu'il faut être bien pénétré de son sujet. Quant aux moyens d'agir sur les esprits, on est sûr de les enflammer par l'espoir d'assouvir leurs passions, leurs haines, leurs vengeances. On les calmera par la considération de l'instabilité des choses humaines, de l'in-

secundæ ; sin autem adversæ, de periculo, commonendi. Atque hi quidem sunt perorationis loci. Principia autem in sententiis dicendis brevia esse debent : non enim supplex, ut ad judicem, venit orator, sed hortator atque auctor. Quare proponere, qua mente dicat, quid velit, quibus de rebus dicturus sit, debet, hortarique ad se breviter dicentem audiendum. Tota autem oratio, simplex, et gravis, et sententiis debet ornatior esse, quam verbis.

XXVIII. C. F. Cognovi jam laudationis et suasionis locos : nunc, quæ judiciis accommodata sint, exspecto; idque nobis genus restare unum puto. — C. P. Recte intelligis. Atque ejus quidem generis finis est æquitas; quæ non simpliciter spectatur, sed ex comparatione nonnunquam : ut, quum de verissimo accusatore disputatur, aut quum hæreditatis, sine lege, aut sine testamento, petitur possessio; in quibus causis quid æquius, æquissimumve sit, quæritur : quas ad causas facultas petitur argumentationum ex iis, de quibus mox dicetur, æquitatis locis. Atque etiam ante judicium, de constituendo ipso judicio solet esse contentio, quum aut, sitne actio illi, qui agit, aut jamne sit, aut num jam esse desierit, aut illane lege, hisne verbis sit actio, quæritur. Quæ etiam si ante, quam res in judicium venit, aut concertata, aut dijudicata, aut confecta non sunt; tamen in ipsis judiciis permagnum sæpe habent pondus, quum ita dicitur : Plus petisti; sero petisti; non fuit tua petitio; non a me, non hac lege, non his verbis, non hoc judicio. Quarum causarum genus est positum in jure civili : quod est in privatarum ac publicarum rerum lege, aut

certitude de l'avenir, du danger d'exposer sa fortune si elle est prospère, ou de la ruiner sans retour si elle est chancelante. Tous ces moyens conviennent à la péroraison. L'exorde doit être court dans le genre délibératif. L'orateur ne paraît pas, ici, comme un suppliant devant son juge; il vient exhorter et conseiller. Il se bornera donc à exposer dans quel esprit, dans quel but et sur quel objet il va parler, et réclamera l'attention en promettant de la brièveté. Du reste, tout le discours doit être simple, grave, plus fort de pensées que brillant de style.

XXVIII. C. F. Je connais les moyens oratoires propres au genre démonstratif et au genre délibératif; j'attends de vous le développement de ceux qui conviennent au genre judiciaire, seul objet, si je ne me trompe, dont nous ayons encore à nous occuper. — C. P. Il est vrai. Le genre judiciaire a pour but l'équité; non-seulement l'équité absolue, mais encore et même plus souvent l'équité relative. Telles sont les causes qui roulent sur la bonne foi de l'accusateur, et celles où l'on demande, sans loi ni testament, l'envoi en possession d'un héritage : dans ces deux cas, on considère ce qui est plus juste ou juste au suprême degré; et l'on puise ses moyens de conviction aux sources de l'équité dont nous allons parler tout-à-l'heure. Souvent il arrive qu'avant le jugement le débat s'engage sur les circonstances mêmes de l'action, comme lorsqu'on examine si le demandeur a qualité pour agir, si la demande est prématurée, tardive ou régulière, s'il y a juste application de la loi. Lors même que ces moyens n'ont pas été proposés, discutés, jugés avant le fond de la cause, ils ne laissent pas d'être invoqués avec succès dans le cours des débats; il est toujours avantageux de pouvoir dire : Vos

more positum; cujus scientia neglecta ab oratoribus plerisque, nobis ad dicendum necessaria videtur. Quare de constituendis actionibus, accipiendis subeundisque judiciis, de excipienda iniquitate actionis, de comparanda æquitate, quod ea fere generis ejus sunt, ut, quanquam in ipsum judicium sæpe delabantur, tamen ante judicium tractanda videantur, paullulum ea separo a judiciis, tempore magis agendi, quam dissimilitudine generis. Nam omnia, quæ de jure civili, aut de æquo et bono disceptantur, cadunt in eam formam, in qua, quale quid sit, ambigitur, de qua dicturi sumus : quæ in æquitate et jure maxime consistit.

XXIX. In omnibus igitur causis tres sunt gradus, ex quibus unus aliquis capiendus est, si plures non queas, ad resistendum. Nam aut ita consistendum est, ut id, quod objicitur, factum neges; aut illud, quod factum fateare, neges eam vim habere, atque id esse, quod adversarius criminetur; aut, si neque de facto, neque de facti appellatione ambigi potest, id, quod arguere, neges tale esse, quale ille dicat, et rectum esse, quod feceris, concedendumve, defendas. Ita primus ille status, et quasi conflictio cum adversario, conjectura quadam; secundus autem definitione atque descriptione, aut informatione verbi; tertius æqui, et veri, et recti, et humani ad igno-

demandes sont exorbitantes ou intempestives; ce n'était point par vous, contre moi, d'après cette loi, dans cette forme, ou devant ce tribunal que l'action devait être portée. Toutes les causes de ce genre rentrent dans le droit civil, conséquemment dans le domaine des lois et des coutumes qui régissent les intérêts privés ou publics, et dont la connaissance, négligée de la plupart des orateurs, nous semble pourtant indispensable à l'éloquence. Comme les discussions sur la bonne foi du demandeur, sur la qualité du défendeur, sur la compétence du tribunal, sur la justice absolue ou relative de l'action, quoiqu'elles aillent souvent se réunir au fond de la cause, sont de véritables questions préjudicielles, j'établis entre elles et les causes mêmes une différence de temps et d'opportunité plutôt que de genre; car toute discussion fondée sur le droit civil ou sur l'équité naturelle appartient à la question de qualification dont nous allons parler, et qui est essentiellement une question de droit et d'équité.

XXIX. Il y a dans ces causes trois systèmes de défense, à l'un desquels il faut s'arrêter, si l'on n'en peut faire valoir davantage. L'accusé doit effectivement ou nier le fait [30]; ou, s'il l'avoue, nier qu'il ait la gravité qu'on lui prête et soit ce que l'on prétend; ou, s'il ne peut nier le fait ni sa nature, en défendre la moralité et soutenir que sa conduite est légitime ou du moins excusable. Ainsi le premier état de cause, le premier conflit avec l'adversaire roule sur un point de fait; le deuxième, sur la définition du nom suivant l'étymologie ou d'après le sens qu'on y attache; le troisième, sur une question de droit, de justice et d'équité. Non-seulement l'accusé doit adopter l'un des trois systèmes précédens, c'est-à-dire

scendum disputatione tractandus est. Et quoniam semper is, qui defendit, non solum resistat oportet, aliquo statu, aut infitiando, aut definiendo, aut æquitate opponenda, sed etiam rationem subjiciat recusationis suæ: primus ille status rationem habet iniqui criminis, ipsam negationem infitiationemque facti; secundus, quod non sit in re, quod ab adversario ponitur in verbo; tertius, quod id recte factum esse defendat, quod sine ulla nominis controversia factum fatetur. Deinde unicuique rationi opponendum est ab accusatore id, quod si non esset in accusatione, causa omnino esse non posset. Itaque ea, quæ sic referuntur, continentia causarum vocentur: quanquam non ea magis, quæ contra rationem defensionis afferuntur, quam ipsæ defensionis rationes, continent causas; sed distinguendi gratia rationem appellamus eam, quæ affertur ab reo ad recusandum, depellendi criminis causa; quæ nisi esset, quid defenderet, non haberet: firmamentum autem, quod contra ad labefactandam rationem refertur, sine quo accusatio stare non potest.

XXX. Ex rationis autem, et ex firmamenti conflictione, et quasi concursu, quæstio exoritur quædam, quam disceptationem voco : in qua, quid veniat in judicium, et de quo disceptetur, quæri solet. Nam prima adversariorum contentio diffusam habet quæstionem : ut in conjectura, Ceperitne pecunias Decius; in definitione, Minueritne majestatem Norbanus; in æquitate, Jurene occiderit Opimius Gracchum. Hæc, quæ primam contentionem habent ex arguendo et resistendo, lata, ut dixi, et confusa sunt. Rationum et firmamentorum con-

nier, définir, ou justifier; mais il doit développer sa défense. Or, son premier moyen est la dénégation; le deuxième est de prouver par définition que l'adversaire met dans le mot ce qui n'est pas dans le fait; le troisième est la justification du fait même dont on avoue l'existence et la nature. C'est alors à l'accusateur à opposer les moyens qui ne peuvent manquer à l'accusation, sans quoi il n'y aurait pas de cause. J'appelle ces moyens de l'accusateur preuves fondamentales. Cependant la cause n'est pas plus dans l'accusation que dans la défense; mais convenons, pour distinguer, d'appeler raisons les moyens allégués par l'accusé, et sans lesquels il n'y aurait pas de défense; et preuves fondamentales les moyens de réfutation de l'accusateur, sans lesquels il n'y aurait pas d'accusation.

XXX. De l'opposition et du choc des raisons et des preuves fondamentales naît une question que je nomme point à juger, et qui est le nœud de la difficulté. En effet, le débat primitif implique toujours une question ou de fait, comme : Decius a-t-il accepté de l'argent? ou de définition : Norbanus est-il criminel de lèse-majesté? ou de droit : Opimius a-t-il tué Gracchus avec justice? Ces questions conservent dans le débat primitif une latitude indéterminée; mais elles sont ramenées à un point précis par le conflit des raisons et des preuves fondamentales. Ce conflit n'a pas lieu dans le cas où l'on nie

tentio adducit in angustum disceptationem. Ea in conjectura nulla est. Nemo enim ejus, quod negat factum, rationem aut potest, aut debet, aut solet, reddere. Itaque in his causis eadem et prima quæstio, et disceptatio est extrema. In illis autem, ubi ita dicitur, Non minuit majestatem, quod egit de Cæpione turbulentius; populi enim romani dolor justus vim illam excitavit, non tribuni actio; majestas autem, quoniam est magnitudo quædam populi romani, in ejus potestate ac jure retinendo, aucta est potius, quam deminuta: et ubi ita refertur, Majestas est in imperii atque in nominis populi romani dignitate, quam minuit is, qui per vim multitudinis rem ad seditionem vocavit : exsistit illa disceptatio, Minueritne majestatem qui voluntate populi romani rem gratam et æquam per vim egerit. In his autem causis, ubi aliquid recte factum, aut concedendum esse factum defenditur, quum est facti subjecta rati, sicut ab Opimio, Jure feci, salutis omnium, et conservandæ reipublicæ causa; relatumque est ab Decio, Ne sceleratissimum quidem civem, sine judicio, jure ullo necare potuisti : oritur illa disceptatio, Potueritne recte, salutis reipublicæ causa, civem, eversorem civitatis, indemnatum necare ? Ita disceptationes eæ, quæ in his controversiis oriuntur, quæ sunt certis personis et temporibus notatæ, fiunt rursus infinitæ, detractisque temporibus et personis, rursum ad consultationis formam rationemque revocantur.

le fait, nul n'ayant la possibilité, ni l'obligation, ni l'habitude de rendre raison de sa dénégation : dans ce cas, la question qui se présente d'abord, c'est le point à juger. Mais dans le second cas, où l'on dit : « Norbanus n'est pas criminel de lèse-majesté pour s'être élevé contre Cépion avec véhémence ; car c'est le juste ressentiment du peuple romain, et non le discours du tribun, qui a porté les choses à l'extrémité ; or, la majesté, qui n'est que la grandeur du peuple romain et qui consiste dans la conservation de ses droits et de sa puissance, a reçu, en cette occasion, un accroissement plutôt qu'une atteinte ; » et où l'on répond : « La majesté est dans la dignité de l'empire et du nom romain ; elle est violée par quiconque soulève la multitude et excite une émeute ; » on voit surgir cette question : « Est-on criminel de lèse-majesté pour avoir fait, par la violence, mais aussi par la volonté du peuple romain et pour lui plaire, une chose juste en elle-même. » Enfin, dans le troisième cas, où l'accusé soutient que sa conduite est légitime ou du moins excusable, et veut le prouver, comme lorsque Opimius dit : « J'ai pu faire avec justice ce que j'ai fait pour le salut commun et pour la conservation de la république, » et que Décius répond : « Se fût-il agi du plus grand des criminels, vous n'avez pu, sans forme de procès, lui ôter la vie que par un crime ; » cette question s'élève : « A-t-on pu, avec justice, pour le salut commun, ôter la vie, sans forme de procès, à un citoyen qui tramait le renversement de la république ? » Ainsi, les questions particulières à certains temps et à certaines personnes redeviennent générales, lorsqu'on fait abstraction des personnes et des temps, et reprennent l'extension et la forme de simples propositions.

XXXI. Sed in gravissimis firmamentis etiam illa ponenda sunt, si qua ex scripto legis, aut testamenti, aut verborum ipsius judicii, aut alicujus stipulationis, aut cautionis opponuntur defensioni contraria. Ac ne hoc quidem genus in eas causas incurrit, quae conjectura continentur: quod enim factum negatur, id argui non potest scripto. Ne in definitionem quidem venit, genere scripti ipsius. Nam etiamsi verbum aliquod de scripto definiendum est, quam vim habeat; ut, quum ex testamentis, quid sit penus, aut quum ex lege praedii quaeritur, quae sint ruta caesa: non scripti genus, sed verbi interpretatio controversiam parit. Quum autem plura significantur scripto, propter verbi aut verborum ambiguitatem, ut liceat ei, qui contra dicat, eo trahere significationem scripti, quo expediat, aut velit; aut, si ambigue scriptum non sit, vel a verbis voluntatem et sententiam scriptoris abducere, vel alio se, eadem de re, contrario scripto defendere : tum disceptatio ex scripti contentione exsistit, ut in ambiguis discepteur, quid maxime significetur; in scripti sententiaeque contentione, utrum potius sequatur judex; in contrariis scriptis, utrum magis sit comprobandum.

Disceptatio autem quum est constituta, propositum esse debet oratori, quo omnes argumentationes, repetitae ex inveniendi locis, conjiciantur. Quod quanquam satis est ei, qui videt, quid in quoque loco lateat, quique illos locos, tanquam thesauros aliquos argumentorum, notatos habet; tamen ea, quae sunt certarum causarum propria, tangemus.

XXXII. In conjectura igitur, quum est in inficiando

XXXI. Il faut ranger parmi les preuves les plus fortes qu'on puisse opposer à la défense, celles qu'on tire d'une disposition légale, testamentaire, judiciaire ou conventionnelle. Ce moyen est sans application dans les causes de fait, car des textes ne peuvent incriminer un fait non reconnu. Par la nature même des choses, il est également inapplicable aux causes de définition ; car, s'il s'agit de déterminer, d'après un acte, le sens d'un mot ; par exemple, d'après un testament, ce qu'on entend par alimens, ou, d'après un contrat de vente immobilière, ce qu'on entend par meubles ; le débat roule sur le sens du mot, et non sur l'acte même. Mais qu'une loi présente des termes obscurs et des sens divers, l'adversaire pouvant l'interpréter dans le sens qui lui agrée et lui profite davantage ; ou, s'il n'y a pas d'équivoque, soutenir que les termes s'éloignent de l'intention du législateur ; ou, enfin, citer, sous le même point, des lois contradictoires à la première : alors le débat s'engage sur la loi même pour déterminer, quand elle offre des sens douteux, le sens véritable ; quand la lettre diffère de l'intention du législateur, le parti que doit suivre le juge ; quand les lois se contredisent, celle qu'il faut préférer.

Le point précis de la difficulté une fois établi, l'orateur doit y appliquer toute son attention et toutes les ressources de son art. Quoique ce soit assez dire pour tout orateur à qui chacune de ces ressources est familière, et qui sait s'en approprier les richesses, voici quelques observations spéciales à certaines causes.

XXXII. Dans les questions de fait, comme l'accusé

reus, accusatori hæc duo prima sunt (sed accusatorem pro omni actore et petitore appello : possunt enim etiam sine accusatore in causis hæc eadem controversiarum genera versari); sed hæc duo sunt ei prima, causa et eventus. Causam appello, rationem efficiendi; eventum, id quod est effectum. Atque ipsa quidem partitio causarum paullo ante in suasionis locis distributa est. Quæ enim in consilio capiendo futuri temporis præcipiebantur, quamobrem aut utilitatem viderentur habitura, aut efficiendi facultatem, eadem, qui de facto argumentabitur, colligere debebit, quamobrem et utilia illi, quem arguet, fuisse, et ab eo effici potuisse demonstret. Utilitatis conjectura movetur, si illud, quod arguitur, aut spe bonorum, aut malorum metu fecisse dicitur : quod fit acrius, quo illa in utroque genere majora ponuntur. Spectantur etiam ad causam facti, motus animorum, si ira recens, si odium vetus, si ulciscendi studium, si injuriæ dolor; si honoris, si gloriæ, si imperii, si pecuniæ cupiditas; si periculi timor, si æs alienum, si angustiæ rei familiaris; si audax, si levis, si crudelis, si impotens, si incautus, si insipiens, si amans, si commota mente, si vinolentus, si cum spe efficiendi, si cum opinione celandi, aut, si patefactum esset, depellendi criminis, vel perrumpendi periculi, vel in longinquum tempus differendi; aut si judicii pœna levior, quam facti præmium; aut si facinoris voluptas major, quam damnationis dolor. His fere rebus facti suspicio confirmatur, quum et voluntatis in reo causæ reperiuntur, et facultas. In voluntate autem utilitas ex adeptione alicujus commodi, vitationeque alicujus incommodi quæ-

nie, l'accusateur (et sous ce nom je désigne quiconque intente une action; car bien des causes admettent ce débat, sans qu'il y ait accusation), l'accusateur a d'abord deux choses à considérer, les motifs et les suites. J'appelle motifs, nos raisons d'agir; et suites, les conséquences des faits. Nous avons traité de la division des genres de causes : or, les mêmes moyens qui, dans le genre délibératif, où il s'agit de l'avenir, servent à établir l'utilité et la possibilité d'une proposition, serviront à prouver, dans le genre judiciaire, où il est question du passé, que le fait imputé à l'accusé lui a été utile, et qu'il a pu l'accomplir. Comme preuve de l'utilité du fait, on alléguera les motifs d'espérance ou de crainte qui furent les mobiles de l'accusé; et plus ces motifs auront été puissans, plus la preuve sera décisive. A cette considération on joindra, s'il se peut, l'influence de telle ou telle passion, comme l'emportement de la colère, une haine invétérée, la soif de la vengeance, le ressentiment d'une injure; le désir de l'honneur, l'amour de la gloire, l'ambition, l'intérêt; l'imminence d'un péril, l'énormité des dettes, la gêne domestique, l'audace, la légèreté, la cruauté, l'impétuosité, l'imprévoyance, la déraison, l'amour, l'égarement d'esprit, l'ivresse; la probabilité du succès; l'espoir de n'être pas découvert ou de se justifier, de se dérober au supplice ou de gagner du temps; la légèreté de la peine eu égard aux avantages du fait; enfin l'appât du crime, plus puissant que la honte de la condamnation. Toutes ces considérations confirment les soupçons contre l'accusé en qui se trouvent réunis les raisons de vouloir et les moyens d'agir. La volonté se présume de l'utilité du fait pour s'assurer des avantages, ou pour éviter des inconvéniens, en sorte que l'accusé

ritur, ut aut spes, aut metus impulisse videatur, aut alius repentinus animi motus, qui etiam citius in fraudem, quam ratio utilitatis, impellit. Quamobrem sint hæc dicta de causis. — C. F. Teneo, et quæro, qui sint illi eventus, quos ex causis effici dixisti.

XXXIII. C. P. Consequentia quædam signa præteriti, et quasi impressa facti vestigia: quæ quidem vel maxime suspicionem movent, et quasi tacita sunt criminum testimonia, atque hoc quidem graviora, quod causæ communiter videntur insimulare et arguere omnes posse, quorum modo interfuerit aliquid; hæc proprie attingunt eos ipsos, qui arguuntur, ut telum, ut vestigium, ut cruor, ut deprehensum aliquid, quod ablatum ereptumve videatur, ut responsum inconstanter, ut hæsitatum, ut titubatum, ut cum aliquo visus, ex quo suspicio oriatur, ut eo ipso in loco visus, in quo facinus, ut pallor, ut tremor, ut scriptum, aut obsignatum, aut depositum quippiam. Hæc enim et talia sunt, quæ aut in re ipsa, aut etiam ante quam factum est, aut postea, suspiciosum crimen efficiant. Quæ si non erunt, tamen causis ipsis, et efficiendi facultatibus niti oportebit, adjuncta illa disputatione communi, non fuisse illum tam amentem, ut indicia facti aut effugere aut occultare non posset; ut ita apertus esset, ut locum crimini relinqueret. Communis ille contra locus, audaciam temeritati, non prudentiæ esse conjunctam. Sequitur autem ille locus ad augendum, non esse exspectandum, dum fateatur; argumentis peccata convinci: et hic etiam exempla ponentur. Atque hæc quidem de argumentis.

paraisse avoir cédé à l'espérance, à la crainte ou à telle autre impulsion soudaine de l'âme, plus prompte encore à porter au crime que les vues d'intérêt. Mais c'en est assez sur les motifs de nos actions. — C. F. Je les ai bien présens; veuillez me dire ce que sont les suites.

XXXIII. C. P. Ce sont les indices, les conséquences du passé, les traces que le fait laisse après lui; muets témoins dont la présence éveille les plus véhémens soupçons, dont l'autorité est d'autant plus grave, qu'au lieu d'être un sujet banal d'inculpation, comme les motifs d'espérance ou de crainte imputables à tous ceux que le fait pouvait intéresser, ils n'inculpent que les seuls accusés; tels sont une arme, du sang, l'empreinte des pas, la surprise d'un objet supposant un acte de violence, la contradiction des réponses, l'hésitation, une démarche mal assurée, la rencontre de l'accusé avec une personne suspecte ou sur le lieu du crime, la pâleur, le tremblement, un écrit, un cachet, un dépôt. La découverte de tels ou semblables indices au moment du crime, avant ou après son exécution, en est l'infaillible symptôme. A leur défaut, on insistera sur les raisons et sur les moyens que l'accusé avait de le commettre, en ajoutant, selon l'usage, qu'il n'était pas assez insensé pour ne point éviter les traces du fait, ou pour les laisser subsister et se déceler lui-même au point d'éveiller les soupçons. L'accusé répondra par cet autre lieu commun, qu'une coupable audace s'associe la témérité et non la prudence. C'est alors le lieu d'amplifier et de dire qu'on ne doit pas s'attendre à l'aveu du coupable; mais qu'il ne peut échapper aux raisons qui le condamnent; pour dernier moyen on citera des exemples. Voilà pour les preuves réelles.

XXXIV. Sin autem erit etiam testium facultas : primum genus erit ipsum laudandum, dicendumque, ne argumentis teneretur reus, ipsum sua cautione effecisse, testes effugere non potuisse; deinde singuli laudentur (quæ autem essent laudabilia, dictum est); deinde etiam argumento firmo, quia tamen sæpe falsum est, posse recte non credi; viro bono et firmo, sine vitio judicis, non posse non credi. Atque etiam, si obscuri testes erunt, aut tenues, dicendum erit, non esse ex fortuna fidem ponderandam, aut eos esse cujusque lucupletissimos testes, qui id, de quo agatur, facillime scire possint. Sin quæstiones habitæ, aut postulatio ut habeantur, causam adjuvabunt : confirmandum genus primum quæstionum erit; dicendum de vi doloris, de opinione majorum, qui eam rem totam nisi probassent, certe repudiassent; de institutis Atheniensium, Rhodiorum, doctissimorum hominum, apud quos etiam (id quod acerbissimum est) liberi civesque torquentur; de nostrorum etiam prudentissimorum hominum institutis, qui quum de servis in dominos quæri noluissent, de incestu tamen et conjuratione, quæ facta me consule est, quærendum putaverunt. Irridenda etiam disputatio est, qua solent uti ad infirmandas quæstiones, et meditata puerilisque dicenda. Tum facienda fides, diligenter esse et sine cupiditate quæsitum; dictaque quæstionis argumentis et conjectura ponderanda. Atque hæc accusationis fere membra sunt.

XXXIV. Si, de plus, on a des témoins, on fera d'abord valoir ce genre de preuve; et l'on dira que l'adresse de l'accusé a bien pu le préserver des preuves réelles, mais non le dérober aux témoins. On fera l'éloge individuel de ces derniers (nous avons dit ce qu'il faut louer); on ajoutera que les raisonnemens les plus solides en apparence, n'étant pas toujours sans erreur, on est excusable de ne point s'y fier; mais qu'un juge est sans excuse s'il rejette le témoignage d'un honnête homme. Que si les témoins sont gens sans nom, sans fortune, on dira que la bonne foi ne se mesure pas à l'opulence; ou que la richesse des témoins est dans la possession de renseignemens utiles. Si la torture a été donnée, ou si on la demande et qu'elle soit favorable à l'accusation, on commencera par en défendre l'institution; on relèvera l'importance des aveux arrachés à la douleur; on invoquera l'opinion de nos pères, qui, s'ils n'avaient approuvé cet usage, l'auraient aboli; la coutume des Athéniens, celle des Rhodiens, peuples si éclairés, et qui ont poussé la rigueur, jusqu'à mettre à la question des hommes libres, les citoyens même; enfin l'autorité de nos plus habiles jurisconsultes, qui, d'abord opposés à l'application de la question aux esclaves forcés de témoigner contre leurs maîtres, ont changé d'avis dans l'affaire de l'inceste de Clodius, et, sous mon consulat, dans celle de la conspiration. On tournera en dérision ces éternelles déclamations contre la torture auxquelles on s'exerce, dès l'enfance, dans les écoles[31]. On prouvera d'ailleurs qu'il a été procédé avec scrupule et sans partialité à cette partie de l'interrogatoire; et l'on en rapprochera les résultats, des preuves et des circonstances du fait. Tels sont les détails de l'accusation.

XXXV. Defensionis autem primum infirmatio causarum; aut non fuisse, aut non tantas, aut non sibi soli, aut commodius potuisse idem consequi; aut non iis se esse moribus, non ea vita; aut nullos animi motus, aut non tam impotentes fuisse. Facultatum autem infirmatione utetur, si aut vires, aut animum, aut copias, aut opes abfuisse demonstrabit; aut alienum tempus, aut locum non idoneum, aut multos arbitros, quorum crederet nemini; aut non se tam ineptum, ut id susciperet, quod occultare non posset, neque tam amentem, ut pœnas ac judicia contemneret. Consequentia autem diluet exponendo, non esse illa certa indicia facti, quæ etiam nullo admisso consequi possent; consistetque in singulis; et ea, aut eorum, quæ ipse facta esse dicit, propria esse defendet potius, quam criminis; aut si sibi cum accusatore communia essent, pro periculo potius, quam contra salutem valere debere; testiumque et quæstionum genus universum, et quod poterit, in singulis, ex reprehensionis locis, de quibus ante dictum est, refellet.

Harum causarum principia, suspiciosa ad acerbitatem, ab accusatore ponentur; denuntiabiturque insidiarum commune periculum; excitabunturque animi, ut attendant. Ab reo autem, querela conflati criminis collectarumque suspicionum, et accusatoris insidiæ, et item commune periculum proferetur, animique ad misericordiam allicientur, et modice benivolentia judicum colli-

XXXV. Le premier point de la défense est d'infirmer les motifs du fait. L'accusé en niera la réalité, ou la puissance; dira qu'ils n'étaient pas particuliers à lui seul; qu'ils n'offraient que des avantages plus sûrs par une autre voie; qu'ils répugnaient à son caractère et à sa vie; que les passions qu'on lui prête, il ne les avait pas, du moins à cet excès de violence. Quant aux moyens d'exécution, il prouvera qu'il n'avait ni les forces, ni la résolution, ni les ressources, ni les richesses nécessaires; allèguera l'inopportunité de l'occasion, l'incommodité du lieu, la présence de plusieurs témoins, dont un seul l'eût arrêté; et dira qu'il n'eût pas poussé la stupidité jusqu'à commettre un crime sans espoir de le cacher, ni la démence au point de mépriser les tribunaux et les supplices. Il objectera aux preuves réelles, qu'on ne peut tenir pour certains des indices dont l'existence ne suppose pas toujours celle d'un crime. Il les discutera en détail, et fera voir qu'ils sont moins des motifs de suspicion que les effets naturels de tel fait innocent auquel il les rapportera; ou, s'il convient avec l'accusateur du caractère de ces indices, il s'efforcera de prouver qu'ils sont plutôt à sa justification qu'à sa charge. Enfin il emploiera contre la preuve testimoniale et la question, en général, et contre chaque témoin, en particulier, les moyens de réfutation précédemment développés.

Dans les causes de ce genre, l'exorde de l'accusateur doit respirer la sévérité, peindre la société mise en péril par les embûches de l'accusé, et inspirer la crainte pour éveiller l'attention. L'accusé, au contraire, se plaindra dans son exorde de l'accusation et des soupçons qui pèsent sur lui; il peindra l'accusateur comme un homme dont les artifices sont une épée suspendue sur toutes les

getur. Narratio autem accusatoris erit quasi membratim gesti negotii suspiciosa explicatio, sparsis omnibus argumentis, obscuratis defensionibus. Defensori, aut præteritis, aut obscuratis suspicionum argumentis, rerum ipsarum eventus erunt casusque narrandi. In confirmandis autem nostris argumentationibus, infirmandisque contrariis, sæpe erunt accusatori motus animorum incitandi, reo mitigandi. Atque hæc quidem utrique maxime in peroratione facienda : alteri frequentatione argumentorum, et coacervatione universa; alteri, si plane causam redarguendo explicarit, enumeratione, ut quidque diluerit, miseratione ad extremum.

XXXVI. C. F. Scire mihi jam videor, quemadmodum conjectura tractanda sit. Nunc de definitione audiamus. — C. P. Communia dantur in isto genere accusatori defensorique præcepta. Uter enim definiendo describendoque verbo magis ad sensum judicis opinionemque penetrarit, et uter ad communem verbi vim, et ad eam præceptionem, quam inchoatam habebunt in animis ii, qui audient, magis et propius accesserit, is vincat necesse est. Non enim argumentando hoc genus tractatur, sed tanquam explicando excutiendoque verbo : ut, si in reo, pecunia absoluto, rursusque revocato, prævaricationem accusator esse definiat, omnem judicii corruptelam ab reo; defensor autem, non omnem, sed tantummodo accusatoris corruptelam ab reo : sit ergo hæc contentio prima verborum; in qua, etiamsi propius accedat ad consuetudinem mentemque sermonis defensoris definitio, tamen accusator sententia legis nititur : negat enim pro-

têtes, et s'efforcera d'émouvoir la compassion et de gagner la bienveillance. Dans la narration, l'accusateur suivra, pas à pas, la marche du fait; relèvera tous les indices, rassemblera toutes les preuves du crime, et sapera les moyens de défense. L'accusé fera, de son côté, le récit du fait et de ses circonstances de manière à effacer ou à diminuer les impressions fâcheuses. Dans la confirmation et dans la réfutation, l'accusateur s'attachera à soulever, l'accusé à calmer les passions. C'est le but qu'ils devront se proposer, surtout dans la péroraison, l'accusateur en rappelant et en rassemblant ses preuves; l'accusé, si sa justification ne laisse rien à désirer, en résumant ses moyens de défense, et en touchant la compassion.

XXXVI. C. F. Je crois avoir saisi la manière de traiter la question de fait : parlez-moi de la question de définition. — C. P. En ce genre, les règles sont les mêmes pour l'accusateur et pour l'accusé. Celui dont la définition, dont l'explication sera plus voisine du sentiment et de l'opinion du juge, ou moins éloignée de l'acception commune dont les auditeurs ont généralement l'idée, est sûr de triompher. Il s'agit, ici, non de raisonner, mais de développer, de pénétrer le sens d'un mot, comme dans l'exemple suivant. D'abord absous par corruption, un accusé reparaît en justice; or, il y a prévarication, selon l'accusateur, dans tous les cas où il y a eu corruption par l'accusé; et, selon le défenseur, dans le seul cas où l'accusateur a seul été corrompu. Voilà donc une dispute de mots. Le défenseur a pour lui le sens de l'expression dans l'acception ordinaire; mais l'accusateur en appelle à l'esprit de la loi; nie que le législateur ait jamais pu vouloir approuver un jugement quand la cor-

bari oportere, eos, qui leges scripserint, ratum habere judicium, si totum corruptum sit; si unus accusator corruptus sit, rescindere : nititur æquitate; ut illa quasi scribenda lex sic esset; quæque tamen complecteretur in judiciis corruptis, ea verbo uno prævaricationis comprehendisse dicitur. Defensor autem testabitur consuetudinem sermonis, verbique vim ex contrario reperiet, quasi ex vero accusatore, cui contrarium est nomen prævaricatoris; ex consequentibus, quod ea littera de accusatore soleat dari judici; ex nomine ipso, quod significat eum, qui in contrariis causis quasi varie esse positus videatur. Sed huic tamen ipsi confugiendum est ad æquitatis locos, ad rerum judicatarum auctoritatem, ad finem aliquem periculi : communeque sit hoc præceptum, ut, quum uterque definierit, quam maxime potuerit, ad communem sensum vimque verbi, tum similibus, exemplisque eorum, qui ita locuti sunt, suam definitionem sententiamque confirmet. Atque accusatori in hoc genere causarum locus ille communis, minime esse concedendum, ut is, qui de re confiteatur, verbi se interpretatione defendat : defensor autem et ea, quam proposui, æquitate nitatur, et, ea quum secum faciat, non re, sed depravatione verbi se urgeri queratur. Quo in genere percensere poterit plerosque inveniendi locos: nam et similibus utetur, et contrariis, et consequentibus; quanquam uterque, tamen reus, nisi plane erit absurda causa, frequentius. Amplificandi autem causa, quæ, aut quum digredientur a causa, dici solent, aut quum perorabunt, hæc vel ad odium, vel ad misericordiam, vel omnino ad animos judicum movendos ex iis,

ruption y a été générale, pour l'annuler quand elle s'est bornée à l'accusateur. Il en appelle à l'équité; il soutient que si la loi était à faire, il serait inutile de recourir à d'autres termes, et que tout est compris dans le mot prévarication. Le défenseur attestera l'usage, qui fait loi dans la langue; il expliquera le mot, d'abord par les contraires : un accusateur intègre est l'opposé d'un prévaricateur; puis par les conséquens : la formule donnée au juge est relative à l'accusateur; enfin par l'étymologie : qui dit prévaricateur dit un homme variable dans sa position à l'égard des deux parties adverses. Il fera parler aussi l'équité, l'autorité de la chose jugée, l'importance capitale de la question pour tous les citoyens. Mais il est surtout essentiel que l'accusateur et l'accusé, après avoir donné une définition, la meilleure possible, suivant l'usage et le sens du mot, produisent des interprétations conformes et des autorités favorables à leur sentiment. Dans les causes de ce genre, l'accusateur a, pour lui, ce lieu commun : celui qui avoue la corruption n'est pas recevable à se justifier du crime de la chose par l'interprétation du mot. L'accusé opposera les considérations d'équité dont j'ai parlé, et se plaindra qu'à défaut d'un crime réel, on va, pour l'inculper, jusqu'à pervertir le sens des mots. Il pourra déployer toutes les ressources de l'invention, les semblables, les contraires, les conséquens, moyens également à l'usage de l'accusateur, mais propres surtout à l'accusé pour peu que sa cause ne soit pas désespérée. Quant à l'amplification, qu'on emploie dans les digressions ou dans la péroraison, son but est d'exciter, par les moyens enseignés, la haine, la pitié, ou toute autre passion,

quæ sunt ante posita, sumentur, si modo rerum magnitudo, hominumve aut invidia, aut dignitas postulabit.

XXXVII. C. F. Habeo ista : nunc ea, quæ quum, quale sit quippiam, disceptatur, quæri ex utraque parte deceat, velim audire. — C. P. Confitentur in isto genere, qui arguuntur, se id fecisse ipsum, in quo reprehendantur : sed, quoniam jure se fecisse dicunt, juris est omnis ratio nobis explicanda. Quod dividitur in duas partes primas, naturam atque legem : et utriusque generis vis in divinum et humanum jus est distributa; quorum æquitatis est unum, alterum religionis. Æquitatis autem vis est duplex : cujus altera directi, et veri, et justi, et, ut dicitur, æqui et boni ratione defenditur; altera ad vicissitudinem referendæ gratiæ pertinet : quod in beneficio, gratia; in injuria, ultio nominatur. Atque hæc communia sunt naturæ atque legis : sed propria legis, et ea, quæ scripta sunt, et ea, quæ sine litteris, aut gentium jure, aut majorum more, retinentur. Scriptorum autem privatum aliud est, publicum aliud : publicum, lex, senatusconsultum, fœdus; privatum, tabulæ, pactum conventum, stipulatio. Quæ autem scripta non sunt, ea aut consuetudine, aut conventis hominum, et quasi consensu obtinentur. Atque etiam hoc in primis, ut nostros mores legesque tueamur, quodam modo naturali jure præscriptum est. Et quoniam breviter aperti fontes sunt quasi quidam æquitatis, meditata nobis ad hoc causarum genus esse debebunt ea, quæ dicenda erunt in orationibus, de natura, de legibus, de more majorum, de propulsanda injuria, de ulciscenda, de omni parte juris. Si imprudenter, aut necessitate, aut

dans le cœur des juges, si telle est toutefois l'importance de la cause ou la qualité des parties.

XXXVII. C. F. Je conçois tout cela; dites-moi les moyens propres, soit à l'accusation, soit à la défense, dans les questions de qualification? — C. P. Ici l'accusé convient du fait, mais il en soutient la légitimité. C'est donc le droit qu'il faut expliquer. Il y a deux espèces de droit : l'un émané de la nature, l'autre de la loi. Chacun d'eux se divise en droit divin et en droit humain : celui-ci a son principe dans l'équité, celui-là dans la religion. On distingue deux sortes d'équité : la première est la droiture, la vérité, la justice même, ce qu'on appelle équitable et bon en soi; la seconde consiste à rendre ce qu'on a reçu; quand c'est un bien, on la nomme reconnaissance, et vengeance quand c'est un mal. Tout cela relève de la nature et de la loi. Mais à la loi appartiennent en propre le droit écrit et le droit non écrit, lequel résulte du droit des gens et des coutumes. Le droit écrit comprend le droit public et le droit privé : le droit public, comme les lois, les sénatus-consultes, les traités; le droit privé, comme les titres, les contrats, les stipulations. Le droit non écrit repose sur la coutume, les conventions et le consentement tacite des hommes. L'attachement que nous devons à nos coutumes et à nos lois est lui-même comme la première loi de la nature. Nous venons d'indiquer sommairement les sources de l'équité et de la justice, la méditation suffira désormais pour nous inspirer, dans les questions de ce genre, ce qu'il faudra dire sur l'équité naturelle, les lois, les coutumes, le besoin de repousser ou de venger une injure, et toutes les autres parties du droit. Si l'inadvertance, le hasard ou la nécessité nous ont conduit à une action

casu quippiam fecerit, quod non concederetur iis, qui sua sponte et voluntate fecissent : ad ejus facti deprecationem, ignoscendi petenda venia est; quæ sumetur ex plerisque locis æquitatis. Expositum est, ut potui brevissime, de omni controversiarum genere : nisi præterea tu quid requiris.

XXXVIII. C. F. Illud equidem, quod jam unum restare video; quale sit, quum disceptatio versatur in scriptis. — C. P. Recte intelligis : eo enim exposito, munus promissi omne confecero. Sunt igitur ambigui duobus adversariis præcepta communia. Uterque enim hanc significationem, qua utetur ipse, dignam scriptoris prudentia esse defendet; uterque id, quod adversarius ex ambigue scripto intelligendum esse dicet, aut absurdum, aut inutile, aut iniquum, aut turpe esse defendet, aut etiam discrepare cum ceteris scriptis, vel aliorum, vel maxime, si poterit, ejusdem; quamque defendet ipse, eam rem et sententiam quemvis prudentem et justum hominem, si integrum daretur, scripturum fuisse, sed planius; eamque sententiam, quam significari posse dicet, nihil habere, aut captionis, aut vitii; contrariam autem si probarit, fore, ut multa vitia, stulta, iniqua, contraria consequantur. Quum autem aliud scriptor sensisse videtur, et aliud scripsisse : qui scripto nitetur, eum, re exposita, recitatione uti oportebit; deinde instare adversario, iterare, renovare, interrogare, num aut scriptum neget, aut contra factum inficietur. Post, judicem ad vim scripti vocet. Hac confirmatione usus, amplificet rem lege laudanda, audaciamque confutet ejus, qui quum palam

sans excuse dans le cas où elle eût été volontaire et spontanée, on implorera l'indulgence du juge par les moyens tirés des lieux communs de l'équité. J'ai résumé aussi brièvement que je l'ai pu les différens genres de questions : avez-vous encore quelque chose à me demander?

XXXVIII. C. F. Je vois une difficulté à éclaircir, et c'est, je crois, la dernière; elle est relative au cas où le débat s'engage sur la loi même [32]. — C. P. L'observation est juste : ce point une fois éclairci, j'aurai pleinement satisfait à ma promesse. L'interprétation d'une loi douteuse roule, pour l'accusateur et pour l'accusé, sur des règles communes. Chacun présentera le sens qu'il veut faire prévaloir comme le seul digne de la sagesse du législateur; chacun rejettera l'interprétation de l'adversaire comme absurde, inutile, injuste ou inconvenante; dira qu'elle est contradictoire à telles lois faites par d'autres législateurs, ou mieux encore par le même; soutiendra que le sens qu'il défend est celui que tout homme d'un esprit éclairé et d'un cœur droit, appelé à régler la même matière, ne manquerait pas d'adopter, sauf à l'exprimer plus clairement; représentera que la loi ainsi entendue ne cache ni dol, ni surprise, tandis que l'opinion contraire est sujette à une foule d'inconvéniens, d'absurdités, d'injustices et de contradictions. Lorsque la lettre de la loi semble s'éloigner de l'intention du législateur, celui qui défend le sens littéral expose d'abord le fait et donne lecture de la loi; puis, s'attaquant à l'adversaire, il le pousse, le presse, le somme de dire s'il nie le texte ou s'il infirme le fait, et rappelle les juges à l'évidence du sens littéral. Son opinion ainsi confirmée, il amplifie et s'étend sur la justice de la loi, sur l'audace de celui qui l'a violée, qui en convient, et ose paraître

contra fecerit, idque fateatur, adsit tamen, factumque defendat. Deinde infirmet defensionem, quum adversarius aliud voluisse, aliud sensisse scriptorem, aliud scripsisse dicat; non esse ferendum, a quoquam potius latoris sensum, quam a lege, explicari. Cur ita scripserit, si ita non senserit? Cur, quum ea, quae plane scripta sint, neglexerit, quae nusquam scripta sint, proferat? Cur prudentissimos in scribendo viros, summae stultitiae putet esse damnandos? Quid impedierit scriptorem, quo minus exciperet illud, quod adversarius, tanquam si exceptum esset, ita dicit se secutum? Utetur exemplis iis, quibus idem scriptor, aut, si id non poterit, quibus alii, quod excipiendum putarint, exceperint. Quaerenda etiam ratio est, si qua poterit inveniri, quare non sit exceptum : aut iniqua lex, aut inutilis futura dicetur, aut alia causa obtemperandi, alia abrogandi : dissentire adversarii vocem atque legis. Deinde amplificandi causa, de conservandis legibus, de periculo rerum publicarum atque privatarum, quum aliis locis, tum in perorando maxime graviter erit, vehementerque dicendum.

XXXIX. Ille autem, qui se sententia legis voluntateque defendet, in consilio atque in mente scriptoris, non in verbis ac litteris vim legis positam esse defendet : quodque nihil exceperit in lege, laudabit, ne diverticula peccatis darentur, atque ut ex facto cujusque judex legis mentem interpretaretur. Deinde erit utendum exemplis, in quibus omnis aequitas perturbetur, si verbis legum, ac non sententiis pareatur. Deinde genus ejusmodi calliditatis et calumniae retrahatur in odium judicis, cum quadam invidiosa querela. Et si incidet im-

pour se disculper. Sapant ensuite la défense dans sa base, il nie que le législateur ait exprimé autre chose que son opinion et sa volonté; car la loi est le seul interprète de la volonté du législateur. Et pourquoi s'exprimerait-il ainsi, s'il ne pensait pas ainsi? Quoi! il aurait clairement énoncé ce qu'il voulait omettre, et omis ce qu'il voulait énoncer? Faut-il donc taxer d'une complète démence les hommes de la sagesse la plus consommée? Mais qui aurait empêché le législateur de faire cette exception qu'on lui prête comme s'il l'avait faite? Il cite alors les exceptions prononcées par le même législateur, ou, à leur défaut, celles que d'autres ont établies. Il dit, s'il est possible, pourquoi la loi présente n'en a pas admis : elle serait devenue injuste ou inutile; il aurait fallu l'exécuter en partie, en partie l'abroger; l'opinion de l'adversaire est subversive de la loi même. Enfin, il puise dans la nécessité du maintien des lois, dans le danger des interprétations pour l'état et pour les citoyens, un sujet d'amplification [33] qu'il développe dans la suite même du discours, et avec plus de force et de véhémence dans la péroraison.

XXXIX. Celui, au contraire, qui s'attache à l'esprit et à la volonté du législateur, dira que c'est dans cet esprit, dans cette volonté, et non dans les mots ou dans les lettres, qu'est la force de la loi : il approuvera le législateur de n'avoir pas formellement énoncé l'exception, afin d'ôter une ressource au crime, et de laisser au juge la faculté d'appliquer la loi selon la nature du fait. Il citera les cas où toute équité serait anéantie si l'on négligeait l'esprit de la loi pour s'en tenir à la lettre. Il rendra odieux aux juges, par une plainte vive et touchante, tous ces replis de la chicane aboutissant à la ca-

prudentiæ causa, quæ non ad delictum, sed ad casum necessitatemve pertineat, quod genus paullo ante attigimus : erit iisdem æquitatis sententiis contra acerbitatem verborum deprecandum.

Sin scripta inter se dissentient : tanta series artis est, et sic inter se sunt pleraque connexa et apta, ut, quæ paullo ante præcepta dedimus ambigui, quæque proxime sententiæ et scripti, eadem ad hoc genus causæ tertium transferantur. Nam quibus locis in ambiguo defendimus eam significationem, quæ nos adjuvat, eisdem in contrariis legibus nostra lex defendenda est. Deinde est efficiendum, ut alterius scripti sententiam, alterius verba defendamus. Ita quæ modo de scripto sententiaque præcepta sunt, eadem huc omnia transferemus.

XL. Expositæ sunt tibi omnes oratoriæ partitiones, quæ quidem e media illa nostra Academia floruerunt : neque sine ea aut inveniri, aut intelligi, aut tractari possunt. Nam et partiri ipsum, et definire, et ambigui partitiones dividere, et argumentorum locos nosse, et argumentationem ipsam concludere, et videre, quæ sumenda in argumentando sint, quidque ex iis, quæ sumpta sunt, efficiatur, et vera a falsis, verisimilia ab incredibilibus dijudicare, et distinguere, aut male sumpta, aut male conclusa reprehendere, et eadem vel anguste disserere, ut dialectici qui appellantur, vel, ut oratorem decet, late exprimere : illius exercitationis et subtiliter disputandi, et copiose dicendi [artis] est. De bonis vero rebus et malis, æquis, iniquis, utilibus, inutilibus, honestis, turpibus, quam potest habere orator, sine illis

lomnie; et s'il s'agit de l'un de ces actes, déjà mentionnés [34], où le hasard et la nécessité ont plus de part que l'intention, il suppliera le juge, au nom de l'équité même, de ne pas suivre à la rigueur la lettre de la loi.

Si les lois se contredisent, tels sont la suite de l'art et l'enchaînement des principes, que les règles que j'ai données, soit pour le cas où le texte est douteux, soit pour celui où il y a divergence entre la lettre et l'esprit de la loi, conviennent à ce troisième genre de cause. En effet, les moyens qu'on emploie, quand le texte est douteux, pour faire triompher le sens qu'on préfère, nous servent aussi, quand les lois ne sont pas d'accord, à défendre celle qui nous favorise. Comme il s'agit ensuite de faire prévaloir l'esprit de l'une et la lettre de l'autre, on retrouve ici l'application de ce que nous venons de dire sur la lettre et l'esprit de la loi.

XL. Je viens de vous exposer toutes les divisions de l'art oratoire, telles que les a tracées cette Académie si florissante parmi nous. Sans elle, on ne peut ni les trouver, ni les comprendre, ni les traiter. Car diviser, définir, distinguer les diverses parties d'une question douteuse; découvrir les lieux des argumens; suivre l'argumentation même; énoncer la proposition, en déduire les conséquences; démêler, discerner la vérité de l'erreur, ce qui est de ce qui n'est pas vraisemblable; réfuter les fausses propositions et les fausses conséquences; serrer un raisonnement comme les dialecticiens, le développer et l'étendre comme les orateurs : tout cela est l'objet de la logique unie à l'éloquence. Et comment l'orateur distinguerait-il ce qui est bien ou mal, juste ou injuste, utile ou nuisible, honnête ou honteux, sans les lumières dont ces nobles sciences sont le foyer? Que

maximarum rerum artibus, facultatem, aut copian? Quare hæc tibi sint, mi Cicero, quæ exposui, quasi indicia fontium illorum : ad quos si nobis eisdem ducibus aliisve perveneris, tum et hæc ipsa melius, et multo majora alia cognosces. — C. F. Ego vero, ac magno quidem studio, mi pater; multisque ex tuis præclarissimis muneribus nullum majus exspecto.

mes leçons ne soient à vos yeux que l'indication de ces sources fécondes où vous puiserez, s'il vous est donné de les découvrir, en suivant mes traces ou celles d'un autre guide, une plus parfaite intelligence de ce que vous savez, et des connaissances bien plus élevées encore. — C. F. Tel est, mon père, le plus ardent de mes désirs ; et de tous vos bienfaits ce sera le plus grand.

NOTES

SUR LES PARTITIONS ORATOIRES.

1. II. *Les argumens tirés des lieux propres ou accessoires au sujet.* On peut voir (*Topiques*, ch. 11) que Cicéron a emprunté à Aristote l'expression de *lieux des argumens*. Montaigne l'a employée dans l'apologie de Raimond Sebond (*Essais*, liv. 11, ch. 12), où il dit : « Le dialecticien se rapporte au grammairien de la signification des mots ; le rhétoricien emprunte du dialecticien les lieux des argumens, etc. » Enfin, Crévier, dans sa *Rhétorique*, distingue deux espèces de *lieux des argumens* : les uns propres à chaque genre d'éloquence, les autres communs à tous les genres. Ce sont ces derniers que nous appelons proprement *lieux communs*. Nous avons cru devoir, sur l'autorité de Montaigne et de Crévier, regarder l'expression de *lieux des argumens* comme naturalisée en français.

2. *J'appelle accessoires.... et propres au sujet, etc.* Voyez *Topiques*, ch. 111 et xv111 ; *de l'Invention*, liv. 1, ch. 49.

3. *Comme la définition, etc.* Voyez *Topiques*, ch. xx1 et xx11. — Ibid. *Les contraires*, 111 ; *les rapports de conformité ou de différence*, 111 ; *l'intime liaison des choses entre elles*, iv ; *les causes des évènemens, leurs suites ou leurs effets*, iv ; *les prémices, les signes précurseurs des faits*, iv ; *le rapprochement et l'opposition des choses*, iv.

4. III. *Ce qui serait commun ou insignifiant.* Voyez *de l'Invention*, liv. 1, ch. 48.

5. IV. *Soit qu'on observe l'ordre des temps.* Comme Cicéron, dans ses *Verrines*, où il fait l'histoire de Verrès, d'abord questeur, puis préfet en Asie, ensuite préteur à Rome, enfin préteur en Sicile.

6. *Qu'on s'attache aux divisions de la matière.* Ainsi, dans sa

harangue *pour la loi Manilia*, Cicéron divise en quatre chefs les louanges de Pompée : 1° son génie militaire; 2° son courage; 3° sa renommée; 4° sa fortune.

7. *Qu'on s'élève du plus petit au plus grand.* Comme Cicéron, dans sa harangue *pour Marcellus*, après avoir comparé entre elles les grandes qualités de César, élève au dessus de toutes sa clémence : « Il n'y a rien de plus sublime dans ta nature, rien de plus heureux dans ta fortune, que cette faculté qui t'est donnée de pouvoir sauver le plus grand nombre possible de citoyens. »

8. *Qu'on descende du plus grand au plus petit.* C'est ainsi que l'on a dit, pour atténuer la gloire du grand Annibal, qu'*il savait vaincre, mais qu'il ne savait pas profiter de la victoire*, lui qui, après avoir fait éprouver aux Romains le désastre de Cannes, avait laissé son armée s'amollir dans les délices de Capoue, au lieu d'aller immédiatement mettre le siège devant Rome.

9. V. *Les primitifs sont simplement appellatifs.* Ce passage a embarrassé les commentateurs : pour l'expliquer, ils ont considéré les mots primitifs comme des signes des choses créées à l'imitation des choses mêmes. Quoi qu'il en soit, nous croyons avoir rendu le sens de Cicéron.

10. VI. *De borner la période à l'étendue de la voix humaine.* Voyez *de l'Orateur*, liv. III, ch. 46.

11. VII. *L'art de changer les mots et les phrases.* Cicéron résume ici en peu de lignes les préceptes qui font la matière de bien des traités divers sur l'éloquence ou le style. Tout se réduit, en effet, soit à étendre le style, à l'aide de périphrases et de circonlocutions, ou en substituant la définition au défini, comme lorsque l'on dit *payer tribut à la nature*, au lieu de dire simplement *mourir*, etc.; soit à resserrer le style en supprimant les épithètes, en substituant le mot propre au synonyme, le défini à la définition, l'expression simple à la circonlocution, et en réunissant plusieurs mots en un seul, comme lorsqu'on dit *parricide*, au lieu de dire *meurtrier de son père*.

12. *Vient ensuite l'action.* Elle est la quatrième partie de l'orateur. Voyez *Rhétorique à Herennius*, liv. III, ch. 2; *de l'Orateur*, liv. III, ch. 56; *de l'Invention*, liv. I, ch. 7.

13. *La mémoire, cette sœur de l'écriture.* — Voyez HORACE, *Sat.*,

liv. II, sat. 3, v. 244; *Épît.*, liv. I, ép. 10, v. 3; *Rhétorique à Herennius*, liv. III, ch. 17.

14. VIII. *Le discours a quatre parties.* Voyez *de l'Invention*, liv. I, ch. 14-56.

15. XII. *Quelle est la méthode et la marche à suivre dans la définition?* Voyez *de l'Invention*, liv. II, ch. 51; *Topiques*, ch. XXI et XXII.

16. *Il faut souvent revenir aux contraires.* Ainsi, pour définir la vertu, on dira, avec Horace : « La vertu consiste à fuir le vice; et le premier degré de sagesse est d'être exempt de folie. »

17. *Aux dissemblances.* Ainsi on distinguera l'éloquence des autres arts, en ce qu'elle ne reconnaît pas de bornes, tandis que les autres arts sont bornés dans leurs effets.

18. *Aux similitudes.* Ainsi Junon dit à Vénus (*Énéide*, liv. X, v. 81) :

> Tu potes Æneam manibus subducere Graium,
> Proque viro nebulam, et ventos obtendere inanes,
> Et potes in totidem classem convertere Nymphas :
> Nos aliquid Rutulos contra juvisse nefandum est ?

19. *On fait alors un heureux emploi de la description.* La description se réduit souvent à la définition, dont elle diffère en ce qu'au lieu de se borner aux qualités propres de chaque objet, elle énumère les qualités qui peuvent être communes à son sujet et à d'autres sujets divers. Voyez *Topiques*, ch. XXII.

20. *Et de l'énumération des parties.* — Voyez la huitième *Philippique*, ch. 11.

21. *L'explication du mot, etc.* Elle a lieu lorsque l'on interroge le sens même du mot. Ainsi Cicéron dit que, le consul étant celui qui pourvoit à l'intérêt de la patrie (*qui patriæ consulit*), Pison n'a pas été consul : ce qui résulte de l'explication du mot.

22. *Rejetez au moins ce qu'il offre comme vraisemblable.* Voyez *de l'Invention*, liv. I, ch. 42, où l'auteur traite de la réfutation avec plus d'étendue.

23. XIII. *Vous voulez connaître l'argumentation.* Voyez *Rhétorique à Herennius*, liv. II, ch. 18-29; *de l'Invention*, liv. I, ch. 29-41.

24. *Soit que l'orateur s'interroge lui-même.* Cette figure est la subjection. Voyez *Rhétorique à Herennius*, liv. IV, ch. 23.

25. *Soit qu'il prenne la formule dubitative, impérative, etc.* Voyez *l'Orateur*, ch. XL, et *de l'Orateur*, liv. III, ch. 50.

26. XV. *Elle admet encore les redoublemens, les reprises, etc.* L'auteur a sans doute en vue les figures connues sous le nom d'*anaphore* et d'*antistrophe*.

27. XVII. *Les larmes sèchent vite, etc.* Voyez *de l'Invention*, liv. I, ch. 56; *Rhétorique à Herennius*, liv. II, ch. 31.

28. XX. *Des règles différentes de celles que je vous ai données.* — *Voyez* ci-dessus, ch. II.

29. XXIV. *Tels sont la vie, l'honneur, la liberté,.... nos parens.* — *Voyez*, sur les différens genres de biens, *de l'Invention*, liv. II, ch. 52.

30. XXIX. *L'accusé doit effectivement ou nier le fait, etc.* Voyez *de l'Invention*, liv. I, ch. 13 et 14; QUINTILIEN, liv. III, ch. 2.

31. XXXIV. *Auxquelles on s'exerce dès l'enfance dans les écoles.* Car Plutarque dit (MONTAIGNE, *Essais*, liv. I, ch. 15) « que Grec et escholier, étoient mots de reproche entre Romains, et de mespris. »

32. XXXVIII. *Au cas où le débat s'engage sur la loi même.* Voyez *de l'Invention*, liv. II, ch. 40-48.

33. *Un sujet d'amplification, etc.* — *Voyez* ci-dessus, ch. XXXV; et *de l'Invention*, liv. II, ch. 45.

34. XXXIX. *Et s'il s'agit de l'un de ces actes déjà mentionnés, etc.* — *Voyez* ci-dessus, ch. XXXVII; et *de l'Invention*, liv. II, ch. 31 et 32.

DES

ORATEURS PARFAITS

TRADUCTION NOUVELLE

PAR M. E. GRESLOU.

INTRODUCTION.

Cicéron avait traduit les deux célèbres plaidoyers qu'Eschine et Démosthène prononcèrent l'un contre l'autre dans l'affaire de la Couronne. Cette traduction, à laquelle le morceau suivant servait de préface, ne nous est point parvenue. Son but, en traduisant ces deux discours, était de réfuter, par l'exemple des deux premiers orateurs *attiques*, les ennemis de son mérite et de son éloquence, à l'occasion de cette querelle sur l'atticisme, dont parle Quintilien, liv. xii, ch. 10.

Après tout ce que Cicéron a écrit sur l'art oratoire, ce morceau serait à peu près sans intérêt, sans le passage qui nous fait connaître la manière de traduire qu'il avait adoptée. La traduction est un objet d'étude beaucoup plus important pour nous qu'il ne devait l'être pour les Latins. Pour eux, c'était plutôt un objet d'utilité que de nécessité. Nous, au contraire, avant d'y chercher un exercice propre à cultiver et à étendre l'esprit par une étude plus approfondie des modèles, nous avons à surmonter les difficultés que présente l'interprétation d'une langue que les hommes ont cessé de parler. Pline le Jeune recommande la traduction, mais comme un moyen propre à ouvrir l'esprit et à former le goût. « L'une des meilleures manières d'étudier, dit-il, et c'est l'avis de beaucoup de personnes, c'est de traduire du grec en latin. Par-là vous acquérez la justesse et la beauté de l'expression, la richesse des figures, l'abondance des développemens ; et dans cette imitation des orateurs les plus excellens, vous vous appropriez l'habitude de tours et de pensées semblables aux leurs. Mille choses qui échappent à un homme qui lit, n'échappent point à un homme qui traduit. » — « Utile imprimis, et multi præcipiunt, ex græco in latinum vertere : quo genere exercitationis proprietas splendorque verborum, copia figurarum, vis explicandi, præterea imitatione optimorum similia inveniendi

facultas paratur; simul quæ legentem fefellissent, transferentem fugere non possunt. » (PLIN. JUN, lib. VII, *epist.* 9.) Mais ce n'est pas tout que de connaître les avantages de la traduction, il faut encore savoir quelles sont les règles qui doivent guider le traducteur dans les difficultés qu'elle présente, considérée non-seulement comme exercice classique, mais encore comme interprétation exacte et fidèle.

Que se propose-t-on en traduisant un auteur grec ou latin ? de reproduire les pensées, les expressions, les images, le sentiment, en un mot, le style de l'original, sans rien ajouter, ni retrancher, ni déplacer. Il est évident qu'il faut, sinon autant de génie, du moins autant de goût pour bien traduire que pour bien composer : « Peut-être même en faut-il davantage, dit Batteux ; l'auteur qui compose, conduit par son esprit ou par son génie, et par sa matière, qui lui présente des idées qu'il peut accepter ou rejeter à son gré, est maître absolu de ses pensées et de ses expressions. Si la pensée ne lui convient pas, ou si l'expression ne convient pas à la pensée, il peut rejeter l'une et l'autre :

.........................Et quæ
Desperat tractata nitescere posse, relinquit.

Il abandonne tout ce que l'art ne peut présenter heureusement. Le traducteur n'est maître de rien ; il est obligé de suivre partout son auteur, et de se plier à toutes ses variations avec une souplesse infinie. »

Voilà les difficultés; quelles seront les règles? Cicéron nous dit, dans le morceau suivant : « J'ai traduit Démosthène et Eschine, non en interprète, mais en orateur. En conservant le fond de leurs pensées, je me suis appliqué à leur donner une forme et une physionomie plus en rapport avec nos habitudes. Je ne me suis point cru obligé de rendre mot pour mot ; j'ai voulu seulement reproduire le caractère et la force des expressions : car ce n'est point le nombre des mots que je dois au lecteur, mais leur valeur réelle. » Ce passage a été cité par la plupart des rhéteurs modernes qui ont donné des préceptes sur la traduction. Quelque grande que soit l'autorité de Cicéron en pareille matière, il ne nous paraît pas avoir compris dans toute son étendue le devoir d'un traducteur : « J'ai traduit, dit-il, non en interprète, mais

en orateur. » Dans ce cas, il ne traduit pas, il imite. Or, de deux choses l'une : ou la pensée de l'original ne peut être reproduite avec *fidélité* et *élégance* dans la langue du traducteur, ou elle peut l'être. Dans le premier cas, il est incontestable que, faute de mieux, il y a lieu de recourir à des équivalens; dans le second, il faut s'asservir à la pensée de l'original, et la reproduire, comme un peintre reproduit un tableau. La difficulté consiste donc à être purement et simplement interprète; car, l'éloquence n'étant jamais dans les mots, mais dans la pensée, l'interprétation sera nécessairement éloquente, si la pensée traduite est éloquente en elle-même, et si les mots qui l'expriment peuvent la porter. Enfin, la traduction suppose que le lecteur ne connaît pas la langue de l'écrivain dont il lit les ouvrages dans une traduction. L'interprétation littérale est donc le moyen le plus sûr de lui transmettre la pensée de l'original. Mais, dira-t-on, une traduction littérale ne rendra jamais les beautés d'Homère et de Virgile. Les personnes qui disent cela raisonnent fort mal. Sont-elles plus sûres et plus capables de rendre les beautés de ces grands écrivains en y substituant des beautés de leur invention? Vous avez imité au lieu de traduire, parce qu'il ne vous a pas été possible de mieux reproduire votre original. Cela ne prouve qu'une chose : c'est qu'il est difficile d'être à la fois élégant et fidèle. Mais en cela même le sort de la traduction n'est que celui de tout ce qui demande un certain effort et une certaine science ; il faut l'accepter avec ses conditions : où n'y a-t-il pas des règles à suivre et des difficultés à vaincre?

Qu'on examine un moment la question d'une vue arrêtée, et les obscurités qu'on y trouve se dissiperont comme un léger brouillard.

DE
OPTIMO GENERE ORATORUM.

I. Oratorum genera esse dicuntur, tanquam poetarum: id secus est; nam alterum est multiplex. Poematis enim tragici, comici, epici, melici etiam ac dithyrambici, quod magis est tractatum a Latinis, suum quodvis est diversum a reliquis. Itaque et in tragœdia comicum vitiosum est, et in comœdia turpe tragicum; et in ceteris suus est cuique sonus, et quædam intelligentibus nota vox. Oratorum autem si quis ita numerat plura genera, ut alios grandes, aut graves, aut copiosos, alios tenues, aut subtiles, aut breves, alios eis interjectos, et tanquam medios putet: de hominibus dicet aliquid, de re parum. In re enim, quod optimum sit, quæritur: in homine dicitur, quod est. Itaque licet dicere et Ennium, summum epicum poetam, si cui ita videtur; et Pacuvium tragicum; et Cæcilium fortasse comicum. Oratorem genere non divido: perfectum enim quæro. Unum est autem genus perfecti, a quo qui absunt, non genere differunt, ut ab Attio Terentius; sed in eodem non sunt pares. Optimus est enim orator, qui

DES
ORATEURS PARFAITS.

I. On dit que l'éloquence a ses genres comme la poésie [1]; c'est une erreur; la poésie admet plusieurs divisions : la tragédie, la comédie, le poëme épique, l'ode et le dithyrambe plus cultivé chez nous [2], sont des genres parfaitement distincts. Le comique ne va point à la tragédie, et le tragique fait tache dans la comédie; les autres genres aussi ont chacun le langage qui leur est propre, et comme un son de voix facile à reconnaître pour les habiles. Mais distinguer dans l'éloquence plusieurs genres, parce qu'on trouve dans certains orateurs plus d'élévation, plus de force, plus d'abondance, chez d'autres, plus de simplicité, de finesse, de concision, chez quelques autres enfin, le mélange et comme le juste milieu de ces qualités, c'est distinguer les hommes, et non diviser l'art lui-même. Dans l'examen de l'art on recherche le beau absolu; dans les hommes, leurs qualités relatives. On peut, si l'on veut, mettre Ennius au premier rang des poètes épiques, assigner le même honneur à Pacuvius dans la tragédie, et peut-être à Cécilius dans la comédie [3] : mais je n'admets pas ce partage dans l'éloquence; c'est la perfection que je cherche; or, la perfection est une; et, dans ceux qui s'en éloignent, il n'y a point différence de genre, comme entre Térence et

dicendo animos audientium et docet, et delectat, et permovet. Docere, debitum est; delectare, honorarium; permovere, necessarium. Hæc ut alius melius, quam alius, concedendum est; verum id fit non genere, sed gradu. Optimum quidem unum est; et proximum, quod ei simillimum : ex quo perspicuum est, quod optimo dissimillimum sit, id esse deterrimum.

II. Nam quoniam eloquentia constat ex verbis et sententiis, perficiendum est, ut pure et emendate loquentes, quod est latine, verborum præterea, et propriorum, et translatorum elegantiam persequamur : in propriis, ut aptissima eligamus; in translatis, ut, similitudinem secuti, verecunde utamur alienis. Sententiarum autem totidem genera sunt, quot diximus esse laudum : sunt enim docendi, acutæ; delectandi, quasi argutæ; commovendi, graves. Sed et verborum est structura quædam, duas res efficiens, numerum, et lenitatem ; et sententiæ suam compositionem habent, et ad probandam rem accommodatum ordinem : sed earum omnium rerum, ut ædificiorum, memoria est quasi fundamentum, lumen actio. Ea igitur omnia in quo summa, erit orator peritissimus; in quo media, mediocris; in quo minima, deterrimus. Et appellabuntur omnes oratores, ut pictores appellantur etiam mali; nec generibus inter sese, sed facultatibus different. Itaque nemo est orator, qui se Demosthenis similem esse nolit : at Menander, Ho-

Attius [4], mais inégalité dans un même genre. Le parfait orateur est celui dont la parole plaît, instruit et touche [5]. Instruire est obligatoire, plaire est glorieux, toucher nécessaire. Que certains orateurs soient en cela plus forts que d'autres, j'en conviens; mais la différence est dans le degré, non dans le genre. La perfection est une, et le meilleur, après elle, est ce qui s'en rapproche le plus : d'où il résulte évidemment que le pire est ce qui s'écarte le plus de la perfection.

II. Car, puisque les mots et les pensées font l'éloquence [6], nous devons, après la correction et la pureté du langage, chercher encore l'élégance dans les expressions propres ou figurées. Pour les mots propres, il faut choisir les plus convenables; pour les mots figurés, suivre l'analogie, faire un sage emploi des métaphores. Quant aux pensées, on les partage en autant de genres que nous avons assigné de qualités à l'orateur : pour instruire, elles seront vives; pour plaire, piquantes; pour toucher, graves et fortes. Il y a de plus un heureux arrangement de mots qui produit deux choses, l'harmonie et la douceur; de même, il est pour les pensées une disposition favorable et un certain ordre propre à la persuasion. Mais l'édifice tout entier a pour fondement la mémoire, et pour lumière l'action. Ces conditions, réunies au plus haut degré, constituent l'orateur parfait; à un degré moyen, l'orateur médiocre; au plus bas degré possible, le mauvais orateur : ce qui n'empêchera pas de leur laisser à tous le même nom, comme on appelle peintres même les plus mauvais; et ce ne sera pas le genre, mais le talent qui fera leur différence. Il n'est point d'orateur qui ne veuille ressembler à Démosthène; mais Ménandre n'a jamais souhaité

meri noluit; genus enim erat aliud. Id non est in oratoribus; aut si est, ut alius gravitatem sequens, subtilitatem fugiat : contra, alius acutiorem se, quam ornatiorem, velit : etiamsi est in genere tolerabili, certe non est in optimo; siquidem, quod omnes laudes habet, id est optimum.

III. Hæc dixi brevius equidem, quam res petebat; sed ad id, quod agimus, non fuit dicendum pluribus. Unum enim quum sit genus, id quale sit, quærimus. Est autem tale, quale floruit Athenis : ex quo atticorum oratorum ipsa vis ignota est, nota gloria. Nam alterum multi viderunt, vitiosi nihil apud eos; alterum pauci, laudabilia esse multa. Est enim vitiosum in sententia, si quid absurdum, aut alienum, aut non acutum, aut subinsulsum est; in verbis, si inquinatum, si abjectum, si non aptum, si durum, si longe petitum. Hæc vitaverunt fere omnes, qui aut attici numerantur, aut dicunt attice. Sed quatenus valuerunt, sani duntaxat et sicci habeantur, sed ita, ut palæstrice spatiari in xysto iis liceat, non ab Olympiis coronam petant. Qui quum careant omni vitio, non sunt contenti quasi bona valetudine, sed vires, lacertos, sanguinem quærunt, quamdam etiam suavitatem coloris : eos imitemur, si possumus; sin minus, illos potius, qui incorrupta sanitate sunt (quod est proprium atticorum), quam eos, quorum vitiosa abundantia est, quales Asia multos

de ressembler à Homère; son genre était différent. Il n'en est pas de même pour les orateurs; ou du moins, si quelques-uns, dédaignant la simplicité, n'aiment que la grandeur et la pompe, tandis que d'autres cherchent plutôt la finesse que l'éclat, quoiqu'ils puissent avoir assez de mérite dans leur genre, ils sont loin pourtant de la perfection, puisque la perfection réunit tous les genres de qualités.

III. Je n'ai point donné sans doute à cette idée le développement qu'elle mérite; mais l'objet que je me propose n'en demandait pas davantage. Il n'y a qu'une seule éloquence, avons-nous dit; quelle est-elle donc? C'est celle qu'on a vue fleurir à Athènes. Depuis, la gloire des orateurs attiques est bien connue, mais non pas leur génie. On a pu remarquer assez généralement, d'un côté, qu'ils étaient sans défaut; mais, de l'autre, bien peu de gens ont compris tout ce qu'ils avaient de belles qualités. Pour la pensée, les défauts sont l'inconséquence, la disparate, la trivialité, la sottise; pour l'expression, la grossièreté, la bassesse, l'impropriété, la dureté, le manque de naturel. Aucun de ces défauts ne se rencontre dans les orateurs attiques, ni dans ceux qui les prennent pour modèles. Si c'est là tout leur mérite, il faut les regarder comme des athlètes, sains de corps et bien portans, plus propres toutefois à s'exercer dans un gymnase qu'à disputer la couronne aux jeux Olympiques. Mais ceux qui, exempts de défauts, n'ont pas assez d'un tempérament sain, et veulent y joindre la force, la vigueur, l'énergie du sang, et le doux coloris d'une vie puissante, voilà nos modèles; si nous ne pouvons les égaler, du moins devons-nous essayer d'acquérir cette santé parfaite qui est le propre caractère des attiques,

tulit. Quod quum faciemus (si modo id ipsum assequemur; est enim permagnum), imitemur, si poterimus, Lysiam, et ejus quidem tenuitatem potissimum : est enim multis in locis grandior; sed quia et privatas ille plerasque, et eas ipsas aliis, et parvarum rerum causulas scripsit, videtur esse jejunior, quoniam se ipse consulto ad minutarum genera causarum limaverit.

IV. Quod qui ita faciet, ut, si cupiat uberior esse, non possit, habeatur sane orator, sed de minoribus : magno autem oratori etiam illo modo sæpe dicendum est in tali genere causarum. Ita fit, ut Demosthenes certe possit summisse dicere : elate Lysias fortasse non possit. Sed si eodem modo putant, exercitu in foro et in omnibus templis, quæ circum forum sunt, collocato, dici pro Milone decuisse, ut si de re privata ad unum judicem diceremus; vim eloquentiæ sua facultate, non rei natura, metiuntur. Quare quoniam nonnullorum sermo jam increbruit, partim se ipsos attice dicere, partim neminem nostrum dicere : alteros negligamus; satis enim his res ipsa respondet, quum aut non adhibeantur ad causas, aut adhibiti derideantur : nam si arriderentur, esset id ipsum atticorum. Sed qui dici a nobis attico more nolunt, ipsi autem, se non oratores esse, profitentur; si teretes aures habent, intelligensque judicium, tanquam ad picturam probandam, adhibentur etiam

plutôt que l'embonpoint vicieux qui se rencontre généralement chez les orateurs d'Asie. Arrivés là, si toutefois nous pouvons atteindre ce mérite déjà fort grand, nous imiterons, s'il se peut, Lysias [8], surtout dans sa simplicité; car il s'élève en beaucoup d'endroits; mais, comme la plus grande partie de ses plaidoyers ont été écrits pour d'autres, et ne roulent que sur des intérêts privés et de faible importance, on lui trouve peu d'élévation, par la raison que lui-même a volontairement mis son talent à la mesure de ces petites causes.

IV. Celui qui sera parvenu à l'imiter, sans pouvoir toutefois se donner plus de vigueur au besoin, ne laissera pas d'être compté parmi les orateurs, mais parmi ceux du second ordre. Un grand orateur est souvent obligé de parler comme Lysias dans les causes pareilles à celles qu'il a traitées : Démosthène, sans nul doute, peut descendre jusqu'à la simplicité; il sera peut-être impossible à Lysias de s'élever jusqu'au sublime. Mais croire qu'en présence d'une armée occupant la place publique et les degrés de tous les temples qui l'entourent, il fallait plaider la cause de Milon comme une affaire particulière devant un seul juge, c'est prendre la mesure de l'éloquence dans son talent, et non point en elle-même. J'entends beaucoup de gens qui disent, Nous sommes attiques; et d'autres qui soutiennent qu'il n'est pas donné à un Romain de l'être; je laisse de côté les premiers, suffisamment réfutés par le fait même, puisque personne ne les emploie, ou que si le contraire arrive, ils ne provoquent jamais qu'un rire moqueur, au lieu de ce sourire d'approbation qu'exciterait une éloquence attique. Quant à ceux qui soutiennent que nous ne pouvons pas prétendre à l'atticisme [9], et ne se don-

inscii faciendi, cum aliqua solertia judicandi : sin autem intelligentiam ponunt in audiendi fastidio, neque eos quidquam excelsum magnificumque delectat; dicant, se subtile quiddam et politum velle, grave ornatumque contemnere: id vero desinant dicere, qui subtiliter dicant, eos solos attice dicere, id est quasi sicce et integre. At ample, et ornate, et copiose, cum eadem integritate, atticorum est. Quid? dubium est, utrum orationem nostram tolerabilem tantum, an etiam admirabilem esse cupiamus? Non enim jam quærimus, quid sit attice, sed quid sit optime dicere. Ex quo intelligitur, quoniam græcorum oratorum præstantissimi sunt ii, qui fuerunt Athenis; eorum autem princeps facile Demosthenes : hunc si quis imitetur, eum et attice dicturum, et optime : ut, quoniam attici nobis propositi sunt ad imitandum, bene dicere, id sit attice dicere.

V. Sed quum in eo magnus error esset, quale esset id dicendi genus : putavi mihi suscipiendum laborem, utilem studiosis, mihi quidem ipsi non necessarium. Converti enim ex atticis duorum eloquentissimorum nobilissimas orationes inter se contrarias, Æschinis Demosthenisque; nec converti, ut interpres, sed ut orator, sententiis iisdem, et earum formis, tanquam figuris,

nent pas eux-mêmes pour orateurs, s'ils ont de l'oreille
et du goût, prenons-les pour juges, comme on consulte,
sur le mérite d'une peinture, des gens qui, sans savoir
faire un tableau, ne manquent pas du tact nécessaire
pour apprécier une œuvre d'art. Si, au contraire, leur
goût ne consiste qu'à refuser de nous entendre, si une
haute et sublime éloquence n'a pour eux aucun charme,
qu'ils nous disent alors que la correction et la simplicité leur plaisent mieux que la richesse et l'élévation du
style; mais qu'ils cessent de prétendre que la simplicité
seule fait l'atticisme, qui ne serait alors que la justesse
et la pureté : car à cette pureté les attiques joignent encore l'élévation, la pompe, la plénitude. Quoi donc? nos
orateurs seraient-ils en doute de savoir s'ils doivent se
rendre seulement supportables, ou viser même à l'admiration? car il ne s'agit plus de l'atticisme, mais de la
perfection dans l'éloquence. Or, l'on comprend très-bien
que si, parmi les orateurs de la Grèce, les plus grands
sont ceux d'Athènes, et que, de ces derniers, Démosthène soit sans contredit le plus admirable [10], ceux qui
sauront l'imiter atteindront véritablement l'atticisme,
et, par conséquent, la perfection, puisque nous savons
que, les orateurs attiques étant nos modèles, la perfection n'est pas autre chose que l'atticisme.

V. Mais, comme on connaît fort peu la nature de cette
éloquence, j'ai cru devoir entreprendre, dans l'intérêt de
ceux qui s'y adonnent, un travail sans utilité pour moi-
même. J'ai traduit les célèbres plaidoyers que les deux
princes de l'éloquence attique, Eschine et Démosthène,
ont prononcés l'un contre l'autre. Ce n'est pas l'œuvre
d'un interprète, mais d'un orateur. En conservant le
fond de leurs pensées, je me suis appliqué à leur donner

verbis ad nostram consuetudinem aptis : in quibus non verbum pro verbo necesse habui reddere, sed genus omnium verborum vimque servavi. Non enim ea me annumerare lectori putavi oportere, sed tanquam appendere. Hic labor meus hoc assequetur, ut nostri homines, quid ab illis exigant, qui se atticos volunt, et ad quam eos quasi formulam dicendi revocent, intelligant.

Sed exorietur Thucydides : ejus enim quidam eloquentiam admirantur. Id quidem recte; sed nihil ad eum oratorem, quem quaerimus. Aliud est enim explicare res gestas narrando, aliud argumentando criminari, crimenve dissolvere; aliud narratione tenere auditorem, aliud concitare. At loquitur pulchre. Num melius, quam Plato? Necesse tamen est oratori, quem quaerimus, controversias explicare forenses dicendi genere apto ad docendum, ad delectandum, ad permovendum.

VI. Quare si quis erit, qui Thucydidio genere causas in foro dicturum se esse profiteatur, is abhorreat etiam a suspicione ejus, quae versatur in re civili et forensi : qui Thucydidem laudavit, suae nostram adscribat sententiam. Quin ipsum Isocratem, quem divinus auctor Plato, suum fere aequalem, admirabiliter in Phaedro laudari fecit a Socrate, quemque omnes docti summum oratorem esse dixerunt, tamen hunc in numero non repono. Non enim in acie versatur, et ferro; quasi ru-

une forme et une physionomie plus en rapport avec nos habitudes. Je ne me suis pas cru obligé de rendre mot pour mot, j'ai voulu seulement reproduire le caractère et la force des expressions; car ce n'est point le nombre des mots que je dois au lecteur, mais leur valeur réelle. Le résultat de ce travail sera de faire connaître aux Romains les conditions qu'ils doivent exiger de ceux qui prétendent à l'atticisme, et de leur montrer le type d'éloquence auquel ils doivent sans cesse les rappeler.

Mais on me parlera de Thucydide; car il est des gens qui admirent son éloquence. Je les approuve beaucoup en cela; mais Thucydide n'a rien à faire dans la question qui nous occupe. Car autre chose est de raconter des faits, autre chose d'accuser ou de défendre dans une plaidoirie[11]; autre chose est d'intéresser le lecteur dans un récit, et d'exciter ses passions. Mais, dira-t-on, il écrit bien. Écrit-il mieux que Platon? Toujours est-il vrai que la perfection n'existe, pour l'orateur dont nous cherchons le modèle, qu'à la condition d'instruire, de plaire et de toucher dans ses plaidoiries.

VI. Un orateur qui aurait la prétention d'employer au forum le style de Thucydide prouverait, par-là, qu'il ne se doute même pas du genre d'éloquence qui convient à la tribune et au barreau[12]. Je suis, autant qu'un autre, admirateur de Thucydide; mais Isocrate même, dont le divin Platon, qui fut presque son contemporain, fait un si magnifique éloge dans son *Phèdre*, par la bouche de Socrate, et que tous les savans regardent comme un très-grand orateur, ne me paraît pas même digne de ce nom. Ce n'est point l'homme de la lutte et des champs de bataille; son style n'est qu'une arme de

dibus ejus eludit oratio. A me autem (ut cum maximis minima conferam) gladiatorum par nobilissimum inducitur. Æschines, tanquam Æserninus, ut ait Lucilius,

> ......Non spurcus homo, sed doctus et acer,
> Cum Pacideiano hic componitur, optimu' longe
> Post homines natos.......

Nihil enim illo oratore arbitror cogitari posse divinius. Huic labori nostro duo genera reprehensorum opponuntur : unum hoc : Verum melius Græci. A quo quæratur, ecquid possint ipsi melius latine ? Alterum : Quid istas potius legam, quam græcas ? Iidem Andriam et Synephebos; nec minus Terentium et Cæcilium, quam Menandrum legunt. Nec Andromacham igitur, aut Antiopam, aut Epigonos latinos recipiant. Sed tamen Ennium et Pacuvium et Attium potius quam Euripidem et Sophoclem legunt. Quod igitur est eorum in orationibus e græco conversis fastidium, nullum quum sit in versibus ?

VII. Sed aggrediamur jam, quod suscepimus, si prius exposuerimus, quæ causa in judicium deducta sit. Quum esset lex Athenis, «ne quis populi scitum faceret, ut quisquam corona donaretur in magistratu prius, quam rationes retulisset;» et altera lex, «eos, qui a populo donarentur, in concione donari debere; qui a senatu, in senatu:» Demosthenes curator muris reficiendis fuit, eosque fecit pecunia sua; de hoc igitur Ctesiphon scitum fecit,

parade et de simple escrime [13]. Pour moi, je veux, s'il est permis de comparer les petites choses aux grandes, mettre en scène les deux plus célèbres gladiateurs connus. C'est Eschine, qui, comme l'Éserninus de Lucile,

« Rival non vulgaire, mais, au contraire, plein d'adresse et de vigueur, va se mesurer avec Pacideianus [14], le premier des hommes.... »

Car je ne connais rien de comparable à ce Pacideianus de l'éloquence. On peut me faire sur ce travail deux objections : la première, que ces discours valent mieux en grec. Sur quoi je demanderai si les auteurs mêmes pourraient mieux faire en latin. La seconde, pourquoi, dira-t-on, lirai-je plutôt la traduction que le grec même ? Ceux qui diront cela lisent *l'Andrienne* et *les Synéphèbes*, Térence et Cécilius, aussi bien que Ménandre [15]. Il leur faut donc rejeter aussi l'*Andromaque*, l'*Antiope*, *les Épigones*, écrits en latin ? Mais puisqu'ils lisent Ennius, et Pacuvius, et Attius, plus volontiers qu'Euripide et Sophocle, pourquoi des discours traduits du grec leur plairaient-ils moins que des vers traduits de la même langue ?

VII. Mais, pour arriver au but de notre entreprise, exposons d'abord la matière de ce grand procès. Une loi d'Athènes défendait de porter devant le peuple la proposition de décerner une couronne à un magistrat qui n'aurait pas encore rendu ses comptes ; une autre loi voulait que les couronnes accordées par le peuple fussent décernées en assemblée publique, et que celles décernées par le sénat le fussent dans le sénat même. Démosthène, chargé de relever les murs d'Athènes, avait

nullis ab ipso rationibus relatis, ut corona aurea donaretur, eaque donatio fieret in theatro, populo convocato (qui locus non est concionis legitimæ), atque ita prædicaretur, *eum donari virtutis ergo benivolentiæque, quam erga populum atheniensem haberet.* Hunc igitur Ctesiphontem in judicium adduxit Æschines, quod contra leges scripsisset, ut et rationibus non relatis corona donaretur, et ut in theatro, et quod de virtute ejus et benivolentia falsa scripsisset; quoniam Demosthenes nec vir bonus esset, nec bene meritus de civitate. Causa ipsa abhorret illa quidem a formula consuetudinis nostræ; sed est magna. Habet enim et legum interpretationem satis acutam in utramque partem, et meritorum in rempublicam contentionem sane gravem. Itaque causa Æschini, quoniam ipse a Demosthene esset capitis accusatus; quod legationem ementitus esset, ut ulciscendi inimici causa, nomine Ctesiphontis, judicium fieret de factis famaque Demosthenis. Non enim tam multa dixit de rationibus non relatis, quam de eo, quod civis improbus, ut optimus, laudatus esset.

Hanc mulctam Æschines a Ctesiphonte petiit quadriennio ante Philippi Macedonis mortem; sed judicium factum est aliquot annis post, Alexandro jam Asiam tenente: ad quod judicium concursus dicitur e tota Græcia factus esse. Quid enim aut tam visendum, aut audiendum fuit, quam summorum oratorum in

fait faire ce travail à ses frais. Avant qu'il eût rendu ses comptes, Ctésiphon proposa un décret [16] tendant à ce qu'une couronne d'or lui fût décernée au théâtre, devant le peuple réuni, quoique ce ne fût pas le lieu d'assemblée désigné par la loi; et, de plus, il voulait faire proclamer *que Démosthène recevait cette couronne pour prix de sa vertu et de l'amour qu'il portait au peuple athénien.* Eschine intenta un procès à Ctésiphon pour avoir voulu, par un décret illégal, faire décerner une couronne à un magistrat qui n'avait pas rendu ses comptes, et la lui faire décerner au théâtre; et de plus, pour avoir faussement exalté sa vertu et son patriotisme, puisque Démosthène n'était ni un honnête homme, ni un bon citoyen. Cette cause n'a que peu de rapport avec nos habitudes, mais elle est grande et imposante. Elle offre de chaque côté une riche matière à l'interprétation des lois, et une discussion brillante sur les services rendus à l'état. Le but d'Eschine, à qui Démosthène avait intenté précédemment un procès capital pour prévarication dans son ambassade [17], était de s'en venger, en mettant en jugement, sous le nom de Ctésiphon, toute la conduite et la réputation de son rival. Aussi s'attacha-t-il moins à la non-reddition des comptes qu'aux honneurs accordés à la vertu d'un homme qu'il regardait, lui, comme un mauvais citoyen.

Ce procès fut intenté par Eschine à Ctésiphon quatre ans avant la mort de Philippe de Macédoine [18]; mais il ne fut jugé que plusieurs années après, et lorsque Alexandre était déjà maître de l'Asie. On dit que la Grèce entière était accourue pour y assister [19]. Quoi de plus solennel, en effet, et quel plus grand objet pour les yeux et pour les oreilles, que cette lutte des deux plus admi-

gravissima causa, accurata et inimicitiis incensa contentio?

Quorum ego orationes si, ut spero, ita expressero virtutibus utens illorum omnibus, id est sententiis, et earum figuris, et rerum ordine, verba persequens eatenus, ut ea non abhorreant a more nostro (quæ si e græcis omnia conversa non erunt, tamen ut generis ejusdem sint elaboravimus) : erit regula, ad quam eorum dirigantur orationes, qui attice volunt dicere. Sed de nobis satis : aliquando enim Æschinem ipsum latine dicentem audiamus.

rables orateurs, dans une affaire de cette importance, où chacun d'eux apportait des armes si bien préparées et une haine si puissante?

Si, comme je l'espère, je suis parvenu à rendre leurs discours sans en altérer les beautés [20], c'est-à-dire en conservant la forme et la suite des idées, ne m'attachant aux expressions qu'autant qu'elles ne sont point contraires à nos habitudes, et cherchant à remplacer par des équivalens celles que je n'ai pas traduites, les amateurs de l'éloquence attique auront du moins un modèle à imiter dans leurs propres compositions. Mais c'est assez parler de moi; il est temps d'entendre Eschine lui-même s'exprimer en notre langue.

NOTES

SUR LES ORATEURS PARFAITS.

1. I. *On dit que l'éloquence a ses genres comme la poésie.* La proposition de Cicéron repose sur une distinction tout-à-fait fausse. Il veut opposer l'*orateur* au *poète*, et par conséquent l'art de l'orateur à l'art du poète. Or, si l'art du poète est divisible, l'art de l'orateur est susceptible des mêmes divisions; car si la tragédie, la comédie, l'épopée, l'ode, etc., sont des genres distincts de poésie, les panégyriques, les satires, les harangues politiques, les discours judiciaires, etc., doivent être, par la même raison, considérés comme des genres distincts. De plus, cette distinction qu'il établit pour la poésie est précisément la même que tous les rhéteurs anciens, et Cicéron lui-même, ont établie pour l'éloquence, en la divisant en *démonstrative*, *délibérative* et *judiciaire*. Dans tous les cas, ce qu'il dit de l'orateur ne peut s'appliquer au poète, puisqu'il considère l'éloquence sous un rapport et la poésie sous un autre, ou plutôt qu'il considère la poésie en général, tandis qu'il ne traite que d'une éloquence particulière, celle de l'orateur du forum.

2. *L'ode et le dithyrambe plus cultivé chez nous.* Il nous paraît évident que le texte est altéré dans cet endroit, et nous serions tout disposés à admettre la conjecture de Muret, qui propose de refaire ainsi la phrase : « Dithyrambici quod magis est tractatum *a Græcis quam* a Latinis. » Mais ces sortes de restitutions sont assez inutiles et presque toujours hasardées.

D'après ce que nous savons de la littérature latine, Cicéron se trompe quand il dit que la poésie dithyrambique a été plus cultivée dans son pays que dans la Grèce : cette assertion nous paraît contraire à la vérité, surtout au temps où il écrivait. Nous croyons même qu'au siècle d'Auguste, Rome était inférieure, sous ce rapport, à la patrie de Sapho, d'Anacréon, de Pindare, de

Stésichore et d'Alcée. On sait assez qu'Horace est le seul grand lyrique des Latins, et qu'il a toujours invoqué la muse grecque.

3. *On peut, si l'on veut, mettre Ennius au premier rang des poètes épiques, assigner le même honneur à Pacuvius dans la tragédie, et peut-être à Cécilius dans la comédie.* Q. Ennius avait composé en vers héroïques les Annales de Rome ; il avait aussi célébré les victoires du premier Scipion l'Africain. Ce poète était né dans la Calabre, l'an 514 ou 516 de Rome, et mourut âgé de soixante-dix ans. *Voyez* AURELIUS VICTOR, *Hommes illustres*, ch. XLVII ; AULU-GELLE, liv. XVII, ch. 21 ; CICÉRON, *de la Vieillesse*, ch. XIV ; *pour le poète Archias*, ch. XXII ; HORACE, *Odes*, liv. IV, ode 8 ; QUINTILIEN, *Instit. orat.*, liv. X.

Cécilius et Pacuvius vécurent du temps d'Ennius, plus jeunes pourtant que lui. Le premier, né, selon quelques-uns, à Milan, était un poète comique. Le second, neveu d'Ennius, était de Brindes. Il fut en même temps peintre et poète. Il se distingua particulièrement dans la tragédie. *Voyez* EUSÈBE, *Chronique*; CICÉRON, *Brutus*, ch. CCLVIII ; *de l'Amitié*, ch. XXIV.

4. *Il n'y a point différence de genre, comme entre Térence et Attius.* L. Attius ou Accius était fils d'un affranchi. Il fit représenter quelques tragédies du vivant de Pacuvius, quoiqu'il fût plus jeune que lui de cinquante ans. Ce poète était l'ami de D. Junius Brutus, qui le premier porta les armes romaines en Espagne jusqu'à l'Océan. Attius composa en son honneur des vers, dont ce général orna le vestibule du temple qu'il fit bâtir comme monument de ses victoires. *Voyez* EUSÈBE, *Chronique*; AULU-GELLE, liv. I, ch. 13 ; VALÈRE MAXIME, liv. VIII, ch. 14.

5. *Le parfait orateur est celui dont la parole plaît, instruit et touche.* Fénelon, dans ses *Dialogues sur l'éloquence*, enseigne que l'orateur doit *prouver*, *peindre* et *toucher*. Pour *prouver*, il veut que son orateur soit un philosophe qui sache éclairer l'esprit, tandis qu'il touche le cœur et agit sur toute l'âme, non-seulement en lui montrant la vérité pour la faire admirer, mais encore en remuant tous ses ressorts pour la faire aimer ; en un mot, qu'il soit rempli de vérités pures et lumineuses et de sentimens nobles et élevés. Pour *peindre*, il veut bien qu'un orateur ait de l'enthousiasme comme les poètes, qu'il emploie des figures ornées, des images vives et des traits hardis, lorsque le sujet le demande ;

mais il veut que partout l'art se cache, ou du moins paraisse si naturel, qu'il ne soit qu'une expression vive de la nature. Il rejette, par conséquent, tous ces faux ornemens qui n'ont pour but que de flatter l'oreille par des sons harmonieux, et l'imagination par des idées plus brillantes que solides. Il condamne non-seulement tous les jeux de mots, mais encore tous les jeux de pensées qui ne tendent qu'à faire admirer le bel esprit de l'orateur. Pour *toucher*, il veut qu'on mette chaque vérité dans sa place, et qu'on les enchaîne tellement, que les premières préparent les secondes, que les secondes contiennent les premières, et que le discours aille toujours en croissant, jusqu'à ce que l'auditeur sente le poids et la force de la vérité : alors il faut déployer les images vives, et mettre dans les paroles et l'action du corps, tous les mouvemens propres à exprimer les passions qu'on veut exciter.

6. II. *Car, puisque les mots et les pensées font l'éloquence, etc.* « L'homme, dit M. de Bonald, est esprit et corps ; le style, considéré comme expression, sera donc *idées* et *images* : idées, qui sont la représentation d'objets intellectuels ; images, qui sont la représentation ou la figure d'objets sensibles et corporels. Un bon style consiste dans un heureux mélange de ces deux objets de nos pensées, comme l'homme lui-même, dans toute la perfection de son être, est formé de l'union des deux substances, et réunit à une intelligence étendue des organes capables de la servir. Mais l'homme n'est pas seulement intelligence et imagination, il est encore doué de la faculté d'éprouver des sentimens. Bossuet, par exemple, est presque toujours orateur par la pensée, poète par le sentiment, peintre par l'image. Ainsi, idées, sentiment, images, voilà tout le style. »

7. III. *Il n'y a qu'une seule éloquence, avons-nous dit ; quelle est-elle donc ?* Cicéron aurait pu trouver dans Platon la réponse à cette question, dont il cherche la solution dans les qualités purement extrinsèques de l'éloquence. Le *beau*, dit Platon, est la splendeur du *vrai*. L'art, en effet, est une chose secondaire, comme toute forme ; la parole n'est que le vêtement de la pensée. Cicéron avait pourtant senti cette vérité, en définissant l'orateur *vir bonus dicendi peritus* ; mais, à force de raisonner sur le talent, il finit par prendre la forme pour le fond.

8. *Nous imiterons, s'il se peut, Lysias.* Lysias était originaire

de Syracuse, mais né à Athènes. A l'âge de quinze ans, il passa à Thurium, en Italie, avec deux de ses frères, dans la nouvelle colonie qui allait s'y établir. Il y demeura jusqu'à la défaite des Athéniens devant Syracuse, et il retourna alors à Athènes, âgé de quarante-huit ans. Il est regardé comme le plus élégant, le plus gracieux et le plus simple des orateurs grecs. Il s'est exercé sur des sujets bien peu favorables à l'éloquence. Il ne plaidait pas lui-même, mais composait des plaidoyers pour les particuliers qui avaient des procès, et ces plaidoyers roulent presque tous sur de très-petites causes. Un des principaux avantages qu'on puisse retirer aujourd'hui de ses discours, c'est la connaissance des mœurs et des usages des Athéniens. Il mourut dans un âge fort avancé, l'an 374 avant J.-C. Nous avons de lui trente-quatre harangues.

9. IV. *Quant à ceux qui soutiennent que nous ne pouvons pas prétendre à l'atticisme*, etc. Quintilien nous met au courant de cette grande discussion sur l'atticisme, ch. 10 du liv. XII de l'*Institution oratoire* : « Il est vrai, dit-il, que ce n'est pas d'aujourd'hui que l'on distingue deux sortes de style, l'asiatique et l'attique : celui-ci serré, pur et sain; celui-là, au contraire, enflé, mais vide : l'un n'ayant rien de superflu; l'autre manquant souvent de justesse, et ne gardant ni bornes ni mesures, etc. » Il paraît, d'après ce que dit Quintilien au même endroit, que l'envie reprochait à Cicéron un style ampoulé, un style asiatique, trop diffus et plein de répétitions. « Vous eussiez dit, ajoute Quintilien, une secte de gens initiés à certains mystères, qui regardaient Cicéron comme un étranger imbu des superstitions de son pays, et qui ne pouvait pas s'en départir. C'est pourquoi, encore aujourd'hui, ces froids orateurs dont la composition n'a ni substance, ni force, ni nourriture (car ce sont eux qui traitent la maigreur de santé, quoique ce soit tout le contraire), encore à présent, dis-je, ces orateurs, que la vive lumière de l'éloquence de Cicéron éblouit, comme celle du soleil, s'érigent en zélés défenseurs de l'atticisme, croyant se sauver à la faveur de ce grand mot. »

10. *Démosthène soit sans contredit le plus admirable*. On a souvent comparé Démosthène et Cicéron; mais personne n'a su mieux apprécier ces deux orateurs que Fénelon dans sa *Lettre sur l'éloquence* : « Je ne crains pas d'avancer, dit-il, que Démosthène me paraît supérieur à Cicéron. Je proteste que personne n'admire

plus Cicéron que je ne fais ; il embellit tout ce qu'il touche : il fait honneur à la parole ; il fait des mots ce qu'un autre n'en saurait faire ; il a je ne sais combien de sortes d'esprit ; il est même court et véhément toutes les fois qu'il veut l'être contre Verrès, contre Catilina, contre Antoine. Mais on remarque quelque parure dans son discours ; l'art y est merveilleux, mais on l'entrevoit ; l'orateur, en pensant au salut de la république, ne s'oublie pas et ne se laisse point oublier. Démosthène paraît sortir de soi et ne voir que la patrie. Il ne cherche point le beau ; il le fait sans y penser ; il est au dessus de l'admiration. Il se sert de la parole comme un homme modeste se sert de son vêtement pour se couvrir. Il tonne, il foudroie ; c'est un torrent qui entraîne tout. On ne peut le critiquer, parce qu'on est saisi ; on pense aux choses qu'il dit, et non à ses paroles. On le perd de vue ; on n'est occupé que de Philippe, qui envahit tout. Je suis charmé de ces deux orateurs ; mais j'avoue que je suis moins touché de l'art infini et de la magnifique éloquence de Cicéron que de la rapide simplicité de Démosthène. L'art se décrédite lui-même, il se trahit en se montrant. »

11. V. *Car autre chose est de raconter des faits, autre chose d'accuser ou de défendre dans une plaidoirie.* Cicéron suppose ici une différence qui doit, en effet, exister entre le style de l'historien et celui de l'orateur. Bossuet a pu s'écarter de cette règle dans son *Discours sur l'histoire universelle;* le genre d'histoire qu'il a traité, ou, pour mieux dire, créé, explique et justifie cette exception et la manière solennelle qu'il a adoptée. Mais, en principe, le style historique doit être simple. C'est le précepte que Fénelon nous donne dans sa *Lettre sur l'éloquence,* que nous avons déjà citée. Il veut que l'historien retranche les ornemens du discours : « Par ce retranchement, dit-il, il rendra son histoire plus courte, plus vive, plus simple, plus gracieuse. Il doit inspirer, par une pure narration, la plus solide morale, sans moraliser. Son histoire sera assez ornée, pourvu qu'il y mette, avec le véritable ordre, une diction claire, pure, courte et noble. L'histoire perd beaucoup à être parée, etc. »

12. VI. *Un orateur qui aurait la prétention d'employer au forum le style de Thucydide, prouverait par-là qu'il ne se doute même pas du genre d'éloquence qui convient à la tribune et au barreau, etc.* Démosthène se forma pourtant sur le style de Thucy-

dide, dont il copia huit fois l'histoire, et sur les écrits de Platon, dont il fit une étude particulière.

Voyez, au reste, avec quel mépris notre auteur parle des *Thucydidiens*, au livre de l'*Orateur*, ch. ix :

« Mais, dit-il, en voici d'autres qui font profession d'appartenir à l'école de Thucydide, nouvelle secte d'ignorans jusqu'à ce jour inconnus. Les partisans de Lysias ont du moins cet avantage, qu'ils prennent pour maître un avocat qui, sans jamais atteindre au sublime, a du reste assez d'élégance et de grâce pour soutenir l'épreuve du barreau. Mais Thucydide, avec ses récits de guerres et de batailles, malgré sa gravité et sa noblesse, ne peut nullement nous servir dans les débats judiciaires. Qu'on me cite enfin un rhéteur grec qui ait pris un seul exemple dans Thucydide? Cependant tous l'ont loué. Oui, mais comme un politique profond, judicieux, exact, plus fait pour être l'historien d'une guerre que l'avocat d'une cause. Est-ce la force de ses pensées et de son expression qu'on imite aujourd'hui? Non : il suffit à ces copistes de quelques phrases tronquées et rudes, qu'ils écriraient sans maîtres, pour se croire de vrais Thucydides.

13. *Son style n'est qu'une arme de parade et de simple escrime.* — *Voyez*, sur Isocrate, un jugement plus complet et plus développé, au livre de l'*Orateur*, ch. xiii. — Là, Cicéron se montre plus favorable à Isocrate ; il cite en sa faveur l'imposant témoignage de Platon (*voyez* le *Phèdre*) ; cependant il finit par dire, comme ici, que son éloquence est plus propre au genre démonstratif qu'au judiciaire, à la représentation qu'à l'action, aux déclamations du sophiste qu'aux plaidoiries de l'avocat.

Démosthène était élève d'Isée, orateur plus mâle et plus vigoureux qu'Isocrate ; mais il admirait les heureuses qualités de ce dernier, sa pureté, sa grâce, sa molle et douce élégance ; il fit même beaucoup d'efforts pour se les approprier. Hermippus, cité par Plutarque, prétend, sur l'autorité de Ctésibius, que Démosthène avait eu secrètement, par Callias de Syracuse, et par d'autres, communication des préceptes d'Isocrate sur la rhétorique, et qu'il les avait lus avec fruit.

Denys d'Halicarnasse a porté sur Isocrate un jugement qui peut sembler sévère. Philostrate, dans sa *Vie des sophistes*, nous paraît l'avoir mieux apprécié.

14. *C'est Eschine, qui, comme l'Éserninus de Lucile,... va se mesurer avec Pacideianus.* Il s'agit de deux gladiateurs célèbres par les vers d'un poète latin nommé Lucilius ou Lucile. Cicéron (*Tusculanes*, liv. iv, ch. 21) cite le même exemple, ainsi que dans une lettre à son frère Quintus (*Lettres famil.*, liv. iii, lett. 4).

15. *Ceux qui diront cela lisent l'*Andrienne *et les* Synéphèbes, *Térence et Cécilius, aussi bien que Ménandre*. Ménandre a été le chef et le père de la *nouvelle comédie*. (On peut voir dans Rollin, *Histoire ancienne*, t. v, tout ce qui regarde l'ancienne, la moyenne et la nouvelle comédie.) Au jugement de Quintilien, ce poète a effacé tous ceux qui ont écrit avant lui dans le même genre: « Ille quidem omnibus ejusdem operis auctoribus abstulit nomen, et fulgore quodam suæ claritatis tenebras obduxit. » (Quintil., lib. ii, c. 23.) Térence n'a presque fait que copier ses pièces. Aulu-Gelle nous a conservé quelques endroits de Ménandre imités par Cécilius. A la première lecture, il avait trouvé les vers de celui-ci fort beaux; mais il avoue que, dès qu'il les eut comparés avec ceux du poète grec, toute leur beauté disparut, et qu'ils lui parurent pitoyables. De ces pièces, tragédies ou comédies, dont Cicéron cite en cet endroit les titres, il nous reste *l'Andrienne* et *les Synéphèbes*. Mais l'*Andromaque*, l'*Antiope* et les *Épigones* ont subi le sort de l'ancienne tragédie latine, qui est toute perdue, sauf quelques légers fragmens. On appelait guerre des Épigones ou des descendans, la guerre que les enfans des sept chefs morts devant Thèbes entreprirent après le premier siège de cette ville par Polynice, fils d'OEdipe.

16. VII. *Ctésiphon proposa un décret.* Suivant l'auteur des *Vies des dix orateurs*, qui se trouvent dans les *OEuvres morales* de Plutarque, Démosthène fut couronné plusieurs fois, la première sur la proposition de Démonicles, fils d'Aristonicus, fils d'Hypéride, et la seconde sur le décret de Ctésiphon. Suivant le même auteur, Démosthène avait dépensé cent mines d'argent de son bien dans la réparation des murailles; mais il n'avait point fait tout l'ouvrage à ses frais, comme le dit ici l'orateur romain. Il avait employé d'abord la partie des revenus publics destinée à cet effet, et les contributions des alliés qu'il avait lui-même recueillies dans chaque ville. Il avait, à la suite de son commissariat, dépensé une bien plus forte somme pour les spectacles et les jeux

17. *Le but d'Eschine, à qui Démosthène avait intenté précédemment un procès capital pour prévarication dans son ambassade.* Nous avons le discours de Démosthène *sur la fausse Ambassade* et la réponse d'Eschine : mais il n'est pas sûr que ce procès ait été poussé jusqu'au jugement, ni que les deux discours aient été prononcés. Quant au fait qui leur aurait donné lieu, les historiens ne sont pas d'accord : Plutarque, dans la *Vie de Démosthène*, prétend que Philippe ne répondit qu'au discours de cet orateur qui était venu, lui dixième, en ambassade auprès de lui, mais qu'il ne lui témoigna pas la même bienveillance qu'à ses collègues, et qu'il réserva pour Eschine et pour Philocrate les plus grandes marques de son affection. De là, dit le même biographe, le dépit et la jalousie qui porta Démosthène à intenter à Eschine un procès en trahison. Mais cette manière de présenter le fait est contestable ; car Eschine dit de lui-même, dans son discours *sur la fausse Ambassade*, ce que Plutarque a rapporté de Démosthène : « Philippe, dit Eschine, s'arrêta long-temps sur mon discours, et avec justice, parce que je n'avais rien omis de ce que demandait le sujet que je traitais : aussi m'adressa-t-il plusieurs fois la parole. Pour Démosthène, le roi ne lui dit pas un seul mot, ce qui fut pour cet orateur la cause du plus vif chagrin. »

Au reste, on ne sait rien de positif sur l'issue de cette affaire ; et puisque, dès le temps de Plutarque, on était dans la même ignorance à cet égard, il serait inutile de chercher à décider la question. Le procès, du reste, a dû être plaidé la deuxième année de la 109ᵉ olympiade, si tant est qu'il ait été plaidé ; Démosthène avait alors trente-neuf ans.

18. *Ce procès fut intenté par Eschine à Ctésiphon quatre ans avant la mort de Philippe de Macédoine.* Il avait commencé, dit Plutarque, peu de temps avant la bataille de Chéronée, sous l'archontat de Charondas, la troisième année de la 110ᵉ olympiade : il fut jugé, non pas dix ans, comme le prétend le même auteur, mais huit ans après, la troisième année de la 112ᵉ olympiade, sous l'archontat d'Aristophon, suivant le calcul du P. Corsini, qui explique l'erreur de Plutarque (voyez *Fastes attiques*, t. IV, p. 39 et 44). Démosthène avait alors environ cinquante-deux ans.

19. *La Grèce entière était accourue pour y assister.* Cicéron oublie une des plus remarquables circonstances de ce procès, le

courage des juges qui parut dans le jugement même qu'ils rendirent : « Jamais cause publique n'eut plus de célébrité, dit Plutarque, tant par la réputation des orateurs que par le courage des juges. Quoique les accusateurs de Démosthène, soutenus de tout le crédit des Macédoniens, eussent le plus grand pouvoir, les juges, loin de donner leurs suffrages contre lui, prononcèrent si généreusement son absolution, qu'Eschine n'eut pas pour lui le cinquième des voix. Honteux de sa défaite, il sortit aussitôt de la ville après le jugement, et passa le reste de ses jours à Rhodes et dans l'Ionie, où il donna des leçons d'éloquence. »

20. *Si, comme je l'espère, je suis parvenu à rendre leurs discours sans en altérer les beautés.* C'est ce dont il nous est impossible de juger aujourd'hui. Les deux discours originaux nous restent; mais la traduction paraît perdue depuis bien des siècles. Elle existait encore au temps de saint Jérôme.

Quant à la date où elle fut composée, il n'est point facile de la fixer exactement. Il est certain, comme on l'a dit, que le discours qui lui servait de préface, et que nous donnons ici, n'a pu être composé qu'après le procès de Milon, puisque notre auteur le rappelle. Il est assez naturel de croire que la traduction et la préface ont été composées à l'occasion de cette discussion sur l'atticisme dont parle Quintilien (*Instit. orat.*, liv. XII, ch. 10), c'est-à-dire vers l'an 707 ou 708. Plusieurs ouvrages de Cicéron, écrits à la même époque, sont remplis de ces mêmes disputes sur le meilleur genre d'éloquence. Il s'était formé une nouvelle école d'orateurs qui affectaient beaucoup de mépris pour Cicéron, et le rangeaient parmi les orateurs d'Asie, en se donnant à eux-mêmes le nom d'attiques. Ce grand homme avait ainsi à défendre tout à la fois l'éloquence et sa propre gloire contre ces novateurs, dont l'audace et les tristes progrès sont justement flétris dans les ouvrages de Quintilien et dans le *Dialogue sur les orateurs illustres.*

FIN DU CINQUIÈME VOLUME.

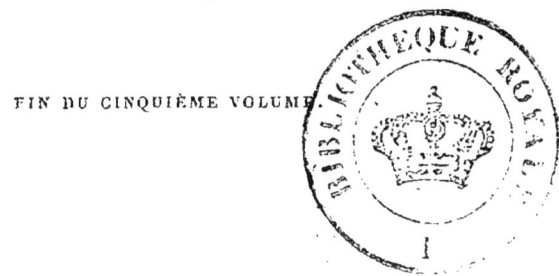

TABLE

DES MATIÈRES CONTENUES DANS CE VOLUME.

L'Orateur.

    Introduction.. 2
    L'Orateur, adressé par Cicéron à Brutus....................... 7
    Notes... 186

Les Topiques.

    Introduction.. 211
    Les Topiques, adressés à C. Trebatius........................ 217
    Notes.. 290

Les Partitions oratoires.

    Introduction.. 297
    Dialogue.. 301
    Notes.. 392

Des Orateurs parfaits.

    Introduction.. 401
    Des Orateurs parfaits....................................... 405
    Notes.. 422

MÉDAILLE EN BRONZE
DE LA
BIBLIOTHÈQUE
LATINE-FRANÇAISE
PAR M. BARRE

CONTENANT LES NOMS DES AUTEURS LATINS, CEUX DES TRADUCTEURS,
ET LES NOM, PRÉNOMS ET TITRES DU SOUSCRIPTEUR.
Module de 30 lignes.

Les noms des honorables Traducteurs qui ont accordé tant de veilles à la *Bibliothèque Latine-Française*, étaient dignes d'être unis aux auteurs qu'ils font revivre dans notre langue.

MM. les Souscripteurs ne méritent pas moins la reconnaissance des lettres : c'est à leur association persévérante qu'ont été dus les moyens de terminer la plus grande entreprise du siècle, entreprise qu'un gouvernement semblait pouvoir seul terminer, et que l'Éditeur a publiée avec une constance qui, sans doute, obtiendra quelque approbation.

Les noms de MM. les Souscripteurs seront inscrits sur leur Médaille.

Le prix élevé d'un travail qui exige une grande habileté et des années de soins et d'attention, n'a pu engager l'Éditeur à en faire une spéculation, mais il doit en retirer à peu près ses frais. Les prix suivans ont donc dû être fixés, avec la gravure des noms, prénoms, titres :

PRIX
- En *Bronze*. . . . . 15 fr.   c.
- Boîte. 1   50   } 18 fr.
- Gravure des noms, prénoms, etc. 1   50
- En *Argent*, avec boîte et gravure. 80
- En *Bronze doré*, avec boîte et gravure. 50

Les personnes qui voudront souscrire sont priées d'adresser leurs demandes *franc de port*, à l'Éditeur, rue des Poitevins, 14, et chez tous les libraires de la France et de l'Étranger, avec leurs nom, prénoms, titres, écrits très-lisiblement.

On peut acquérir dès à présent la Médaille.

www.ingramcontent.com/pod-product-compliance
Lightning Source LLC
Chambersburg PA
CBHW071103230426
43666CB00009B/1802